2022 年度河北省哲学社会科学学术著作出版资助项目

基于高质量发展的财政建设路径研究

——以河北省高质量财政探索为例

朱云飞　张波 ◎ 著

Research on the Path of
FINANCIAL
Construction Based on High
Quality Development

Take the Exploration of High Quality Finance in Hebei Province as an Example

中国财经出版传媒集团

经济科学出版社

Economic Science Press

图书在版编目（CIP）数据

基于高质量发展的财政建设路径研究：以河北省高质量财政探索为例/朱云飞，张波著. —北京：经济科学出版社，2022.7

ISBN 978 - 7 - 5218 - 3880 - 0

Ⅰ. ①基… Ⅱ. ①朱… ②张… Ⅲ. ①地方财政 - 财政管理 - 研究 - 河北 Ⅳ. ①F812.722

中国版本图书馆 CIP 数据核字（2022）第 130800 号

责任编辑：李　雪　宋艳波
责任校对：齐　杰
责任印制：邱　天

基于高质量发展的财政建设路径研究
——以河北省高质量财政探索为例
朱云飞　张波　著
经济科学出版社出版、发行　新华书店经销
社址：北京市海淀区阜成路甲 28 号　邮编：100142
总编部电话：010 - 88191217　发行部电话：010 - 88191522
网址：www. esp. com. cn
电子邮箱：esp@ esp. com. cn
天猫网店：经济科学出版社旗舰店
网址：http://jjkxcbs. tmall. com
固安华明印业有限公司印装
787 × 1092　16 开　22 印张　450000 字
2022 年 10 月第 1 版　2022 年 10 月第 1 次印刷
ISBN 978 - 7 - 5218 - 3880 - 0　定价：88.00 元
（图书出现印装问题，本社负责调换。电话：010 - 88191510）
（版权所有　侵权必究　打击盗版　举报热线：010 - 88191661
QQ：2242791300　营销中心电话：010 - 88191537
电子邮箱：dbts@ esp. com. cn）

前　言

党的十八大以来，以习近平同志为核心的党中央直面我国经济发展的深层次矛盾和问题，提出了创新、协调、绿色、开放、共享的新发展理念。党的十九大指出，"我国经济已由高速增长阶段转向高质量发展阶段"。党的十九届五中、六中全会进一步指出，"立足新发展阶段、贯彻新发展理念、构建新发展格局，推动高质量发展"。

按照中央要求，2017 年底河北省委省政府印发《关于全面推动高质量发展的决定》，后相继出台推进沿海经济带、县域经济、高新开发区和省会建设高质量发展等多个文件。2021 年底召开的河北省委十次党代会，将"加快建设现代化经济强省、美丽河北"作为未来五年的奋斗目标，包括"六个现代化"①，分别指向"协同发展""创新驱动""绿色低碳""精神文明""普惠共享""公平正义"，完全涵盖了五大发展理念，这也是贯彻新发展理念，立足河北新发展阶段，推动全省高质量发展的战略导向。

财政是国家治理的基础和重要支柱，落实中央要求和省委省政府部署，推进全省高质量发展，同样离不开高质量财政建设。基于此，根据对"高质量"的理解，本书提出高质量财政的概念，即高质量财政是与高质量发展理念相契合的全新理财观，是符合高质量发展特征的财政运行状态和实践安排。"高质量"理念既贯穿于财政资金的筹集、分配、支出、使用等收支运行全过程，也是财政体制、政策、管理活动的基本遵循。为此，全面建设高质量财政，应包括财政收支的高质量运行和财政职能的高质量发挥两层含义。本书由此分为高质量发展状况、高质量发展体系、财政自身高质量发展、财政职能高质量发挥和高质量发展专题报告等五篇，共包含十八章。

第一篇"高质量发展相关概念与状况评价"，包括第一章至第三章。基于对"高质量"的理解，本书以创新、协调、绿色、开放、共享五大发展理念概括了高

---

① 包括加快建设"两翼"带动、协同发展的现代化河北，创新驱动、跨越赶超的现代化河北，绿色低碳、生态优美的现代化河北，文化教育体育繁荣、精神文明的现代化河北，共同富裕、普惠共享的现代化河北，公平正义、平安法治的现代化河北。

质量发展内涵及特征，以效率、公平、稳定、规范概括了高质量财政内涵及特征，并剖析了高质量发展与高质量财政的内在关系，即推进高质量发展离不开高质量财政职能的发挥，同时高质量财政也必须按照高质量发展要求来构建，此为第一章。基于对高质量内涵的理解，本书分别构建了一套衡量高质量发展和高质量财政的指标体系，分别包括50个指标和25个指标，然后对"十三五"期间的各省发展质量进行比较，分别形成了对河北省发展质量和财政质量状况的全面评价，此为第二、第三章。

第二篇"全面建设河北省高质量财政的体系框架"，包括第四章和第五章。根据高质量财政的概念，针对评价指标反映的河北省发展质量状况，分别构建高质量的财政收支体系和推进高质量发展的财政政策体系。前者立足效率、公平、稳定、规范的高质量特征，包括高质量的财政收入体系、财政支出模式、财税管理制度；后者包括推进河北省创新发展、协调发展、绿色发展、开放发展和共享发展的财政政策体系，此为第四、第五章。

第三篇"财政自身高质量发展路径"，包括第六章至第九章。主要分析如何推进财政收支运行等自身高质量发展，包括四个部分：一是从整体财源角度，分析如何全面推进河北省的高质量财源建设，此为第六章；二是从主要税种角度，分析如何培育壮大河北省高质量主体税源，此为第七章；三是从自身统筹角度，分析如何强化河北省财政资源的高质量统筹，此为第八章；四是从财政风险角度，分析如何高质量防控河北省财政运行风险，此为第九章。总体看，第六、第七两章主要涵盖高质量财政收入建设的效率目标，并附带公平目标；第八章涵盖高质量财政支出的效率目标和财政管理的规范目标；第九章重点研究高质量财政运行建设的稳定目标。

第四篇"财政职能高质量发挥路径"，包括第十章至第十四章。主要分析如何通过财政手段推进经济社会高质量发展，包括五个部分：一是从产业经济方面，分析提升河北省产业现代化水平的财政政策，涵盖高质量发展的创新、开放和绿色方面，此为第十章；二是从当前蓬勃发展的数字经济方面，分析促进河北省数字经济做大做强的财政政策，涵盖高质量发展的创新和开放方面，此为第十一章；三是从城乡关系方面，分析推进城乡基本公共服务均等化的财政政策，涵盖高质量发展的协调和共享方面，此为第十二章；四是从京津冀协同发展方面，分析加快京津冀公共服务共建共享的财政政策，涵盖高质量发展的协调和创新方面，此为第十三章；五是从产业转移方面，分析河北省深入承接北京非首都功能疏解的财政政策，涵盖高质量发展的协调和绿色方面，此为第十四章。

第五篇"高质量发展相关专题路径"，包括第十五章至第十八章。分为涉及河北省高质量发展问题的四个专题研究报告。一是河北省县域财政经济质量状况的分析报告，主要分析如何发展特色产业、完善要素配置、提升县域空间和推进乡村振兴，促进县域高质量发展，此为第十五章；二是河北省企业税费负担情况的调研报告，主要分析如何优化税费政策、完善社保制度、深化体制改革、促进企业高质量发展，此为第十六章；三是河北省"十四五"时期的经济形势和财政收支规模的预测报告，相应提出优化未来财政运行的思路建议，此为第十七章；四是消费税改革对河北省财政收入影响的评估报告，主要分析如何加强改革预研、引导各方预期、做好改革准备，此为第十八章。

本书主要实现了四个方面的创新。一是总结了高质量财政的基本内涵，遵循新发展理念，立足新发展阶段，提出高质量财政的基本概念，并将其划分为财政自身高质量发展和财政职能高质量发挥两个层次，同时总结出效率、公平、稳定、规范四个基本特征；二是构建了高质量财政的两大体系框架，对照效率、公平、稳定、规范四个目标，分别构建高质量的财政收入体系、财政支出模式和财税管理制度，对照创新、协调、绿色、开放、共享五个目标，形成相对系统的财政政策体系框架；三是评估了"十三五"期间的各省发展质量，分别按照高质量发展的五大理念和高质量财政的四大特征，构建了相对客观、系统的指标体系，参照市场化指数分析方法，测算了"十三五"期间各省发展质量和财政质量演进情况，特别对河北省质量状况进行了分析评价；四是研究了涉及河北省高质量发展的重大问题，立足财政自身高质量发展和财政职能高质量发挥，针对新时期财源建设、财政资源统筹、财政收支运行、产业链体系、数字经济、公共服务均等化、京津冀协同发展等影响河北省高质量发展的突出问题进行了专题研究，分别提出相应的政策建议。

目录 CONTENTS

| 第五篇　构建高质量财政之三：高质量发展相关专题路径 |

01

第一篇

高质量发展相关概念与状况评价

第一章

高质量发展与高质量财政概述

党的十九大报告作出中国特色社会主义进入新时代的重大判断，其基本特征就是我国由高速增长转向高质量发展阶段。推动高质量发展，是中国特色社会主义进入新时代的历史背景下，适应经济发展新常态的主动选择，是适应我国社会主要矛盾变化的必然要求，必将成为未来一段时期我国经济社会发展的主要目标导向。

第一节　高质量发展的基本内涵与特征

一、高质量发展的基本内涵

关于高质量发展的内涵，不同学者对此进行了多维度解读。本书认为，发展理念决定着发展方向、发展路径和发展行动，对高质量发展的解读必须抛开表象，站在发展战略大趋势的高度进行概括。党的十八大以来，以习近平同志为核心的党中央直面我国经济发展的深层次矛盾和问题，提出了"创新、协调、绿色、开放、共享"的新发展理念。五大新发展理念指引了高质量发展的价值取向和宏观路径，也是高质量发展的最好解读。为此，提出如下定义。

高质量发展，就是以新发展理念为指导，能够满足人民日益增长的美好生活需要的发展状态；就是创新成为第一动力、协调成为内生特点、绿色成为普遍形态、开放成为必由之路、共享成为根本目的的发展；就是生产要素投入低、资源配置效率高、资源环境成本低、经济社会效益好的质量型发展。

二、高质量发展的主要特征

五大发展理念就是高质量发展的最主要特征，即"高质量"理念在当前经济社会发展中的主要体现。

1. 创新发展

创新是引领发展的第一动力。坚持创新发展，就是注重解决发展动力问题，推动经济保持中高速增长、迈向中高端水平。针对我国经济规模大而不强、经济增长快而不优、关键领域核心技术受制于人的状况，在国际竞争日趋激烈和我国发展动力转换的形势下，必须把创新摆在国家发展全局的核心位置，不断推进理论创新、制度创新、科技创新、文化创新等各方面创新，让创新在全社会蔚然成风。

2. 协调发展

协调是持续健康发展的内在要求。坚持协调发展，就是注重解决发展不平衡问题，着力增强发展的整体性。针对我国区域发展不平衡、城乡发展不协调、产业结构不合理、经济和社会发展"一条腿长、一条腿短"等矛盾，必须牢牢把握中国特色社会主义事业总体布局，正确处理发展中的重大关系，重点促进城乡区域协调发展，促进经济社会协调发展，促进新型工业化、信息化、城镇化、农业现代化同步发展，不断增强发展整体性。

3. 绿色发展

绿色是永续发展的必要条件。坚持绿色发展，就是注重解决人与自然和谐问题，建设天蓝地绿水清的美丽中国。针对当前我国资源约束趋紧、环境污染严重、生态系统退化、发展与人口资源环境之间的矛盾，必须坚持节约资源和保护环境的基本国策，坚持走生产发展、生活富裕、生态良好的文明发展道路，加快建设资源节约型、环境友好型社会，形成人与自然和谐发展的现代化建设新格局。

4. 开放发展

开放是国家繁荣发展的必由之路。坚持开放发展，就是注重解决发展内外联动问题，进一步提升开放型经济水平。在经济全球化深入发展、世界经济深度调整的形势下，必须奉行互利共赢的开放战略，坚持内外需协调、进出口平衡、引进来和走出去并重，发展更高层次的开放型经济，积极参与全球经济治理、提供国际公共产品和打造利益共同体，主动利用、扩大和引领经济全球化。

5. 共享发展

共享是中国特色社会主义的本质要求。坚持共享发展，就是注重解决社会公平正义问题，不断增进人民福祉。针对收入差距较大、社会矛盾较多、部分群众生活比较困难等"短板"领域，必须坚持发展为了人民、发展依靠人民、发展成果由人民共享，作出更有效的制度安排，使全体人民在共建共享中有更多获得感，增强发展动力，增进人民团结，朝着共同富裕方向稳步前进。

三、高质量发展与传统发展的区别

与传统发展理念相比较，高质量发展在涵盖领域、判断标准、发展目标、衡量指标等各个方面都存在明显差异，完全是一种全新的发展理念和价值体系（见表1-1）。

表1-1　　　　　　　　　高质量发展与传统发展理念的主要区别

项目	传统发展	高质量发展
涵盖领域	经济领域	经济、社会、文化、生态、政治"五位一体"领域
判断标准	偏重于规模的大与小、增长的快与慢	偏重于发展的好与坏、程度的高与低
发展目标	经济增长（单维度）	创新、协调、绿色、开放、共享（多维度）
指标类型	规模速度型	质量效率型
典型指标	国内生产总值、人均国内生产总值的规模及增速	产业层次、居民收入、生态环境、公共服务水平、城乡区域差距

1. 涵盖领域方面

传统发展主要集中在经济领域，旨在推动经济高速增长；高质量发展则从经济延伸到社会、文化、生态、政治等各个领域，既包括各领域内部的高质量发展，也包括各领域之间的协调发展，如经济与社会、生态领域的协同发展，物质文明与精神文明的协调有序。

2. 判断标准方面

传统发展偏重于规模的大与小、增长的快与慢，主要是通过各类生产要素的数量扩张，特别是资源、劳动力等传统要素的持续投入，典型特征是高投入、高消耗、高速度、高成本；高质量发展偏重于发展的好与坏、程度的高与低，体现为高速增长到一定水平后更高层次的全面发展，主要是通过对生产要素进行优化重组，特别是嵌入技术、知识、人才等先进要素，推动经济发展由粗放型增长转向集约型增长。

3. 发展目标方面

传统发展集中于经济增长这一单维度导向，相对忽视了社会、生态、文化等其他领域的发展；高质量发展则涵盖创新、协调、绿色、开放、共享五大新理念的多维目标，包括构建创新引领、协同发展的现代产业体系，体现效率、促进公平的收入分配体系，彰显优势、协调联动的城乡区域发展体系，资源节约、环境友好的绿色发展体系，多元平衡、安全高效的全面开放体系等。

4. 衡量指标方面

传统发展多属于规模速度型指标，以国内生产总值、人均生产总值的总量及增速为核心指标；高质量发展主要属于质量效率型指标，在经济发展方面，更注重国民生产总值的产业结构、分配结构（企业利润、员工收入和政府税收）；在社会发展方面，更注重教育、就业、医疗、社保、文化等基本公共服务水平及均等化；生态发展方面，更注重资源的集约利用与优良的生态环境。

总之，高质量发展是我国经济社会发展由初级到高级的必然阶段，具有系统性、动态性和长期性的特点。在微观上，高质量发展需要全要素生产力的效率提升和生产关系的调整优化；在中观上，需要产业结构、市场结构、区域结构、分配结构等国民经济结构的转型升级；在宏观上，需要经济、社会、政治、生态等领域的协同发展。

第二节　高质量财政的基本内涵与特征

一、高质量财政的意义

党的十八届三中全会赋予"财政"新的职能定位[1]，即财政是国家治理的基础和重要支柱。推动经济社会的高质量发展、满足人民日益增长的美好生活需要，是国家治理的核心目标，自然离不开财政职能的发挥，离不开高质量财政的建设。同时，建设高质量财政的根本目的就是推进经济社会等领域的高质量发展，就是通过打造高质量的财政收入、支出、管理、制度等，服务于创新、协调、绿色、开放、共享的高质量发展理念。

二、高质量财政的内涵

目前，学术界对高质量发展的研究较多。相对而言，关于高质量财政或财政

---

[1]　党的十八届三中全会通过的《中共中央关于全面深化改革若干重大问题的决定》提出，财政是国家治理的基础和重要支柱，科学的财税体制是优化资源配置、维护市场统一、促进社会公平、实现国家长治久安的制度保障。

推进高质量发展的系统性研究较少，大多将财政作为推动高质量发展的一种政策手段而少有述及。其中，关于构建适应高质量发展要求的高质量财政体系的研究更为稀少，仅有个别官员、媒体提出高质量财政的若干外在表象。基于中央赋予财政国家治理功能的定位，提出以下定义。

高质量财政是与高质量发展理念相契合的全新理财观，是符合高质量发展特征的财政运行状态和实践安排。"高质量"既是财政收支运行的准则，也是财政管理行为的标准，还是财政职能发挥的要求，或者说，"高质量"理念既贯穿于财政资金的筹集、分配、支出、使用等收支运行全过程，也是财政体制、政策、管理活动的基本遵循。从内容来看，高质量财政包括两个层面，一是财政自身的高质量发展，即对财政收入、支出及运行状态的标准要求；二是财政职能作用的高质量发挥，即推动经济、社会、生态等高质量发展的标准要求。

三、高质量财政的特征

根据党的十九大提出的"实现更高质量、更有效率、更加公平、更可持续"发展要求，高质量财政状态应该具有效率、和谐、持续、法治、公开、透明等多个特征，总体上可归为效率、公平、稳定、规范四大方面。

具体而言，效率与公平是人类经济社会发展中的一对基本矛盾，政府的任何决策行为都不能完全违背效率准则，也不能完全忽视公平原则，必须做好两者的协调统一。财政作为政府的重要治理及调控工具，必须在财政收入筹集和财政资金使用中兼顾"效率原则"和"公平原则"。同时，财政收支运行状态应该符合"稳定原则"，具有长期、可持续性，不能引起经济社会的发展风险。此外，按照构建现代服务型政府的要求，财政体制政策及管理行为还必须符合"规范原则"，做到依法合规和信息公开。

1. 效率方面

高质量的财政状态首先是高效的，这种高效应体现在规模、结构、成本、进度和效果等层面，如要求有一定体量的收入规模、比较合理的财源结构、尽量低的运行成本、尽量快的支出进度、尽量好的撬动效果。

2. 公平方面

高质量的财政状态应该体现公平性，这种公平反映在区域、级次、人群等方面，要求区域及城乡间财力均衡、政府级次间配置合理、群体间财政保障有效。

3. 稳定方面

高质量的财政状态除了效率和公平两大目标外，还要保障稳定可持续。当前，防范化解重大风险已成为我国"三大攻坚战"之首，稳定主要体现在地方财政收支运行平稳、地方政府债务安全规范、养老保险基金支付可持续。

4. 规范方面

高质量的财政状态必然是规范的，无论是财政收入、支出，还是财政管理行为，都应符合法治规范和一定程度上的公开透明。

四、高质量财政与传统财政发展的区别

高质量财政是与高质量发展理念相契合的全新理财观，在财政自身运行和财政职能发挥两个层面都迥异于传统的财政发展观（见表1-2）。

表1-2　　　　　　　　　　高质量财政与传统财政观的主要区别

项目		传统财政观	高质量财政观
自身运行角度	目标	规模导向	绩效导向
	财政收入	注重完成目标任务	突出减少征收成本
	财政支出	注重分配规模和使用进度	突出事前评估和绩效评价
	财政管理	注重程序合规和使用安全	突出资金统筹、直达和透明
职能发挥角度	目标	保障导向	调控导向
	角色	充当"账房先生"	成为"决策参谋"
	内容	政府部门运转及领域发展的资金保障者	有效的国家治理辅助者和公共风险化解者

一方面，从财政自身运行角度看，传统财政更注重财政收支的规模大小、速度快慢。在收入方面，更注重完成财税收入或增速任务，甚至为此采取一些非规范或特殊手段，下级政府则过于依赖上级补助，竞相争取资金和项目；在支出方面，更注重分配规模和使用进度，甚至出现"以拨代支""年底突击花钱"等现象；在管理方面，更注重财政资金的程序合规和使用安全，特别对专项资金要求"专款专用""打酱油的钱不能用来买醋"。高质量财政，除合理预测财政收支规模外，更注重绩效导向。在收入方面，除筹集资金外，也注意避免对市场主体行为的干扰，追求"低成本高收入"；在支出方面，突出资金特别是专项资金或重大政策的事前评估、运行监控和绩效评价，并以此作为资金或政策调整的依据；在管理方面，更突出统筹使用、资金直达和透明公开，对同类资金进行整合、发挥合力，对民生资金实行直达、直接惠及基层或民众，对财政信息推进公开，增强透明度。

另一方面，从财政职能发挥角度看，传统财政更注重财政的保障导向，某种程度上沦为"账房先生"角色，成为维持政府及各部门、各领域发展的"会计"

甚至是"出纳"。高质量财政观则从国家治理的新高度定位，更注重发挥财政的调控导向，成为政府的"决策参谋"，推动财政高质量发展的五大理念落地落实。这种调控功能至少包括以下两类定位：一方面是"辅助治理"，通过财政收支、管理和制度建设，推动政府治理水平的提升，实现国家治理体系和治理能力的现代化；另一方面是"风险干预"，面对日益不确定的现代风险社会①，财政具有化解公共风险的特殊地位，既承担着化解各类公共风险的制度成本，同时也是公共风险的最终承担者，即将分散的各类公共风险集中为单一的财政风险，或者说用财政风险置换公共风险②。

第三节　高质量发展与高质量财政关系

高质量发展与高质量财政存在相互依托、相互促进的辩证关系，这不仅因为作为经济社会领域的重要组成，财政必然属于高质量发展的组成部分；更因为作为国家治理的基础和重要支柱，财政也直接作用于经济社会政治发展，甚至从国家治理角度看，财政是推动高质量发展的核心手段。整体而言，经济社会政治发展质量（即"五位一体"的高质量发展）决定财政质量，财政质量反作用于经济社会政治发展质量。具体分为以下三个层次。

一、经济社会政治发展质量决定了财政收入质量

财政收入的实现依赖于财源、税制（费制）和征管三个方面，高质量财政收入同样需要高质量财源、高质量税制和高质量征管，这三个方面的高质量建设都离不开经济社会政治的高质量发展。其一，财政来源于经济，经济发展程度直接影响着财源质量，从而决定了财政收入的规模与结构；其二，经济发展水平与社会政治体制从根本上影响着税制设计，如直接税与间接税两大体系的规模结构除取决于经济发展水平外，也与社会发展程度及政府调控意图密切相关；其三，行政管理水平决定着征管质量，我国各项税种及非税收入项目的制定调整均基于不同时期的征管能力，而征管能力又与行政管理体制甚至政治体制息息相关。

---

① 不确定性是世界的基本性质，现代社会本质上是一个风险社会，随着经济社会发展，这种不确定的风险将越来越大。

② 当然，这种干预是有限度的，不能超出财政的最大承受能力，否则，财政风险持续上升会带来财政危机，反而引发更大的公共风险，甚至形成国家治理危机。

二、财政收入及经济社会政治发展质量决定了财政支出质量

综合来看，财政支出包括支出方向、支出方式和支出监管三个方面。其一，财政收入决定财政支出的规模和质量，同时财政支出的结构状况还受到政府政治目标及政府间行政体制等因素影响；其二，财政支出方式的设计、选择及运行效果，既受到政府意图及调控能力的影响，一定程度上也依赖于实施对象（经济社会中的运行主体）的行为选择（配合度）；其三，财政支出监管的有效性，更取决于行政管理效率和信息化水平。

三、财政收支质量反向作用于经济社会政治发展质量

作为国家治理的基础和重要支柱，财政收入、支出及体制管理都能深刻影响经济社会政治的发展质量。其一，财政支出具有直接调控经济社会政治发展功能，财政支出的规模、结构和方式都直接影响着经济社会的发展效果；其二，财政收入不仅是推动高质量发展的财力基础，本身也具有重要的调控功能，如税费制度的设计就是调控经济社会发展不同对象的重要手段，其征收的范围、税率（费率）、方式、优惠政策和时限要求等都对征收对象有着明显影响；其三，财税管理及收支体制，极大影响着政府与市场主体、政府与社会主体，以及各级次政府之间的关系，从而影响着经济社会政治的高质量发展。

四、高质量财政是推动高质量发展的突破口

根据上述分析，高质量财政与高质量发展存在着一定程度上的循环因果关系。从问题导向看，财政质量不仅是发展质量状况的集中体现，本身也直接作用于经济社会政治的发展质量。例如，受河北省发展存在的"低质量"因素影响，财政本身也存在一些"低质量"问题，体现为财政收入较大程度上依赖欠规范的非税收入，财政支出依然用于一般竞争性领域，部分财政资金的使用绩效仍然不高，一些财政政策信息不透明及频繁调整等，这些问题都可能对市场主体形成干扰。若不加以解决，财政手段的运用不仅难以推进高质量发展，甚至会影响高质量发展。从目标导向看，高质量财政四大目标（特征）与高质量发展五大理念密切相关，或者说实现高质量发展的五大理念，就离不开建设高质量财政的四大目标。从实践导向看，我国改革开放40余年的实践所证明，在几乎每一次重大改革中财

政都充当了"先行军"角色，并有效保障了历次改革的顺利推进。因此，无论从问题导向、目标导向，还是实践导向而言，推动高质量发展都离不开高质量财政建设。

当今中国已踏上全面建成社会主义现代化强国的新征程，当前和今后一个时期，也是河北省在全面建成小康社会基础上，乘势而上加快建设现代化经济强省、美丽河北的关键阶段。作为国家治理的基础和重要支柱，财政必须坚持"财随政走、政令财行"，充分发挥应有的职能作用，全面建设符合河北省省情的高质量财政，推动全省经济社会高质量发展。

第二章

我国及河北省发展质量状况评析

第一节　高质量发展指标体系的构建

高质量发展，是一种全新的发展理念，是基于新发展格局下的新时代、新变化、新要求对发展的价值取向和目标追求作出的重大调整，是创新、协调、绿色、开放、共享发展理念的高度聚合。为适应我国经济转向高质量发展阶段的时代要求，中央明确要求形成高质量发展的指标体系、标准体系和统计体系。根据对五大发展理念的理解，在此分方面构建了我国省域间高质量发展指标体系。

一、创新发展指标

创新包括理论创新、制度创新、科技创新、文化创新等各方面，其中科技创新位于创新发展战略的核心地位，在此主要对科技创新进行量化，包括投入和产出两大类，其中投入分为研发投入和人员投入；产出分为专利产出、科技产出和产品产出，共十个指标。

1. 研发投入方面

研发经费占生产总值比重（即研发经费投入强度）是最常用的反映地区科技投入水平的指标，也是我国中长期科技发展规划中的核心指标。企业是创新活动的主体，工业企业又在企业创新活动中占有主导地位，企业研发机构是企业持续、稳定开展创新活动的重要保障，故用研发机构占工业企业的比重，从侧面反映企业持续开展创新活动的能力。受数据来源限制，数据口径为规模以上工业企业。

2. 人员投入方面

典型指标为每万人研发人员全时当量，是按全部常住人口计算的 R&D 人员全时当量，反映自主创新人力的投入强度。其中，R&D 人员包括企业、科研机构、高等学校的 R&D 人员，是全社会各种创新主体的人力投入合力，R&D 人员全时当量是按工作量折合计算的 R&D 人员；另一个指标是每万人普通高校在校生数，该指标主要从科技人员储备方面，相对反映科技人员的投入潜力。

3. 专利产出方面

专利授权数是创新活动中间产出的重要成果形式，每万人专利申请授权数指标，可以直观反映研发活动的产出水平。由于发明专利在三种专利中技术含量最高，能够体现专利水平和研发成果竞争力，故用发明专利授权数占专利授权数的比重反映专利质量情况。

4. 科技产出方面

每万名科技人员技术市场成交额，可以直观反映技术转移和科技成果转化的规模状况；另一个指标是每万人国际检索收录论文发表数，科技论文是创新活动中间产出的又一重要成果形式，在此用国际公认的科学统计评价的三大检索工具，即科学引文索引（SCI）、工程索引（EI）、科技会议录索引（ISTP）收录的科技论文之和反映论文发表数量。

5. 产品产出方面

一个指标是以规上工业新产品销售占营业收入比重，新产品销售收入是反映企业创新效果，即将新产品成功推向市场的重要指标。受数据来源限制，该指标口径为规上工业企业；另一个指标是产品质量合格率，产品质量合格率是质量合格产品在总体制造业产品中所占比率，是反映产品质量状况的最具代表性指标，能够引导企业注重技术创新，提升制造业质量竞争力。

二、协调发展指标

协调要解决产业结构不合理、城乡发展不协调、区域发展不平衡、经济和社会发展"一条腿长、一条腿短"等矛盾，在此分为产业协调、就业协调、城乡协调、区域协调、文化协调五个方面十个指标。

1. 产业协调方面

根据经济发展由"一产"—"二产"—"三产"的普遍演进顺序，分别以第二、第三产业增加值占生产总值比重，第三产业占第二、第三产业增加值比重，递进反映产业发展的层次情况。

2. 就业协调方面

与产业演进顺序相适应，以非农产业就业人数与总就业人数比重、三产就业人数占非农就业人数比重，递进反映就业演进的层次情况。

3. 城乡协调方面

以城乡居民收入水平和消费水平两方面反映城乡差距情况，其中，收入水平差距为城镇居民人均可支配收入与农村居民人均可支配收入的比例；消费水平差距为城镇居民人均消费支出与农村居民人均消费支出的比例。

4. 区域协调方面

主要反映各省份内部的区域协调，即省内县域间的发展差距状况，根据现有资料，选取县域人均生产总值和人均储蓄存款余额两个典型指标，其中，生产总值反映经济发展状况；储蓄存款余额反映居民财产状况，也是推动经济发展的重要保障。在计算方法上采用变异系数法，即以各县域相关指标的标准差与均值之比，综合反映各省份内部的发展协调状况。

5. 文化协调方面

推动物质文明和精神文明协调发展是协调发展理念的重要组成。限于数据资料，暂以文化事业发展状况反映各地这一方面的协调情况。典型指标包括人均拥有公共图书馆藏量、万人拥有博物馆文物藏量。

三、绿色发展指标

绿色要解决资源约束趋紧、环境污染严重、生态系统退化、发展与人口资源环境之间的矛盾，在此分为资源禀赋、资源利用、环境治理、环境质量、城区环境五个方面十个指标。

1. 资源禀赋方面

这里的资源指能够适应绿色发展需要的自然资源，而非矿产资源。其中，人均水资源拥有量和森林覆盖率是最能直观反映某地自然资源状况的两个指标。

2. 资源利用方面

通过单位生产总值能耗可以典型反映资源利用程度，但自 2011 年后，我国不再公布各省份单位生产总值能耗数据，仅公布增减幅度，故用电耗和水耗这两个方面反映资源利用情况。一个是单位地区生产总值用电量，另一个是单位工业增加值用水量，其中分母为工业增加值，是因为工业企业是用水大户，用水量高低与企业产值密切相关，而第一产业和第三产业的这种关系就不紧密。

3. 环境治理方面

环境污染治理投资占 GDP 比重是反映某地区环境治理力度的核心指标。《全国城市生态保护与建设规划》曾要求，2020 年我国环境治理投资占 GDP 的比例不低于 3.5%。此外，一般工业固体废物利用率主要从工业方面反映固体废弃物的综合利用效果，为工业固体废弃物综合利用量与工业固体废弃物产生量的比例。

4. 环境质量方面

空气和水的质量是当前最为关注的两大环境指标。在空气质量上，以城市空气质量达标天数来反映，即计算各省份设区市城市的空气优良天数与总天数的平均占比。在水质量上，以省份内河流Ⅲ类以上水质监测断面比重来反映，即计算能作为饮用水源的Ⅰ~Ⅲ类河流水质监测面占全部监测水质断面的比重。

5. 城区环境方面

涉及城市环境的指标较多，采用与人民群众最为相关的城市污水处理率和生活垃圾处理率两个主要指标，综合反映城区环境状况。

四、开放发展指标

开放要解决发展内外联动问题，可以分为货物贸易、服务贸易、外资利用、对外投资、外商企业五个方面十个指标。为适应中央提出的双循环发展战略，本书摈弃了一些传统的规模性指标，更多采用结构和质量型指标。

1. 货物贸易方面

传统上以货物进出口总额①占生产总值比重反映某地经济发展的对外依赖程度，即外贸依存度。在改革开放之初，这是评价某地区对外开放和交流程度的最重要指标，但在双循环的新发展格局下，这一指标已失去时代意义。为此，用以下指标替代。一方面，由于净出口是构成地区生产总值的"三驾马车"（带动经济增长的重要手段）之一，也极大反映了某地区的产业竞争力，故采用出口总额占进出口总额比重指标；另一方面，高技术产品出口额占货物出口额的比重，可以直观反映高技术产业的国际竞争力，也能够评判货物出口质量状况。

2. 服务贸易方面

随着经济发展层次的提升，服务经济日益重要，服务贸易日益成为发达国家经济增长的重要推动力。相对货物贸易而言，我国服务贸易整体发展滞后，且尚无分省份的服务贸易数据，仅能从建筑、旅游、运输等主要服务项目上予以分析。一是对外承包工程，即中国的企业或者其他单位承包境外建设工程项目的活动，选用人均对外承包工程营业额指标；二是旅游项目，当前国际旅游业已进入快速

---

① 本书的进出口总额均指经营单位所在地进出口额。

发展的黄金时代，选用人均国际旅游收入额指标侧面反映这一情况。

3. 外资利用方面

传统上，以实际利用外资占 GDP 比重反映某地区对外国资本的吸引状况，但在新发展阶段下，这一指标虽依然有其意义，但局限性愈加明显。为此，在这一传统指标之外，用实际利用外资与货物进出口总额的比重，反映外资利用的效率情况。

4. 对外投资方面

随着经济规模的壮大和"走出去"战略的实施，我国对外投资规模增速很快，这有助于弥补资源短缺，在全球范围内进行资本最优配置。为完整反映这一情况，采用存量和流量两方面指标。一是以对外非金融类直接投资流量额占实际利用投资的比重，反映我国资本进出情况；二是以对外非金融类直接投资存量额与地区常住人口的比重，反映对外投资人均存量状况。

5. 外商企业方面

一般而言，投资额和注册资本代表了一个企业的规模及市场竞争力，通过外商投资企业的户均投资和户均注册资本情况，可以直观反映外企规模和实力状况。

五、共享发展指标

共享要解决社会公平正义问题，可以分为收入就业、公共教育、医疗卫生、社会保障、基础设施五个方面十个指标。这五个方面，也是与人民群众关系最为密切的公共服务领域。

1. 收入就业方面

居民收入方面，采用最常用的城乡居民人均可支配收入指标。城镇就业方面，考虑指标可得性和连贯性，未采用城镇调查失业率，仍以传统的城镇登记失业率来反映。

2. 公共教育方面

由于近年来各地学龄儿童义务教育入学率均基本达到100%，故采用相对发展性指标，涵盖人（师资）和物（设备）两大方面。一是生师比，即在校学生数与专任教师数的比例，是反映师资配置水平的重要指标，中央对城乡中小学生师比也有明确的标准要求，按照各50%权重将小学生师比和初中生师比拟合成义务教育生师比；二是生均计算机，这是从硬件方面反映教育发展程度的重要指标，同样按照各50%权重将小学生均计算机和初中生均计算机拟合成义务教育生均计算机数量。

3. 医疗卫生方面

卫生技术人员和医疗机构床位是反映医疗资源的两个代表性指标，用每万人拥有卫生技术人员数、每万人拥有医疗机构床位数综合反映医疗卫生发展情况。

4. 社会保障方面

社会保障内容很多，其中影响最大、风险最高，也最为关注的是城镇职工基本养老保险，而且各地在保障标准上差异较大，故以城镇退休人员人均养老金反映。此外，城乡最低生活保障标准直接体现了不同地区低保水平的差别，由于城镇和农村低保标准分别确定，因此以两者平均数确定城乡低保标准。

5. 基础设施方面

这方面的指标较多，用两个发展型指标来反映，一是通过计算高速公路里程与区域面积之比的高速公路密度，综合反映区域交通状况；二是通过计算人均互联网宽带接入端口数，典型反映信息基础设施发展情况。

六、综合指标体系的构建

根据上述划分，本书构建了省域间高质量发展指标体系（见表 2-1），共包括 50 个指标，创新、协调、绿色、开放、共享各有 10 个。为做到客观比较，指标选取遵循三个标准：一是采用比例类指标，即剔除经济、人口等体量因素的影响；二是可计量对比，基础数据均来源于公开统计资料；三是有基本的价值判断，即相对而言，数据是越大越好，还是越小越好，否则就缺乏指向意义，无法进行比较。

表 2-1　　　　　　　　省域间高质量发展指标体系

总指标	一级指标	二级指标	性质	数据来源
创新	研发投入	研发经费占生产总值比重	正向	《中国科技统计年鉴》《中国统计年鉴》
		研发机构占工业企业比重	正向	《中国科技统计年鉴》
	人员投入	每万人研发人员全时当量	正向	《中国科技统计年鉴》
		每万人普通高校在校生数	正向	《中国统计年鉴》
	专利产出	每万人专利申请授权数	正向	《中国统计年鉴》
		发明占专利授权数比重	正向	《中国统计年鉴》
	科技产出	每万名科技人员技术市场成交额	正向	《中国科技统计年鉴》
		每万人国际检索收录论文发表数	正向	《中国科技统计年鉴》
	产品产出	新产品销售占工业营业收入比重	正向	《中国科技统计年鉴》
		产品质量合格率	正向	《中国统计年鉴》

总指标	一级指标	二级指标	性质	数据来源
协调	产业协调	二三产业增加值占生产总值比重	正向	《中国统计年鉴》
		三产增加值占二三产增加值比重	正向	《中国统计年鉴》
	就业协调	非农就业人数占总就业人数比重	正向	全国及各省统计年鉴、《中国劳动统计年鉴》
		三产就业占非农就业人数比重	正向	全国及各省统计年鉴、《中国劳动统计年鉴》
	城乡协调	城乡居民人均收入水平差距	逆向	《中国统计年鉴》
		城乡居民人均消费水平差距	逆向	《中国统计年鉴》
	区域协调	县域人均生产总值变异系数	逆向	《中国县域统计年鉴》
		县域人均储蓄存款变异系数	逆向	《中国县域统计年鉴》
	文化协调	人均拥有公共图书馆藏量	正向	《中国统计年鉴》
		万人拥有博物馆文物藏量	正向	《中国统计年鉴》
绿色	资源禀赋	人均水资源	正向	《中国环境统计年鉴》
		森林覆盖率	正向	《中国环境统计年鉴》
	资源利用	单位地区生产总值电耗	逆向	《中国统计年鉴》
		单位工业增加值用水量	逆向	《中国统计年鉴》《中国环境统计年鉴》
	环境治理	环境治理投资占生产总值比重	正向	《中国环境统计年鉴》
		一般工业固体废物综合利用率	正向	《中国环境统计年鉴》《中国统计年鉴》
	环境质量	城市空气质量达标天数比重	正向	全国及各省环境质量状况公报
		Ⅲ类以上水质监测断面比重	正向	全国及各省环境质量状况公报
	城区环境	城市污水处理率	正向	《中国城乡建设统计年鉴》《中国环境统计年鉴》
		生活垃圾处理率	正向	《中国城乡建设统计年鉴》《中国环境统计年鉴》
开放	货物贸易	出口总额占进出口总额比重	正向	《中国贸易外经统计年鉴》
		高技术产品出口占出口总额比重	正向	《中国科技统计年鉴》《中国统计年鉴》
	服务贸易	人均对外承包工程营业额	正向	《中国贸易外经统计年鉴》
		人均国际旅游总收入额	正向	《中国贸易外经统计年鉴》
	外资利用	实际利用外资占生产总值比重	正向	各省统计年鉴
		实际利用外资占贸易总额比重	正向	各省统计年鉴

总指标	一级指标	二级指标	性质	数据来源
开放	对外投资	对外直接投资流量占生产总值比重	正向	《中国对外直接投资统计公报》
		人均对外直接投资存量	正向	《中国对外直接投资统计公报》
	外商企业	外企户均投资额	正向	《中国统计年鉴》
		外企户均注册资本	正向	《中国统计年鉴》
共享	收入就业	城乡居民人均可支配收入	正向	《中国统计年鉴》
		城镇登记失业率	逆向	《中国统计年鉴》《中国劳动统计年鉴》
	公共教育	义务教育学校生师比	逆向	《中国统计年鉴》《中国教育统计年鉴》
		义务教育生均计算机	正向	《中国教育统计年鉴》
	医疗卫生	每万人拥有卫生技术人员数	正向	《中国统计年鉴》
		每万人拥有医疗机构床位数	正向	《中国统计年鉴》
	社会保障	城镇退休人员人均养老金	正向	《中国统计年鉴》《中国劳动统计年鉴》
		城乡最低生活保障标准	正向	《中国统计年鉴》《中国民政统计年鉴》
	基础设施	高速公路里程密度	正向	《中国统计年鉴》
		人均互联网宽带接口数	正向	《中国统计年鉴》

第二节 地方发展质量状况总体趋势

根据上述指标体系，收集整理了 2015～2020 年全国各省份①相关年鉴数据。其中，一些指标缺乏 2020 年数据，暂以 2019 年或 2018 年数据替代。

一、分析方法

参考樊纲等（2011）构造市场化指数的方法，在此对每个分项指标进行指数化，计算出每个指数的得分。然后通过平均赋权，得出各方面最终得分。具体方法如下：

（1）当指数值高低与本指标程度高低正相关，即该指标为正向指标时，第 i 个指标得分 $= (V_i - V_{min})/(V_{max} - V_{min}) \times 2$。

其中 V_i 是某个地区第 i 个指标的原始数据，V_{max} 是所有 31 个省份原始数据中

---

① 注：本书中的全国及各省份均指大陆 31 个省、自治区和直辖市，不含港澳台地区。

数值最大的一个，V_{min}是最小的一个。这种方法使所有数值均为 0 ~ 1 之间，为了更直观显示发展质量状况，在此将理论上的百分与 50 个指标相除得 2，然后将各指标原始得分与 2 相乘，得到本指标得分。

（2）当指数值高低与本指标程度高低负相关，即该指标为逆向指标时，第 i 个指标得分 = $(V_{max} - V_i)/(V_{max} - V_{min}) \times 2$。

（3）为了使各年指标跨年度可比，第 t 年第 i 个指标得分的计算方法如下：

正向指标第 i 个指标 t 年得分 = $(V_{i(t)} - V_{min(0)})/(V_{max(0)} - V_{min(0)}) \times 2$

逆向指标第 i 个指标 t 年得分 = $(V_{max(0)} - V_{i(t)})/(V_{max(0)} - V_{min(0)}) \times 2$

其中脚标 t 代表所计算的年份，脚标 0 代表基期年份。由于这两个公式的性质，单项指数在非基期年份的最高和最低得分可能大于 2 或小于 0。

该种分析方法既可以反映不同地区横向比较情况，又可以反映纵向年度间变化情况，从而相对系统地评价地区间发展质量。同时，按照樊纲等（2011）分析，在一个指标体系由较多的有用变量构成，所包含的信息比较充分的情况下，平均赋权法可以大致代替主成分分析客观赋权法（两者结果高度一致），还能弥补主成分分析无法进行纵向比较的不足。需要注意的是，随着某些实际情况的改变，部分时间跨度过大的指标计算会使某些指数大幅偏离 0 ~ 2 的基期年份评价区间，无形中加大了这些指数的权重，影响总指标评分。对此，一方面适当缩减时间跨度，樊纲的市场化指数分析都在 10 年以内，本书为 5 年；另一方面对个别指标的异常值进行分析。经检验，在期末（2020 年）1550 个数据中，仅人均对外直接投资存量（上海）、外企户均投资额（安徽、广西、海南）、外企户均注册资本（黑龙江、山东、海南）等 7 个指标高于区间间距的两倍[①]（即大于 4），将这三个数据作为异常值回调到 4，以防止个别指标的个别极值对总评分形成异常影响。

二、总体结论：五大发展均有改善，其中共享方面最为明显，绿色方面相对迟缓

近年来，我国地方发展质量状况明显提升，综合质量（31 个省份平均）得分从 39.5 提高到 52.5，提升了 32.9%。50 个指标中有 43 个趋于改善，仅有 7 个指标质量恶化。其中，共享类指标改善最为显著，提升了 85.6%；开放、协调、创新类指标改进也比较明显，分别提升了 41.2%、22.3%、21.6%；绿色类指标改进迟缓，仅提升 12.0%（见表 2 - 2）。

---

① 一般认为，超过区间间距的两倍可被视为严重干扰指标权重，从而影响这一方法的适用性。

表 2 - 2　　　　　　　　2015 年、2020 年地方发展质量主要方面演进状况

指标	2015 年	2020 年	增长幅度（%）
综合	39.5	52.5	32.9
创新	5.6	6.8	21.6
协调	9.0	11.0	22.3
绿色	12.1	13.5	12.0
开放	6.0	8.4	41.2
共享	6.9	12.7	85.6

1. 创新方面：呈现出投入加大、产出良好的全面增效趋势，但研发投入、专利授权和论文发表的内部结构有待优化

10 个创新指标中，除发明占专利授权数比重下降外，其他 9 个指标均有改善。在研发投入上，研发经费投入强度从 2.07% 提升到 2.40%，研发机构企业占规上工业比重由 13.8% 提升到 22.6%，说明无论是企业还是政府都加大了对研发工作的经费投入力度。虽然研发经费投入强度已达到中等发达国家水平，但与发达国家相比，仍然存在大而不强、多而不优的情况，典型体现在基础研究占比较低（2020 年为 6.01%，发达国家多为 15%~20%）。在人员投入上，每万人研发人员全时当量由 27.2 年提升到 34.1 年，每万人普通高校在校生数由 190 人增加到 233 人。在专利产出上，每万人专利申请授权数由 11.4 个增加到 24.8 个，翻了一番还多，但其中的发明专利授权数占全部专利授权数比重由 16.2% 下降到 12.4%，说明专利授权的质量仍需提升。在科技产出上，每万名科技人员技术市场成交额由 17.1 万元增加到 30.5 万元，每万人国际检索收录论文发表数也由 3.7 篇增加到 4.9 篇，但高被引论文数量、热点论文数量占比依然较低。在产品产出上，新产品销售占工业营业收入比重由 13.6% 提升到 19.9%，主要集中在计算机通信和其他电子设备制造业、电气机械和器材制造业、汽车制造业等行业，产品质量合格率由 92.9% 略微增加到 93.4%，说明制造业的质量竞争力有所提升（见表 2-3）。

表 2 - 3　　　　　　　　2015 年、2020 年地方发展质量各指标演进状况

总指标	一级指标	二级指标	单位	期初	期末	变化（%）	评价
创新	研发投入	研发经费占生产总值比重	%	2.07	2.40	15.9	改善
		研发机构企业占工业比重	%	13.8	22.6	63.8	改善
	人员投入	每万人研发人员全时当量	年	27.2	34.1	25.4	改善
		每万人普通高校在校生数	人	190	233	22.6	改善

续表

总指标	一级指标	二级指标	单位	期初	期末	变化（%）	评价
创新	专利产出	每万人专利申请授权数	个	11.4	24.8	117.5	改善
		发明占专利授权数比重	%	16.2	12.4	−23.5	恶化
	科技产出	每万名科技人员技术市场成交额	万元	17.1	30.5	78.4	改善
		每万人国际检索收录论文发表数	篇	3.7	4.9	32.4	改善
	产品产出	新产品销售占工业营业收入比重	%	13.6	19.9	46.3	改善
		产品质量合格率	%	92.9	93.4	0.5	改善
协调	产业协调	二三产业增加值占生产总值比重	%	91.7	92.3	0.7	改善
		三产增加值占二三产增加值比重	%	53.1	58.9	10.9	改善
	就业协调	非农就业占全部就业人数比重	%	67.0	76.4	14.0	改善
		三产就业占非农就业人数比重	%	56.2	62.4	11.0	改善
	城乡协调	城乡居民人均收入水平差距	倍	2.73	2.56	−6.2	改善
		城乡居民人均消费水平差距	倍	2.32	1.97	−15.1	改善
	区域协调	县域人均生产总值变异系数	—	0.675	0.663	−1.8	改善
		县域人均储蓄存款变异系数	—	0.568	0.521	−8.3	改善
	文化协调	人均拥有公共图书馆藏量	册	0.58	0.81	39.7	改善
		万人拥有博物馆文物藏量	个	197	282	43.1	改善
绿色	资源禀赋	人均水资源	立方米	2027	2240	10.5	改善
		森林覆盖率	%	21.6	23.0	6.5	改善
	资源利用	单位地区生产总值电耗	瓦时	82.1	74.2	−9.6	改善
		单位工业增加值用水量	立方米	5.30	3.90	−26.4	改善
	环境治理	环境治理投资占地区生产总值比重	%	1.28	1.15	−10.2	恶化
		一般工业固体废物综合利用率	%	60.8	55.4	−8.9	恶化
	环境质量	城市空气质量达标天数比重	%	76.7	87.0	13.4	改善
		Ⅲ类以上水质监测断面比重	%	72.1	83.4	15.7	改善
	城区环境	城市污水处理率	%	91.9	96.8	5.3	改善
		生活垃圾处理率	%	98.0	99.6	1.6	改善

续表

总指标	一级指标	二级指标	单位	期初	期末	变化（%）	评价
开放	货物贸易	出口总额占进出口总额比重	%	57.5	55.6	-3.3	恶化
		高技术产品出口占出口总额比重	%	28.8	29.9	3.8	改善
	服务贸易	人均对外承包工程营业额	美元	75.1	77.1	2.7	改善
		人均国际旅游收入额	美元	518.8	593.9	14.5	改善
	外资利用	实际利用外资占生产总值比重	%	2.3	1.6	-30.4	恶化
		实际利用外资占贸易总额比重	%	6.5	5.7	-12.3	恶化
	对外投资	对外直接投资流量占生产总值比重	%	0.84	0.52	-38.1	恶化
		人均对外直接投资存量	美元	15.5	38.8	150.3	改善
	外商企业	外企户均投资额	美元	943	2147	127.7	改善
		外企户均注册资本	美元	555	1327	139.1	改善
共享	收入就业	城乡居民人均可支配收入	元	21966	32189	46.5	改善
		城镇登记失业率	%	4.0	3.6	-10.0	改善
	公共教育	义务教育学校生师比	倍	15.3	15.2	-0.7	改善
		义务教育生均计算机	台	0.12	0.16	33.3	改善
	医疗卫生	每万人拥有卫生技术人员数	人	58	76	31.0	改善
		每万人拥有医疗机构床位数	张	51.1	64.5	26.2	改善
	社会保障	城镇退休人员人均养老金	元	2193	3500	59.6	改善
		城乡最低生活保障标准	元	357.9	575.9	60.9	改善
	基础设施	每平方公里高速公路密度	公里	1.29	1.68	30.2	改善
		人均互联网宽带接口数	个	0.41	0.69	68.3	改善

注：研发机构企业占工业比重、每万人研发人员全时当量、每万名科技人员技术市场成交额、规上工业新产品销售收入占比、县域人均 GDP 变异系数、县域人均储蓄存款变异系数、单位工业增加值水耗、城市污水处理率、城市生活垃圾处理率、人均对外承包工程营业额、人均国际旅游收入、城镇登记失业率、义务教育生均计算机等 13 个指标期末数为 2019 年数据，每万人国际检索收录论文发表数、环境污染治理投资占 GDP 比重、高技术产品出口额占货物出口额的比重等 3 个指标期末数为 2018 年数据。

2. 协调方面：初步形成全方位协调促进的格局，但城乡差距依然较大，非农就业与产业配比尚不合理

10 个协调指标均有改善。在产业协调上，第二、第三产业增加值占生产总值比重由 91.7% 提升到 92.3%，第三产业增加值占第二、第三产业增加值比重由 53.1% 提升到 58.9%，体现了产业结构重心由第一产业向第二产业和第三产业逐次转移的过程，说明产业结构不断优化，但第三产业占比依然与发达国家 70% 以上的水平有较大差距。在就业协调上，非农产业就业占全部就业人数比重由 67.0% 提升到 76.4%，第三产业就业占非农产业就业人数比重由 56.2% 提升到 62.4%，发展趋势与产业演进相一致，但农业人口占比依然较高，与农业增加值占比仍不相称，以 2020 年为例，全国 1/4 的农民人口仅创造了 1/14 的产值。在城乡协调上，城乡居民人均收入水平差距由 2.73 倍缩减到 2.56 倍，城乡居民人均消费水平差距由 2.32 倍缩减到 1.97 倍，说明城乡差距逐步减小，但收入差距依然明显高于 20 世纪 80 年代初不到 2 倍的城乡差距，说明我国的城乡发展仍不平衡，二元经济结构问题依然严峻。在区域协调上，各省份内部发展差距有所减缓，但尚不显著，其中县域人均生产总值变异系数由 0.675 缩减到 0.663，县域人均储蓄存款变异系数由 0.568 缩减到 0.521。在文化协调上，人均拥有公共图书馆藏量由 0.58 册提升到 0.81 册，万人拥有博物馆文物藏量由 197 个提升到 282 个，改善程度均在 40% 左右，体现了精神文明的显著进步。

3. 绿色方面：以资源利用和环境质量为代表的多数指标改善明显，但环境治理力度有所下降，水资源约束依然突出

10 个绿色指标中，8 个改善，环境治理投资占地区生产总值比重、一般工业固体废物综合利用率 2 个指标下降。在资源禀赋上，随着近年来对资源环境保护力度的加强，我国人均水资源整体提升，由 2027 立方米升到 2240 立方米，但水资源形势依然严峻，人均水资源仅为世界人均水平的 1/4 左右，比人均耕地的占比还要低近 10 个百分点；森林覆盖率由 21.6% 提升到 23.0%，但仍是一个缺林少绿的国家，覆盖率低于全球 30.7% 的平均水平，特别是人均森林面积不足世界人均的 1/3，人均森林蓄积量仅为世界人均的 1/6。在资源利用上，随着对冶金、建材等落后行业及过剩产能的不断压减，资源利用效率进步明显，单位地区生产总值电耗由 82.1 瓦时缩减到 74.2 瓦时，单位工业增加值用水量由 5.30 立方米缩减到 3.90 立方米。在环境治理上，虽然各地不断加大环保投入，但与经济发展相比仍较低，环境治理投资占地区生产总值比重由 1.28% 下降到 1.15%，未实现《全国城市生态保护与建设规划》提出的 2020 年不低于 3.5% 的目标[①]。相应地，一般工业固体废物综合利用率也由 60.8% 下降到 55.4%，说明环保治理依然任重道远。在环境质量上，2015 年各省份逐步推广采用空气质量新标准（GB3095 - 2015），当年各省份主要城市空气质量的达标天数比例为 76.7%，2020 年提升到 87.0%，各省份主要流域Ⅲ类以上水质监测断面比重也由 72.1% 提升到 83.4%。在城区环境上，城市污水处理率和生活垃圾处理率分别由 91.9%、98.0% 提升到 96.8%、99.6%，反映出城市环境生态明显改善，基本实现了对污水、垃圾的有效处理。

---

① 根据国际经验，当治理环境污染投资占 GDP 比例达 1%～1.5% 时，可控制环境恶化趋势；当比例达到 2%～3% 时，环境质量可有所改善。发达国家在 20 世纪 70 年代环境保护投资占 GDP 的比例已达 2%，《全国城市生态保护与建设规划（2015 - 2020 年）》要求，2020 年环保投资占 GDP 比例不低于 3.5%。

4. 开放方面：传统的出口导向型发展逐渐转向"双循环"格局，开放结构逐步优化，"走出去"效应明显，但服务贸易的规模与结构依然滞后

10个开放指标中，6个改善，4个下降，下降的多为传统反映开放规模的指标。在货物贸易上，改革开放以来，我国形成了以外循环为主的出口导向型发展战略，外贸依存度一度达到近70%，虽然有力促进了经济发展，但也导致国内需求不足、经济存在内生脆弱性等问题，近年来为对冲外部不确定性风险，我国开始转向内需导向型发展战略，外贸依存度逐渐回落到30%左右，出口总额占进出口总额比重也渐趋稳定在55%左右，虽仍处于贸易顺差，但对经济增长的拉动作用有所减弱。在服务贸易上，随着我国深度融入经济全球化进程，服务业对外开放力度不断加大，服务贸易逐渐成为我国对外贸易发展的新引擎，服务进出口总额在全球占比由2015年的不足6%提高到2020年的6.8%[①]，按照常住人口计算的人均对外承包工程营业额、人均国际旅游收入额都不断提升，但总体上服务贸易与发达国家相比依然规模较小，占货物贸易的比重一直在1/7左右，且近年来持续处于逆差状态，内部结构中旅行、运输和建筑等三大传统服务依然占有2/3左右，知识密集型服务依然较低。在外资利用上，与内需导向型发展相适应，实际利用外资占生产总值和贸易总额的比重逐步下降。在对外投资上，近年来我国对外直接投资增速很快，《2020年度中国对外直接投资统计公报》显示，2020年我国对外直接投资1537.1亿美元，在疫情防控形势下仍增长12.3%，流量规模首次位居世界第一位；2020年末我国对外直接投资存量达2.58万亿美元，仅次于美国（8.13万亿美元）和荷兰（3.8万亿美元），居世界第三位。反映到指标上，地方人均对外直接投资存量五年增长了1.5倍，但由于对外直接投资流量包括中央和地方部分，指标反映的地方对外直接投资流量占生产总值比重下降较多，若包括中央部分，这一占比变化不大。在外企规模上，外商投资企业户均投资额和注册资本都翻了一番，体现了外企单户规模的不断壮大。

5. 共享方面：各类民生事项均有明显提升，但公共服务整体水平依然较低，养老金替代率、城乡低保等标准仍有待提升

10个共享指标均有明显改善。在收入就业上，城乡居民人均可支配收入由21966元提升到32189元，增长了近50%；城镇登记失业率由4.0%下降到3.6%，说明随着经济增长，人民生活改善和就业水平都有了明显提升。在公共教育上，在基本实现适龄儿童入学全覆盖的基础上，义务教育学校的生师比由15.3降到15.2，其中2020年小学为16.7、初中为12.7，均符合中央统一城乡教职工编制标

---

① 《全球服务贸易发展指数报告（2021）》显示，2012~2019年，中国对全球服务进口增长贡献率达15.7%，拉动全球服务进口增长5.5个百分点。

准中明确规定的小学不高于 19、初中不高于 13.5 的要求。特别是反映义务教育设施现代化程度的生均计算机拥有量增长了 1/3，由 0.12 台增加到 0.16 台。在医疗卫生上，反映医疗资源的两个代表性指标逐年改善，每万人拥有卫生技术人员数由 58 人提升到 76 人，每万人拥有医疗机构床位数由 51.1 张提升到 64.5 张。在社会保障上，截至 2021 年，我国的城镇职工养老金已经持续 17 年上涨，2020 年城镇退休人员人均养老金比 2015 年增长了近 60%，但养老金替代率[①]依然不足 50%；城乡最低生活保障标准增长了 60% 以上，其中，农村低保标准提升了 84%（城市低保标准提升了 48%），成为各类共享指标中提升幅度最大的项目，城乡低保标准差距由 1.70 缩减到 1.37，但城乡低保标准依然较低。在基础设施方面，每平方公里高速公路密度增长了 30% 以上，人均互联网宽带接口数更是增长了近 70%，此外，2020 年我国互联网普及率达到 70.4%，有十亿用户接入互联网，形成了全球最为庞大、生机勃勃的数字社会。

第三节　省域间发展质量的比较分析

整体上，省域间发展质量差距显著。2020 年最高的北京达到 87.8 分，其次是上海、天津和浙江，均在 60 分以上；最低的甘肃 38.3 分，40 分以下的还有青海和西藏。2015～2020 年，提升最多的是山东，增长 17.3 分；提升最慢的是青海，仅增长 7 分。

一、创新方面：沿海发达地区及安徽、湖北、陕西质量较高，多数中西部地区质量较低；贵州、安徽等多数省份质量提升，青海、广西等 8 省区质量下降

横向质量状况上，2020 年北京、上海、天津、江苏、浙江、广东等发达省份均在前 10 名（北京最高），位居后 10 名的除广西、海南外，均属于内陆欠发达省份，其中青海最低。发达省份经济实力强、发展层次高，无论是研发经费、人员的投入强度，还是专利授权、论文发表及新产品销售收入占比，都明显高于欠发达省份。相对而言，中西部的安徽、湖北、陕西三省，得益于高校和研发机构众

---

① 养老金替代率，是指老人退休以后的养老金收入与退休以前的工资收入比例。按照国际惯例，养老金替代率达到 70%～80% 才能够实现较为充分的养老。

多（如陕西的每万人普通高校学生数、每万名科技人员技术市场成交额均居全国第2位），研发力量比较充足，创新质量分列全国第7、第8、第9名。纵向质量变化上，除青海、广西、宁夏等8个省份下降外，其他省份创新质量得分都有提升。位居中西部的贵州、安徽、江西提升最为明显，2020年安徽的发明专利数占专利授权数的比重、规上工业新产品销售收入占比均居全国第3位，贵州的每万名科技人员技术市场成交额也从全国下游提升到全国前10名。此外，东北三省的排名均有所下滑，其中三省的研发机构工业企业所占比重均居全国后8位，吉林、黑龙江的产品质量合格率均居全国后5位。

二、协调方面：多数沿海地区质量较高，西部地区和广东质量较低；所有省份质量都有所提升，其中黑龙江、河南提升最快，西藏、辽宁提升较慢

横向质量状况上，2020年北京、上海、天津、浙江等多数发达省市位居前10名（北京最高），主要得益于产业发展程度较高、文化事业发展较快、辖区内城乡及县域发展差距较小。位居后十名的多为甘肃、西藏、青海、贵州等西部欠发达省份（甘肃最低），主要是产业层次较低、域内发展水平差距较大。值得注意的是，广东仅居25位，主要因为省内差距较大，2020年省内县域人均GDP变异系数、人均储蓄存款变异系数都为全国平均差距的2倍左右，均居各省第2位，反映其境内发展不均衡的实际状况。纵向质量变化上，五年来所有省份都有明显提升。其中，黑龙江、河南提升最快，主要得益于产业层次的提升和区域差距的缩减，2020年黑龙江的三产占二三产业增加值的比重居全国第4位；西藏、辽宁、天津提升较慢，西藏仅增加0.5分，辽宁排位则由第9位退步到第15位，主要是文化事业发展相对滞后。

三、绿色方面：南方地区质量较高，多数北方省份质量较低；所有省份质量上升，其中西藏、青海提升最快，福建、湖南提升较慢

横向质量状况上，2020年位居前10名的均为南方省份，既包括浙江、福建、广东等较发达省份（浙江最高），也包括海南、贵州、西藏等欠发达省份，主要因为这些地区自然资源条件较好、空气和水质量状况较优。北方省份普遍质量较低，最高的北京仅为13位，位居全国后10名的均为山西、天津、宁夏、内蒙古等北方地区（山西最低），其中位于大气污染传输通道的京津冀鲁豫五省市的城市空气质

量达标率最低，河流断面水质也较差。纵向质量变化上，所有省份质量均有所提升，其中西藏、青海最为明显，均超过 3 分，而福建、湖南提升幅度都不足 0.5 分，源于污水处理率等城区环境改善相对较慢。值得注意的是，五年间分别有 14 个、22 个省份的环境污染治理投资占 GDP 比重、一般工业废物综合利用率指标下降。根据国际经验，当环境治理投资占 GDP 比例达到 2%~3% 时，环境质量可有明显改善。目前达到这一比例的仅有北京、内蒙古、西藏、宁夏、新疆等五个省份。

四、开放方面：直辖市和部分沿海地区质量较高，西部地区质量较低；多数省份质量提升，青海、西藏、天津下降，多数地区发展对外贸外资依赖度下降

横向质量状况上，2020 年四个直辖市和海南、山东等沿海地区大都进入前 10 名（上海最高），主要是按照常住人口计算的对外投资、经济合作等规模较大，但北京长期处于贸易逆差状态，货物出口额占进口额的比重一直不到 1/4，2020 年为全国最低。相对而言，甘肃、青海、新疆、西藏等西部欠发达省份，利用外资和外企户均规模都不高，开放质量得分相对较低（甘肃最低）。纵向质量变化上，仅青海、西藏、天津 3 省市得分下降，主要因为贸易出口占比、实际利用外资占生产总值比重等指标下降。其他省份开放质量得分都有提升，特别是海南、山东最为明显，主要因为外企户均投资额和注册资本增长较快。需要注意的是，五年来分别有 24 个、25 个、28 个省份的出口额占进出口额比重、实际利用外资占生产总值比重、对外直接投资流量占生产总值比重下降，其中固然有 2020 年疫情防控的特殊影响，但也体现了随着我国进入发展新常态和新格局，外资外贸在区域经济发展中的重要程度下降，或者说经济发展更多地依靠国内需求拉动。

五、共享方面：沿海发达地区质量相对较高，中西部地区质量较低，但个别省份的民生指标突出；所有省份质量都有明显提升，其中东北地区相对较慢

横向质量状况上，2020 年位居前 10 名的主要是北京、上海、江苏、浙江、山东等沿海发达省份（上海最高），位居后 10 名的多为河南、广西、甘肃等中西部省份（河南最低），体现了发达地区相对较高的教育、医疗、社保、就业等公共服务水平。其中，北京、上海、天津的城乡低保标准都超过全国平均水平的 2 倍，且实现了城乡标准一致；而浙江则是全国唯一的人均互联网宽带接口数超过 100% 的

省份；河南则由于人口众多，在义务教育人均计算机、城乡低保标准、人均互联网宽带接口数等人均指标上均处于倒数5位之内。同时，受近年来中央大力推进基本公共服务均等化的影响，一些西部省份在某些民生指标上改善明显，甚至居于全国前列。例如，2020年，西藏、青海退休人员月人均养老金分居第1、第4位，陕西的每万人拥有卫生技术人员数居第2位。纵向质量变化上，五年来所有省份都有明显提升，而且几乎所有省份在所有共享指标上都有进步，体现了各地注重社会民生和公共服务共享的效果。其中，上海、四川提升最快，东北地区提升较慢，东北三省的提升幅度均未达到全国平均水平。

六、基本结论

根据上述分析，对各区域发展质量状况进行了比较，得出以下结论（见表2-4）。

表2-4　　　　　　　　2015年、2020年我国不同区域发展质量状况

项目		综合		创新		协调		绿色		开放		共享	
		2015年	2020年	2015年	2020年	2015年	2020年	2015年	2020年	2015年	2020年	2015年	2020年
整体情况		39.5	52.5	5.6	6.8	9.0	11.0	12.1	13.5	6.0	8.4	6.9	12.7
东西划分	东部	47.0	60.9	7.8	9.9	10.7	12.6	12.2	13.6	7.2	9.8	9.1	15.0
	中西部	35.3	47.8	4.3	5.0	8.1	10.2	12.0	13.5	5.3	7.7	5.6	11.5
南北划分	南方	39.8	53.7	5.3	7.1	9.1	11.0	12.8	14.2	6.3	8.9	6.3	12.5
	北方	39.1	51.2	5.8	6.4	9.0	11.1	11.3	12.8	5.6	8.0	7.4	13.0
部分区域	发达	50.9	64.9	9.1	11.8	11.2	13.1	12.4	13.7	8.1	10.1	10.1	16.2
	东北	37.6	50.0	5.6	6.0	9.4	11.6	11.5	13.0	3.8	6.6	7.4	12.7
	西北	34.2	44.8	4.5	4.1	7.1	9.1	11.2	12.8	4.7	6.8	6.6	12.0
	中部	37.8	51.5	4.6	6.6	9.1	11.2	12.4	13.5	6.5	9.1	5.2	11.0

注：分数为省均分。东部指沿海11省，中西部指内陆20省；南方16省，北方15省；发达地区指除河北、海南、辽宁外的其他东部8省，东北有3省，中部共6省。

1. 东西对比：东强西弱的发展质量格局未变，但差距有所减缓

2015年东部省均分数为中西部的1.33倍，2020年减缓为1.27倍。在各方面得分上，东部均高于中西部地区，但除了创新方面差距有所拉大外（2020年接近2倍），在其他方面东西部差距都有所减缓，均不足1.3倍，特别是绿色方面，东西部已几乎相当。综合分数前10名中，2015年、2020年均有6个位于东部；综合分数后10名中，2015年、2020年均有9个位于中西部。

2. 南北对比：南强北弱的发展质量格局未变，且差距逐渐拉大

2015 年南方省均分数为北方的 1.02 倍，2020 年扩展为 1.05 倍。分方面看，2020 年南方在创新、开放、绿色方面质量上高于北方，均为北方的 1.11 倍，特别是创新质量上由低于北方到高于北方；北方在协调、共享方面略高于南方。综合分数前 10 名中，2015 年、2020 年均有 7 个位于南方；综合分数后 10 名中，2015 年、2020 年均有 6 个位于北方。

3. 发达地区：各方面发展质量均较高，但绿色发展优势不明显

发达省份在五大发展质量上均高于全国平均水平，特别在创新方面优势明显，远高于其他区域，且差距不断拉大。在其他四个方面，发达地区与其他地区的差距均有所减缓，特别是 2020 年绿色发展质量与中部地区几乎相当，说明经济发展程度与部分质量指标的相关性不高。SPSS 软件的序列相关性检验也显示，2020 年各省份人均 GDP 与创新类指标质量排名高度相关，1% 置信区间内相关度为 0.765，而与共享、协调和开放类指标相关度一般，与绿色类指标不相关。

4. 东北地区：综合质量低于全国平均水平，且创新和共享方面差距拉大

2015～2020 年，东北地区省均质量均低于全国平均水平。其中，除协调方面略高于全国平均水平外，其他四大方面均较低，特别是创新和共享方面与全国平均水平差距拉大。2020 年东北地区在创新、绿色、开放发展方面都低于中部地区。2015 年，辽宁、吉林、黑龙江综合质量排名分别为第 11、第 16、第 19 位，2020 年分别为第 14、第 20、第 18 位。

5. 中部地区：质量提升程度最高，多数省份质量排名进位明显

2015～2020 年，中部地区省均质量得分在各区域中提升最多，相当于全国平均水平的比重由 95.7% 提升到 98.1%。其中，在协调和开放发展方面已超过全国平均水平，在绿色发展方面也接近于全国平均水平。分省看，中部六省综合质量得分均增加了 10 分以上，在全国排名也多有提升。

6. 西北地区：各方面质量都较低，多数省份质量排名退后

2015～2020 年，西北地区在各方面省均质量得分都低于全国平均水平，且除了共享方面略高于中部地区外，在其他方面中均排名最后，在创新、共享方面与全国平均水平的差距都有所拉大。分省看，除陕西外，其他西北省份在全国排名都有所下降。

第四节　河北省发展质量状况的评价

近年来，河北省持续推进"经济强省、美丽河北"建设，经济社会发展质量

有了显著提升，但发展不平衡不充分问题依然突出，与高质量发展要求相比仍有
较大差距，与其他省份相比进步也不显著，甚至有倒退趋势。

根据上述发展质量评价，对河北省自身发展状况进行纵向分析，并与全国平
均水平进行横向比较。2015～2020年河北省综合得分由31.4分提升到45.3分，
在全国质量排名由第27位提升到第25位（见表2-5）。

表2-5　　　　　　　　　2015年、2020年河北省发展质量演变情况

指标	质量得分			质量排名		
	2015年（分）	2020年（分）	增幅（%）	2015年（位）	2020年（位）	提升（位）
合计	31.4	45.3	44.3	27	25	2
创新	3.1	5.0	61.3	26	18	8
协调	8.3	10.0	20.5	18	23	-5
绿色	10.7	12.6	17.8	25	26	-1
开放	4.5	7.3	62.2	26	21	5
共享	4.8	10.4	116.7	24	26	-2

一、与自身纵向比较，河北省多数指标的质量状况有所改善，特别是多数共享和创新类指标提升明显，但部分绿色及开放发展指标质量下滑

2015～2020年，河北省综合质量得分提升了44.3%。在全部50项指标中，有
43项指标的质量状况有所改善，仅有7项指标质量下滑。

1. 分方面看，五大发展都有改善，特别是共享和创新方面

共享方面提升幅度最高，提升了116.7%，10个指标均明显提升；开放和创新
方面提升幅度也较大，分别提升了62.2%、61.3%，各10个指标中分别有7、8个
指标呈提升状态；协调和绿色方面提升幅度相对较低，分别提升了20.5%、
17.8%，各10个指标中均有9个指标呈提升状态。

**2. 分指标看，科技产出和公共服务等指标质量提升明显，部分生态环境和开放
发展质量下滑**

河北省改善幅度最大、最明显（超过50%）的指标有以下几类，主要集中在
创新、共享和开放方面。一是科技产出方面，受近年来河北省持续加大创新投入
力度影响，创新成效逐步显现，每万名科技人员技术市场成交额、每万人专利申
请授权数、新产品销售占工业主营业务收入比重分别增长了767%、203%、
108%。二是公共服务方面，随着经济持续发展，各级政府对民生和社会发展的重
视程度不断加大，城乡最低生活保障标准、人均互联网宽带接口数、城乡居民可

支配收入分别增长了 75%、58%、50%。三是外资利用方面，随着河北省企业"走出去"步伐加快和营商环境的改善，人均对外直接投资存量、外企户均投资额、外企户均注册资本分别增长了 135%、108%、89%（见表 2 - 6）。目前，河北省已有上千家企业在境外投资，遍布 80 多个国家和地区，主要集中在钢铁、光伏、水泥、服装等传统优势产业。

表 2 - 6　　　　　　　　2015 年、2020 年河北省发展指标质量及全国对比情况

总指标	一级指标	二级指标	2015 年（期初）				2020 年（期末）			
			河北	平均	占比（%）	排位（位）	河北	平均	占比（%）	排位（位）
创新	研发投入	研发经费占生产总值比重（%）	1.18	2.07	57.0	17	1.75	2.4	72.9	16
		研发机构企业占工业比重（%）	6.7	13.8	48.8	20	14.0	22.6	61.9	9
	人员投入	每万人研发人员全时当量（年）	14.6	27.2	53.5	19	15.0	34.1	44.0	20
		每万人普通高校在校生数（人）	161	190	84.4	24	215	233	92.3	23
	专利产出	每万人专利申请授权数（个）	4.1	11.4	35.9	19	12.4	24.8	49.7	17
		发明占专利授权数比重（%）	12.7	16.2	78.4	23	6.9	12.4	55.8	25
	科技产出	每万名科技人员技术市场成交额（万元）	2.4	17.1	14.1	24	20.8	30.5	68.2	13
		每万人国际检索收录论文发表数（篇）	1.0	3.7	27.0	22	1.2	4.9	24.8	24
	产品产出	新产品销售占工业主营业务收入比重（%）	7.6	13.6	56.0	19	15.8	19.9	79.4	14
		产品质量合格率（%）	91.6	92.9	98.6	26	91.3	93.4	97.8	26
协调	产业协调	二三产业增加值占生产总值比重（%）	88.3	91.7	96.3	22	89.3	92.3	96.7	20
		三产增加值占二三产增加值比重（%）	50.6	53.1	95.2	23	57.9	58.9	98.4	15
	就业协调	非农就业占全部就业人数比重（%）	67.1	67.0	100.1	13	77.8	76.4	101.8	9
		三产就业占非农就业人数比重（%）	49.1	56.2	87.4	28	59.0	62.4	94.5	26
	城乡协调	城乡居民人均收入水平差距（倍）	2.37	2.73	86.7	23	2.26	2.56	88.5	22
		城乡居民人均消费水平差距（倍）	1.95	2.32	84.0	26	1.83	1.97	93.0	18
	区域协调	县域人均生产总值变异系数	0.689	0.675	102.1	13	0.810	0.663	122.2	9
		县域人均储蓄存款变异系数	0.426	0.568	75.0	22	0.379	0.521	72.8	21
	文化协调	人均拥有公共图书馆藏量（册）	0.3	0.58	51.6	30	0.46	0.81	57.0	29
		万人拥有博物馆文物藏量（个）	55	197	28.1	29	55	282	19.5	30

续表

总指标	一级指标	二级指标	2015 年（期初）				2020 年（期末）			
			河北	平均	占比（%）	排位（位）	河北	平均	占比（%）	排位（位）
绿色	资源禀赋	人均水资源（立方米）	182	2027	9.0	27	196	2240	8.8	28
		森林覆盖率（%）	23.4	21.6	108.2	19	26.8	23.0	116.6	19
	资源利用	单位地区生产总值电耗（瓦时）	120.3	82.1	146.6	7	108.7	74.2	146.5	7
		单位工业增加值用水量（立方米）	2.24	5.30	42.3	27	1.66	3.90	42.6	27
	环境治理	环境治理投资占生产总值比重（%）	1.33	1.28	103.9	13	1.98	1.15	172.2	6
		一般工业固体废物综合利用率（%）	56.3	60.8	92.6	22	55.4	55.4	99.9	15
	环境质量	城市空气质量达标天数比重（%）	52.1	76.7	67.9	29	69.9	87.0	80.3	28
		Ⅲ类以上水质监测断面比重（%）	49.6	72.1	68.8	22	66.2	83.4	79.4	27
	城区环境	城市污水处理率（%）	95.3	91.9	103.7	3	98.3	96.8	101.5	3
		生活垃圾处理率（%）	97.6	98.0	99.6	20	100.0	99.6	100.4	11
开放	货物贸易	出口总额占进出口总额比重（%）	63.9	57.5	111.2	16	56.6	55.6	101.7	18
		高技术产品出口占出口总额比重（%）	7.2	28.8	24.9	22	8.4	29.9	28.1	23
	服务贸易	人均对外承包工程营业额（美元）	49.0	75.1	65.2	16	41.2	77.1	53.4	17
		人均国际旅游总收入额（美元）	68.3	518.8	13.2	26	99.1	593.9	16.7	26
	外资利用	实际利用外资占生产总值比重（%）	1.5	2.3	62.9	23	1.9	1.6	117.0	11
		实际利用外资占贸易总额比重（%）	12.0	6.5	183.6	15	17.3	5.7	304.8	6
	对外投资	对外直接投资流量占生产总值比重（%）	0.22	0.84	26.4	23	0.21	0.52	41.2	15
		人均对外直接投资存量（美元）	0.05	0.16	31.2	22	0.11	0.39	29.2	19
	外商企业	外企户均投资额（美元）	1072	943	113.7	12	2234	2147	104.1	12
		外企户均注册资本（美元）	554	555	99.9	17	1049	1327	79.0	19

续表

总指标	一级指标	二级指标	2015 年（期初）				2020 年（期末）			
			河北	平均	占比（％）	排位（位）	河北	平均	占比（％）	排位（位）
共享	收入就业	城乡居民人均可支配收入（元）	18118	21966	82.5	19	27136	32189	84.3	17
		城镇登记失业率（％）	3.6	4	90.0	9	3.12	3.6	86.7	13
	公共教育	义务教育学校生师比（倍）	16.2	15.3	106.2	8	15.9	15.2	104.6	12
		义务教育生均计算机（台）	0.11	0.12	96.3	21	0.13	0.16	84.0	24
	医疗卫生	每万人拥有卫生技术人员数（人）	50	58	86.2	26	70	76	91.9	26
		每万人拥有医疗机构床位数（张）	46.1	51.1	90.2	23	59.2	64.5	91.7	22
	社会保障	城镇退休人员人均养老金（元）	2232	2193	101.8	16	3075	3500	87.9	17
		城乡最低生活保障标准（元）	332.0	357.9	92.7	19	581.7	575.9	101.0	14
	基础设施	每平方公里高速公路密度（公里）	3.36	1.29	260.6	10	4.16	1.68	247.1	11
		人均互联网宽带接口数（个）	0.40	0.41	96.5	11	0.63	0.69	91.4	21

河北省有 7 项指标的质量状况有所下滑，包括以下几类：一是创新产出方面，虽然河北省的每万人专利申请授权数翻了一番还多，但其中的发明专利申请授权数仅增长 66%，导致发明占专利授权数比重从 2015 年的 12.7% 下降到 2020 年的 6.9%，体现出专利方面的"量大质低"状况，产品质量合格率也相应从 91.6% 降到 91.3%；二是经济外向方面，与全国平均水平趋势一致，随着内需提升，对外贸易对河北省经济发展中的作用有所减弱，河北省的出口总额占进出口总额比重从 63.9% 降到 56.6%，人均对外承包工程营业额从 49 美元降到 41.2 美元，对外直接投资流量占生产总值比重从 0.22% 略微下降到 0.21%；三是环境治理方面，一般工业固体废物综合利用率从 56.3% 降到 55.4%，体现出环境质量的效率还有待提升；四是区域协调方面，县域人均生产总值变异系数从 0.689 提升到 0.810，说明县域经济发展仍不均衡。

二、与全国平均水平比较，河北省五大发展方面均不高，全部指标中有近七成指标质量较低，尤以创新类指标差距最大

2020 年，河北省综合质量得分 45.3 分，低于 52.5 的全国平均水平，在各省份中位居第 25 位，比 2015 年排名（27 位）提升了 2 位。在全部 50 个指标中，有

34 个指标的质量状况低于全国平均水平，占指标总数的 68%（见表 2 - 7）。

表 2 - 7　　　　　2015 年、2020 年河北省与全国平均水平发展质量指标对比情况

类型	河北省/全国（%）		河北省较高（个）		河北省较低（个）	
	2015 年	2020 年	2015 年	2020 年	2015 年	2020 年
创新类	55.6	74.3	0	0	10	10
协调类	92.1	90.2	4	4	6	6
绿色类	88.5	93.4	4	5	6	5
开放类	75.8	86.5	3	4	7	6
共享类	69.6	81.6	3	3	7	7

1. 分方面看，河北省五大发展方面均低于全国平均水平，其中创新类差距最大，协调类差距相对较小

2020 年，河北省五大发展方面均低于全国平均水平。其中，相差最明显的是创新类指标，2020 年河北省仅相当于全国平均水平的 74.3%，位居全国第 18 位，全部 10 个指标均低于全国平均水平；开放类和共享类差距也较大，河北省分别相当于全国的 86.5%、81.6%，分别位居全国第 20、第 26 位，分别仅有 4 个、3 个指标质量高于全国平均水平；协调类和绿色类差距相对较小，河北省分别相当于全国的 90.2%、93.4%，分居全国第 23、第 26 位，分别有 4 个、5 个指标质量高于全国平均水平。

2. 分指标看，河北省在城乡差距、环保治理和城区环境等指标上优于全国平均水平，在环境质量、文化水平、科技产出、对外投资等指标差距明显

与全国平均水平相比，河北省有 16 个指标质量较好，主要集中在城乡协调、环境治理力度、城市生态环境等方面。一是城乡居民人均收入水平和消费水平差距均明显低于全国平均水平，协调程度分居第 22、第 18 位，说明河北省的城乡差距相对较小。二是环境治理投资占生产总值比重、一般工业固体废物综合利用率均高于全国平均水平，分居各省第 6、第 15 位，特别是环境治理投资占生产总值比重相当于全国平均的 1.7 倍；单位工业增加值用水量仅为全国平均的 43%，居各省 27 位，这都体现了近年来河北省加大环境治理的效果。三是城市污水处理率、生活垃圾处理率分别达到 98%、100%，分居各省第 3、第 11 位，城市污水处理率也是所有指标中河北省排名最高的指标。四是每平方公里高速公路密度接近全国平均水平的 2.5 倍，主要由于河北省处于环绕北京和天津的独特区位，且在京津冀协同发展战略实施以来，三地不断加强交通对接，已初步形成了"轨道上的京津冀"格局。五是非农就业占全部就业人数比重、实际利用外资占贸易总额比重等

指标相对较好，均位居全国前 10 位。

　　与全国平均水平相比，河北省省有 34 个指标质量较低。其中，有 9 项指标不及全国平均水平的一半，从低到高分别为（括号中为全国平均水平的比值）：人均水资源（8.8%）、人均国际旅游总收入额（16.7%）、万人拥有博物馆文物藏量（19.5%）、每万人国际检索收录论文发表数（24.8%）、高技术产品出口占出口总额比重（28.1%）、人均对外直接投资存量（29.2%）、每万人研发人员全时当量（44%）、对外直接投资流量占生产总值比重（44.2%）、每万人专利申请授权数（49.7%），其中的万人拥有博物馆文物藏量倒数第 2 位，人均拥有公共图书馆藏量倒数第 3 位，城市空气质量达标天数比重①和人均水资源均倒数第 4 位，Ⅲ类以上水质监测断面比重倒数第 5 位，反映出河北省的环境质量较差、文化生活水平较低、科技产出不高、对外投资相对滞后等实际状况。其他质量较低的指标中，创新类指标表现最差，大多不到全国平均水平的 2/3；共享类指标表现较好，均超过全国平均水平的 4/5。

三、河北省发展质量综述，五大发展方面的质量状况将持续影响河北省未来的经济社会生态发展状况

　　作为经济社会发展的主要部分，五大发展方面不仅是当前某个地区发展质量的呈现，更深远影响着该地的未来可持续发展程度。

　　一是创新方面。河北省科技投入较低、科技产出不佳，都反映了科技创新能力较弱，这将进一步固化传统落后的产业结构，导致经济增长缺乏新动能。既难以形成新兴产业的有效支撑，使高端装备制造、信息技术等高技术产业发展不足，也难以提升传统产业的技改效果，钢铁、建材、纺织业实现转型升级困难重重。二是协调方面。河北省的产业、就业、城乡、区域、文化协调质量均有待提升，协调质量不高将进一步加剧经济社会发展不平衡状态，加大城乡、区域、群体三大差距，甚至导致地方债务、养老金支付、金融等风险隐患，极大影响发展持续性。三是绿色方面。河北省长期以来的粗放型经济增长方式，严重透支了绿色生态。全省经济高度依赖大宗矿产品供给，其价格波动时常影响经济稳定；同时，大气、水、土壤污染防治形势严峻，虽然环保力度不断加大，但距离中央要求和人民期望依然差距很大。四是开放方面。走出去步伐缓慢，服务贸易发展滞后，

---

　　① 若从各设区市空气质量看，河北省状况更加严重。近些年，每年都有多个城市位居全国设区市空气质量后 10 位，其中 2015 年有 7 个、2020 年有 4 个。

沿海地区优势未充分发挥，经济发展的内外联动机制尚未形成。五是共享方面。民生领域仍有短板，就业、教育、医疗、社保等公共服务供给不足、水平较低、分布不均衡等问题依然突出，极大影响人民群众享受发展成果，最终影响到现代化的"经济强省、美丽河北"战略目标的实现。

总之，与发达省份相比，河北省经济社会发展质量亟须提升。不解决创新发展问题，经济增长难以为继；不解决协调发展问题，稳定持续难以为继；不解决绿色发展问题，环境资源难以为继；不解决开放发展问题，合作互通难以为继；不解决共享发展问题，民生保障难以为继。

第三章

我国及河北省财政质量状况评析

第一节　高质量财政指标体系的构建

财政是国家治理的基础和重要支柱，高质量发展离不开高质量财政建设，同样需要构建高质量财政的指标统计体系。根据高质量的内涵，高质量财政是符合效率、公平、稳定、规范要求的财政状态。当然，财政职能发挥涉及多个方面，本章主要分析财政自身的高质量发展，并构建相应的指标体系。

一、效率方面指标

高质量的财政状态首先是高效的，这种高效应体现在规模、结构、成本、进度和效果等层面。

1. 一定体量的收支规模

为更好地提供公共产品与服务，政府需要一定的财政收支规模。根据瓦格纳法则，随着经济发展和人均收入水平的提高，政府活动将持续扩张，财政支出规模也将逐步增加。为此，选用人均一般预算收入、人均一般预算支出这两个指标，从收支方面完整体现了政府对社会资源的汲取和支配能力。其中，分子选用一般预算收支，因为一般预算是地方政府最关注的收支指标，并直接影响地方财政总量。分母选用常住人口，因为人是创造财政收入的主体，也是财政支出的最终承受者。通过计算人均财政收支，可直接体现某地区的财政规模和能力。

2. 比较合理的财源结构

所谓合理，即要求财政收入来源于高质量财源，包括三个层面：一是相对于非税收入，税收收入与经济发展对应关系较强、征管规范程度较高，相对属于高质量收入；二是相对于一般产业，来源于高技术产业的税收收入更有保障，更能体现经济发展的层次和效果，相对属于高质量税收；三是相对于一般非税收入，来源于政府性收费和罚没的收入，可持续性不强，有时还影响企业营商环境，相对属于低质量收入形态。为此，选用税收/一般预算收入、高技术产业税收/税收收入、非收费罚没收入/非税收入三个指标。其中，关于高技术产业，国家统计局曾公布相关产业目录，但因涉及行业中小类众多，难以进行统计分析。本书在基本遵循高技术产业行业大类的基础上，将高技术产业分为医药制造业，通用设备制造业，专用设备制造业，汽车制造业，铁路、船舶、航空航天和其他运输设备制造业，电气机械和器材制造业，仪器仪表制造业，计算机、通信和其他电子设备制造业，金融业，商务服务业，科学研究和技术服务业，教育，文化、体育和娱乐业，信息传输、软件和信息技术服务业。

3. 尽量低的运行成本

财政收入来源于市场主体的价值创造，征收本身就带有一定的扭曲作用，当然应该成本越低越好。此分析理论上简明，但难以获得可计量的指标。目前，可以用财政资源的配置主体，即政府运行来反映征收成本，并分为钱和人两方面。一是从资金上，用一般公共服务支出代表政府运行成本①，以非一般公共服务支出与财政支出比重，相对反映政府运行的效率；二是从人员上，用常住人口与财政供养人员的比值（即财政供养系数），直观体现政府机构的规模状况。

4. 尽量快的支出进度

财政支出进度是近年来各级财政部门非常关注的一个指标，财政部还将此列入考核体系。一般而言，在符合支出方向和管理要求的前提下，应该尽快加大支出进度、尽早发挥资金效益，才符合高质量要求。由于支出进度在年度内始终存在，按照实际工作考核要求，选取两个最具代表性的时点反映，即半年和第三季度的累计支出进度（半年及第三季度累计支出/全年财政支出），在实际工作中，一般要求专项支出进度在6月底前（上半年）达到60%，在9月底前（前三个季度）达到90%。为剔除某年特殊原因变动影响，在此用近三年累计计算方法。

5. 尽量好的撬动效果

财政资金直接影响各类公共产品和服务的提供，最终影响经济整体发展状况。

---

① 2007年政府收支分类改革后，原有的行政管理支出分散在各个类款中，一般公共服务类仅能大致反映政府运行成本。

因此，用支出乘数，即 GDP 变动量/财政支出变动量，综合反映财政支出的撬动效果。为剔除某年特殊原因变动影响，在此用近三年累计计算方法。当然，教育、医疗、社保等方面都能体现财政支出效果，也各有一套庞大的指标体系，但本章主要关注财政自身的高质量状态，仅从支出总量上整体反映撬动效果。

二、公平方面指标

高质量的财政状态应该体现公平性，这种公平反映在区域、级次、人群等方面，要求区域间财力均衡、政府级次间配置合理、群体间财政保障有效。

1. 推进区域公平需要实现各地财力状况的相对均衡

党的十九大提出，2035 年实现基本公共服务均等化，这要求区域间财力状况相对均衡。为此，选用省内县域间人均财政收入和人均财政支出差异反向反映这一状况。在测算方法上，采用常用的变异系数法，即通过计算省域范围所有县域间的标准差和均值，以两者之商综合反映省内区域间的人均财政收入和人均财政支出均衡状况。

2. 推进级次公平需要解决基层政府的财政收支缺口

为满足各级政府的事权履行与支出需要，理论上政府间的收入划分应该具有合理的比例关系，但现实中却难以界定，特别在当前各省份省以下收入划分体制、事权及支出责任分担情况均不统一的情况下，更是如此。为此，需转换思路，从现行财政体制看，一般而言政府层级越低，收支缺口越大，而县级政府又是直接提供公共服务的政府主体。因此，可以计算各省内县级政府人均财政收支差距，即人均财政收入对支出的比值，直观体现县级政府的困难程度，相对反映政府的级次公平问题。

3. 推进群体公平需要有较强的财政收支调控能力

为促进社会群体及市场主体的公平，财政在收入和支出两方面都可以发挥调控作用。从收入看，包括个人所得税、企业所得税、车船税、房产税和土地使用税在内的直接税，有助于缩减收入分配，促进社会公平，而且直接税占比提升也是我国税制改革的方向[1]。为此，以直接税/地方税收衡量各地收入差距调控情况。从支出看，投向社会民生领域的资金越多、占比越高，越能满足人民群众，特别是弱势群体享有公共服务的需要，有助于促进群体公平，用民生支出/一般预算支出侧面反映这一情况。

---

[1] 党的十九届四中全会提出"完善直接税制度并逐步提高其比重"。党的十九届五中全会提出"优化税制结构，健全直接税体系，适当提高直接税比重"。

三、稳定方面指标

高质量的财政状态除了效率和公平两大目标外，还要保障稳定可持续。当前，防范化解重大风险已成为我国"三大攻坚战"之首，在财政方面主要体现在收支运行、政府债务和养老金支付三类。

1. 地方财政收支运行平稳

这种稳定主要体现在收支缺口的规模及其弥补上。在缺口规模上，通过一般预算收入/财政支出（支出满足度）反映各省财政缺口状况；在缺口弥补上，一般情况下可用财力均能覆盖全部缺口，但可用财力对上级政府的依赖程度不一，通过剔除中央补助后的一般预算收入/可用财力（财力满足度），可以反映各省财政运行的稳定性，即可用财力多大程度依赖自有收入，多大程度需要中央补助。

2. 地方政府债务安全规范

当前，地方政府债务情况日益为各级政府及社会公众所关注，财政部还相应出台了一套评价体系。借鉴这一体系，选用两个最具代表性的指标：一是负债率，即债务余额/GDP，反映债务规模状况，国际通行的警戒线（上限）为60%；二是债务率，即债务余额/综合财力，反映债务偿还状况，一般以100%~120%为警戒线（上限）。

3. 养老保险基金支付持续

目前，在各种有可能向政府转移的经济社会风险中，城镇职工基本养老保险支付问题最为严重，也最为社会公众所关注。虽然中央建立了调剂金制度，但2020年刚实现省级统筹，远未达到全国统筹程度，省级政府依然是本地养老保险支付的责任主体。养老金支付直接攸关群众利益和社会稳定，用养老保险基金结余/当年支出可以直观衡量基金支付的安全状况。

四、规范方面指标

高质量的财政状态必然是规范的，无论是财政收入、支出，还是财政管理行为，都应符合法治规范和一定程度上的公开透明。

1. 预算收支的法治规范

现代预算制度要求预算编制的科学性、权威性和准确性。通过比较财政收支的预决算差异情况，可以反映预算编制是否合理、准确，预算执行是否严肃、规范，用预决算收入和支出偏离率两个指标反映。即偏离率为财政收支的预决算差额与年初预算之商的绝对值。

2. 财政信息的公开透明

公开透明是现代法治政府的基本特征，财政信息公开更是防止腐败的制度保障。从预决算信息看，财政部于 2016～2019 年每年都发布地方预决算公开度排行，反映各省预决算信息公开的完整性、规范性和及时性。从财政整体信息看，上海财经大学于 2014～2019 年每年发布省级财政透明度报告，其指标涵盖四本预算、部门预算、资产负债、国有企业等方面。但以上报告在 2019 年后不再发布，为反映财政透明度最新状况，参考清华大学的《中国市级政府财政透明度研究报告》（2012～2021 年），该报告涵盖所有设区市，同样坚持全口径信息公开原则，已成为目前各方普遍认可的关于地方政府财政公开透明的评价体系。

五、综合指标体系的构建

根据以上划分，设计了高质量财政的评价指标体系（见表 3 - 1），共包括 25 个指标，其中最能反映质量状况的效率类指标最多，有 10 个，公平、稳定、规范类指标各有 5 个。为做到客观比较，指标选取遵循 3 个标准：一是采用比例类指标，即剔除经济、人口等体量因素的影响；二是可计量对比，基础数据均来源于公开统计资料或权威调研报告；三是有基本的价值判断，即相对而言，数据是越大越好、还是越小越好，否则就缺乏指向意义，无法进行比较[①]。

表 3 - 1　　　　　　　　　　省域间高质量财政指标体系

总指标	一级指标	二级指标	性质	数据来源
效率	规模	人均一般预算收入	正向	《中国财政年鉴》
		人均一般预算支出	正向	《中国财政年鉴》
	结构	地方税收/一般预算收入	正向	《中国财政年鉴》
		现代产业税收/税收收入	正向	《中国税务年鉴》
	成本	非收费罚没收入/非税收入	正向	《中国财政年鉴》
		非行政支出/一般预算支出	正向	《中国财政年鉴》
	进度	财政供养系数	正向	地方财政运行分析
		半年支出进度	正向	《财政统计摘要》
	效果	第三季度支出进度	正向	《财政统计摘要》
		GDP 变动量/财政支出变动量	正向	《中国统计年鉴》

---

① 实际上，每个指标都存在一个高质量状态的区间幅度，并非单纯的越高或越低越好，如人均一般预算收入、地方税收收入占比、民生支出占比等都有一个上限，债务率、非行政支出占比等也有一个下限，但鉴于理论上的最优区间难以衡量，且我国省际间发展不平衡，为便于比较，仍假设各指标现值均在合理区间之内。

续表

总指标	一级指标	二级指标	性质	数据来源
公平	区域	县域人均收入变异系数	逆向	《中国县域统计年鉴》
		县域人均支出变异系数	逆向	《中国县域统计年鉴》
	级次	县级人均财政收支差距	正向	地方财政运行分析
	群体	直接税收入/地方税收收入	正向	《中国财政年鉴》
		民生支出/一般预算支出	正向	《中国财政年鉴》
稳定	收支	财政支出满足度	正向	《中国财政年鉴》
		可用财力满足度	正向	《中国财政年鉴》
	债务	负债率	逆向	《中国财政年鉴》
		债务率	逆向	《中国财政年鉴》
	其他	养老金结余/当年支出	正向	《中国统计年鉴》
规范	法治	预决算收入偏离率	逆向	《中国财政年鉴》
		预决算支出偏离率	逆向	《中国财政年鉴》
	公开	政府预决算公开度	正向	财政部《地方预决算公开度排行榜》
		省级财政透明度	正向	上海财经大学《中国财政透明度报告》
		市级财政透明度	正向	清华大学《中国市级政府财政透明度研究报告》

第二节　地方财政质量状况总体趋势

根据上述指标体系，与高质量发展指标体系相对应，收集整理了 2015～2020 年相关年鉴数据。其中，个别指标缺乏 2020 年数据，暂以 2019 年数据替代。

一、分析方法

参考樊纲等（2011）构造市场化指数的方法，对每个分项指标进行指数化，计算出每个指数的得分。然后通过平均赋权，得出各方面最终得分。具体方法如下：

（1）当指数值高低与本指标程度高低正相关，即该指标为正向指标时，第 i 个指标得分 $=(V_i-V_{min})/(V_{max}-V_{min})\times4$。其中 V_i 是某个地区第 i 个指标的原始数据，V_{max} 是所有 31 个省份原始数据中数值最大的一个，V_{min} 是最小的一个。这种方法使所有数值均为 0~1 之间，为更直观显示财政质量状况，将理论上的百分与 25 个指标相除得 4，然后将各指标原始得分与 4 相乘，得到本指标得分。

（2）当指数值高低与本指标程度高低负相关，即该指标为逆向指标时，第 i 个指标得分 $=(V_{max}-V_i)/(V_{max}-V_{min})\times4$。

（3）为使各年指标跨年度可比，第 t 年第 i 个指标得分的计算方法如下：

正向指标第 i 个指标 t 年得分 $=(V_{i(t)}-V_{min(0)})/(V_{max(0)}-V_{min(0)})\times4$

逆向指标第 i 个指标 t 年得分 $=(V_{max(0)}-V_{i(t)})/(V_{max(0)}-V_{min(0)})\times4$

其中脚标 t 代表所计算的年份，脚标 0 代表基期年份。由于这两个公式的性质，单项指数在非基期年份的最高和最低得分可能大于 4 或小于 0。

该种分析方法既可以反映不同地区横向比较情况，也可以反映纵向年度间变化情况，从而相对系统地评价地区间财政质量。同时，按照樊纲等（2011）分析，在一个指标体系由较多的有用变量构成，所包含的信息比较充分的情况下，平均赋权法可以大致代替主成分分析客观赋权法（两者结果高度一致），还能弥补主成分分析无法进行纵向比较的不足。需要注意的是，随着某些实际情况的改变，部分时间跨度过大的指数计算会使某些指数大幅偏离 0~4 的基期年份评价区间，无形中加大了这些指数的权重，影响总指标评分。对此，适当缩小时间跨度，樊纲的市场化指数分析都在 10 年以内，本书为 5 年。经检验，期末（2020 年）近 800 个数据均处于区间间距的两倍①以内（即小于 8），可认为这一衡量方法适用性较好。

二、总体结论：规范方面显著改善，效率方面提升明显，公平方面相对迟缓，稳定方面风险加大

近年来，我国地方财政质量状况明显提升，综合质量（31 个省份平均）得分从 49.9 提高到 59.1，提升了 18.4%。25 个指标中有 15 个趋于改善，有 10 个质量恶化。其中，规范类指标最为明显，提升了一半以上；效率类指标显著改善，提

---

① 一般认为，超过区间间距的两倍可被视为严重干扰指标权重，从而影响这一方法的适用性。

升了1/4；公平类指标变化缓慢，仅提升3%；稳定类指标下滑1/6，财政风险隐患增大（见表3-2）。

表3-2 2015年、2020年地方财政质量主要方面演进状况

指标	2015年	2020年	增长幅度（%）
综合	49.9	59.1	18.4
效率	18.0	22.6	25.6
公平	10.1	10.4	3.0
稳定	11.0	9.1	-17.3
规范	10.8	16.9	56.5

1. 效率方面：整体提升明显，呈现出规模壮大、结构优化、进度加快、效果提升趋势，但支出成本有所加大

10个效率类指标中，有7个均有改善，但地方税收占比和两个成本指标质量有所下滑。在规模上，人均一般预算收入、人均一般预算支出年均增长分别为3.2%、6.4%，明显低于7.4%的人均生产总值（地方平均，现价）增速，特别是人均财政收入增速仅为人均财政支出的一半，体现了地方政府为应对经济下行压力和疫情防控而落实中央减税降费的效果，同时为积极推动经济发展，继续采取了扩张性财政政策，导致财政收支增速差距较大。在结构上，受预算口径调整和"营改增"等减税政策影响，地方税收占一般预算收入比重总体整体呈下降趋势，五年下降了0.9个百分点，也说明减税规模整体大于降费规模；税收和非税收入内部结构持续优化，现代产业税收占比提升0.08个百分点、非收费罚没收入占比提升5.3个百分点，体现了产业升级、优化营商环境的效果。在成本上，近年来按照国务院压减"三公"经费等一般性支出要求，我国行政支出（一般公共服务）占比一度持续下降，从2013年前的10%以上，降到2015年的8.3%，但之后一直在8%~9%之间波动，虽然2020年占比略高于2015年占比0.4个百分点，显示质量有所下降，但可能也揭示了当前发展水平下的一个支出成本极限。同理，我国财政供养系数一直在27上下波动，也呈现出大体稳定的状况。在进度上，受财政部考核影响，半年及第三季度支出累计进度有所提升，接近实现50%、75%的序时进度。在效果上，历年财政支出乘数均超过3，说明各地充分发挥财政引导作用，采用各种方式推动了经济持续增长（见表3-3）。

表 3 - 3　　　　　　　　　2015 年、2020 年地方财政质量各指标演进状况

总指标	一级指标	二级指标	单位	期初	期末	变化(%)	趋势
效率	规模	人均一般预算收入	元	6055	7100	17.3	改善
		人均一般预算支出	元	10966	14927	36.1	改善
	结构	地方税收/一般预算收入	%	75.5	74.6	-1.2	恶化
		现代产业税收/税收收入	%	30.95	31.03	0.3	改善
	成本	非收费罚没收入/地方非税收入	%	69.6	74.9	7.6	改善
		非行政支出/一般预算支出	%	91.7	91.3	-0.4	恶化
	进度	财政供养系数	人	27	26.7	-1.1	恶化
		半年支出进度	%	42.7	46.3	8.4	改善
	效果	第三季度支出进度	%	65.9	70.1	6.4	改善
		GDP 变动量/财政支出变动量	—	3.49	4.84	38.7	改善
公平	区域	县域人均财政收入变异系数	—	0.93	0.97	4.3	恶化
		县域人均财政支出变异系数	—	0.46	0.44	-4.1	改善
	级次	县级人均支出满足率	%	49	41.1	-16.1	恶化
	群体	直接税收入/地方税收收入	%	28.3	31.7	12.0	改善
		民生支出/一般预算支出	%	79.4	79.6	0.3	改善
稳定	收支	财政支出满足度	%	55.2	47.6	-13.8	恶化
		可用财力满足度	%	71	54.4	-23.4	恶化
	债务	负债率	%	21.4	25.3	18.2	恶化
		债务率	%	95	92.4	-2.7	改善
	其他	养老金结余/当年支出	—	1.37	0.95	-30.7	恶化
规范	法治	预决算收入偏离率	%	0.2	1.6	700.0	恶化
		预决算支出偏离率	%	6.3	2.2	-65.1	改善
	公开	政府预决算公开度	—	61.0	97.0	59.1	改善
		省级财政透明度	—	42.2	53.5	26.8	改善
		市级财政透明度	—	46.8	50.3	7.5	改善

2. 公平方面：改进状况不佳，财政收支对群体公平的调控功能日益明显，但县域发展差距和各级政府财力不平衡问题依然突出

5 个公平类指标，2 个涉及区域和级次公平的指标恶化。在群体公平上，直接征收于个人和企业的税收占比已接近 1/3，直接应用于社会民生的支出占比也接近 80%，这都有助于落实"调低扩中限高"的收入分配政策，进一步缩减居民财富差距，实现共同富裕目标。在区域公平上，县域人均财政收入变异系数有所提升，其中固然有 2020 年应对疫情减税降费的特殊影响，但也反映出县域财政经济发展差距依然较大。同期，县域人均财政支出变异系数有所下降，且差异程度仅相当

于县域人均财政收入变异系数的一半，体现了政府间的财政转移支付效果。在级次公平上，县级人均财政支出满足率逐步下降，反映了基层政府收支的困难状况，2020年中央本级收支盈余比为135.8%，省、市、县级收支缺口比分别为42.9%、42.9%、59.7%[①]。

3. 稳定方面：整体状况堪忧，地方政府债务风险总体可控，但隐性债务、基层收支运行、养老金支付问题均需高度关注

5个稳定类指标，除债务率外均质量下滑。在财政收支运行上，地方财政对中央补助的依赖程度日益加深，2020年地方自有收入仅能满足接近一半的可用财力和不到一半的财政支出，其他大都需要中央补助。这仅针对地方政府整体，政府级次越低，这一状况愈加突出，一些市县级政府2/3以上的财政支出都需要上级补助，个别地区甚至出现向省级借款现象。在地方政府债务上，为应对减税降费对一般预算收入的影响，近年来我国持续加大地方政府债务限额的发放力度，许多地区将政府债务限额作为争取上级资金的重点方向，导致负债率不断提升，平均每年提升0.8个百分点。虽然，整体上看，地方政府负债率和债务率仍明显低于警戒线，但部分省份特别是一些市县债务风险日益突出，而且以上数据反映的仅为显性债务。而隐性债务不仅规模巨大，而且底数不清，近年来各地曝出的违规现象层出不穷。此外，城镇职工养老金支付风险依然突出，养老保险结余与当年支出比重逐年降低，2020年仅为0.95，即不足一年的支付能力，比2015年减少近5个月支付能力，而且各地差异很大，部分地区已出现支付危机。

4. 规范方面：整体大幅改善，财政管理的规范和法治化程度不断提高，但与预算编制科学、全面信息公开尚有较大距离

5个规范类指标，除预决算收入偏离率外均质量提升。近年来，特别是预算法修订以来，地方政府的预算编制更加科学、预算执行更加严肃、财政信息更加公开。在预决算偏离度上，近年来偏离率整体下降，2020年受突发疫情的影响，导致收入预决算差距较大，但支出预决算差异仍为近年来的最低点。与收入预算偏离度相比较，地方政府支出预算偏离度较大，且年度变化明显，如2017年支出偏离率为−5.2%，2018年则为6.4%，实际上反映了地方政府预算编制执行，特别是中央补助资金下达较慢等问题。在财政信息公开上，预决算信息的公开程度大幅提升，地方政府预决算公开率已接近100%，省和设区市财政透明度也有明显提

---

① 财政收支盈余（缺口）比即财政收支差额与财政支出的比例。2020年，我国中央、省、市、县级政府的一般预算收入分别为82770亿元、19535亿元、32257亿元、48351亿元，一般预算支出分别为35906亿元、34238亿元、56471亿元、119875亿元。

升，但市县级政府的资产负债、财政专户、部门预算及相关信息公开度依然较低，据《中国财政透明度报告》显示，2019 年全国地方政府仍有近 50% 的调查信息没有公开。

第三节　省域间财政质量的比较分析

整体上，省域间财政质量差距显著。2020 年最高的北京达到 86.1 分，其次是上海、广东、浙江和安徽，均在 70 分以上；最低的西藏 45.2 分，50 分以下的还有内蒙古、黑龙江、青海和甘肃。2015～2020 年，提升最多的是北京和湖北，均增长 13.3 分；提升最慢的是天津，仅增长 0.3 分。

一、效率方面：沿海发达地区质量最高，西北和东北地区质量最低；中部地区质量提升较快，吉林、海南及部分西部地区质量提升较慢

横向质量状况上，2020 年北京、上海、广东、浙江、江苏等发达省份都在前 10 位（北京最高），位居后 10 位的有两类，一类是内蒙古、甘肃、贵州、西藏等西部省份，另一类是吉林、黑龙江、辽宁等东北省份（内蒙古最低）。发达省份经济实力强、产业结构优，因而财力规模较大、税收占比较高，税收收入更多依靠现代产业，非税收入较少依赖收费罚没，运行成本也相对较低。西部欠发达省份与此相反，而东北省份原本人均财力不弱、产业结构也不差，但受制于近年来的虚增"挤水分"影响，财政收入增长缓慢，且高度依赖收费罚没，财政供养人员负担沉重。2020 年黑龙江人均财政收入 3635 元，仅为全国平均水平的一半，在全国仅高于甘肃和广西；吉林的非税收入的 41.7% 依赖收费罚没，仅高于内蒙古；东北三省的财政供养人员占比均列全国前 10 位，财政支出对经济增长的撬动作用均列全国后 10 位。纵向质量变化上，五年来所有省份都有提升。其中，北京提升最快，一直居第 1 位；江西、河南、安徽等中部省份提升也较快。吉林提升最慢，仅增加 0.5 分，所处排名下降了16 位（由 14 到 30 位），海南及青海、甘肃、新疆等西部省份提升也较慢。

二、公平方面：多数沿海地区和东北地区质量较高，西部地区和广东质量较低；一半多省份质量提升，河北、青海等北方省份质量下降

横向质量状况上，2020 年北京、上海、江苏、浙江、山东等多数发达省份位

居前 10 位（北京最高），主要得益于县域经济发达、区域和各级政府间财力相对均衡。东北三省因区域财政经济差距相对较小，也位居全国中上游。位居后十名的多为西藏、甘肃、内蒙古、新疆等西部欠发达省份（西藏最低）。值得注意的是，广东仅居 20 位，主要因为珠三角和粤东西北区域发展差距悬殊，县域人均财政收支变异系数均明显高于全国平均水平，2020 年人均财政收入差距居全国第 9 位。纵向质量变化上，五年来 16 个省份有所提升，其中重庆、湖北、青海最为明显，山西、内蒙古、天津、黑龙江、宁夏、新疆等北方省份下降较多，主要因为这些省市的区域人均财政收支差距都有所拉大，其中黑龙江、新疆的县域人均财政收入差距都提升了两成以上，影响了政府调控区域财力公平的效果。

三、稳定方面：沿海发达地区质量较高，东北和西部落后地区质量较低，绝大多数省份质量下降，财政运行风险加大

横向质量状况上，2020 年广东、北京、上海、江苏、浙江等沿海省份均居前 10 位（广东最高），主要因为这些地区财力雄厚，对中央政府补助、地方政府债务的依赖程度相对较小，收支运行、政府债务和养老金支付风险较低。位居后 10 位的主要是青海、贵州、甘肃、宁夏等欠发达省份，以及辽宁、吉林、黑龙江等东北省份（青海最低）。其中，西部地区主要是自有财力不足，如甘肃、青海的 3/4 财政支出和 2/3 可用财力均依靠中央补助；东北主要存在养老保险支付和地方债务危机，2020 年黑龙江、辽宁、吉林养老金结余均不足 4 个月支付水平（黑龙江已透支），分列全国倒数第 1、第 2、第 4 位，三省债务余额都超过可用财力，其中辽宁占比为 132%，居全国第 4 位。纵向质量变化上，除辽宁、贵州外，其他省份质量均有所下降，其中天津下降最为明显，主要是相对财政收入的缓慢增长，政府债务规模急剧增长，2020 年债务率高达 178%，高居全国第 1 位。此外，在财力满足度、支出满足度、养老金支付结余指标上，分别有 31 个、29 个、29 个省份下降。即便是北京、江苏、山东等发达省份，对中央政府的依赖程度也加大，财政收支紧平衡特征日益明显。

四、规范方面：质量高低与经济发展程度、地域分布没有明显关系，江苏、天津等省份透明度不够，所有省份均有一定改善，中部省份提升最为明显

横向质量状况上，没有明显的分布规律，安徽最高，西藏最低。东部省份中，

山东、广东、上海较高，江苏、天津较低；中西部省份中，安徽、四川、甘肃、湖南较高，西藏、江西、云南、贵州较低。一方面，部分省份的预决算收入偏离率过大，2019 年天津、西藏的预决算收入偏离率分别为 21.7%、18.4%。由于资料所限，在此未统计各地的政府性基金预算偏离度，实际上其偏离率更高。2019 年全国地方政府性基金收入预决算偏离率、基金支出预决算偏离率分别为 9.1%、8.2%，分别远高于 1.6%、2.2% 的一般预算收支预决算偏离率，一些已公布数据省份的政府性基金预决算偏离率甚至超过 20%。另一方面，多数省份的财政透明度较低，2019 年仍有 21 个省份的省级财政透明度不到 60 分，江西仅为 27 分，江苏、北京仅分居第 30、第 26 位，天津、上海、江苏的部门预决算公开度均在全国倒数 10 位内。纵向质量变化上，所有省份都有较为明显的提升，西藏、湖北、四川、山西等中西部省份最为明显，但部分省份的个别指标质量下滑，如江西、宁夏、新疆、黑龙江等省份的省级财政信息透明度，以及海南、重庆、陕西等省份的市级财政信息透明度持续下降。

五、基本结论

根据上述分析，对各区域财政质量状况进行了比较，得出以下结论（见表 3-4）。

表 3-4　　　　　2015 年、2020 年我国不同区域财政质量状况

区域		综合		效率		公平		稳定		规范	
		2015 年	2020 年	2015 年	2020 年	2015 年	2020 年	2015 年	2020 年	2015 年	2020 年
整体情况		49.9	59.1	18.0	22.6	10.1	10.4	11.0	9.1	10.8	16.9
东西划分	东部	58.2	67.2	20.6	25.4	12.1	12.3	13.5	11.9	12.1	17.7
	中西部	45.3	54.6	16.6	21.1	8.9	9.3	9.6	7.7	10.1	16.5
南北划分	南方	50.3	61.1	18.1	23.2	9.9	10.7	11.7	10.1	10.6	17.1
	北方	49.5	57.0	17.9	22.1	10.2	10.1	10.2	8.1	11.1	16.7
部分区域	发达	61.6	70.7	21.9	27.0	12.6	12.8	15.0	13.2	12.1	17.7
	东北	44.0	51.4	14.9	18.5	11.9	11.5	8.3	6.4	8.9	15.0
	中部	48.6	59.8	16.2	22.1	10.2	10.8	11.4	9.3	10.8	17.5
	西北	45.2	52.6	18.3	22.0	7.5	7.6	8.4	6.2	10.9	16.8

注：分数为省均分。东部指沿海 11 省，中西部指内陆 20 省，南方有 16 省，北方有 15 省；发达地区指除河北、海南、辽宁外的其他东部 8 省，东北有 3 省，中部共 6 省。

1. 东西对比：东强西弱的财政质量格局未变，但差距有所减缓

2015 年东部省均分数为中西部的 1.28 倍，2020 年减缓为 1.23 倍。在各方面得分上，东部均高于中西部地区，其中在效率、公平和规范方面差距减缓，但在

稳定方面差距拉大。综合分数前 10 名中，2015 年、2020 年分别有 9 个、7 个位于东部（2020 年天津、海南被河南、重庆取代）；综合分数后 10 名中，2015 年、2020 年分别有 9 个、10 个位于中西部（2015 年后 10 名中包括辽宁）。

2. 南北对比：南强北弱的财政质量格局未变，且差距逐渐拉大

2015 年南方省均分数为北方的 1.02 倍，2020 年扩大为 1.07 倍，并在四个方面全面超出北方。其中，在效率和稳定方面，南方对北方的优势进一步拉大，在公平和规范方面，则由低于北方转为超出北方。综合分数前 10 名中，2015 年、2020 年均有 7 个位于南方；综合分数后 10 名中，2015 年北方有 5 省，2020 年扩大为 6 省。

3. 发达地区：效率和稳定类指标质量较高，但规范类指标表现一般

2020 年，发达省份的大多数效率和稳定类指标位居全国前列，但在公平和规范类指标上表现一般。其中，发达省份的规范类指标省均得分与中部地区相当。SPSS 软件的序列相关性检验也显示，2020 年各省份人均 GDP 与效率、稳定类指标质量排名高度相关，1% 置信区间内相关度分别为 0.636、0.740，而与公平类指标相关度一般，与规范类指标不相关。

4. 东北地区：质量得分一直低于全国平均水平，且差距不断拉大

2015～2020 年，东北三省质量得分一直低于全国平均水平，且差距拉大，由相当于全国平均水平的 88.2% 下降到 87.0%。2020 年质量得分已经低于发达、中部和西北地区。在四方面指标上，除公平类指标高于全国平均水平外，其他方面均较低，且在效率和规范方面均低于东部、中部和西北地区。

5. 中部地区：质量提升幅度较大，多数省份质量排名提升

2015～2020 年，中部地区省均质量得分在各区域中提升最多，并已超过全国平均水平。其中，在公平、稳定和规范方面都超过全国平均水平，在效率方面与全国平均水平差距也有所减缓。在省际排名上，湖北、江西分别提升了 7 名和 6 名，为全国提升最快的两个省份。

6. 西北地区：各方面质量都较低，多数省份质量排名退后

2015～2020 年，西北地区在各方面省均质量得分均最低，且在各方面与全国平均水平的差距都有所拉大。分省看，除青海外，其他西北省份在全国排名都有所下降，其中新疆下降了 9 位。

第四节　河北省财政质量状况的评价

近年来，河北省财政收入稳定增长、支出结构不断优化、运行风险有效防控、资金效益逐步发挥，有力推动了经济社会的高质量发展，但在结构效益等方面仍有较多问题，与高质量财政要求存在较大差距。

根据上述发展质量评价，对河北省自身发展状况进行了纵向分析，并与全国平均水平进行横向比较。2015～2020年河北省综合得分由49.9分提升到58.9分，在全国质量排名由第13位提升到第12位（见表3-5）。

表3-5　　　　　　　　　　2015年、2020年河北省财政质量演变情况

指标	质量得分			质量排名		
	2015年（分）	2020年（分）	增幅（%）	2015年（位）	2020年（位）	提升（%）
合计	49.9	58.9	18.0	13	12	1
效率	17.7	22.5	27.1	15	13	2
公平	8.2	9.6	17.1	27	21	6
稳定	10.7	8.8	-17.8	16	15	1
规范	13.4	17.9	33.6	6	13	-7

一、与自身纵向比较，河北省多数指标的质量状况有所改善，但养老金支付及收支运行稳定等指标质量下滑，需要高度关注

2015～2020年，河北省综合质量得分提升了18.0%。在全部25项指标中，有15项指标的质量状况有所改善，有10项指标质量下滑。

1. 分方面看，规范和效率方面改善明显，稳定和公平方面有所下降

规范方面提升幅度最高，提升了33.6%，5个指标中有4个趋于改善；效率方面改善也比较明显，提升了27.1%，10个指标中有7个指标呈提升状态；公平方面提升了17.1%，5个指标中有3个呈改善状态；稳定方面下降了17.8%，5个指标均呈恶化状态。

2. 分指标看，人均财政收入和非税收入结构指标提升明显，财政稳定运行和地方税收占比指标质量下滑严重

河北省指标质量状况改善最明显的有以下6项：人均一般预算收入增长了43.7%，排位从第27位提升到第20位；人均一般预算支出增长了59.4%；非收费罚没收入与非税收入占比提升了19个百分点，这些都反映了河北省财政实力的增强和收入结构的改善。省级财政透明度分数翻了一番；2020年半年支出进度接近50%、第三季度支出进度接近75%，均一直居全国前10位。这些都体现了河北省财政规范性的不断增强（见表3-6）。

表 3 – 6　　　　2015 年、2020 年河北省财政指标质量及全国对比情况

总指标	一级指标	二级指标	2015 年（期初）				2020 年（期末）			
			河北省	平均	占比（%）	排位（位）	河北省	平均	占比（%）	排位（位）
效率	一定规模	人均一般预算收入（元）	3568	6055	58.9	27	5127	7100	72.2	20
		人均一般预算支出（元）	7585	10966	69.2	30	12087	14927	81.0	29
	财源结构	地方税收/一般预算收入(%)	73.0	75.5	96.7	14	66.0	74.6	88.6	25
		现代产业税收/税收收入(%)	25.9	31.0	83.6	11	23.3	31.0	75.2	15
		非收费罚没收入/非税收入(%)	58.2	69.6	83.5	29	77.2	74.9	103.1	10
	较低成本	非行政支出/一般预算支出(%)	91.1	91.7	99.3	20	91.3	91.3	100.0	20
		财政供养系数（人）	28.5	27.0	105.8	11	28.0	26.7	104.9	12
	较快进度	半年支出进度（%）	44.5	42.7	104.1	6	47.5	46.3	102.7	7
		第三季度支出进度（%）	68.0	65.9	103.2	7	71.2	70.1	101.5	9
	撬动效果	GDP 变动量/财政支出变动量	2.14	3.49	61.3	21	2.34	4.84	48.3	25
公平	区域公平	区域人均收入变异系数	1.64	0.93	177.5	3	1.30	0.97	135.0	8
		区域人均支出变异系数	0.66	0.46	144.4	4	0.52	0.44	118.8	7
	级次公平	县级人均支出满足率（%）	44.8	49.0	91.5	11	39.9	41.1	97.0	9
	群体公平	直接税收入/一般预算收入(%)	26.9	28.3	94.9	12	27.8	31.7	87.8	19
		民生支出/一般预算支出(%)	81.3	79.4	102.4	10	82.0	79.6	102.9	5
稳定	收支稳定	支出满足度（%）	47.0	55.2	85.2	16	42.4	47.6	89.2	13
		财力满足度（%）	63.4	71.0	89.3	14	49.1	54.4	90.3	11
	债务稳定	负债率（%）	20.2	21.4	94.5	21	30.4	25.3	120.3	14
		债务率（%）	95.7	95.0	100.7	16	100.2	92.4	108.4	17
	其他风险	养老金结余/当年支出	0.66	1.37	48.6	29	0.32	0.95	34.2	26
规范	法治准确	预决算收入偏离率（%）	2.0	0.2	870.9	14	0.5	1.6	31.3	22
		预决算支出偏离率（%）	3.9	6.3	61.6	23	3.9	2.2	177.3	19
	公开透明	政府预决算公开度	83.1	61.0	136.3	1	98.4	97.0	101.4	8
		省级财政透明度	29.2	42.2	69.0	26	59.7	53.5	111.6	12
		市级财政透明度	48.9	46.8	104.4	11	42.1	50.3	83.6	23

　　同时，也有 5 项指标质量状况下滑明显，需要高度关注。一是养老保险金支付风险。2015 年河北省基本养老保险结余还能支付接近 8 个月的正常支出，2020 年则缩减为不到 4 个月的支付水平。二是财政收支运行风险。五年来河北省可用财力及财政支出对上级补助的依赖程度越来越高，自有收入（一般预算收入）的保障

能力越来越低，2020 年自有收入仅能满足财政支出的 2/5 或可用财力的一半。三是地方政府债务风险。五年间，河北省负债率、债务率均有提升，年均分别提升 2 个和 1 个百分点，特别是债务率已突破 100%，值得高度关注。四是一般预算收入结构问题。地方税收与一般预算收入占比持续下降，其中固然有统计口径调整因素，但也反映出河北省的税收收入稳定性、持续性增长问题，这一点与全国平均水平相比较更加明显。2015～2020 年全国这一比重仅下降 0.9 个百分点，河北省则下降了 7 个百分点。五是市级财政信息透明度问题。五年来，虽然河北省省级财政透明度提升很快，但市级财政透明度平均分数反而下降，说明财政信息公开问题在市级层面尚未完全落实。例如，2020 年，在全国 294 个设区市中，河北省财政透明度最高的邯郸仅居全国第 79 位，也是河北省唯一在百名以内的城市。全省 11 个设区市中，有 6 个城市排在全国 200 位以后。

二、与全国平均水平比较，河北省有近六成指标的质量状况较低，特别是效率类指标普遍不高，但规范类指标相对较好

2020 年，河北省综合质量得分 58.9 分，略低于 59.1 的全国平均水平，位居各省第 12 位，比 2015 年排名（13 位）提升了 1 位。在全部 25 个指标中，有 14 个指标的质量状况低于全国平均水平，占指标总数的 56%（见表 3－7）。

表 3－7　　　2015 年、2020 年河北省与全国平均水平财政质量指标对比情况

指标	河北省/全国（%）		河北省较高（位）		河北省较低（位）	
	2015 年	2020 年	2015 年	2020 年	2015 年	2020 年
合计	99.9	99.6	10	11	15	14
效率类	98.0	99.6	3	5	7	5
公平类	81.2	92.8	1	1	4	4
稳定类	97.1	96.1	1	0	4	5
规范类	123.4	105.9	3	3	2	2

1. 分方面看，河北省规范和效率方面整体较高，公平和稳定方面质量较低

2020 年，河北省在效率、公平、稳定和规范方面的综合质量得分，分别是全国平均水平的 99.6%、92.8%、96.1% 和 105.9%，分别居各省第 13、第 21、第 15、第 13 位。整体看，规范类指标最高，5 个指标中有 3 个高于全国平均水平；效率类指标略高，10 个指标中有 5 个高于全国平均水平；公平类指标略低，5 个指标中有 4 个低于全国平均水平；稳定类指标最低，5 个指标均低于全国平均水平。

2. 分指标看，河北省在民生支出占比、支出进度等指标优于全国平均水平，在养老保险金支付、人均预算收支等方面与全国平均水平差距较大

河北省质量最高的指标有 4 个，均位居全国前 10 位，分别是：民生支出占比一直高于 80%，居全国前列，2020 年为第 5 位；政府预决算公开度长期居全国前列，2020 为第 8 位；半年及三季度支出进度分居全国第 7、第 9 位。

河北省质量最低的指标有 4 个，均不到全国平均水平的 3/4。一是养老金结余/当年支出，2020 年仅为全国平均的 34.2%，居各省第 26 位。二是 GDP 变动量/财政支出变动量，2020 年仅为全国平均的 48.3%，居各省第 25 位。三是人均一般预算收入，不到全国平均水平的 3/4，位居第 20 位，这导致河北省的人均一般预算支出长期位居全国倒数第 2 位，仅略高于河南。此外，地方税收/一般预算收入、县域人均财政收支变异系数质量、市级财政透明度也位居后 10 名之列。

三、河北省财政发展质量综述，财政质量状况将持续影响河北省未来的经济社会高质量发展状况

作为政府治理的重要手段，财政质量不仅是当前某个地区财政发展的集中体现，更深远影响着该地未来的经济社会高质量发展程度。

整体来看，河北省的财政发展质量虽然排名较高，但主要是规范类指标的带动影响，实际上与发达省份的差距依然巨大，特别是在直接影响发展后劲的一些核心指标上不容乐观。一是在规模上，受制于经济发展水平、财源质量和人口众多等影响，人均财政收支规模较低，对高质量发展的支撑作用有限。二是在结构上，地方税收收入占比、现代产业税收占比、直接税收入占比等指标较低，实质上体现了背后的经济、产业和财源结构不佳。三是在风险上，市县政府财政收支运行、地方政府债务、养老保险基金支付三大风险并存，极大影响了财政发展的持续稳定。四是在透明度上，预决算收支依然偏离较高，且年度间变化较大，市级政府财政透明度较低，特别是许多市县的预决算公开工作依然进展较慢，一些为广大群众所关注的民生政策及相关专项资金的公开度较低。

第五节　财政质量与发展质量的比较

根据上述河北省发展质量和财政质量状况，对此进行分析比较。

一、河北省发展质量和财政质量的状况比较

总体看，河北省的发展质量和财政质量状况是一致的，即纵向发展快、横向差距大。

受指标选取的因素影响，虽然河北省发展质量和财政治理的排名有些差距（发展质量、财政质量分别为第25、第12位）①，但两者状况总体一致，均具有以下共同特征。

1. 纵向上改善明显，排名也有所提升

五年间，河北省的发展质量、财政质量得分分别增长了44.3%、18.0%，省际排名分别提升了2位和1位。

2. 横向上差距依然

2020年，河北省的发展质量、财政质量得分均低于全国平均分数，分别相当于全国平均水平的86.3%、99.6%，分别相当于发达省份平均水平的83.2%、69.8%，甚至均低于中部地区平均水平。

3. 结构上特征突出

发展质量上，创新发展差距最大（不到全国平均的3/4），绿色发展排名最低（第26位），创新不足和生态约束正是未来一段时期河北省高质量发展的最大影响因素。财政质量上，公平方面差距最大、排名最低（第21位）。

4. 指标上普遍落后

多数指标质量位列全国下游，质量状况居前5位的仅有民生支出占比（第5位）和城市污水处理率（第3位），而人均拥有公共图书馆藏量、万人拥有博物馆文物藏量、人均水资源、城市空气质量优良天数、Ⅲ类以上水质监测断面占比、人均财政支出等指标均居倒数第5位。

二、河北省发展质量和财政质量的关系分析

根据前文"发展质量决定财政质量，财政质量又影响发展质量"，在此对河北省两类质量状况的关系进行简要分析，两者关系的深入论证由后面的专题章节完成。

---

① 虽然两类指标为剔除规模因素的影响，都采用了比例类指标，但相当一部分发展质量指标以人口等相关因素进行衡量，多数财政质量指标则以财政收支结构进行度量，客观上导致按照人口计算的河北省质量状况相对更差、排名相对更低。

1. 发展质量影响财政质量

一方面，河北省高质量发展的创新不足，影响了高质量财政的效率发挥。例如，河北省研发强度低、专利产出少等创新能力薄弱状况，制约了本省产业的转型升级，导致产业层次整体不高，现代产业税收贡献较少，不利于高质量财源的形成，必然影响财政收入"蛋糕"的做大做强。另一方面，河北省高质量发展的绿色和开放状况，也联动着高质量财政的效率和稳定。例如，生态环境和开放态势都是重要的财源发展条件，也对地方财政的收支稳定和风险化解效果形成潜在影响。

2. 财政质量制约发展质量

一方面，河北省高质量财政的效率不高，制约了高质量发展的共享实现。例如，河北省人均财力水平低、财政引导效果不足等状况，都极大影响了教育、医疗、社保、文化等基本公共服务的供给水平。一般预算支出直接影响了发展质量中的共享指标，导致按人均计算的教育、医疗、社保等基本公共服务水平均处于全国倒数地位。另一方面，高质量财政的公平状况影响到高质量发展的协调功能。例如，河北省财政对区域公平和群体公平的调控力度，必然影响到城乡协调、区域协调和就业协调。此外，高质量财政的规范状况，对约束政府行为，推动高质量的创新、协调发展等，也具有积极意义。

三、构建两类高质量财政体系框架推动河北省高质量发展

根据以上分析，从财政作为政府治理基础和重要支柱的角度看，推进河北省高质量发展，就必须全面建设河北省高质量财政，包括构建两类体系框架[①]。

一方面从财政自身运行角度看，应该构建高质量的财政收支体系框架，即保障财政收入、支出、管理制度等，都符合效率、公平、稳定、规范的高质量特征；另一方面从财政职能发挥角度看，应该构建推动高质量发展的财政政策体系框架，即从财政收入、支出和管理制度等方面，形成支持创新、协调、绿色、开放和共享发展的财税体系框架。

---

① 之所以称为框架，主要是从发展战略和路径方向上而言，而非具体的解决措施。

02

第二篇

全面建设河北省高质量财政的体系框架

第四章

构建高质量的财政收支体系框架

从职能流程看，财政可分为财政收入、财政支出、管理制度三个部分。构建高质量财政体系，需要这三个部分均符合高质量特征基本要求。其中，效率要求财政收入的征缴尽量降低额外成本，减少对市场主体行为的扭曲，财政资金的使用注重最终经济社会效益，而不是简单的拨付分配；公平要求财政资金分配以普惠性为主，适当照顾欠发达地区、小微企业、弱势群体的利益；稳定要求财政政策、财政收支划分体制及财政转移支付制度等，应该具有一定的稳定性，符合低层级政府、企业、居民的合理预期；规范要求税费征收应该符合法律规定，而不是完成计划任务，同时注重财政信息的公开透明，特别是民生资金的拨付使用应接受社会公众的监督。

提升河北省财政质量状况，需要将效率、公平、稳定、规范的高质量理念贯穿于财政运行全过程，构建高质量的财政收入、财政支出和管理制度（见表4－1）。

表4－1 构建高质量的财政收支体系

	效率	公平	稳定	规范
财政收入	财源优质持续 税制提效取向 征收过程低成本	税制公平取向 促进群体公平	税收制度稳定 税法级次提升	财税政策公开 征缴程序规范
财政支出	资源配置高效 资金使用高效 财政绩效监督	支出普惠公平 重点保障民生	收支运行平稳 地方债务可控 养老金支付安全	专项资金规范 财政信息透明
管理制度	体制划分科学有效 转移支付兼顾效率	转移支付以公平为主区域和级次间财力均衡	财税体制保持稳定 政府间财政关系法	体制调整规范

第一节　构建高质量财政收入体系

高质量财政收入要求收入来源、收入制度和收入征缴的全流程，都符合效率优先、兼顾公平、稳定规范的高质量要求。其中，既要适应时代发展，建设符合现代化经济特征的财源体系，保障财政收入的稳定、可持续增长；也要按照法治要求，逐步提升财税收入征缴效率，降低对市场主体行为的不当干扰；还要善于统筹整合，将流量收入与存量资产、自有收入与上级补助有效结合。

一、建设高质量财源

高质量收入来自高质量财源，要求财政收入增长与经济发展程度密切相关，更具持续性，而非大幅波动。财政收入的高质量发展，离不开"培财基、挖财源"。应推进经济高质量发展，做强传统财源、做大新兴财源，做大做优财政蛋糕。

1. 推进高质量行业发展

高质量行业代表着经济发展方向，既包括具有较高技术含量的高新产业，也包括升级改造和智能化后的传统产业。一方面，支持高技术产业发展，打造新兴财源。按照"河北省有基础、整合资源有条件、未来发展有市场、符合产业技术演进趋势"原则，聚焦大数据与物联网、高端装备制造、新能源与智能电网、新能源汽车与智能网联汽车等工业，以及现代物流、金融保险、电子商务、健康养老等现代服务业，打造一批高技术含量、高产品附加值、高税收贡献率的纳税主体；另一方面，推动传统产业转型升级，壮大传统财源。按照中央"坚决去、主动调、加快转"要求，以工业提质增效为核心，推动钢铁、纺织、医药、化工等传统产业兼并重组，加快转型升级，增强行业税收贡献率。

2. 推进高质量企业壮大

高质量企业是高质量发展的市场主体，代表着产业发展方向，引领着行业发展趋势。一方面，进一步简政放权，深化"放管服"改革，打造数字政府，深化数字治理，优化税源成长壮大的营商环境。深入推进减税降费，继续清理规范涉企行政事业性收费和经营服务性收费，加大对乱收费的整治力度，健全收费基金项目动态管理机制。另一方面，大力实施高新技术企业和科技型中小企业"双倍增"工程，壮大企业规模和竞争力，提升产业集中度。特别是完善财政金融联动机制，推广"政银保""助保贷"等融资模式，推进"个转企、小升规、规改股、股上市"。

3. 推进高质量产品形成

高质量产品（服务）直接影响企业的效益状况和市场竞争力。加快推进河北省新产品、新技术开发和品牌培育工程，发挥各方合力，联合开展质量提升行动，扩大高质量产品供给，提升河北省产业品牌影响力。当然，推进河北省更多更好的高质量产品与服务，需要优化财政支持环节，发挥政府采购作用，引导企业瞄准市场需求和技术发展前沿，增品种、提品质、创品牌，在全省打造一批影响力大、生命力强的产品、工程、服务知名品牌，创建全国知名品牌示范区。特别是落实支持工业设计发展的政策措施，带动河北省传统优势产品向高质量迈进，发展冷轧、镀层和电工钢板，乙烯、合成树脂和精细化工，绿色和保健食品等。

4. 推进高质量要素集聚

高质量要素是高质量产品形成的基本条件，既包括技术、人才等高端要素，也包括各项生产要素的优化组合。当前，应发挥财政杠杆作用，创新要素供给的渠道和方式，特别是集聚河北省严重匮乏的技术和人才要素。一是落实《促进企业技术创新条例》《科技型中小企业贷款风险补偿实施细则》《科技奖励制度改革方案》等，通过专项资金扶持和税费优惠方式，推进京津冀各类创新资源融合发展，提速企业技术改造与创新步伐。二是实施"万名创新型企业家培养工程""百万燕赵工匠培养支持计划""名校英才入冀计划"，通过财政补助、科研立项、子女教育、医疗保障等优惠政策，大力引进海内外高层次人才，激发企业引才聚才动力，打通人才流动、使用、发挥作用中的体制机制障碍。三是积极参与"一带一路"建设，优化全省资源供应，推进国际产能合作。鼓励河北省钢铁、水泥、玻璃、光伏、电力等优势产能走出去，并购国外资源、先进技术、研发团队、营销网络，提升国际价值链分工地位。

二、实施高质量征管

一方面，建立高质量税制。即税收制度除履行征收收入这一主要功能外，还能有效发挥对经济社会的调控作用，如目标于降本增效，实施促进企业研发、创新和资源利用的税费奖惩政策，但应注意边界，不宜干扰一般的市场竞争行为；目标于普惠公平，实施针对低收入者、农民及小微企业的减税降费政策，但应注意限度，不应打击其他群体积极性；目标于宏观调控，对不符合政策预期的市场主体行为进行有效干预，但应注意规范，保持一定的稳定持续性，并注重公开透明。另一方面，推行高质量征缴。即在税费征缴过程中，应使社会所付出的代价以税款为限，尽量避免干扰市场的正常运行。为此，应充分利用数字时代的新手段，深化税收征管制度改革，逐步建设以服务纳税人缴费人为中心、以发票电子化改革为突破口、以税收大数据为驱动力的具有高集成功能、高安全性能、高应用效能的智慧税务，深入推进精确执法、精细服务、精准监管、精诚共治，大幅提高税法遵从度和社会满意度，明显降低征纳成本。同时，深化非税收入收缴管理改革，将非税收入项目全部实行国库集中收缴，加强非税收入票据管理，促进财政电子票据管理改革提质扩面，提高非税收入信息化管理水平，为实现税费高质量征管、推动经济高质量发展提供有力支撑。

三、区域高质量发展

推动财政收入的高质量发展，离不开地域经济的壮大与集聚。基于河北省情，当前重点推动县域经济和重点区域高质量发展。一方面，在完善县级基本财力保障机制的基础上，进一步优化省以下财税体制，适时调整省对县市的财政激励约束机制，将发展县域经济聚焦到做强做优园区和打造特色产业上，推进全省园区提质扩容，提升产业承载能力，争取更多的县进入全国百强县行列，实现县域财政经济的做大做强。另一方面，将雄安新区建设为全省高质量发展的样板，使高端高新产业成为其主导产业和主体财源，并按照河北省《关于加快推进现代服务业创新发展的实施意见》，在金融科技、高端研发、质量服务、国际商务、国际文化交流等方面，将雄安新区打造为全省现代服务业发展的新引擎和动力源。同时，推进廊坊北三县与北京通州区一体化高质量发展，支持张家口大力发展后冬奥经济，引导曹妃甸区、渤海新区、北戴河新区、北京大兴国际机场临空经济区瞄准自身功能定位，加快引进承接一批高端优势项目，打造环渤海地区新型工业化基地、国家生命健康产业创新示范区、国际开放门户和航空大都市，成为带动全省产业高质量发展的重要增长极。

四、高质量集聚财力

推进财政收入的高质量发展，不能只盯着预算收入和本地财源，必须放宽视野、广辟财路，做大财政收入蛋糕份额。一方面，盘活存量。盘活结转结余资金、预算稳定调节基金、预算周转金等各类存量资金，完善财政存量资金与预算安排挂钩机制。摸清国有资产底数，分门别类进行登记梳理，对长期低效、闲置以及超标准配置的资产，督促相关单位尽快拍卖或出租。对库款紧张地区，适时对各单位自有账户上的存量资金，开展财政检查，除个别事项需继续支出外，将沉淀资金统筹用于亟须方面。另一方面，争取增量。立足河北省在京津冀协同发展战略中的"三区一基地"① 定位，利用雄安新区高质量建设、京津冀产业对接协作、生态环境协同治理和公共服务共建共享，以及当前财税体制改革的有利契机，争取中央在改革和项目试点方面增加对河北省的支持，争取国家大气污染防治、化解过剩产能等专项资金，争取地方政府债券额度及国际金融组织贷款、外国政府贷款、清洁发展委托贷款等，不断做大财力"蛋糕"。

第二节　构建高质量财政支出模式

高质量财政支出的核心是"提效"，即优化财政资源配置，发挥资金实际效益，其中，既要按照政府与市场的职能划分，把握财政支出的范围和边界，做到"有所为、有所不为"；也要按照高质量发展的要求，优化财政支出的结构和方式，最大限度地发挥资金引导功能；还要按照科学、客观的原则，注意财政支出的进度和力度，同时做到防止资金闲置和保障运行安全。

一、高质量优化结构方向

紧紧围绕高质量发展要求，加大结构调整力度，合理摆布经济发展和社会民生、基本公共服务与其他民生保障间的关系。一是坚持勤俭办一切事业，严格控制一般性支出增长速度，加大对非急需、非刚性支出的压减力度，加强对"三公"经费支出事项必要性、合理性的审核，从严控制公务活动总量、开支范围和标准。二是对受客观因素影响可暂缓实施和不再开展的项目支出及时缴回财政，对建设期长的项目及非急需支出的政策性奖励资金等，分批安排预算。可统筹、整合的预算资金，应及时调整支出用途，保障"三保"支出等政策需要。三是涉及增加财政支出的重大决策或实施重大政府投资项目前，要按规定进行财政承受能力评估，未通过评估的不得安排预算。四是在确保"三保"支出落实到位的基础上，逐步提升就业、医疗、社保等民生支出标准，但也应审慎制定新的民生政策，省级应建立市县基本公共服务保障备案制度，引导市县结合实际逐步提升民生保障

---

① "三区一基地"是指将河北省建设成全国现代商贸物流重要基地、产业转型升级试验区、新型城镇化与城乡统筹示范区、京津冀生态环境支撑区。

水平，严控超财力出台政策或安排项目。五是推进专项资金统筹和整合，进一步拓展涉农资金实质性整合，同时对其他政策目标相近、资金投入方向类同、资金管理方式相近的项目，进行统筹整合。

二、高质量提升资金效益

一方面，发挥财政资金"保基本"的作用，注重普惠性、基础性、兜底性，确定各类基本民生的保障标准，为人民群众提供基本公共产品与服务，推进基本公共服务均等化；另一方面，发挥财政资金引导作用，充分运用市场供给的灵活性优势，增强多层次、多样化的公共服务供给能力，放大财政政策和资金支出效果。一是综合运用财政资金奖补、贴息、后补助、竞争性分配等方式，提高资金直接效益；二是创新民生保障等专项债券，完善"财政＋金融"政策调节机制，通过实施"政银保"奖补、首发债券补助、资产证券化补助、上市挂牌补助、定向贷款贴息、融资担保奖补、贷款风险补偿和保费补贴等政策，进一步放大财政资金的支出效果；三是规范运用PPP、股权引导基金、融资租赁等模式，吸引社会资本投入经济社会领域。重点是壮大河北产业投资引导基金（母基金），吸引社会资本成立数字经济发展等子基金，进一步完善政府引导基金的激励约束、容错纠错和尽职免责机制①，防止过度追求保值增值而制约基金撬动社会资本的实际效果。

三、高质量实施支出监管

高质量的财政监管需要完善管理制度、优化监管方式，全面实施绩效预算管理。一是完善管理制度，构建全过程绩效预算管理新机制。优化预算管理，从源头堵住预算追加过多、过大问题。完善专项资金管理，加强专项资金项目的组织实施，规范专项资金使用管理，对专项资金严格实行专账核算管理，完善专项资金信息公开机制，主动接受社会监督。二是优化预算流程，增强财政部门"核心预算机构"的地位，提高预算编制的科学性和规范性，硬化预算执行约束，加强对"超收""少支"资金的管理。三是突出监管重点。落实国家常态化财政资金直达机制，按照中央要求稳步扩大直达资金范围，加快直达资金分配和预算下达，

---

① 2021年7月，浙江制定了《产业基金管理办法》，将原省转型升级产业基金、乡村振兴投资基金、农产品流通基金等整合成省产业基金，并要求基金运作遵循客观规律，给予一定投资风险容忍度，尽快制定绩效评价办法和尽职免责指导意见。

将财政资金精准投放到基层和单位。完善直达资金监控系统的即时监控、统计分析和监测预警等功能，对财政资金的分配使用情况实行全程、动态监控，重点对资金使用的"最后一公里"环节进行监管。四是建立定期评估机制，按照"全面实施绩效管理"要求，健全绩效问责制度，将绩效评价结果与完善政策、调整投向、改进分配挂钩，扭转部门和市县"重资金争取、轻使用绩效"倾向。五是推进信息公开，特别是对涉及广大群众的民生政策和专项资金，进一步公开其设立依据、拨付程序、分配结果、使用绩效等情况，接受社会公众的监督。

四、高质量保障财政运行

推进财政高质量发展，必须关注影响财政运行的重大风险，为高质量财政建设营造良好氛围。一是确保市县平稳运行。完善财政运行风险监控体系，全面评估基层运行风险，强化对收支缺口地区的"三保"补助力度。综合考虑民生政策、事业发展的长远目标，合理确定保障范围和政策力度，确保各级财政可持续发展。二是加强债务管控。完善地方政府全口径债务管理体系和债务风险防控机制，实施地方政府债务动态监控，对风险持续上升的地区和部门，及时予以预警提示，督导其建立切实可行的风险化解规划。在全面摸清底数的基础上，分类处置化解隐性债务。特别是加快政府融资平台转型，严禁违规变相举债，规范 PPP、政府投资基金等新型融资模式运用，确保不出现系统性、区域性债务风险。三是保障基本养老金支付能力。进一步完善社会保险制度，根据老龄化进程、财力支付能力等因素，按照精算平衡原则确定基金筹资和待遇水平，合理确定财政对社会保险基金的补助责任，避免福利竞赛，实现可持续发展。健全社保基金内控机制，完善国有资本划转社保基金改革，进一步深化对河北省养老保险基金的投资运营，实现资金增值。采取政府购买服务、公建民营、补助贴息等方式，引导和支持社会力量兴办本地养老服务设施，或将社会保险基金征缴、发放等经办业务委托具有资质的商业保险或金融机构运作。

第三节　构建高质量财税管理制度

财政关系是政府间关系的核心。构建高质量财税体制，需要深化财税改革，完善政府间财政关系，推进各级政府财力配置的科学化和法制化。其中，既要深化各级政府间的事权、支出责任和收入划分改革，形成适合国情、能够发挥中央和地方两个积极性的制度体系；也要发挥转移支付的调节功能，坚持"公平优先、兼顾效率"；还要健全地方税体系，并保持财税体制的相对稳定，使地方政府拥有稳定预期。

一、合理划分政府间财政收支

一方面，推进支出责任划分改革。按照中央事权与支出责任划分方案，及时推进公安、农业等领域省以下财政事权和支出责任划分改革，落实已出台的医疗卫生、教育、科技、生态环境、自然资源、公共文化等领域省以下改革方案，实行省与市县共同财政事权转移支付清单管理，完善分担方式，强化标准管控，稳步推进市以下改革进程。其中，应重点强化各级政府在推进本区域内基本公共服务均等化等方面的职责，统筹制定本地保障标准，合理划分省、市、县支出分担比例。另一方面，深化财政收入划分改革。根据中央部署，积极推进增值税、消费税、资源税、房地产税等税种改革，在保持现有财力格局总体稳定的前提下，结合政府间事权与支出责任划分情况，稳步推进省以下财政收入划分改革，科学确定省与市县的税收分享方式和比例。

二、完善财政转移支付制度

将转移支付改革同政府间财政事权和支出责任划分改革相衔接，逐步建立以公平目标的一般性转移支付（含共同事权转移支付）为主体，效率目标的专项转移支付和横向生态补偿为补充的财政转移支付体系，推进区域间、各级政府间财力均衡。一是修订完善省对下财力性转移支付管理办法，改进省对下一般性转移支付分配管理方式，逐步建立以均衡性转移支付为主体，以老少边穷地区转移支付为补充并辅以少量结算补助的一般性转移支付体系。二是完善共同财政事权转移支付清单管理，研究推动同一领域共同财政事权转移支付资金统筹使用。三是优化专项转移支付制度，强化专项转移支付绩效管理，管好用好特殊转移支付资金，取消专项转移支付中政策到期、政策调整、绩效低下等已无必要继续实施的项目。四是扎实推进京津冀跨流域横向生态保护补偿机制，落实密云水库上游潮白河流域水源涵养区、引滦入津上下游横向生态补偿协议，探索在省内白洋淀流域、滦河流域建立上下游横向生态补偿机制，同时进一步研究其他公共服务项目横向转移支付机制，提高相关地区财政保障能力。

三、健全适合省情地方收入体系

逐步构建符合河北省情的地方收入体系，降低地方政府对土地财政及非税收入的依赖度，既实现各级政府的权、责、利相统一，也保障地方政府拥有较为稳定的自主收入来源。一方面，打造适应各级政府的地方税体系。结合经济社会发展形势及地方税体系构建目标，明确地方税的主体税种及辅助税种，通过改革完善、合并重构、调整比例、新开税种等方式，构建地方税体系的基本框架。在坚持增值税、企业所得税、个人所得税（地方分享部分）作为地方主体税种的同时，进一步调整消费税征收对象、环节及收入归属，推进房地产税试点及立法，探索社会保障费改税、相关教育收费改税和开征地方特产税。另一方面，完善规范合理的地方非税体系。逐步完善一般预算非税收入，随着市场环境的优化和执法征管的规范，行政事业性收入、罚没收入所占比例会进一步降低，专项收入、国有资源（资产）有偿使用收入所占比例会有所上升。加快推进政府性基金清单管理，未列入清单的都并入一般预算非税收入。适当扩大国有资本经营预算收入的覆盖范围，提升其对一般预算财力的贡献程度。

四、保持财税体制稳定规范

一方面，以法规形式明确政府间财政收支划分的基本规范，适时制定和出台《财政基本法》《政府间财政关系法》。其中，《财政基本法》是规范我国各级政府财税收支管理的基本法规，对财税关系的各个方面做出框架性规范，并成为制定、修订各部子法的基本依据和遵循；《政府间财政关系法》重在规范各级政府间的财政收支关系，主要涉及中央和地方政府间的财政事权、支出责任与收入划分，国务院财政部门和地方各级财政部门的职责权限，重要的财政收支制度、政府间转移支付、财政决策、监督机制等。此外，进一步增强税制规范性，加快将所有税种暂行条例提升为法律[①]，并清理规范各类违规的税收优惠政策。另一方面，保持财税体制和财政政策的相对稳定。其中，对政府间财税体制的调整，应履行一定的法律程序，充分征求地方意见，尽量减少出台临时、散碎、不规范的分享办法；对相关财税政策的调整，应充分征求政策实施对象的意见，注重政策的稳定性、连续性和可持续性，不"急转弯"，引导形成市场合理预期。

---

① 截至 2021 年底，我国 18 个税种中已有 12 个税种完成立法。

第五章

推进高质量发展的财政政策体系框架

从职能流程看，财政可分为财政收入、财政支出、管理制度三个部分。推进河北省高质量发展，需要这三个组成部分相互配合、统筹实施。例如，在财政收入上，不仅要提升规模，壮大推动高质量发展的财力基础，还要发挥税费政策及收入结构对高质量发展的调控作用；在财政支出上，既要按照高质量发展理念，进一步优化支出结构与使用方向，更要创新财政支出方式，吸引社会资本投入经济社会高质量发展进程；在管理体制上，既要完善政府间财政关系，发挥中央和地方两个"积极性"，也要深化"放管服"改革，优化对市场主体的财政管理行为，更要注重绩效导向，通过事前评估、运行监控和绩效评价，不断提升各类财政资金推进经济社会发展的实际效益。

推进河北省高质量发展，需要财政收入、财政支出和管理制度等方面遵循新发展理念，构建支持创新、协调、绿色、开放和共享发展的财税体系框架（见表5-1）。

表5-1　　　　　　　　推进高质量发展的财政政策体系

		创新	协调	绿色	开放	共享
财政收入	财税政策	形成以支持高科技研发和产业化为主、涵盖多个创新环节的优惠政策体系	发挥税收对收入分配的调节职能，争取符合改革方向的税收政策在雄安新区优先实施	建立绿色税费体系，完善消费税、资源税、环保税政策，健全自然资源有偿使用制度	完善促进自贸区、综合保税区建设和企业境外投资的优惠政策，健全出口退税机制	在就业、教育、医疗、养老、家政服务等民生领域完善税费优惠政策，支持实现共同富裕
	政府债券	发行产业园区专项债券，提升园区承载能力推进企业创新型发展	探索乡村振兴、农村产业融合专项债，一般债券用于乡村公益性项目	在林业生态政府债券的基础上，探索推进生态治理专项债制度	加大专项债券对自贸区的支持力度，探索发行"一带一路"专项债券	试点扩大市政发展、医疗卫生、水利建设、教育文化等民生专项债券

续表

		创新	协调	绿色	开放	共享
财政支出	加大投入	落实"只增不减"要求，持续增强财政投入，建立稳定性和竞争性支持相结合科技投入机制	将农业作为优先支持领域，创新区域发展财税政策，支持城乡融合和公共文化发展	完善资金投入机制，制定财政支持"碳达峰、碳中和"政策，促进大气、水、土壤生态修复	利用各专项资金，推动货物贸易效益提升、服务贸易模式创新、对外投资和自贸区发展	发挥财政普惠性、基础性、兜底性职能，稳步提升民生保障水平，并论证财政可承受能力
	优化结构	统筹各类科技资金，调整经费结构，重点支持基础研究、前沿技术研究等公共科技活动	构建涉农资金统筹长效机制，提高土地出让用于农业农村比例，提升脱贫地区发展能力	优化财政补贴环节，既注重生产端对企业的扶持，更注重消费端扩大绿色产品消费	统筹相关专项资金，重点支持大型企业拓展产业链和中小企业开拓多元化市场	调整义务教育、医疗卫生、乡村振兴等资金的使用结构，推动各类民生领域协调发展
	创新方式	构建多元化、多渠道、多层次科技支持机制，实施贷款风险补偿和保费补贴，优化科技创新券制度	运用政府投资基金、PPP协调推进区域发展，构建财政金融协同支农机制，完善旅游、体育消费券制度	采用绿色发展基金、绿色信贷、资源环境权益抵质押融资，规范运用PPP模式，激发社会资本投资活力	用好国家服务贸易创新发展引导基金，设立"一带一路"等相关投资基金，撬动社会资金参与国际合作	推动非基本公共服务提供主体多元化、提供方式多样化，鼓励社会力量参与公共服务供给
管理制度	完善管理	优化财政科研项目管理，下放科技成果处置权，建立与支持创新相适应的政府采购制度	统筹城乡义务教育经费保障机制、城乡低保救助制度和城乡公共文化服务体系	建立市场化的生态保护补偿机制，健全生态环境损害赔偿制度，完善政府绿色采购体系	加强国际税收交流合作，增强在国际财经领域的话语权，积极推动全球治理体系变革	健全基本公共服务保障标准体系，完善社保基金管理，提升社保基金统筹层次
	健全体制	形成高效协同的科技领域事权和支出责任划分模式，实施科研项目分类绩效评价	加大一般性转移支付规模，完善共同事权转移支付体系，增加对欠发达地区的补助力度	优化省以下生态保护责任，落实重点生态功能区转移支付，完善跨区域生态补偿机制	完善自贸区发展政策制度，探索以企业为单元的税收担保，在雄安片区设立综合保税区	明确政府间公共服务事权和支出责任，以转移支付保障各层级、区域提供公共服务需要

第一节　推进创新发展的财政政策体系

崇尚创新，发挥财政对科技驱动发展的撬动力。创新是引领高质量发展的第一动力，应充分发挥财政职能，加快形成以创新为主要支撑的经济体系和发展模式。

一、财政收入方面

1. 健全税费优惠政策

一是严格落实国家激励高新技术企业、科技型中小企业创新的税收优惠政策，在国家政策范围内实施更大力度的研发费用加计扣除、高新技术企业税收优惠等普惠性政策，形成以支持高科技研发和产业化为主，涵盖多个创新环节、覆盖面较广、具有普惠性和引导性的优惠政策体系；二是进一步完善科技园和科技企业孵化器税收优惠政策，适当扩大政策适用范围，调整促进创业投资、科技成果转移转化、固定资产加速折旧的税收优惠，完善股权激励和技术入股递延纳税优惠政策。

2. 发行地方政府债券

我国的地方政府债券仅限用于公益性项目，支持传统产业转型和创新型产业发展主要依靠企业债券，但政府债券可以用于支持交通、市政和产业园区基础设施等地方性公共设施建设。例如，发行产业园区专项债券，提升园区基础设施建设水平及承载能力，有助于优化园区环境、提升发展空间，推进园区企业创新发展。

二、财政支出方面

1. 加大财政投入力度

一是严格落实财政对科技投入只增不减的要求，持续增强各级财政科技投入保障，建立稳定性和竞争性支持相结合的科技投入机制，助推科技强省加快实现。二是突出"高精尖缺"导向，做好引智、人才培养专项资金保障，重点支持海外高层次人才"百人计划"、专家岗位津贴和突出贡献技师津贴等项目，给予国际人才交流、外国高层次人才创新创业团队资助倾斜。三是以河北省产业技术研究院为主体，联结高校、企业，采用"技术榜单""赛马"等方式，聚焦产业关键核心技术，构建产业技术研发、应用场景示范、成果产业化一体化的支持机制，推动财政资金聚合攻关。

2. 优化财政支出结构

一是调整科技经费结构，统筹整合各类科技资金，重点支持基础研究、前沿技术、社会公益、重大共性关键技术研究等公共科技活动，提高科技投入产出效率，促进科技力量整合优化和资源共享。二是有效发挥各类产业发展专项资金引导作用，以支持钢铁、装备制造等优势产业提升核心竞争力为重点，推动传统优势产业向智能化、绿色化、服务化转型升级，采取"先投后补"方式支持传统制造业数字化改造项目。三是调整优化省级财政产业发展资金支出方向，集中财力支持新一代信息技术、生物技术、高端装备制造等战略性新兴产业加快发展，打造省域内数字经济领域实验室、技术创新中心等创新平台，推进数字经济领域省级战略性新兴产业示范基地、产业园区加快建设。

3. 创新资金支持方式

一是健全财政资金政策扶持与科技、产业等政策有机衔接引导机制，发挥省自然科学基金引导作用，鼓励地方、企业和社会力量与省自然科学基金共同设立联合基金投入基础研究。二是发挥财政金融联动作用，形成多元化、多渠道、多层次科技投入体系，推动全社会研发经费投入强度稳中有升。实施贷款风险补偿和保费补贴，完善高价值专利、首台（套）重大技术装备保险补偿机制，进一步壮大河北省融资担保体系，加快对省内市县的覆盖力度。三是优化科技创新券制度，进一步简化申请流程、扩大扶持范围、增加服务机构、增强流通活跃度，促进科技成果转移转化。

三、管理制度方面

1. 优化科研项目管理

一是深化科技领域"放管服"改革，进一步下放科技成果处置权和收益权，扩大科研项目预算管理自主权，改进经费使用管理流程和方式，推动科研经费"包干制"改革，努力破除不符合科研规律的经费管理规定，给予科研人员更大的经费自主权。二是完善政府采购机制。进一步助力国产自主创新产业发展，加大对重大创新产品和服务、核心关键技术的采购力度，扩大首购、订购等非招标方式的应用，打通拓宽政府采购支持国产创新产品的新渠道。

2. 健全科技发展体制

一是根据科技事项公共性层次、科技成果受益范围等属性，科学合理确定省以下各级政府的科技投入边界和方式，形成完整规范、分工合理、高效协同的科技领域事权和支出责任划分模式。二是推动京津冀创新资源开放共享，探索税收及运营收益按要素投入比例分配的利益共享机制，引导科技创新资源和产业资源跨区域自由、高效、合理流动。三是实施科研项目分类绩效评价，对财政科技支出相关政策、资金及科研机构运营状况进行绩效评估，评价结果作为政策调整、预算安排的重要依据，最大限度提升科技支出实际效益。

第二节　推进协调发展的财政政策体系

注重协调，发挥财政对整体统筹平衡的支撑力。协调是持续健康发展的内在要求，应充分发挥财政职能，着力增强发展的整体性和平衡性。

一、财政收入方面

1. 发挥税收调节作用

一是加强税收对居民收入分配的调节职能，完善综合与分类相结合的个人所得税、调整消费税征收范围及税率、扩大房地产税试点，逐步缩小社会贫富差距。二是在全面落实中央结构性减税和普遍性降费的基础上，进一步调整税费优惠政策，特别是完善支持农村基础设施建设、发展新型农业经营主体及农产品流通的涉农税收政策，健全公共文化相关优惠政策。三是落实河北省与北京市关于大兴国际机场运营期的收入分享机制，完善廊坊北三县与北京通州区协同发展财税支持政策，争取符合税制改革方向的税收政策在雄安新区优先实施、先行先试。

2. 发行地方政府债券

一是探索发行乡村振兴、农村产业融合发展等专项债券，支持市县政府使用一般债券资金用于乡村公益性项目建设。二是继续加大支持雄安新区高质量建设的一般债和专项债发行力度，并统筹运用政府债券、专项资金、转移支付等多种支持方式，吸引北京高校、企业总部以及人才、资本、技术等要素加速向雄安新区疏解。

二、财政支出方面

1. 推进产业协调

重点支持农业发展，推进三次产业加快融合。一是将农业作为财政支出优先保障领域，调整土地出让收益城乡分配格局，稳步提高土地出让收入用于农业农村比例①，推进农业供给侧结构性改革，加快三次产业融合发展。二是构建涉农资金统筹整合长效机制，因地制宜开展多层次、多形式涉农资金统筹整合，不断改进支出方式，提高资金使用绩效。三是拓宽资金筹集渠道，采取以奖代补、贴息担保等方式，引导各类资本投向农业，构建财政、基金、银行、保险、担保"五位一体"的协同支农机制。开展农业大灾保险试点，健全多层次农业保险政策体系，推动农业信贷担保服务网络向市县延伸，做大做强农业信贷担保规模。

2. 推进区域协调

创新区域发展财税政策，支持重点地区和欠发达地区提升发展能力。一是统筹用好财政资金政策，强化河北省在京津冀协同发展中的"三区一基地"财政支

---

① 按照中央要求，到"十四五"期末河北省土地出让收益用于农业农村比例要达到50%以上。

持，持续提升重点承接平台建设水平，支持产业转移、交通一体化和生态环境建设向更深层次、更广范围拓展，促进京津冀基本公共服务更加均衡。二是发挥财政政策调配作用，持续加大雄安新区和张北地区资金倾斜，引导更多社会资本投向"两翼"，带动冀中南、张北地区加快发展。三是管好用好产业投资基金等政府投资基金，引导金融资源加速向沿海地区聚集，促进唐山曹妃甸区、秦皇岛黄金海岸、沧州渤海新区加快发展，实现沿海经济带高质量发展。四是保持财政投入总体稳定，继续支持脱贫地区经济社会发展，提升脱贫地区自我发展能力。

3. 推进城乡协调

支持乡村振兴和新型城镇化战略，推进城乡融合加快发展。一是发挥财政资金引导作用，积极吸引金融资本、社会资本投向农村，加快形成财政优先保障、金融重点倾斜、社会积极参与的多元投入格局，设立乡村振兴战略相关基金，在有稳定收益的农村公益性项目探索推广 PPP 模式。二是提升农村公共服务供给水平，加大对农村教育的资金投入，健全农村医疗卫生服务网络，完善农村社会保障体系，加强农村公共文化服务建设。三是全面落实财政支持农业转移人口市民化政策，增强推进农业转移人口市民化和新型城镇化政策协同性，落实省对市县农业转移人口市民化奖励政策，重点向吸纳农业人口较多县市倾斜。四是充分发挥城镇化建设、保障性安居工程、农村公路建设等城镇化专项资金作用，引导社会资本参与新型城镇化和城乡融合发展项目建设。

4. 推进物质精神文明协调

大力推进文化事业和文化产业发展，弥补精神文明这一短板。一是健全公共文化财政投入保障机制，落实基本公共文化服务国家指导标准和全省实施标准，增强优质文化产品供给，推动基本公共文化服务均等化、标准化。二是落实文化惠民工程，完善各级公共文化设施免费开放保障机制，优先保障长城、大运河等国家文化公园建设资金需求，加大传统工艺振兴计划和传统戏曲振兴工程资金支持，推动优秀传统文化传承发展。三是支持打造公共文化服务数字平台，推动文化与科技融合发展，支持文化体制深化改革，推动经营性文化事业单位转制为企业，为人民群众提供更多、更优秀的精神文化产品。四是探索以市场化方式促进文化和旅游产业融合发展，进一步创新完善旅游、体育消费券制度，实现政府、景点（场馆）、群众的多方共赢。

三、管理制度方面

1. 完善财政政策管理

一是将城市与乡村作为一个有机整体，在政策制度上加强有机对接，如完善城乡统一、重在农村的义务教育经费保障机制，统筹城乡低保救助制度，逐步统一城乡居民基本医疗保险和大病保险制度，建立覆盖城乡、便捷高效的公共文化服务体系。二是强化政府采购支持中小企业预算刚性约束，严格落实部门年度专门面向中小企业政府采购份额不低于政府采购项目预算总额的30%、小微企业比例不低于中小企业预留份额60%等政策规定。

2. 健全转移支付制度

一是健全省对下转移支付制度体系，进一步优化财政转移支付结构，加大向财力薄弱地区、重点生态功能区、农产品主产区、革命老区的倾斜，提高地区间财力配置的均衡性。二是改进转移支付资金分配方式，加大一般性转移支付规模，完善教育、卫生、社保等共同事权转移支付清单管理，强化专项转移支付绩效管理。三是在现行的对口援助基础上，探索省域间横向转移支付制度，进一步均衡区域间的财力差异。

第三节　推进绿色发展的财政政策体系

倡导绿色，发挥财政对生态文明建设的引导力。绿色是永续发展的必要条件，应充分发挥财政职能，推动和保障人与自然和谐发展。

一、财政收入方面

1. 完善绿色税费体系

归并现行分散的各类优惠政策，形成系统的绿色财税体系。例如，扩大消费税征收范围，将不符合节能环保要求的高耗能、高污染产品或服务纳入；深化水资源税改革试点，落实水资源税差别化税额政策，保证自然资源合理开发利用；完善环境保护税法，适时对直接污染物征税，探索碳税、硫税、污水处理税；落实环境保护、生态建设、新能源开发利用等领域的增值税、企业所得税优惠政策，完善耕地占用税、车船税、车辆购置税对环境保护的奖惩作用；健全自然资源有偿使用制度，加强森林、草原等收费基金和有偿使用收入管理。

2. 发行生态专项债券

结合河北省情，借鉴青海、云南等地试点发展林业生态政府债券的经验，探索推进生态治理专项债制度，平衡生态投入和产出，为生态保护项目融资提供有益借鉴。

二、财政支出方面

1. 加大财政投入

一是完善生态环保资金投入机制，研究制定财政支持"碳达峰、碳中和"政策措施，整合优化专项资金设置，大力发展绿色产业和循环经济。二是促进大气、水、土壤等生态修复，充分利用"蓝天基金"，吸引社会资本支持打赢蓝天保卫战。支持污染河流综合治理，建立健全城镇污水处理费动态调整机制，完善河北省河流跨界断面水质考核生态补偿金管理使用政策。探索设立省级土壤污染防治基金，吸引金融机构和社会资本参与土壤污染治理。三是加大地下水超采综合治理资金投入，建立超采基础设施资金省、市、县合理分担机制，通过以奖代补、政府债券和市场化融资等方式，统筹推进项目建设。

2. 优化财政补贴

对资源节约、环境友好型产业提供财政补贴或贷款贴息，既注重在生产端对发展循环经济，推进清洁生产、节能减排、节地节水项目和企业的扶持，更注重在消费端采用绿色补贴方式推广节能产品，扩大绿色产品消费，即按照"谁消费、补偿谁"原则调整财政补贴环节，从过去单一的以企业为补偿对象的生产环节补偿机制转向在补助生产环节的同时扩大对消费环节的补助。

3. 创新支持方式

发挥财政的激励引导作用，进一步畅通融资渠道、构建产业发展长效机制。例如，支持有条件的生态保护地区开展政府和社会资本合作，按照市场化原则设立绿色发展基金；鼓励有条件的金融机构和非金融企业采用绿色信贷、绿色证券、绿色保险等工具服务生态文明建设；探索用能权、用水权、碳排放权和排污权等资源环境权益的抵质押融资制度；在供水、污水、垃圾等收费模式较成熟的环境基础设施和公共服务领域，规范运用 PPP 等模式，激发社会资本投资活力。

三、管理制度方面

1. 完善生态管理机制

一是探索建立市场化、多元化生态保护补偿机制，健全资源开发补偿、污染物减排补偿、水资源节约补偿、碳排放权抵消补偿等制度，引导生态受益者对生态保护者实施补偿。二是根据市县空气质量综合指标、地表水质量排名，实施财政奖励或惩罚性扣减资金措施。三是按照"损害担责"原则，建立健全生态环境损害赔偿制度，由造成环境损害的责任者承担赔偿责任，修复受损生态环境，破解"企业污染、群众受害、政府买单"困局。四是加大绿色采购力度，合理确定符合绿色采购要求的需求标准和采购方式，逐步扩大政府绿色采购的范围和比重，鼓励通过政府购买服务方式实施生态环境治理和保护。

2. 健全转移支付制度

一是持续优化省以下生态保护责任，坚持以全省性或跨区域生态环境事务为重点，适度加强省级财政事权和支出责任。二是落实重点生态功能区转移支付政策，适当提高国家重点生态功能区所在地政府的基本公共服务保障能力。三是完善跨区域横向生态补偿机制，完善与北京市密云水库上游潮白河流域水源涵养区及与天津市的引滦入津上下游横向生态补偿协议，争取中央、北京和天津给予河北省上游地区生态补偿。四是扩大重点流域横向生态补偿覆盖范围，探索在白洋淀、滦河等流域建立生态补偿机制。

第四节　推进开放发展的财政政策体系

厚植开放，发挥财政对扩大对外交流的推动力。开放是繁荣发展的必由之路，应充分发挥财政职能，解决发展内外联动问题，进一步提升开放型经济水平。

一、财政收入方面

1. 完善税费政策

一是结合增值税改革和立法，逐步完善进口关税、出口退税制度，发挥"互联网＋便捷退税"服务平台作用，优化退税流程，提升退税效率。二是在落实企业境外所得综合抵免、境外投资者以境内利润直接投资减免等投资优惠的基础上，进一步完善促进自贸区、综合保税区建设和企业境外投资的税收优惠政策。三是清理取消针对对外投资及装备"走出去"各环节不必要的收费及审批限制，进一步优化营商环境。

2. 探索专项债券

一是加大政府专项债券对河北省自贸试验区的支持力度，支持各类市场主体使用各类债券服务自贸试验区建设。二是借鉴2019年陕西发布的全国首批"一带一路"经济带建设专项债经验，争取符合河北省情的专项债品种，进一步加大交通、能源、水利等基础设施建设力度，提升城市国际形象，改善区域投资环境。

二、财政支出方面

1. 明确专项资金投向

用好内外贸专项资金，支持稳外贸稳外资。一是在货物贸易方面，通过专项资金、出口信用补贴、外贸扶持配套资金等方式，优化经营主体、商品结构，加强自主品牌、贸易平台建设，提升一般贸易规模和效益，推动加工贸易延伸产业链。二是在服务贸易方面，采用专项补助方式，创建服务贸易园区、特色服务出口基地，实现服务贸易模式创新和业态创新。三是在对外投资方面，利用外贸发展专项资金、出口信用补贴等政策推动企业"走出去"，对接"一带一路"等发展战略。四是在自贸区方面，围绕各片区功能定位①，安排专项发展资金，其他有关资金在使用安排时也向自贸区企业和项目倾斜。对自贸区重大事项和项目的财税支持，实行"一事一议、一企一策"。

2. 优化资金支出结构

完善外经贸扶持政策，重点支持大型企业拓展产业链和中小企业开拓多元化市场。一方面，采取预算安排、压减公用支出、盘活存量资金等办法，统筹开放型经济发展等专项资金，扶持生产型外贸企业和实体贸易企业做大做强，引导大型生产加工企业拓展培育上下游投资和贸易业务；另一方面，完善中小企业国际市场开拓相关资金，适当调整支持范围、加大支持力度，进一步引导和鼓励中小企业参与国际市场竞争，开拓多元化市场，降低经营风险，提高国际竞争力。

3. 发挥财政引导作用

一是借鉴国家服务贸易创新发展引导基金和发达地区经验，设立河北省"一带一路"等相关投资基金，扶持外贸企业发展，撬动更多的社会资金投资"一带一路"建设等国际合作。例如，广东在全国较早创新财政支持方式，2016年设立丝路基金，支持企业赴"一带一路"沿线国家开展基础设施、产业园区、能源资源和服务业等重大项目建设。二是支持金融机构、政策性和商业性保险公司，为装备"走出去"、企业"走出去"提供融资、信用担保等服务，促进更多省内企业的优质产品开拓国际市场。

---

① 包括：将雄安片区打造成高端高新产业开放发展引领区、数字商务发展示范区、金融创新先行区，将正定片区打造成航空产业开放发展集聚区、生物医药产业开放创新引领区、综合物流枢纽，将曹妃甸片区打造成东北亚经济合作引领区、临港经济创新示范区，将大兴机场片区打造国际交往中心功能承载区、国家航空科技创新引领区、京津冀协同发展示范区。

三、管理制度方面

1. 积极参与全球经济治理

一是加强国际税收交流合作，推进对外关税谈判，扩大对"一带一路"沿线国家市场开放，与更多国家签订避免国际双重征税的税收协定，最大程度争取我国企业在缔约国投资所能获得的经济利益。二是通过亚洲基础设施投资银行、金砖国家新开发银行等国际性金融机构，加强我国在国际财经领域的话语权，积极参与并推动全球治理体系变革。

2. 推动河北自贸区加快发展

完善推动自贸区发展的政策制度体系，对标国际最优营商环境标准，聚焦纳税人和缴费人反映的突出问题，从减少纳税次数、压缩纳税时间方面入手，大力优化税收营商环境。在自贸区内建立大宗商品期货保税交割仓库、跨境交易平台，在海关特殊监管区域深入实施货物状态分类监管，探索以企业为单元的税收担保制度，支持在雄安片区设立综合保税区。

第五节　推进共享发展的财政政策体系

推进共享，发挥财政对改善社会民生的保障力。共享是中国特色社会主义发展的本质要求，应充分发挥财政职能，不断提升人民群众的获得感、幸福感和安全感。

一、财政收入方面

1. 完善税费优惠政策

重点在就业、教育、医疗、养老、家政服务等民生领域，对小微企业、残疾人、低收入者等群体，进一步健全税收优惠政策，如扩大再就业税收优惠对象的范围、推广商业健康保险个人所得税税前扣除政策、完善残疾人就业保障金制度。将推动实现全体人民共同富裕摆在更加重要的位置，发挥好间接税和最低工资制等对一次分配的规范作用、直接税和转移支付等对二次分配的调节作用、税费优惠和法治保障等对三次分配的激励作用，合理调节城乡、区域、不同群体间分配关系，缩小居民收入差距。

2. 健全政府债券体系

试点扩大民生保障、市政发展、医疗卫生、水利建设、教育文化等创新型专项债券，保障重点民生领域和重大社会项目的合理融资需求。对于专项债券支持、符合中央重大决策部署、具有较大示范带动效应的重大项目，如国家重点支持的铁路、国家高速公路和支持推进国家重大战略的地方高速公路、供电、供气项目，在评估项目收益偿还专项债券本息后专项收入具备融资条件的，允许将部分专项债券作为一定比例的项目资本金。

二、财政支出方面

1. 加大民生领域资金投入

一是发挥财政资金保基本的作用，注重普惠性、基础性、兜底性，稳步提高教育、医疗、低保、社保等民生保障水平，同时也要量力而行，科学论证财政可承受能力。二是实施就业优先政策，开展高校毕业生、退役军人、农民工等重点群体补贴性职业培训，解决结构性就业矛盾。三是落实各项财政教育投入政策，确保实现两个"只增不减①"。四是完善财政支持医疗卫生事业发展政策体系，提升基本公共卫生服务财政补助资金使用效益，推动基本公共卫生服务普及深化。五是优化婴幼儿健康管理等基本公共卫生服务，推动健全基本养老服务体系，完善经济困难的高龄、失能老年人补贴制度。六是健全分层分类、城乡统筹的社会救助体系，健全困难残疾人生活补贴和重度残疾人护理补贴制度，规范发展公租房，增加保障性住房供给，因地制宜发展共有产权房。

2. 优化公共服务支出结构

处理好基本公共服务与其他民生保障间的关系，推动不同民生领域协同发展。如优化调整教育支出结构，推动财政教育投入向普惠性学前教育等特殊群体、地域和领域倾斜，实现区域教育资源更加均衡；吸取新冠肺炎疫情防控教训，调整医疗与公共卫生经费、人员间的比例关系，改变"重治疗、轻预防"状况；调整乡村振兴专项资金使用范围，从农业项目扩展到乡村振兴业态项目，从支持农村绝对贫困人口转向城乡相对贫困人口。

3. 创新公共服务提供方式

坚持差别化分担原则，突出政府在基本公共服务供给保障中的主体地位，推动非基本公共服务提供主体多元化、提供方式多样化，构建政府保障基本、社会

---

① 指一般公共预算教育支出、按在校学生人数平均的一般公共预算教育支出"只增不减"。

积极参与、全民共建共享的公共服务供给结构和保障格局。支持社会力量在育幼、养老等领域扩大服务供给，保障提供普惠性、规范性服务的各类机构平等享受优惠政策。鼓励社会力量通过公建民营、政府购买服务、PPP 等方式参与公共服务供给。

三、管理制度方面

1. 优化管理机制

一是立足河北省基本公共服务供给状况、支出成本差异、财政承受能力等，积极推进国家基础标准和省级标准相结合的基本公共服务保障标准体系建设，并建立动态调整机制。二是构建反映居民实际需求、保障公共服务有效供给的预算绩效管理体系，完善民生资金实时动态监控机制，将民生政策或公共服务项目绩效评价结果与政策调整、部门预算安排及对下转移支付等相挂钩，提升财政资源的配置效率和使用效益。

2. 完善社保基金

改进社保资金管理方式，实现社保基金中长期总体收支平衡。一是落实城乡居民基本养老保险待遇确定和基础养老金正常调整机制，逐步提高基础养老金标准，划转部分国有资本充实社保基金，稳妥实施基本养老保险基金投资运营。二是全面落实基本养老保险全国统筹安排，加快推进基本医疗保险、失业保险、工伤保险省级统筹，稳步提高医疗救助统筹层次，实现与基本医疗保险统筹层次相协调。三是做好社会救助兜底保障，完善最低生活保障制度，健全低保标准动态调整机制，稳步提高城乡低保、社会救助等标准。

3. 深化财税改革

一方面，按照公共产品受益范围的不同，明确省、市、县政府公共服务领域事权和支出责任，用好中央财政支持政策，完善省以下财政转移支付体系，加大省级财政对基层政府提供基本公共服务的财力支持，保障各层级、各区域政府均能提供基本公共服务的需要。另一方面，深化政府购买服务改革，将更多公共服务项目纳入政府购买服务指导性目录，将推广政府购买服务与支持事业单位改革和社会组织培育发展紧密结合，充分发挥政府购买服务在促进政府职能转变、公共服务改善等方面的作用。

03

第三篇

构建高质量财政之一：
财政自身高质量发展路径

第六章

全面推进河北省高质量财源建设

党的十九届五中全会报告提出，"立足新发展阶段、贯彻新发展理念、构建新发展格局，推动高质量发展"。高质量财源是高质量发展的结果反映，同样也是推动高质量发展的财力基础。"十三五"期间，河北省财政收入的"质量"问题揭示了经济社会发展的"质量"状况，需要立足新发展阶段，做好新时期的"生财""引财"和"聚财"，推动全省高质量财源建设。

第一节　河北省全口径财政收入增长情况

"十三五"期间，河北省财政收入呈稳定增长态势，有力支撑了高质量财政建设和全省经济社会平稳发展，下面主要从财政收入规模、占比、结构、级次、区域以及中央补助、政府债务等方面分析。

一、从收入规模看，全口径财政收入年均增速12.1%，2020年接近1万亿元，占全国比重提升到3.7%

2015～2020年，面对经济下行压力、新冠肺炎疫情冲击、大规模减税降费等多重因素的影响，河北省财政部门坚持稳中求进的工作总基调，狠抓预算收支管理，持续深化财税改革，积极防控财政风险，全省财政收入整体呈稳定增长态势，全口径财政收入①从5121.7亿元增加到9069.3亿元，年均增长12.1%，高于全国

---

①　全口径财政收入指一般公共预算、政府性基金预算、国有资本经营预算、社会保险基金预算的收入合计，并剔除其中的重复部分（财政对社保基金的补助）。

（地方合计，下同）财政收入平均增速（9.1%），占全国财政收入比重从3.2%提升到3.7%，在各省排位由第10提升到第9位。分项目看，一般公共预算收入、社保基金收入年均增速都高于全国平均水平，占全国份额较高，2020年收入规模分居第9、第10位；政府性基金收入、国有资本经营收入增速都低于全国平均水平，占全国份额较低，2020年收入规模分居第11、第20位（见表6-1）。

表6-1　　　　2015年、2020年河北省及全国全口径财政收入规模情况

项目		全口径财政收入	一般公共预算收入	政府性基金预算收入	国有资本经营预算收入	社会保险基金预算收入
2015年	河北规模（亿元）	5121.7	2649.2	1377.5	17.3	1597.3
	占全国比重（%）	3.2	3.2	3.6	1.8	3.5
	河北排名（位）	10	11	12	11	11
2020年	河北规模（亿元）	9069.3	3826.5	3165.0	38.3	3097.3
	占全国比重（%）	3.7	3.8	3.5	1.3	4.3
	河北排名（位）	9	9	11	20	10
年均增速	河北（%）	12.1	7.6	18.1	17.2	14.2
	全国（%）	9.1	3.8	18.7	26.1	9.2
	差距（%）	3.0	3.8	-0.6	-8.9	5.0
	河北排名（位）	7	3	17	22	7

资料来源：财政部和河北省财政决算。全口径收入已剔除财政对社保基金补助数，因无各省财政对社保基金补助数，在排名中未剔除补助数。

二、从占GDP比重看，全口径财政收入占比由1/5提升至1/4，小口径税负提升幅度最小，各口径税负均超过全国平均水平

2015～2020年，受经济下行压力加大、节能减排等政策影响，河北省地区生产总值增长了0.46倍，年均增速6.5%[1]，仅为全口径财政收入年均增速（12.1%）的一半，导致大口径税负（全口径财政收入占GDP比重）从19.4%提升到25.0%，平均每年增加1.1个百分点，高于全国平均增幅（0.24个百分点），财政收入占比由低于全国3.4个百分点，转为高于全国1.0个百分点，由第24位提升到第15位[2]。若计算包括一般预算、政府性基金和国有资本经营收入的中口

---

[1]　地区生产总值为第四次全国经济普查后的系统修订数据，增速为名义增速。

[2]　受数据所限，在进行各省比较时，全口径财政收入未剔除财政对社保基金补助部分。

径税负，以及仅计算一般预算收入的小口径税负，同样有整体占比持续提升（仅2020年占比略有下降）、五年增幅明显高于全国平均增幅、占比逐渐超过全国平均水平的变化特征（见表6-2）。其中，中口径税负、小口径税负分别由第24、第25位提升到第11、第13位。

表6-2　　　2015年、2020年河北省及全国财政收入占GDP比重情况

项目		大口径（剔除社保基金补助）	大口径（未剔除社保基金补助）	中口径	小口径
2015年	河北（%）	19.4	21.7	15.3	10.0
	全国（%）	22.8	24.2	17.6	12.0
	河北排名（位）	—	24	24	25
2020年	河北（%）	25.0	27.9	19.4	10.6
	全国（%）	24.0	26.6	19.0	9.9
	河北排名（位）	—	15	11	13
五年增幅	河北（%）	5.6	6.2	4.1	0.6
	全国（%）	1.2	2.4	1.4	-2.1

资料来源：财政部和河北省财政决算。

三、从内部结构看，一般预算由接近"半壁江山"，降到与政府性基金、社保基金"三足鼎立"，社保基金收入占比相对全国较高

2015~2020年，河北省一般预算收入、政府性基金预算收入、国有资本经营预算收入、社会保险基金预算收入分别年均增长了7.6%、18.1%、17.2%、14.2%。受土地出让收入和养老保险基金收入增长的带动，政府性基金收入和社保基金收入增速较快，占全口径财政收入的比重都有所提升，分别由24.4%、28.3%提升到31.3%、30.6%；受疫情防控、减税降费等影响，一般预算收入增速较慢，虽仍居四本预算收入的首位，但所占比重下降了近10个百分点，由2015年的47.0%下降到2020年的37.8%；国有资本经营收入规模很小，占比很低，一直不到0.5%。与全国平均水平相比，河北省一般预算收入、国有资本经营收入占比一直偏低，2020年分别低于全国0.1个、0.7个百分点，分居第12、第24位；社保基金收入占比长期较高，2020年高出全国平均水平3.6个百分点，居第18位；政府性基金收入占比则由高于全国平均水平，演变到低于全国平均水平2.7个百分点，居第15位（见表6-3）。

表6-3　　　　　　　2015年、2020年河北省及全国全口径财政收入内部占比情况

项目		一般公共预算收入	政府性基金预算收入	国有资本经营预算收入	社会保险基金预算收入
2015年	河北（%）	47.0	24.4	0.3	28.3
	全国（%）	49.3	22.7	0.6	27.4
	差距（%）	-2.3	1.7	-0.3	0.9
	河北排名（位）	23	9	17	15
2020年	河北（%）	37.8	31.3	0.4	30.6
	全国（%）	37.9	34.0	1.1	27.0
	差距（%）	-0.1	-2.7	-0.7	3.6
	河北排名（位）	12	15	24	18
五年增幅	河北（%）	-9.2	6.9	0.1	2.3
	全国（%）	-11.4	11.3	0.5	-0.4

资料来源：财政部和河北省财政决算。

四、从政府级次看，县级收入占全口径财政收入的一半以上，其中一般预算县级占比达2/3左右，明显高于全国平均水平

2015～2020年，河北省省、市、县全口径财政收入占比分别由17.9%、27.8%、54.3%，演变为20.4%、25.5%、54.2%，县级收入占比最高，也最为稳定（见表6-4）。一般预算收入中，各级次收入占比变化较小，县级占比略有下降，但依然最高，2020年为63.2%。与全国平均水平相比，受县级单元众多、设区市数量少的省情影响①，河北省县级收入占比高出14.9个百分点，居全国第6位；市级收入占比则降低了12.7个百分点，居倒数第4位。政府性基金收入中，受土地出让金增长较快影响，市县级占比提升11.5个百分点，2020年县级收入占比为58.5%。国有资本经营收入中，随着县级国有资本经营预算制度的逐步完善，县级收入占比提升明显，2020年达到53.2%。社保基金收入中，受社保基金统筹层次提升等影响，省级占比翻了一番，2020年达到43.4%。

---

①　截至2020年底，河北省共有167个县级单元，其中县域（县和县级市）数量118个，县级单元和县域数量均居全国第2位。同时，设区市仅有11个，居各省份倒数第9位。

表 6 - 4 **2015 年、2020 年河北省全口径财政收入分级次情况** 单位：%

项目		全口径财政收入	一般公共预算收入	政府性基金预算收入	国有资本经营预算收入	社会保险基金预算收入
2015 年	省级	17.9	18.3	13.3	23.4	20.7
	市级	27.8	17.1	29.0	45.3	42.8
	县级	54.3	64.6	57.6	31.4	36.5
2020 年	省级	20.4	17.3	1.8	13.5	43.4
	市级	25.5	19.5	39.7	33.3	18.1
	县级	54.2	63.2	58.5	53.2	38.5
五年增幅	省级	2.5	-1.0	-11.5	-9.9	22.7
	市级	-2.3	2.4	10.7	-12.0	-24.7
	县级	-0.1	-1.4	0.9	21.8	2.0

资料来源：财政部和河北省财政决算。

五、从省内区域看，石家庄财政收入体量最大，衡水、承德最小；邯郸、邢台增速较快，保定、廊坊增速较慢

2015～2020 年，受资源禀赋、产业结构、环保政策及房地产调控等因素影响，各设区市的财政收入规模及增速都有明显差距。全口径财政收入①中，石家庄、唐山体量最大，2020 年分别占全省的 18.0%、15.3%；衡水、承德体量最小，2020 年分别占全省的 3.9%、4.2%。年均增长最快的邯郸为 15.0%，增速最慢的保定为 7.0%。一般预算收入中，石家庄、唐山体量最大，2020 年分别占全省的 19.1%、16.0%；承德、衡水体量最小，2020 年分别占全省的 3.7%、4.0%。年均增速最快的邢台为 11.4%，增速最慢的廊坊为 3.5%。此外，辛集、定州、雄安新区年均增速都超过全省平均水平，在全省所占份额均有所提升，其中雄安新区全口径财政收入年均增速 42.9%，占全省份额从 0.5% 提升到 1.8%（见表 6 - 5）。

表 6 - 5 **2015 年、2020 年河北省各地财政收入占全省比重及增速情况** 单位：%

地区	2015 年		2020 年		年均增速	
	全口径	一般预算	全口径	一般预算	全口径	一般预算
石家庄	18.2	16.8	18.0	19.1	10.8	10.8
唐山	15.1	15.5	15.3	16.0	11.3	8.65

---

① 含四本预算收入，因无各地财政对社保基金补助数据，未剔除四本预算中重复的部分。

续表

地区	2015 年		2020 年		年均增速	
	全口径	一般预算	全口径	一般预算	全口径	一般预算
廊坊	11.9	14.0	10.6	11.4	8.4	3.5
保定	10.6	8.6	8.8	8.9	7.0	8.62
沧州	9.0	9.7	8.9	8.7	10.9	5.5
邯郸	8.3	8.8	9.9	9.1	15.0	8.59
张家口	6.5	6.1	5.5	5.5	7.4	5.70
邢台	5.6	4.7	6.4	5.6	14.0	11.4
秦皇岛	4.9	5.3	4.8	5.0	10.9	6.7
承德	4.3	4.5	4.2	3.7	10.4	3.6
衡水	3.7	4.1	3.9	4.0	12.3	7.5
定州	0.8	0.7	1.0	0.8	14.7	10.0
辛集	0.6	0.6	0.8	0.9	18.9	17.4
雄安新区	0.5	0.5	1.8	1.3	42.9	30.4

资料来源：河北省财政决算。石家庄不含辛集，保定不含定州、雄安新区。

六、从上级补助看，中央对河北省转移支付的规模增长近 2/3，2020 年居全国第 6 位，其中一般性转移支付占到八成以上

2015～2020 年，中央对河北省转移支付规模从 2417 亿元增加到 3938 亿元，年均增长 10.3%，高于全国平均增速 1.7 个百分点，占中央转移支付的比重由 4.39% 提升到 4.73%，排名由第 9 位提升到第 6 位[①]（见表 6－6）。其中，一般性转移支付[②]年均增速 16.4%，占全部转移支付比重从 62.5% 提升到 81.9%，2020 年规模居全国第 7 位；专项转移支付规模和占比下降，2020 年规模居全国第 3 位。2020 年，争取中央大气污染防治资金 62.4 亿元，连续七年位列全国第一位；抗疫特别国债 398 亿元，居全国第 2 位；特殊转移支付 254.2 亿元，居全国第 5 位。此外，扎实推进京津冀跨流域横向生态保护补偿机制，落实密云水库上游潮白河流域水源涵养区、引滦入津上下游横向生态补偿协议，2016～2020 年累计争取中央、北京和天津生态补偿资金 31.8 亿元。

---

① 2020 年若剔除特殊转移支付，总规模排名为第 5 位。

② 包括已经纳入一般性转移支付管理的返还性收入和 2018 年开始设置的共同事权转移支付收入，并扣除上解中央部分。2020 年数据未含特殊转移支付。

表 6 - 6　　　　　　　2015 年、2020 年河北省及全国财政转移支付情况

年度		转移支付合计	一般性转移支付	专项转移支付
2015 年	河北规模（亿元）	2417.0	1509.4	907.6
	占全国比重（%）	4.39	4.51	4.20
	河北排名（位）	9	6	11
2020 年	河北规模（亿元）	3938.1	3224.4	459.5
	占全国比重（%）	4.73	4.64	5.92
	河北排名（位）	6	7	3
年均增速	河北（%）	10.3	16.4	-12.7
	全国（%）	8.6	15.7	-18.5
	差距（%）	1.7	0.7	5.8
	河北排名（位）	6	9	4

资料来源：财政部和河北省财政决算。2020 年一般性转移支付未包含特殊转移支付。

七、从政府债务看，地方政府债务规模翻了一番，各类债务限额及余额均居全国前 10 位，整体债务风险处于较低水平

2015~2020 年，河北省政府债务限额从 5888 亿元增加到 12442 亿元，年均增长 16.1%，高于全国平均增速 3.6 个百分点，由第 13 位提升到第 6 位；政府债务余额从 5330 亿元增加到 11016 亿元，年均增长 15.6%，高于全国平均增速 4 个百分点，由第 13 位提升到第 7 位（见表 6 - 7）。其中，一般债务限额和余额分别年均增长 7.5%、6.5%，与全国增速相当；专项债务限额和余额分别年均增长 33.9%、34.1%，均约为全国增速的 1.8 倍。在政府债务规模不断增大的形势下，全省债务风险整体平稳可控。2020 年，河北省地方政府负债率（债务余额占 GDP 比重）为 30.4%，远低于 60% 的风险警戒线，2018~2020 年连续超额完成隐性债务化解任务。

表 6 - 7　　　　　　　2015 年、2020 年河北省及全国地方政府债务规模情况

项目		债务合计		一般债务		专项债务	
		限额	余额	限额	余额	限额	余额
2015 年	河北规模（亿元）	5888	5330	4494	4080	1394	1250
	占全国比重（%）	3.7	3.6	4.5	4.4	2.3	2.3
	河北排名（位）	13	13	10	10	19	20
2020 年	河北规模（亿元）	12442	11016	6452	5595	5990	5421
	占全国比重（%）	4.3	4.3	4.5	4.4	4.1	4.2
	河北排名（位）	6	7	10	10	8	7

项目		债务合计		一般债务		专项债务	
		限额	余额	限额	余额	限额	余额
年均增速	河北（%）	16.1	15.6	7.5	6.5	33.9	34.1
	全国（%）	12.5	11.6	7.6	6.5	19.0	18.4
	差距（%）	3.6	4.0	-0.1	0	14.9	15.7
	河北排名（位）	9	7	20	19	2	2

资料来源：财政部和河北省财政决算。

第二节　河北省全口径财政收入存在问题

虽然河北省财政收入规模较大、增速较高，但存在"五低两高一快"问题，即人均县均实力、一般预算中的税收收入、全部税收中的高技术产业贡献、国有资本收入中的利润股息、转移支付中的均衡性补助占比均较低，政府性基金中的土地出让收入、社保基金中的财政补贴占比较高，专项债规模占比提升较快，影响了财政收入的高质量增长。

一、财政收入实力低，人均财政收入不及全国平均水平的 3/4，县均财政收入约为全国平均水平的 4/5

虽然河北省财政收入体量长期位居全国前列，但按人口及县域计算的平均财政实力仍居后列。从人均财政收入看，2020 年河北省人均全口径财政收入 1.22 万元，相当于全国平均水平（1.73 万元）的 70.4%，居各省第 25 位，占比明显高于 2015 年的水平（59.8%），但排位还下滑了 1 名。其中，2020 年人均一般预算收入 0.51 万元，相当于全国平均的 72.3%，居第 20 位，虽比 2015 年占比（58.9%）和排名（27 位）有所提升，但仍然不及浙江（1.1 万元）、江苏（1.0 万元）等发达省份水平的一半（见表 6-8）。从县均一般预算收入看，2020 年河北省约为 11.6 亿元，相当于全国平均水平的 80%，仅为江苏的 1/6、浙江的 1/5、山东的 1/3。江苏、浙江、山东的 10 强县分别是河北省 10 强县的 4.5、3.5、1.6 倍，其中江苏、浙江的 10 强县财政收入（合计）已经超过河北省县域财政收入总和[1]。在 2020 年

---

[1]　当年，全省 118 个县中，有 103 个县（占比约 90%）的一般预算收入水平低于江苏财政最弱的盱眙县。

全国财政收入百强县中,河北省仅 5 县入围,远低于浙江的 25 个、江苏的 22 个、山东的 17 个。

表 6 – 8 　　　　　2015 年、2020 年河北省及全国人均财政收入情况

类别	人均全口径财政收入		人均一般预算收入	
	2015 年	2020 年	2015 年	2020 年
河北（万元）	0.69	1.22	0.36	0.51
全国（万元）	1.15	1.73	0.61	0.71
占全国比重（%）	59.8	70.4	58.9	72.3
河北排名（位）	24	25	27	20

资料来源：财政部和河北省财政决算。

二、税收收入占比低，由一般预算收入的 3/4 下滑到 2/3 左右，逐步退居到全国各省后列

2015 ~ 2020 年，河北省税收收入占一般预算收入比重从 73.0% 下降到 66.0%，与全国平均水平的差距由 2.5 个百分点扩大到 8.6 个百分点，从各省排名第 14 位滑落到第 25 位（见表 6 – 9）。其中虽有经济形势、环保政策、疫情防控、减税降费等影响，但也体现了河北省财政收入质量不高的状况。特别是，部分县市在近些年财政收支矛盾尖锐的形势下，过于依赖非税收入弥补财政支出缺口，主要措施就是“卖地”“卖资产”。2020 年，国有资产资源有偿使用收入（主要是出售耕地占补平衡指标和处置资产）和两项计提（教育资金和农田水利建设资金）增收 206.2 亿元，贡献了全省非税收入总量的 53% 和非税收入增量的 108%。2015 年，分别有 8 个、22 个县税收收入占比低于 50%、60%；2020 年，则分别有 23 个、52 个县税收收入占比低于 50%、60%，最低的阜平县仅为 22.1%。

表 6 – 9 　　　　2015 ~ 2020 年河北省及全国税收收入占一般预算收入比重情况

年度	河北占比（%）	全国平均占比（%）	河北排位（位）	与全国差距（%）
2015	73.0	75.5	14	- 2.5
2016	70.0	74.2	13	- 4.2
2017	68.0	75.1	21	- 7.1
2018	72.7	77.6	17	- 4.9
2019	70.4	76.2	20	- 5.8
2020	66.0	74.6	25	- 8.6

资料来源：财政部和河北省财政决算。

三、高技术产业贡献低，2020 年不足全部税收收入的 1/4，与全国平均水平相差近 10 个百分点

长期以来，传统行业一直贡献了河北省税收收入的 3/4 左右，高技术产业发展滞后。2020 年，采矿、钢铁、石化等资源型产业税收占全部税收收入的 22.6%，装备制造、医药制造、金融、信息技术服务等高技术产业税收占比为 22.6%，其他为建筑房地产业、初级制造业和传统服务业。与 2015 年相比，资源型产业税收占比提升 2.5 个百分点，高技术产业税收占比下降 4.5 个百分点。与全国平均水平相比，2020 年河北省资源型产业税收占比高出 9.7 个百分点，高技术产业占比则低了 9.4 个百分点（见表 6 - 10）。浙江、江苏、广东、上海等发达省市的资源型产业税收占比均不到 1/10，高技术产业占比大多超过 1/3。河北省这种过于依赖资源的产业结构，不仅制约了税收收入增长后劲，也因压减产能、环保政策等影响导致波动较大，极大影响了地方财政收入的稳定性。2013 ~ 2020 年，蔚县将上百家煤炭企业陆续关闭到 5 家，煤炭业税收降低了 90% 以上。2020 年，宽城县兆丰、盛丰两大钢厂关停，直接减少税收 10 亿元，超过了该县当年全部财政收入的 1/3。

表 6 - 10　　　　2015 年、2020 年河北省及全国主要行业税收占比情况　　单位：%

项目		资源型产业	高技术产业	建筑房地产业	初级制造和传统服务业
2015 年	河北	20.1	27.1	23.1	29.7
	全国	13.7	31.4	18.2	36.6
	差距	6.4	- 4.3	4.9	- 6.9
2020 年	河北	22.6	22.6	24.3	30.5
	全国	12.9	32.0	20.9	34.2
	差距	9.7	- 9.4	3.4	- 3.7

资料来源：相关年份《中国税务年鉴》。

四、利润收入占比低，大多不到国有资本经营收入的 1/3，与超过 1/2 的全国平均占比差距明显

国有资本经营收入包括利润、股利股息、产权转让、清算和其他收入。河北省国有企业整体实力较弱，国有资本经营收入中的利润和股利股息收入主要来源于个别国企，产权转让行为受企业经营状况及政府决策影响具有较大不确定性，导致国有资本经营收入的规模、结构在年度间波动很大。2015 年河北省利润、股利股息、产权转让、其他收入（含清算收入）占国有资本经营收入总额的比重分

别为 27.9%、23.4%、10.9%、37.7%；2020 年分别为 32.7%、7.2%、1.2%、58.9%。河北省国企利润收入占比较低（大多不到 1/3），全国则在 1/2 以上，2020 年河北省利润占比与全国平均水平相差 22.5 个百分点（见表 6-11）。实际上，河北省县域国有企业普遍存在"小、散、弱"状况，经济效益和财政贡献很低。定州、饶阳、平泉等多个县市的国有企业大多处于经营亏损或半经营状态，几乎没有税后利润。还有部分市县尚未编制国有资本经营预算，难以对国企生产经营和利润分配状况进行有效监管。

表 6-11　　2015 年、2020 年河北省及全国国有资本经营收入内部结构情况　　单位：%

项目		利润收入占比	股利股息收入占比	产权转让收入占比	其他收入占比
2015 年	河北	27.9	23.4	10.9	37.7
	全国	59.6	17.0	11.7	11.8
	差距	-31.7	6.4	-0.8	25.9
2020 年	河北	32.7	7.2	1.2	58.9
	全国	55.2	10.5	22.9	11.4
	差距	-22.5	-3.3	-21.7	47.5

资料来源：财政部和河北省财政决算。

五、均衡性补助占比低，仅为全部转移支付的 1/6，难以充分发挥均衡区域财力差距的作用

近年来，虽然经过体制改革和口径调整，河北省一般性转移支付规模占比不断提升，但相当一部分项目为共同事权转移支付，存在明显的专项化特征，相对于科学公平、调节财力差距最有效的均衡性转移支付占比依然较低。2015～2020 年，河北省均衡性转移支付占全部转移支付的比重由 14.8% 提升到 17.6%，不仅占比不高，还一直低于全国平均水平（见表 6-12）。此外，河北省部分转移支付项目规模较小。2019 年，在教育事业费和基本建设专项资金中，河北省远低于全国平均数，居倒数第 2 位；2020 年，河北省没有文化产业发展专项资金（项目法分配），为全国仅有的 8 个争取资金空白省之一；2021 年，中央为支持提升产业链供应链稳定性和竞争力，整合设立了产业基础再造和制造业高质量发展专项资金①（项目法分配），并将 110 亿元资金全部分配，河北省仅争取 0.58 亿元，居倒数第 7 位。

---

① 此专项包括原来的产业基础再造工程专项资金和制造业高质量发展资金。2020 年，全国这两项资金合计为 87.7 亿元，河北省争取到 0.96 亿元。

表 6 – 12   2015 年、2020 年河北省及全国均衡性转移支付占比情况   单位：%

区域	2015 年	2020 年	增幅
河北	14.8	17.6	2.8
全国	33.5	20.7	– 12.5
差距	– 18.7	– 3.1	—

资料来源：财政部和河北省财政决算。

六、土地出让收入占比高，2020 年占到政府性基金的九成以上，规模已超过一般预算税收收入

近年来，包括国有土地使用权出让收入、国有土地收益基金收入、农业土地开发资金收入在内的土地出让收入一直是政府性基金收入的主体。2015 年河北省土地出让收入占政府性基金收入的 79.2%，相当于一般预算税收收入的 56.4%，2020 年这两个比例分别达到 91.6%、114.0%[①]（见表 6 – 13）。从市县看，2015 年土地出让收入规模超过当地一般预算收入、税收收入的县分别有 11 个、29 个，2020 年分别增加到 37 个（县数占比超过 30%）、86 个（县数占比超过 70%）。与全国平均水平相比，河北省土地出让收入占一般预算税收收入的比重长期较高，2020 年高出 1.3 个百分点。较高的土地收入占比，体现出典型的"土地财政"特征，导致财政收入容易受房地产市场形势及中央调控政策影响而剧烈波动。典型如廊坊市，"十三五"期间受房地产调控政策影响，以土地出让收入为主体的政府性基金体现出明显的倒"W"趋势，2017 年增长近 50%，2018 年下降 1/3，2019 年收入翻番，2020 年又下降了 10% 以上。

表 6 – 13   2015 年、2020 年河北省及全国土地出让金收入与占比情况

项目		国有土地出让金收入（亿元）	占政府性基金比重（%）	相当于税收收入比重（%）
2015 年	河北	1090	79.2	56.4
	全国	32545.8	85.0	51.9
	差距	—	– 5.8	4.5
2020 年	河北	2880	91.6	114.0
	全国	84142	93.6	112.7
	差距	—	– 2.0	1.3

资料来源：财政部和河北省财政决算。

---

①   2019 年，河北省土地出让收入规模开始超过一般预算税收收入；2020 年，随着省高管局改企转制，省级车辆通行费由收费转为对企业经营收入征税，土地出让收入占政府性基金比重直接提升了近 10 个百分点。

七、财政补助占比高，2020 年已超过社保基金收入的 1/3，养老保险基金结余仅维持不足 3 个月的支出水平

近年来，按照我国完善社会保险制度要求，河北省社保基金规模不断壮大，但社保基金对财政补助的依赖度也越来越高，2015 年河北省财政补助占社保基金收入的 19.4%，低于全国平均水平 2.7 个百分点，2019 年为 27.8%[①]，2020 年受中央减免社保费政策影响进一步提升到 36.5%，高于全国平均水平 7.6 个百分点（见表 6 – 14）。在 8 个社会保险险种[②]中，企业职工基本养老保险规模最大、社会敏感度最高，长期占社保基金收入的一半左右。2015 ~ 2020 年，河北省财政补助占职工养老保险基金收入比重提升了 13.2 个百分点，远高于全国平均增幅（7 个百分点）。即便是财政补助的规模和占比不断提升，养老保险基金运行依然形势严峻，2020 年底河北省养老保险基金结余仅能维持 2.9 个月（2015 年为 7 个月）的支出水平，收支缺口仅好于东北等省。随着河北省人口老龄化程度的加剧和人口寿命的延长，未来养老保险基金运行风险将进一步加大。

表 6 – 14　　**2015 年、2020 年河北省及全国财政补助占社保基金比重情况**　　单位：%

项目		社保基金收入合计	企业职工基本养老保险	城乡居民基本养老保险	城乡居民基本医疗保险	机关事业单位基本养老保险
2015 年	河北	19.4	18.7	75.8	76.5	—
	全国	22.1	14.7	71.0	77.9	—
	差距	-2.7	4.0	4.8	-1.4	—
2020 年	河北	36.5	31.9	69.2	70.5	36.7
	全国	28.9	21.7	67.9	66.1	39.9
	差距	7.6	10.2	1.3	4.4	-3.2

资料来源：财政部和河北省财政决算。为统一口径，2020 年社保基金收入不含中央调剂金部分。职工基本医疗、失业、工伤等保险对财政补助的依赖度较低，未列入表中。

八、专项债务规模增速很快，占债务限额及余额比重由不足 1/4 提升近一半，由此带来的债务风险问题值得关注

河北省专项债务限额及余额增长很快，占全省债务限额及余额的比重分别由

---

① 计算财政补助占社保基金收入比重时，社保基金收入已剔除中央调剂金收入。

② 包括企业职工基本养老保险、城乡居民基本养老保险、机关事业单位基本养老保险、职工基本医疗保险、城乡居民基本医疗保险、失业保险、工伤保险和生育保险等 8 类，2019 年生育保险基金并入职工基本医疗保险基金，不再单列收入，在医疗保险统筹基金待遇支出中设置生育待遇支出项目。

2015 年的 23.7%、23.5% 提升到 48.1%、49.2%，均已接近于全国平均占比（见表 6 – 15）。专项债务的较快增长反映了河北省争取中央债券的力度，有利于拉动投资，促进未来发展，但也存在以下问题。一方面，一些地区为争取专项债务，可能存在对收益自平衡债券的"过度包装""虚列收益"问题，还有一些地方的专项债务期限与项目期限不匹配，增加了未来的支付风险。另一方面，许多县域的专项债以及一些一般债偿还，都在相当程度上依赖于土地收益。随着国家政策约束增强（土地出让用于农业农村比例在 2025 年达到 50% 以上），土地出让收入用于偿债的比例将逐步下降，进一步加剧偿债压力。2019 年，全省有 10 多个政府债务高风险地区，个别设区市隐性债务风险较大，还有一些县市未完成年度隐性债化解任务。随着 2021～2023 年偿债高峰的到来，以及通过政府和社会资本合作（PPP）、核销核减等手段化解隐性债务的空间越来越小，县域债务风险值得高度关注。

表 6 – 15　　　　　　　　2015 年、2020 年河北省及全国专项债务占比情况

类别		2015 年	2020 年	增幅
债务限额	河北（%）	23.7	48.1	24.4
	全国（%）	38.0	50.4	12.4
	差距（%）	− 14.3	− 2.3	12.0
债务余额	河北排名（位）	26	16	1
	河北（%）	23.5	49.2	25.7
	全国（%）	37.3	50.3	13.0
	差距（%）	− 13.8	− 1.1	12.7
	河北排名（位）	26	15	2

资料来源：财政部和河北省财政决算。

第三节　影响河北省财源质量的主要原因

按照"产业是经济增长基础、要素是产业发展条件、城镇是要素聚集载体、环境是经济运行保障"，影响河北省财源质量的主要因素概括为"低"（产业层次）、"少"（先进要素）、"慢"（城镇发展）、"差"（经济环境）等四个方面。

一、从经济基础看，产业层次不高，影响财政经济持续稳定增长

产业是经济发展的基础，产业发展的层次和结构不仅直接影响税收收入的增长质量，也关乎城乡居民收入水平，从而影响居民对社保基金的缴费意愿和力度，

还影响着国有企业的经营效益和上缴利润。

1. 高技术产业发展滞后，影响高质量财源培育壮大

河北省产业税收结构不佳，根源在于先进制造业和现代服务业发展滞后。从第二产业看，河北省医药制造、汽车制造、电气机械、计算机通信等高技术行业发展滞后，2019 年其营业收入占全部规上工业营业收入的 15.1%，不足全国平均占比（35.0%）的一半，与北京、上海、广东（均接近 50%）差距更大。广东的规上工业营业收入约为河北的 3.5 倍，但计算机通信设备制造、电气机械器材制造营业收入分别为河北的 109、11 倍，两个行业税收收入分别为河北的 137、15 倍。从第三产业看，河北省信息技术服务、科学研究服务、商务服务、金融业等现代服务业发展滞后，2019 年其增加值占第三产业增加值的 23.1%，不到全国平均占比（30.5%）的八成，更低于北京、上海、广东、江苏等省（均超过 1/3）比重。如广东的第三产业增加值为河北的 3 倍，但信息技术服务的增加值、税收收入分别为河北的 63、25 倍。从高技术产业内部看，河北省的高技术产业大多处于萌芽状态或中低环节。以数字经济为例，中国信通院《2021 年数据中心产业发展指数》显示，河北省数据中心指数[①]排名全国第 1 位，其中在建、在用机架数分别为全国第 3、第 4 位。但这些数据中心设施仅作为物理存在，并未延伸其数据分析与核算功能，也未聚集相关产业链，除了占地广、能耗大外，在税收、就业等方面并无多大贡献。实际上，河北省数字经济核心产业—电子信息产业的营业收入不到全国的 1%，尚无一家企业进入全国软件百强。

2. 资源型产业占主导，影响财税收入稳定增长

采矿及延伸的钢铁、石化、建材等行业，均为河北省主导产业。2019 年河北省采矿、钢铁、石化、建材等资源型行业的营业收入占全部规上工业营业收入的 47.6%，远高于 31.7% 的全国水平，更高于江苏、浙江、广东（均不到 1/5）比重。这不仅导致产业单一、结构失衡，还易使税收经济运行深受两方面因素影响。一方面是国际市场价格。煤炭、石油、铁矿石等国际大宗能源的价格走势，直接影响相关行业的税收收入。2013 年以来，国际铁矿石价格呈 "V" 形变动，导致 2016 年河北省铁矿开采业税收收入不足 2013 年的 1/4，2020 年税收收入又比 2016 年翻了一番。另一方面是中央环保政策。在 "6643" 工程、蓝天保卫战等政策影响下，河北省钢铁、纺织、建材等行业受到较大冲击。工信部正在制订的《钢铁行业碳达峰及降碳行动方案》要求，2025 年前钢铁行业实现碳排放达峰，2030 年

---

① 随着数字经济蓬勃发展，数据中心作为各个行业信息系统运行的物理载体，成为不可或缺的关键基础设施。中国信通院发布的数字经济指数为综合指标，包括服务器机架数等规模指标、上架率和能耗等质量指标，以及电价成本、年均气温等环境指标。

碳排放量较峰值降低 30%。近年来，唐山、邯郸等主要产钢市限产政策频繁发布，从 2021 年 3 月开始限产常态化已经覆盖到全年，全省 72 家钢厂高炉开工率已跌至 50% 以下，甚至低于 2019 年疫情期间的最低水平，极大影响了行业经营及税收贡献。

二、从发展条件看，生产要素紧缺，影响主导财源产业培育壮大

劳动力、土地、资本和技术是经济发展的基本要素，也是企业运营的必备条件。新发展阶段下，这些要素特别是技术、人才等先进生产要素日益成为河北省产业转型升级和财源培育壮大的重要"瓶颈"。

1. 劳动力和人才缺口较大

河北省虽为人口大省，但近年来劳动力流出及人才流失现象不容忽视，既不利于经济转型，也直接影响社保基金收入积累。一是常住人口占比下降。第七次全国人口普查公报显示，2020 年河北省常住人口占全国的 5.28%，比 2010 年（六普）的 5.36% 下降了 0.08 个百分点，是东部 10 省中唯一占比下降的省份。二是劳动年龄人口比重不高。2020 年河北省 15~59 岁的劳动年龄人口占全部人口的 59.92%，居各省第 29 位，仅略高于河南、广西。同时，60 岁以上人口占比超过全国平均水平，居第 12 位，反映了日趋严重的老龄化现象。三是高层次人才不足。2019 年河北省就业人员中大学本科以上人员占比为 7.9%，明显低于 10.8% 的全国平均水平，居第 25 位。作为高层次人才代表的两院院士，在河北省工作的有 19 人，仅相当于南京大学一所学校的数量，甚至不及中西部的湖北、湖南、安徽、四川、甘肃等省。

2. 土地约束普遍存在

土地是产业发展的基本载体。近年来，为坚守耕地"红线"，我国实行严格的用地计划控制政策，同时经济发展又需要占用大量土地，一些发展较快地区的建设用地供给与空间保障的矛盾越来越突出。目前，除渤海新区、曹妃甸等少数沿海和山前县区外，河北省其他地区广泛存在产业发展用地指标严重不足的问题，一些省级重点项目也难以获取相应的土地指标，即便采用地区间占补平衡措施也不够使用，而且成本较高。廊坊市某县 1/3 的规上企业存在建设用地不足问题；沧州市某县未利用的存量地仅占全县土地面积的 1%，且主要是零星分布的排水坑塘和村庄周边闲散地，导致一些谈妥的大项目、好项目都难以落地。

3. 企业融资困难凸显

资本是企业运营的"血液"。近年来，受经济下行压力加大、大宗原材料成本上升及疫情等影响，实体经济普遍存在资金短缺现象，突出反映在民营企业。2020

年，民营经济占河北省生产总值的63.3%，但大多数民营企业在研究开发、技术改造、规模扩张等方面都存在资金紧缺的困扰。尽管政府不断加大信贷支持力度，但由于企业竞争力较差、生产技术落后、自有抵押资产不足、信息不对称等原因，商业银行"惜贷"现象普遍存在，真正得到金融扶持的民营企业少之又少①。同时，证券市场门槛高、程序多、控制严，民营企业的直接融资也困难重重。还有一些企业通过民间借贷缓解资金压力，借贷成本和运营风险不断加大。从国有企业看，自2020年冀中能源出现债券违约后，受增信担保、违约串联、市场恐慌等影响，河北省的河钢、开滦等国有企业都呈现债券发行难、兑付压力大等现象。

4. 技术创新能力较低

长期以来，河北省科技创新能力较低。2020年河北省R&D经费投入强度为1.7%，明显低于2.4%的全国平均水平，居各省第16位。其中，2019年研发经费、财政科技支出分居第14、第16位，但财政科技支出占研发经费及财政支出比重分别为16.0%、1.2%，仅居第29、第23位。从引领科技创新浪潮的独角兽企业②看，2020年我国共有251家独角兽企业，集中在北京（82家）、上海（44家）、杭州（25家）、深圳（20家）、广州（12家）、天津（9家），河北省没有1家。企业创新能力不足直接影响产品开发和升级换代，阻碍了企业利润和税收收入的增长。而且，技术创新具有倍增效应，在当前新一轮科技革命大潮中，若与先进省份的技术差距在短期内仍未缩减，将进一步固化河北省传统产业的路径依赖，极大地影响了高质量财源的培育建设。

三、从要素载体看，城镇发展滞后，影响先进生产要素吸引集聚

近年来，中央一直要求"人口向城镇聚集，企业向园区集中"，城镇及符合城市规划功能的园区已成为各类要素特别是先进要素的主要载体，但河北省这些载体发展层次相对滞后、承载功能尚未充分发挥。

1. 城镇化水平不高

长期以来，受产业、区划、交通等因素影响，河北省城镇化水平一直偏低。2015年常住人口城镇化率为51.7%，低于全国平均水平（57.3%）5.6个百分点。2020年提升到60.1%，仍低于全国平均水平（63.9%）3.8个百分点，居第21位，在东部沿海省份中居于末位。而且，"人的城镇化"滞后于"土地城镇化"，

---

① 据有关部门统计，中小企业平均生存年限为2.9年，平均获得贷款年限为6年，即多数企业未获批贷款就已消亡。

② 独角兽企业标准为创业10年以内、市场估值超过10亿美元且未上市的企业。

若计算户籍人口城镇化率，还不到 50%。作为经济增长的载体，较低的城镇化水平不利于人才、技术、资本等资源要素的聚集，影响了产业转型升级和高质量财源形成。

2. 城镇分布不合理

区域城镇分布的理想状态为，个别特大城市引领，少数大城市、一定数量的中等城市和一群小城市组成的金字塔架构。河北省的金字塔"塔尖"城市稀缺，中小城市存在结构布局问题，影响了先进要素的集聚，也不利于高技术产业和现代服务业做大做强。一是市级层面。河北省设区市数量少，在全国人口最多的 10 个省份中排名最末，而且多为中小城市，没有人口超过 500 万的特大城市①，在全国城市等级中的地位较低。二是县级层面。河北省县级数量位居全国第 2 位，仅少于四川，但城镇化水平较高的市辖区和县级市数量较少，市辖区数量占县级单元比重为 29.3%，位居 10 省末位。三是乡级层面。河北省乡级数量少于四川、河南，位居第 3 位，但其中的街道②和镇等城镇化区域数量较少，占乡级单元比重为 68.3%，位居 10 省末位，广东、山东、江苏、浙江等省均在 95% 以上（见表 6 - 16）。

表 6 - 16　　　　　　2020 年全国人口最多的 10 个省份行政区划情况

区划	河北	广东	山东	河南	四川	江苏	湖南	湖北	安徽	浙江
市级数量（个）	11	21	16	17	21	13	14	13	16	11
县级数量（个）	167	122	136	158	183	95	122	103	104	90
市辖区数量（个）	49	65	58	53	55	55	36	39	45	37
市辖区占比（%）	29.3	53.3	42.6	33.5	30.1	57.9	29.5	43.3	41.1	53.3
乡级数量（个）	2254	1611	1822	2453	3230	1258	1940	1251	1501	1365
街道镇数量（个）	1540	1600	1765	1843	2437	1227	1548	1090	1230	1106
街道镇占比（%）	68.3	99.3	96.9	75.1	75.4	97.5	79.8	81.9	81.0	99.3

资料来源：《2021 年中国统计摘要》，市级为设区市级。

3. 经济园区实力较弱

园区是实体经济特别是战略性产业的重要载体，河北省虽拥有 190 多家省级以上各类园区，数量居全国前列，但实力较弱、带动力不足。从层次看，国家级开发区在各类开发区中居最高地位。在 2020 年全国 218 家国家级开发区中，河北省拥有 11 家（含 6 家开发区和 5 家高新区），数量居全国第 6 位，但没有 1 家进入全

① 2014 年国务院《关于调整城市规模划分标准的通知》将城市划分为五类七档，即城区常住人口 50 万以下的为小城市（以 20 万为界分为两档），50 万（含）~100 万的为中等城市，100 万（含）~500 万的为大城市（以 300 万为界分为两档），500 万（含）~1000 万的为特大城市，1000 万以上的为超大城市。

② 河北省街道数量仅居全国第 14 位，不到街道数量最多的山东、河南的一半。

国综合实力30强，在2019年园区生产总值、财政收入指标上，均没有1家达到沿海地区（共107家）的平均标准，各园区生产总值甚至都在沿海地区后30名之列。从产业看，河北省许多开发区的产业层次较低，多处于初级加工制造环节，而且普遍缺乏具有引领作用的龙头企业，园区企业关联度不高，多为"孤岛"型企业，难以发挥集聚效应和规模效应。而且，许多开发区没有自身明确的产业定位，造成园区间产业趋同，容易在招商引资过程中出现恶性竞争现象。

四、从环境保障看，发展环境欠优，影响市场经济发展动力活力

环境是经济发展的必要保障，也是吸引各类资源要素、提升城镇化水平的重要条件。

1. 营商环境尚需优化

近年来，河北省持续推进"放管服"改革，相继实施"双创双服""三创四建""三重四创五优化"等活动，2020年又开展"营商环境十大专项行动"，各类政策也出台了不少，但落实难、落实慢、落实不到位等问题依然十分突出，广为企业诟病。近五年的河北省政府工作报告中，每年都提及"营商环境"问题[①]，特别是一些政府部门的服务质量和效率有待进一步提高。21世纪经济研究院发布的《2020年296个地级以上城市营商环境报告》显示，全省11个设区市中，位居前100名的仅有石家庄、唐山两市，分居第57、第98位，明显低于36、29位的生产总值排名；位居后100名的则有承德、张家口、邯郸、邢台、沧州、衡水等6市。这不仅影响了优质企业的引入，一些本土企业都将总部搬离河北省，如新兴铸管、京华焊管、今麦郎等发源于河北省的大型企业，相继将总部或功能性总部迁出。

2. 生态环境有待改善

作为京畿大省，维持良好的大气、水、土壤等生态环境是河北省做好首都"政治护城河"的重要内容。近年来，河北省相继实施压减产能"6643"工程、大气污染防治攻坚战等，PM2.5浓度降幅近40%，极大改善了生态环境，但相比中央要求和人民期望仍有较大差距。在空气环境上，2020年河北省优良天数比率为69.9%，超额完成"蓝天保卫战"三年行动计划目标，但仍明显低于87.0%的全

---

① 2017年河北省政府工作报告提出，"放管服"改革还不到位，营商环境亟待改善；2018年提出，营商环境尚需改善，政府部门服务质量和效率有待进一步提高；2019年提出，改革开放亟待深化，营商环境还需大力改善；2020年提出，营商环境尚需优化，"放管服"改革还不到位，民营经济发展有不少"隐形壁垒"；2021年提出，营商环境仍需改善，政府部门形式主义、官僚主义问题仍不同程度存在。

国平均水平，仍有石家庄、唐山、邯郸、邢台四市位居全国地级及以上城市大气污染指数后 10 位；在水环境上，河北省水资源供求矛盾极为突出，人均水资源量仅为全国的 1/10，2020 年纳入国家考核的地表水水质监测断面中，水质优良（Ⅰ－Ⅲ类）断面比例为 66.2%，远低于 84.6% 的全国平均水平，仍有沧州、邢台、廊坊三市位居全国地级及以上城市地表水环境质量后 20 位。

第四节　河北省高质量财源建设相关对策

立足新发展阶段，推动河北省高质量财源建设，最根本的是"生财"，通过完善产业链条、集聚先进要素、加快城镇化建设、改善发展环境，从经济财源内生财政收入，同时还应做好"引财""聚财"，有效集聚各类资金，合理配置财政资源。

一、以优势产业为主导，构建符合省情的现代产业链条，成为高质量财源的主引擎

产业是经济发展和财源壮大的基础。立足省情，围绕支柱产业链的短板弱项，积极延伸产业链、提升创新链、稳定供应链、畅通物流链，不断集聚先进财源。一是锻造产业供应链长板。深入实施万企转型、产业链集群化发展等行动计划，推动钢铁、石化、建材、纺织等传统产业，实施智能改造、转化科技成果、升级换代产品，发展服务型制造，形成"资源开采—加工冶炼—装备制造—现代服务"完整产业链。二是补齐产业供应链短板。实施产业基础再造工程、战略性新兴产业振兴工程和数字经济倍增计划，引导各类资源向大数据、现代通信、生物制药、新型显示等战略性新兴产业聚集，加快布局冰雪产业、被动房、康复器具、工业机器人等未来产业。特别是利用现有优势，加快推动河北省数据中心从"存储地"转为"功能地"，通过新型数据中心设施、IT、网络、平台、应用等多层架构的融合联动，提升产业链整体竞争优势，打造新型数据中心产业链聚集区，形成规模合力。三是集聚产业新业态新模式。大力发展智能制造、在线服务、跨境电商、数字会展等新经济模式，利用京津冀协同发展、雄安新区开发建设、冬奥会筹办等有利时机，出台发展总部经济、楼宇经济的相关规划和政策，集聚高端产业和优质税源，如石家庄生物医药、张家口风电、沧州石化、廊坊大数据等都可成为地区总部或研发、营销等功能性总部基地。四是实施"链长制"。借鉴浙江、广

东、辽宁等省"链长制"经验，筛选一批产业规模实力强、产业链条完善、龙头企业支撑突出、发展空间大的重点产业链①，由省领导担任产业链链长，按照"一位省领导、一个牵头部门、一位厅级负责同志、一个工作方案、一套支持政策"工作模式，绘制重点产业链发展路线图②，推动产业链上下游、产供销、大中小企业整体配套、协同发展。

二、以技术创新为引领，优化各类先进生产要素供给，打造高质量财源的新驱动

创新是引领高质量发展的第一动力，人才、土地、资本都是经济发展不可或缺的基本条件，培育壮大财源离不开先进生产要素的集聚供给。一是加大技术创新。建立多元化科技投入机制，构建以支持高科技研发和产业化为主、涵盖多个创新环节、具有普惠性和引导性的政策体系，用好股权投资引导基金、创业担保贷款补贴、科技创新券、政府采购等，引导企业加大研发投入。二是做好人才支撑。以产业集聚人才、以平台吸引人才、以制度培育人才，绘制产业人才地图，建设人力资源服务产业园，实施"引才飞地"，与知名高校共建产业研发中心，吸引候鸟型人才来冀创业。三是强化土地保障。做好用地规划布局，以真实有效的项目落地作为配置指标的依据，对省市重点项目足额保障用地需求。完善城镇低效用地再开发、工矿废弃地复垦利用、城乡建设用地增减挂钩等政策，释放存量土地潜力。积极争取国家试点，探索建立省域内建设用地交易机制，创新耕地占补平衡制度。四是加强金融支持。落实信贷扶持政策，引导金融机构创新金融产品和服务模式，扩大中小企业授信规模。鼓励企业在境内外多层次资本市场上市融资，积极推动资产证券化，支持使用专项债券作为符合条件的重大项目资本金，拉动有效投资。发挥财政引导作用，推动金融科技加速创新，支持金融机构与专业数据公司建设大数据金融平台，破解企业融资困局。如，参考浙江衢州"碳减排大数据绿码"经验③，通过大数据精准识别，防止对"两高一剩"企业的"一

---

① 如选择河北省重点打造的万亿级产业链（钢铁）、五千亿级产业链（装备、石化）、三千亿级产业链（生物医药、新能源、食品、纺织服装）。

② 路线图重点从企业招引、项目培育、空间落地、人才支撑、惠企政策等多个维度，构建"矩阵式"产业扶持体系，为企业提供全方位、常态化服务。

③ 衢州能源大数据中心开发了反映企业"碳账户"的数字化产品，其"绿能码"包括"绿能""碳能"看板，分别反映新能源消纳和碳排放情况，能够追踪某区域、行业、企业的碳排放总量、碳源结构等"碳足迹"，排放达标为"绿码"，超标则分别显示"黄码""橙码""红码"，并报告预警。银行贷款审批不区分行业，只要企业显示绿码，就发放贷款。

刀切"贷款政策。借助九次方金融大数据平台①，为小微企业"定身量制"贷款审核方案，通过信用采集、精准识别，破解企业缺乏抵押物和担保条件的融资顽疾。

三、以"人的城镇化"为核心，加快新型城镇化建设，当好高质量财源的助推器

城镇是先进生产要素和优质财源的载体，各类园区不仅是实体产业的集中承载地，本身也是推动城镇化建设的重要平台。一是全面提升城市品质。按照资源环境承载能力，合理确定城市规模和空间结构，进一步拉大城市框架。充分发挥城镇化建设、保障性安居工程等专项资金作用，推动实施城市更新，促使公共服务、环境卫生、市政公用等设施提级扩能，增强聚集效应。二是做大做强城市经济。当前，多个省份都将发展城市新经济作为加快新型城镇化建设、推动区域经济发展的重要路径，成都启动了"三城三都"建设②、南京发起了都市工业行动，结合新型城镇化和大力支持省会建设的需要，加强财政资源统筹，支持场景经济、体验经济、绿建经济、夜间经济等城市新经济发展。除直接投入外，还应注重盘活城市空间、住房、开发区土地等资源资产价值，创新长期租赁、作价出资入股、合作开发等模式，推动由一次性出让收入向长期经营性收益转变。三是推动园区提升能级。对全省开发区进行优化整合，探索建立园区统一协调机制，实施跨区域组团化重组整合、集团化联动发展，培育壮大一批超千亿元开发区。完善园区财税支持政策，引导各类开发区聚焦主导产业，实施精准定向招商，培育壮大特色产业集群。支持园区产城融合发展，推进公共服务配套建设，加强职住平衡，既"留住企业"，更"留住人"，形成和谐宜居、生产发展、服务完备、配套齐全的园区生态。坚持"亩产效益综合评价"，对土地长期闲置，无法形成财税经济效益的项目进行清理。推动条件成熟的开发区实行"一级财政"管理体制，建立财政预算管理和独立核算机制。

四、以深化"放管服"为手段，不断改善发展环境，筑牢高质量财源的有力支撑

环境是经济发展的重要保障。推动经济高质量发展，培育壮大高质量财源，

---

① 2010年九次方大数据信息集团成立，为我国最早的大数据服务平台，综合运用大数据等现代金融手段，通过对公共信用、社会商业等信息的加工处理，将民营企业与金融机构进行有效对接。

② 即世界文创名城、旅游名城、赛事名城，国际美食之都、音乐之都、会展之都，并制订文创、旅游、体育、餐饮、音乐、会展等六大城市产业三年行动计划。

都离不开优良的发展环境。一是开展政策评估。对近年来中央及省内出台的减税降费、简政放权、优化服务等营商环境政策进行集中梳理和全面评估，既评估政策的直接效应，如减税降费的规模、结构，更注重其对全省财政经济发展的带动作用，如新增多少市场主体、形成多少潜在税源等。在此基础上，进一步调整政策、宣传政策，全面推进政策落实。二是优化政务服务。统筹整合各部门的信息化建设资金，重点支持电子政务集约化建设，打造统一安全的电子政务云，支持医疗、交通、教育等公共部门的数字化转型，打造数字化公共服务平台。推进"互联网＋政务服务"，打造"无证明城市"，推动"最多跑一次""最多跑一地"落实落地。加强基层人员培训，扎实做好政策落实的"最后一公里"。三是改善生态环境。研究制定财政支持"碳达峰、碳中和"政策措施，强力推进大气、水、土壤污染治理。充分利用"蓝天基金"，吸引社会资本支持打赢蓝天保卫战。落实水资源税差别化税额政策，完善河流跨界断面水质考核生态补偿金管理制度，加大地下水超采综合治理。完善自然资源有偿使用制度，实施生态环境损害赔偿资金管理，鼓励市县探索开展多元化生态保护补偿方式。推进京津冀跨流域上下游横向生态补偿示范，探索在省内白洋淀流域、滦河流域建立上下游横向生态补偿机制。

五、以重点领域为指向，积极争取中央和省外资金，拓宽高质量财源的财力基础

在坚持"生财"战略的基础上，也要注重"引财"工作，积极争取各类资金，为拓展财力、推动高质量发展提供更多支持。一是积极争取中央政策及资金支持。应紧盯政策，在全面剖析河北省转移支付规模、占比、项目等底数的基础上，动态了解、预研预判中央政策及预算安排情况，围绕雄安新区、协同发展承载地、环境治理等方面主动对接，改变"说困难""诉需求"的简单方式，进一步创新思路，属于政策限制的先在政策上突破，属于因素法分配的争取将地域、生态等特殊因素纳入测算范围，属于竞争性分配的提前做好项目编报、组织等准备工作。二是合理争取债券资金。在完善政府债务及隐性债务风险防控机制的基础上，积极争取政府债务限额，统筹政府债务种类、期限结构，进一步创新园区建设、民生保障等专项债券，完善专项债"储备库、需求库、基础库、发行库、存续库"的"五库"管理平台，精准对接国家和河北省重大发展战略，切实提高项目储备质量，进一步拉动有效投资。三是大力争取省外资金。利用京津冀协同发展、大气污染治理等政策时机，积极争取北京和天津横向生态补偿，以及世界银行、

亚洲开发银行、金砖国家新开发银行、清洁发展委托贷款等国外金融贷款和外国政府贷款。

六、以提升资金绩效为目标，加强统筹财政资源，优化高质量财源的配置水平

为充分发挥"生财""引财"的实际效果，还要做好"聚财"，统筹各类财政资源，最大程度上提升资金使用效益。一是加强财政收入统筹。强化公共资源、部门和预算单位收入管理，按规定将各类收入全部纳入预算，执行统一的预算管理制度。二是加强财政支出统筹。统筹推动经济发展和保障民生间的关系，在"三保"支出到位的基础上，大力压减非急需、非刚性支出，安排更多用于支持经济发展的资金。按照"大专项＋任务清单"模式，完善涉农资金统筹整合长效机制，纵深推进科技、医疗卫生、节能环保等专项资金实质性整合，并建立动态调整机制，根据政策需求和工作成效及时将已到期、不合理的政策移出任务清单。三是加强四本预算统筹。发挥一般公共预算在预算体系中的枢纽地位，将政府性基金预算中与一般公共预算具有相同功能的重叠科目进行整合归并，进一步扩大国有资本经营预算的覆盖范围，针对一些股权多元化企业长期不分红、不上缴收益的现象，探索完善相关管理制度，强化国有股东投资回报，明确国有股收益上缴财政的比例。四是加强国有资产统筹。摸清全省行政事业单位和国有企业存量资产情况，健全新增资产预算与存量资产挂钩机制，推动闲置资产充分流动。顺应国有资产资本化改革，将部分经营性国有资产转化为国有资本价值，由国有资本投资或运营公司实行专业化资本运营，逐步将国有资本经营预算拓展为国有资本价值管理，既发挥更大的经济社会效应，也能推动国有资本价值的持续增长，甚至通过国有股权变现补充一般预算收入（如广东变卖格力股权补充政府财政收入）。

第七章

培育壮大河北省高质量主体税源

2015～2020 年，河北省地方税收收入由 1934 亿元增长到 2527 亿元，年均增长 5.5%，高于全国平均增速 1.9 个百分点，总量由全国第 11 位提升到第 9 位。其中，增值税、企业所得税、个人所得税是三大主体税种，由房产税、城镇土地使用税、耕地占用税、契税、土地增值税组成的房地产税也占据重要地位，这四类税收一直占河北省地方税收收入的 80% 以上。分析四类主体税种收入增长情况，剖析其背后的经济根源，对推动全省税收收入高质量增长具有重要意义。

第一节　河北省主体税种收入的增长情况

"十三五"期间，四类主体税种收入呈现"一负两慢一快"特征，即与全国平均水平相比，增值税增速为负、个人所得税和企业所得税增速较慢，这三个税种占全国份额均下降；房地产税收增速较快，占全国份额明显上升（见表 7－1）。

表 7－1　　　　　2015 年、2020 年河北省主要税种与全国对比情况

项目		增值税	个人所得税	企业所得税	房地产税收
主要税种年均增速	河北（%）	−1.1	1.5	5.9	14.9
	全国（%）	−0.6	6.1	6.8	7.0
	排位（位）	17	26	19	3
河北省占全国各省份额（%）	2015 年	3.30	1.82	2.81	3.10
	2020 年	3.22	1.46	2.70	4.42
	变化幅度	−0.08	−0.36	−0.11	1.32

项目		增值税	个人所得税	企业所得税	房地产税收
河北省在全国各省排位（位）	2015 年	8	13	11	14
	2020 年	10	15	11	7
	变化幅度	2	2	0	−7

资料来源：财政部和河北省财政决算。

一、河北省增值税收入负增长，占地方税收比重从 1/2 下降到 1/3 左右，在全国增值税份额中有所下滑

2015～2020 年，受疫情防控、"营改增"、增值税税率下调等系列减税政策影响，河北省增值税（含营业税）收入规模由 967 亿元微降到 916 亿元（2019 年为 1014 亿元），年均增长 −1.1%，低于同期地方税收平均增速 6.6 个百分点，占地方税收收入的比重由 50% 降为 36.3%。与同期全国平均水平相比，河北省增速略低于全国平均增长率（−0.6%），增速居各省第 17 位。河北省增值税收入占全国份额由 3.30% 下降到 3.22%，在各省排位由第 8 位降到第 10 位。

二、河北省个人所得税收入增速较慢，占地方税收比重略微下降，在全国个人所得税份额中有所下滑

2015～2020 年，河北省个人所得税收入规模由 63 亿元增长到 68 亿元，年均增长 1.5%，受个人所得税免征额标准提升和分类综合征收改革影响，低于同期地方税收平均增速 4.0 个百分点，占地方税收收入的比重由 3.3% 降为 2.7%。与同期全国平均水平相比，河北省增速明显低于全国平均增长率（6.1%），增速居各省第 26 位。河北省个人所得税收入占全国份额由 1.82% 下降到 1.46%，在各省排位由第 13 位降到第 15 位。

三、河北省企业所得税收入增速一般，占地方税收比重略微增加，在全国企业所得税份额中有所下滑

2015～2020 年，河北省企业所得税收入规模由 267 亿元增加到 356 亿元，年均增长 5.9%，高于同期地方税收平均增速 0.4 个百分点，占地方税收收入的比重由 13.8% 上升为 14.1%。与同期全国平均水平相比，河北省增速略低于全国平均

增长率（6.8%），增速居各省第 19 位。河北省企业所得税收入占全国份额由 2.81% 下降到 2.70%，在各省排位一直处于第 11 位。

四、河北省房地产税收收入增速较快，占地方税收比重从接近 1/4 上升为 1/3，在全国房地产税收份额中明显提升

2015 ~ 2020 年，河北省房地产税收规模由 435 亿元增加到 870 亿元，年均增长 14.9%，高于同期地方税收平均增速 9.4 个百分点，占地方税收收入的比重由 22.5% 上升为 34.4%。与同期全国平均水平相比，河北省增速超出全国平均增长率（7.0%）的两倍，增速居各省第 3 位，仅低于西藏和浙江（年均增速分别为 23.7%、16.7%）。河北省房地产税收占全国份额由 3.10% 提升到 4.42%，在各省排位由第 14 位上升到第 7 位。

第二节　河北省主体税收增长的主要问题

一般而言，决定税收收入规模及增速的有税源、税制（政策）和税管三大因素。若不考虑地方不可控的税制变革（政策调整）和难以计量的税务征管因素，从根源上看，税收收入来自社会总产品，源于企业或居民的生产、销售、利润等经济增长状况，当前河北省税源经济存在以下"四个较低"现象。

一、产业结构层次低，影响了行业增加值的快速提升，制约了增值税收入的增长

"营改增"后，增值税的税源相当于第二、第三产业增加值。2015 ~ 2020 年，河北省第二、第三产业增加值由 23298 亿元增加到 32327 亿元[①]，年均增长 6.8%，低于全国平均增长率（8.0%），增速居各省第 24 位。第二、第三产业增加值占全国份额由 3.66% 下降到 3.46%，在各省排位由第 12 位降到第 13 位。正是由于河北省第二、第三产业增加值增长缓慢，影响了增值税收入增长速度。而且，对比增值税及其税源占全国份额情况，河北省增值税占比一直低于第二、第三产业增加值占比，说明河北省产业税收的贡献度较低，实质上反映出产业结构问题。

---

① 地区生产总值为第四次经济普查后调整数据，年均增速为名义增速。

2019 年，全国三次产业的万元增加值税收含量分别为 24.7 元、1918.5 元、1850.7 元，河北省三次产业的万元增加值税收含量分别为 15.8 元、1987.9 元、1425.7 元，可见，第一产业基本不贡献税收，第二产业税收贡献度高于第三产业。同年，河北省三次产业占比分别为 10.0%、38.7%、51.3%，全国平均分别为 7.2%、39.1%、53.7%，河北省第一产业占比高于全国，第二产业占比低于全国，必然影响税收贡献。进一步看，河北省产业多为中低端制造业和传统服务业，增加值和税收含量较低，且在近年来减税降费形势下，广大中小企业纳税额很少，中小企业又多集中在餐饮、零售、金属制造等传统行业，进一步影响产业税收增长。相对而言，河北省高端装备制造、信息技术、科研服务等高技术产业实力较弱，尤其是当前各省均大力推进的数字经济，河北省发展比较滞后，核心产业——电子信息产业的营业收入不到全国的 1%，影响了增值税等主体税收的快速增长。

二、技术创新能力低，不利于企业提升经济效益，长期制约企业所得税收入的稳定增长

企业所得税作为利后税，主要与企业经营效益相关，一般用"四上"企业利润总额①代表税源状况，2015～2020 年，河北省"四上"企业利润总额由 2881 亿元下降到 2798 亿元（主要是 2020 年受疫情影响企业利润下降），年均增长 -0.6%，低于全国平均增长率（2.9%），增速居各省第 26 位。企业利润总额占全国份额由 2.66% 下降到 2.08%，在各省排位由第 12 位降到第 16 位（见表 7-2）。与同期企业所得税 5.9% 的年均增速相比，企业利润增速远低于企业所得税增速，这种税源与税收增长态势的偏离现象，固然体现出加强企业所得税征管的效果，但也说明了企业税费环境趋紧状况，长期将难以持续。实际上，河北省企业盈利状况一直较低，2020 年规上工业营业收入利润率 5.0%，不到全国平均水平（6.3%）的 80%，仅居各省第 24 位。

整体来看，企业盈利状况受多种主客观因素的影响，但在当前日趋激烈的市场竞争中，技术要素在企业运营中的作用越来越重要。企业的技术创新程度，直接影响产品附加值、企业竞争力和产业发展层次。长期以来，河北省科技创新能力较低，研发经费投入强度一直低于全国平均水平，国内发明专利申请量、授权量，长期不足江浙等发达省份的 1/5。技术创新能力低，导致企业效益不高、竞争力较弱，从长远看也必将影响企业所得税收入的持续增长。

---

①　包括规上工业、资质建筑业和房地产开发经营业、限额以上批发零售住宿餐饮业、规上服务业。

三、居民收入水平低，特别是城镇居民工资总额增速较慢，影响了个人所得税收入的增长

个人所得税主要与居民收入（尤其是城镇居民）相关，其主要组成是工薪所得和生产经营所得，占个税收入总额的70%以上，可以用城镇单位就业人员工资总额作为个税税源。2015～2020年，河北省城镇单位就业人员工资总额由3289亿元增加到4345亿元，年均增长5.7%，低于全国平均增长率（7.9%），增速居各省第26位。城镇单位就业人员工资总额占全国份额由2.94%下降到2.65%，在各省排位由第12位降到第13位。由于河北省城镇就业人员工资增长缓慢，制约了个人所得税收入的增长速度。而且，对比个人所得税及其税源占全国份额情况，河北省个人所得税占比低于城镇单位就业人员工资总额占比，说明河北省城镇居民收入不高，适用税额标准较低，并有相当一部分城镇居民未达到个人所得税的费用扣除标准。

长期以来，河北省城乡居民收入水平（特别是城镇居民收入）整体偏低。2019年，全省居民人均可支配收入25665元，相当于全国平均水平（30733元）的83.5%，居各省第17位。其中，农村居民人均可支配收入15373元，相当于全国平均水平（16021元）的96.0%，居各省第14位；城镇居民人均可支配收入35738元，相当于全国平均水平（42359元）的84.4%，居各省第21位，不仅远低于江苏、浙江、广东等发达省份，甚至不及西部的内蒙古、云南、江西、陕西。进一步看，城镇居民可支配收入包括工资性收入、经营性收入、财产性收入、转移性收入四个部分，河北省这四个部分分别为全国平均水平的89.2%、56.8%、73.5%、92.2%，差距最大的为经营性收入，说明从事生产经营活动所获得的净收入较低，相应计算的个人所得税经营所得档次较低、税额较少，而工资性收入也不高，导致在个税提升费用扣除标准和实行综合所得征收后，个税收入下滑较快。例如，实现综合征收改革后，2019年河北省个税收入下降33.7%，下降幅度居各省第8位，而居民收入水平较高的江苏、广东仅下降1/4，浙江仅下降1/10。

四、城镇化水平较低但提升较快，推动了房地产税收的迅速增长，但也加大了地方税收运行风险

房产税、城镇土地使用税、耕地占用税、契税、土地增值税五个税种的税源

不同①，但都来源于土地购置和转让，可用土地出让作为税源的代表。"十三五"期间，河北省房地产税收收入的较快增长，正是由于土地出让的迅猛增加。2015～2020年，河北省土地出让金年均增长高达22.3%，也高于全国平均增长率（21.7%），土地出让金占全国份额由3.29%提升到3.37%，在各省排位一直处于第13位（见表7-2）。

表7-2   2015年、2020年河北省主要税源与全国对比情况

项目		第二、第三产业增加值	"四上"企业利润总额	城镇就业人员工资总额	土地出让金
主要税源年均增速	河北（%）	6.8	0.30	5.7	22.3
	全国（%）	8.0	5.50	7.9	21.7
	排位（位）	24	24	26	17
河北省占全国各省份额（%）	2015年	3.66	2.66	2.94	3.29
	2020年	3.46	2.08	2.65	3.37
	变化幅度	-0.20	-0.58	-0.29	0.08
河北省在全国各省排位（位）	2015年	12	12	12	13
	2020年	13	16	13	13
	变化幅度	1	4	1	0

资料来源：相关年份《中国统计年鉴》。

进一步分析，河北省房地产市场的快速发展，源于河北省起步较低但提升较快的城镇化水平。近年来，河北省坚决贯彻落实中央新型城镇化战略和省委"小县大县城"部署，加之全省县多县小，城镇化水平提升很快。2015～2020年，河北省常住人口城镇化率年均增长约1.7个百分点，由51.7%提升为60.1%。伴随着城镇化水平的提升，房地产业得以迅速发展，相关的契税、土地增值税、房产税等税收收入增长很快。但是，房地产关系百姓民生，在中央坚持"房住不炒"的政策下，相关限购、限贷等调控政策不断出台，给一些过于依赖房地产地区的财政经济增长带来巨大压力。以廊坊为例，2016年房地产市场活跃之际，全市房地产税收占到全部税收的53.3%，个别县甚至超过70%。自2017年调控政策出台后，房地产及相关领域税收连续3年负增长，2019年房地产业税收占比为42.8%，比2016年下降了10个百分点。这种房地产"一业独大"的畸形产业结构，经不起政策调整和市场变化的风险冲击，既影响了财政经济的持续稳定增长，还消耗

---

① 其中，房产税税源主要为工商业房产原值和出租房租金，城镇土地使用税税源为纳税人占用的土地面积，耕地占用税税源为纳税人占用的耕地面积，契税税源为土地和房产交易额，土地增值税税源为纳税人销售新建房屋和二手房的土地增值收益。

了宝贵的土地资源，挤占了其他产业的发展空间。

需要注意的是，以上从"税源决定税收"的角度对河北省主体税种的单独分析并不全面。实际上，河北省税源结构存在的产业结构层次低、技术创新能力低、居民收入水平低、城镇化水平低四方面问题，是相互影响和制约的，每个方面的问题也不止影响一个税种。其中，技术创新能力具有基础性地位，它是制约产业转型升级的关键因素，也是影响企业效益和职工工资的重要条件，而产业结构、行业布局和居民收入状况也直接关乎城镇化进程，城镇化水平的高低同样也对生产要素和市场主体形成了不同的吸附力。

第三节　推进河北省主体税收可持续增长

推动税收收入的稳定可持续增长，必须立足于河北省情，针对河北省税源经济存在的"四个较低"问题，大力加强税源建设，重点做好"五个加快"。

一、加快产业转型升级，做大行业增加值，培育增值税高质量税源

全面梳理河北省支柱产业链的弱项短板，探索实施"链长制"，培育一批控制力和根植性强的链主企业和生态主导型企业，打通研发设计、生产制造、集成服务等产业链条，推进全省产业转型升级，做大行业增加值，培育高质量财源。一方面，推动河北省优势细分行业率先发展。瞄准4大工程和12大主导产业①，特别是河北省具有一定基础、未来潜力较大的细分行业（如新型数据中心、生物制剂），统筹整合省级各类产业发展基金②，不断壮大河北产业投资引导基金（母基金），吸引社会资本成立数字经济发展等子基金，推动优势细分行业在全省区域优化布局。另一方面，发展县域特色产业。立足本地资源禀赋和产业基础，实施产业链龙头企业壮大工程、专精特新"小巨人"企业培育工程和县域特色产业项目提升工程，培育发展一批规模体量大、专业化程度高、延伸配套性好、支撑带动力强的特色产业集群。

---

① 4大工程包括优势传统产业升级、战略性新兴产业振兴、特色产业提质、未来产业培育；12大主导产业包括钢铁、石化、新能源、食品、生物医药健康、新材料、高端装备制造、信息智能、金融服务、都市农业、现代商贸物流、文体旅游。

② 包括战略性新兴产业、工业转型升级、开发区、科技创新、农业生产、文化产业、旅游产业和军民融合产业发展等专项资金。

二、加快技术创新引领，提升企业利润水平，做大企业所得税税源

创新是引领高质量发展的第一动力，是提升企业竞争力、推动税源经济持续增长的根本支撑。一是完善优惠政策。构建以支持高科技研发和产业化为主、涵盖多个创新环节、具有普惠性和引导性的优惠政策体系，推动实施高新技术企业后备培育工程、科技型中小企业成长计划①，培育更多的科技领军企业、高新技术企业和科技型中小企业。二是改进支持方式。进一步增加投入、优化结构、调整方式，整合技术创新、转型升级等方面的项目资金，完善科技计划专项资金政策体系，借助股权投资引导基金、创业担保贷款补贴、产业园区专项债券、科技创新券等模式，构建多元化、有效率的科技支持机制，引导企业加大研发投入，提升河北省全社会研发经费支出占 GDP 比重。三是深化管理改革。创新科技经费管理方式，实行"揭榜挂帅"制度，推动项目、资金、人才一体化配置，推动建立科研经费"包干制"改革试点，建立财政支持科研机构绩效拨款制度。

三、加快推动就业创业，完善收入分配制度，发挥个人所得税效应

提升居民收入水平是经济发展的根本目标，也是有效发挥人力资本作用，打造高质量财源的基础。加快技术创新和产业升级，都是提升居民收入的重要方式，除此之外，重点推进以下方面。一是支持就业创业。加快完善促进创业带动就业、多渠道灵活就业的保障制度，健全就业公共服务体系、终身职业技能培训制度，提升劳动者技能素质，支持和规范发展新就业形态，进一步扩大就业容量，提升就业质量，增加居民收入，涵养个税税源。二是完善分配制度。一方面，提高劳动报酬在初次分配中的比重，增加低收入群体收入，扩大中等收入群体；另一方面，健全知识、技术、管理、数据等生产要素由市场决定报酬的机制，采取科技成果作价入股、岗位分红权激励等方式，让大量的高端人才和创新、创业者得到应有的回报，激发市场活力和社会创造力。三是健全直接税体系。建立健全个人收入和财产信息系统，进一步完善综合与分类相结合的个人所得税制度，合理扩大纳入综合征税的所得范围，完善专项附加扣除项目，既为中低收入者减轻税收负担，也堵塞了高收入者偷漏税款的渠道。

---

① 尽管高新技术企业所得税按 15% 征收，但仍是河北省企业所得税的重要载体。2020 年，高新技术企业占全省企业总数的比例是 0.4%，但贡献了全省 15.3% 的企业所得税收入。

四、加快新型城镇化，推进住房保障和税制改革，实现房地产税收平稳增长

县域是实现河北省高质量发展的战略支撑，坚持实施"以人的城镇化"为核心的新型城镇化建设，做好以县城为主要载体的县域经济，是摆脱过度依赖房地产，推进税收收入稳定增长的重要手段。一是实施新型城镇化战略。充分发挥专项资金和产业投资引导基金的作用，引导社会资本参与新型城镇化建设，逐步将城市开发方式从粗放型发展转向集约型发展，将建设重点由房地产主导的增量建设，逐步转向以提升城市品质为主的存量提质改造。二是完善住房保障制度。按照中央要求，加快建立多主体供给、多渠道保障、租购并举的住房制度，特别是高度重视保障性租赁住房建设，有效增加共有产权住房供给，规范发展长租房市场，促进房地产市场平稳健康发展。三是积极稳妥推进房地产税改革。加快房地产相关税种的整合，构建符合国情的房地产税费体系。重点是将重复征税明显的城镇土地使用税和房产税进行归并，并做好与耕地占用税、土地增值税、契税及土地出让金等其他房地产相关税费的有机衔接，在不增加纳税人整体负担的基础上，进一步完善税收结构，形成"重保有、轻流转"的房地产税收布局，使房地产税由主要依靠房地产交易环节征收的一次性税收，转为持有环节征收的长期税收，成为市县政府的主体税种。

五、加快税收征管改革，全方位提升税务部门执法、服务和监管能力

一是推进税收征管数字化升级。将智慧税务融入"数字河北"和"新型智慧城市"规划，构建河北省特色智慧税务品牌和体系。依托"河北省一体化政务服务平台"，加快建立税务与相关部门涉税涉费数据常态化共享、交换和汇聚联通机制，推进线上线下数据有机贯通，逐步实现"以票控税"向"数字治税"的转变。二是优化税务执法方式。坚决维护税法权威，落实税收法定原则，规范税收政策管理，保障征纳双方合法权益。坚持依法依规征税收费，坚决防止落实税费优惠政策不到位、征收"过头税费"及对税收工作进行不当行政干预等行为。严格规范税务执法行为，运用税收大数据精准筛选中高风险纳税人，以"信用＋风险"为基础实施精准执法，防止粗放式、选择性、"一刀切"执法，不断提升税务执法精确度。三是提供高效智能税费服务。全面改进办税缴费方式，依托税收大数据云平台，主动甄别符合享受优惠政策条件的纳税人、缴费人，实现税费优惠政策

直达快享，大幅减轻办税缴费负担。四是精准有效实施税务监管。大力推行以"信用＋风险"为基础的监管方式，健全以信用评价、监控预警、风险应对为核心的新型税收监管机制，加强重点领域风险防控和监管，依法严厉打击涉税违法犯罪行为。

第八章

强化河北省财政资源高质量统筹

党的十九届五中全会首次提出"财政资源统筹",这不仅是一个简单的概念界定,更是一项重大的制度创新,同时也是一项艰巨的系统工程。研究财政资源统筹问题,既要在理论上构建相对系统的框架,也要针对当前实际工作中存在的问题给出应对之策。

第一节 财政资源的相关概念及资源统筹意义

一、资源的内涵

《辞海》对资源的解释为"资财之源"。狭义的资源仅指自然资源;广义的资源指人类生存、发展和享受所需要的各种物质和非物质要素,既包括所有为人类所需要的自然物,如阳光、空气、水、矿产、土壤、生物等,也包括以人类劳动产品形式出现的一切有用物,如各种房屋、设备、其他消费性商品及生产资料性商品,还包括无形资财,如信息、知识和技术等。

二、财政资源的内涵

关于财政资源的概念,目前尚没有统一明确的界定。理论及实务界主要分析财政资源配置问题,很少对财政资源本身进行定义。从财政资源配置的对象或内容看,财政资源的内涵主要分为三类口径。

一是狭义的财政资源主要是指财政资金。一些学者认为，财政资源配置就是政府为满足公共需要而将一部分社会资源集中起来形成财政收入，再通过支出分配这些资金以提供公共物品和服务，这里的财政资金就是财政资源。二是广义的财政资源涵盖资金、资产和资源。部分学者认为，财政资源是政府为实现经济社会发展目标而据其财政职能使用的各种要素的总和，既包括财政资金，也包括能带来财政收入的各类资产、资源，甚至包括财政体制、信息等无形资源。三是官方层面的界定包括财政收支等方面。党的十九届五中全会在官方层面首次提出财政资源的概念，财政部在五中全会辅导解读中明确，财政资源主要包括财政收入、财政支出、四本预算、存量资金、国有资产和财政信息等六个方面。总体来看，官方对财政资源的界定，主要立足于财政改革和工作实践，其口径要宽于狭义的财政资金视角，但也窄于广义的资金、资产和资源概念。

为更好地服务于国家治理的基础和重要支柱这一目标，财政资源统筹宜采用广义口径，即将财政资源大体视同为政府资源，包括政府拥有或控制的所有人、财、物，以及政策与制度等。

三、财政资源统筹的内涵

"统筹"指通盘筹划，"财政资源统筹"即将政府拥有或控制的财政资源进行统筹管理、统筹调配、统筹使用，发挥资源的最大配置效果。其中，既包括对政府已控制资源的统筹完善，如四本预算间的衔接、税费债之间的协调；也包括对政府所有但尚未有效控制资源的统筹管理，如森林、河流等自然资源及互联网、频道等无形资源。

四、财政资源统筹的重要意义

加强财政资源统筹是中央作出的重大决策部署，是深化预算管理改革、建立现代财税体制的重要举措，对新发展阶段下提升财政治理效能、推动高质量发展、实现国家治理体系和治理能力现代化具有重要意义。

1. 加强财政资源统筹是应对严峻经济形势、缓解财政收支矛盾的迫切需要

当前，国际国内经济形势仍然复杂严峻。从国际角度看，当今世界正经历百年未有之大变局，加之疫情仍在全球扩散蔓延，国际不确定、不稳定因素越来越多，我国外部环境的复杂性和严峻性显著上升；从国内角度看，经济步入了新常态，既面临较大的下行压力，又面临人口老龄化加剧、资源环境约束趋紧、城乡

差距仍然较大、经济结构亟待转型等挑战，有效应对国际国内严峻形势与不利局面，缓解日益突出的财政收支矛盾，需要强化财政资源统筹，提升财政综合实力。

2. 加强财政资源统筹是发挥财政职能、建设社会主义现代化强国的重要保障

中国特色社会主义进入新时代，全面建成小康社会的第一个目标已经完成，第二个百年目标的任务更加艰巨。为有效处理人民日益增长的美好生活需要和不平衡不充分发展之间的矛盾，打造国内大循环为主、国内国际双循环新发展格局，推进经济社会高质量发展，党中央和广大人民对财政职能的要求越来越高、对财政资金的需求越来越多、对财政工作的期待越来越大，亟须加大资源统筹力度、优化资源配置结构，进一步发挥财政调控作用，为经济社会高质量发展和社会主义现代化强国建设提供有力支撑与保障。

3. 加强财政资源统筹是提升国家治理体系和治理能力现代化的内在要求

财政是国家治理的基础和重要支柱。一方面，加强财政资源统筹是进一步深化预算管理制度改革、建立现代财税体制的重要举措，对有效解决目前财政管理中存在的条块分割、支出固化、绩效不高等问题，提升财政治理能力和效能具有重要意义；另一方面，加强财政资源统筹有利于强化财政资源动员能力和宏观调控能力，对推进财政资源在区域、城乡、部门、政府级次更加科学有效地配置，全面提升国家治理体系和治理能力的现代化水平具有重大意义。

第二节　中央和河北省财政资源统筹进展情况

一、中央相关改革要求

在中央提出"财政资源统筹"之前，我国开展了财政收入、支出和财政资金等统筹，主要包括以下几个方面。

1. 加大四本预算协调力度

自构建四本预算体系以来，我国就注重加强四本预算之间的协调衔接，将支出内容相近的政府性基金纳入一般公共预算管理，2015 年后陆续将 19 项政府性基金转列一般公共预算。逐年提高国有资本经营预算调入一般公共预算的比例，中央这一比例从 2016 年的 19% 提高到 2020 年的 35%。一般公共预算对社保基金预算的补助比例逐步提升，2020 年达到 28.9%。

2. 加大财政收入统筹力度

自《中华人民共和国预算法》（以下简称《预算法》）及其实施条例修订以

来，我国不断加大财政收入的统筹。各级政府按照规定，将本级财政收入、上级补助、调入资金、政府债务收入等全部纳入预算范围，执行统一的预算管理制度。各部门和单位将其取得的各类收入都纳入预算，未纳入预算的收入不得安排支出。各级政府按照非税收入和国库集中收缴有关要求，将行政事业性资产出租、处置等收入依法纳入管理。

3. 加大财政支出统筹力度

持续优化财政支出结构，取消了城建税、矿产资源补偿费、海域使用金等专项收入专款专用。2015 年国务院印发《推进财政资金统筹使用方案》，2017 年出台了《关于探索建立涉农资金统筹整合长效机制的意见》，在建立大专项的基础上，实行"大专项＋任务清单"管理模式。

4. 加大存量资金的盘活力度

建立预算安排与存量资金挂钩机制，对上年末存量资金规模较大的地区或部门，适当压缩下年预算。规范结余结转资金的管理，将结余资金和连续两年未用完的结转资金，一律收回统筹使用。对政府性基金预算结转资金规模超过该项基金当年收入 30% 的部分，补充预算稳定调节基金统筹使用。

5. 建立跨年度预算平衡机制

主要通过规范超收收入使用、建立预算稳定调节基金、加强支出政策和预算审查等，实现财政资金的跨年度统筹。2015 年国务院出台《关于实行中期财政规划管理的意见》，要求编制三年滚动财政规划，加强对未来三年财政收支形势的预测分析，统筹安排重大改革、重要政策和重大项目。

此外，我国不断完善国有资产管理制度，2021 年出台《行政事业性国有资产管理条例》，还建立了国有资产管理情况报告制度。2019 年财政部制定了《关于推进财政大数据应用的实施意见》，2020 年印发了《预算管理一体化规范》，率先在河北省等地推进预算管理一体化系统。

二、河北省进展情况

1. 财政收入统筹方面

一是政府的全部收入都纳入预算。各级政府按照《预算法》《预算法实施体例》等有关规定，将政府本级收入、上级补助、调入资金、政府债务收入等全部纳入政府预算范围，执行统一的预算管理制度。二是部门和单位收入基本上都进入统筹。绝大多数调研市县（以下简称市县）都将一般预算收入、政府性基金收入、国有资本经营收入、应缴财政专户收入、单位收入、上级提前下达转移支付等编入部门预算，明确要求未纳入预算的收入不得安排支出。不少地区还重点加强了单位事业收入、经营收入等非财政拨款收入管理，要求在部门和单位预算中如实反映非财政拨款收入情况。唐山、大城、临西、迁安、清河等市县都明确将未纳入部门预算的其他来源收入，视作单位"小金库"处理。三是行政事业性资产处置等收入依法纳入管理。各市县均能依据《行政事业性国有资产管理条例》，建立了行政事业性国有资产管理机制，将国有资产出租、处置等收入按规定上缴国库或纳入单位预算。

2. 财政支出统筹方面

一是打破支出固化僵化的格局。近年来，河北省运用零基预算理念，从预算编制源头注重提升资金绩效，大力压减一般性支出和非重点、非刚性、非急需支出，不断优化财政支出结构。各市县均按照预算管理规定，落实"过紧日子"要求，将财政资金优先用于"三保"支出及本地党委政府的重大决策部署。廊坊市积极开展事前绩效评估，2021 年评估资金 12.8 亿元，审减 5.9 亿元，并全程把控重点项目资金效益，收回 2020 年低效无效资金 5.5 亿元。二是开展涉农资金统筹整合。根据中央要求，2016 年河北省贫困县开始推进涉农资金整合，实行"大专项 + 任务清单"管理模式，五年来共整合使用除专项扶贫资金外的其他涉农资金235.4 亿元，有力推动了脱贫攻坚战取得全面胜利。三是建立跨年度预算平衡机制。河北省在全国较早开展了中期财政规划，不断完善跨年度预算平衡机制。一些市县也建立了跨年度预算平衡机制，增强中期财政规划对年度预算编制的指导和约束作用，使财政更好地服务于当地经济发展。

3. 四本预算统筹方面

一是构建完善四本预算体系。近年来，河北省不断完善政府预算体系，初步形成一般公共预算、政府性基金预算、国有资本经营预算、社会保险基金预算间的有机衔接体系。除部分国有资本规模较小或国有企业数量较少的市县，按规定不编制国有资本经营预算外，其他市县都形成了涵盖四本预算的完整体系。二是加强政府性基金、国有资本经营预算与一般预算的衔接。省级注重加大政府性基金预算、国有资本经营预算调入一般公共预算的力度，各市县均落实将政府性基金结转规模超过当年收入 30% 部分调入一般公共预算补充稳定调节基金的政策，并执行规定的国有资本经营收益上缴和调入一般公共预算的比例。2019～2021 年，衡水市本级国有独资企业税后利润上缴比例分别为 25%、30%、30%，国有资本经营预算调入一般预算的比例逐步提升到 60%。2021 年邢台将市属企业国有资本收益收取范围调整为所有国企，利润上缴比例提高到 25%。三是加强一般预算与社保基金预算的衔接。各市县均根据需要和财力安排一般预算资金补充社保基金预算，并积极推进划转部分国有资本充实社保基金工作。目前省级划转工作基本完成，21家省属国企完成划转国有资本193.3亿元。大名、定兴、行唐、文安等县还将社保基金纳入预算绩效管理，确保基金安全高效运行。

4. 存量资金统筹方面

一是全面盘活存量资金。近年来，河北省按照预算法相关规定，积极盘活、用好结转结余资金等各类存量资金。各市县均依法将结余资金和连续两年未用完的结转资金收回统筹使用，同时加强对重新安排项目的监测，防止资金"二次沉淀"。2020年辛集、故城、阜平、平山、文安、张北、滦南等县收回存量资金都超过3亿元，三河达到22亿元。廊坊市针对不同类别的存量资金制定有步骤、有节点的清理收回方案，并完善存量资金使用台账，加强收回资金的后续支出管理工作，2020年共盘活存量资金109.7亿元。唐山市每年6、9、12月份，对各部门财政存量资金进行专项清理，从资金性质、来源类型、项目进展等方面分类提出处理意见。二是建立存量资金与预算安排统筹机制。省级和各市县都建立了财政存量资金与预算安排统筹结合的机制，绝大多数市县对上年末存量资金规模较大的部门，适当压缩下年预算安排规模，石家庄、唐山、涞水、大城等地则对连续两年结余结转资金数额较大的部门，按一定比例或数额核减部门预算。

5. 国有资产统筹方面

一是摸清行政事业单位存量资产情况。近年来，省级和各市县大都对本地行政事业单位资产进行了清查，推动长期闲置、低效运转或者超标准配置的资产调剂使用。二是建立预算与资产挂钩机制。多数市县建立了新增资产预算与存量资产挂钩机制，减少不必要的新增资产购置。廊坊市规定行政事业单位在保证本单位履行职能任务的前提下，可将其占有、使用的国有资产（办公用房除外）在一定时期内以有偿或无偿形式在相关单位间进行调配使用。承德市对市直行政事业单位国有资产进行了有效盘活，将可利用、能整合运营的资产分期分批划转国有企业（国控集团），既实现行政事业单位资产的保值增值，又促进国企集团的持续健康发展。滦南将经审批同意拟出租出借的行政事业单位国有资产，首先委托资产评估机构进行评估，确定出租出借招租底价，然后通过公共资源交易平台进行公开招租。三是设立行政事业单位国有资产公物仓。目前，河北省省级、多数设区市和灵寿、迁安、深泽、乐亭等部分县都建立了公物仓。石家庄市公物仓早在2009年就投入运营，主要为大型会展和临时机构提供出借、回收办公设备和家具。公物仓资产平均周转3.8次，循环最高的设备达8次，节约了财政资金2353.7万元。

6. 财政信息统筹方面

一是财政信息化建设进展迅速。近年来，河北省积极推进财政信息化建设，预算管理一体化改革成为全国首批试点，已建成了一个支撑平台和 30 余套业务系统，涵盖行政管理、预算执行、预算监督、风险防控及专项业务，形成横向到边覆盖两万多家预算单位、纵向到底贯通省市县乡四级财政的信息化大格局，实现了覆盖预算编制、执行、监督、风险防控、决策支撑"五位一体"的财政管控功能，极大提高了财政资金的使用效益。二是各地有序推进预算管理一体化。根据财政信息化建设要求，各市县均部署推进了预算管理一体化建设，涵盖了项目库、预算编审、预算指标、电子支付等主要业务系统。石家庄市已实现财政核心业务一体化平台市、县两级全覆盖，单位会计核算系统使用率达到 80%，根据业务需求，还研发了基础业务平台、国库收支分析、日常考评系统、数据报送系统等本级信息化系统，用于辅助财政业务，提高工作效率。

第三节　河北省财政资源统筹存在的主要问题

一、整体方面

目前，受各种因素影响，财政资源统筹整体上还囿于传统的资金和资产统筹，在统筹理论和体系上主要存在以下问题。

1. 理论概念不清

关于财政资源统筹这一制度供给，目前还缺乏系统的理论研究，对财政资源的基本概念、内涵及外延，对资源统筹的界定、方法和步骤等都未形成统一的认识，一定程度上影响了财政宏观调控功能的发挥。

2. 顶层设计不足

目前仅提出财政资源统筹的概念，在落实工作方面缺乏完整统一的顶层设计框架，对指导意见、实施方案、推进主体、权责划分、保障机制、试点推广，以及渐进式改革的路线图和时间表等，都尚未有相关规划。

3. 资源底数不明

各级政府主要关注流量形式的财政收支及资金，近年来也逐渐加强行政事业单位国有资产管理，但对大量的国有企业资产、自然资源资产的家底仍未摸清，庞大的国有资产与较少的国有资本经营预算收入极不相称，自然资源资产的产权制度还不健全，广大财政资源的总量、结构和分布都没有相应统计。

4. 统筹力度不大

目前开展的财政资源统筹范围窄、规模小、力度弱，无法完全满足落实国家重大战略任务的要求。如，当前仅涉农资金整合有所进展，其他专项资金多未实施实质性统筹；仅在预算编审环节实现四本账统筹，尚未实现财政资源与事业发展及其他资源的有机统一；部门之间信息分割，难以准确预测中长期财政收支，导致中期财政规划管理推进缓慢。

5. 技术保障不强

尚未建立实现财政资源统筹所需的统计方法和核算体系，没有形成基本的财政资源统筹绩效评价理念及相应的指标体系，现行的预算管理一体化系统实现了各级预算数据的集中统一和上下贯通，本质上还是个业务流程软件，而非辅助决策系统，与全面建设"数字财政"，以信息化提升财政治理能力的目标相差甚远。

二、财政收入统筹方面

1. 部分单位的自有收入尚未纳入预算管理

部分市县尚未将部门的非财政拨款收入全部纳入预算管理，特别是县医院及乡镇卫生院等医疗单位的自有事业收入，仍由医疗卫生机构单独核算。即便一些市县将单位自有资金列入预算，但也没有进行有效监管。

2. 国有资本经营预算收入管理尚需完善

现行的国有资本经营预算制度尚未将所有国有资产和国有资源纳入预算管理，一些已建立国有资本经营预算制度的市县只针对国资部门监管企业，其他部门主管的企业还未覆盖。此外，国有资本经营收入明确规定了国有独资企业的利润上缴比例，对股份制企业则要求上缴股息股利，一些国有控股、参股公司长期不分红或分红比例偏低①，影响了国有资本经营收入和调入一般公共预算的规模。

3. 社会保险基金收入的统筹级次不高

目前，河北省各项社保基金的统筹级次不一致，多项社保基金的统筹级次较低，其中企业职工养老保险为省级统筹，城镇职工医疗保险为市级统筹，机关事业单位养老保险为县级统筹，其他保险的统筹级次在不同市县有所差别②，而且各地区的社保政策尚未统一，收支口径也存在差异，影响了社保基金的统筹使用。

---

① 根据现行规定，非国有独资的股权多元化企业，依据股东大会决议的股利分配方案上交国资收益，在分配比例上不像国有独资企业有明确的规定。

② 目前，多数地区的企业职工养老保险、工伤保险、失业保险为省级统筹，城镇职工医疗保险、城乡居民医疗保险（2022 年开始）为市级统筹，城乡居民养老保险、机关事业单位养老保险为县级统筹。

三、财政支出统筹方面

1. 一般预算中仍存在专款专用的规定

按照目前的国家规定，教育费附加、残疾人就业保障金、教育资金、耕地开垦费等一般预算收入仍有以收定支的政策规定。个别市县还反映，虽然城建税整体取消专款专用的规定，但仍被当地政府要求计提部分收入用于教育事业。即使某县的财政教育性支出已达到相关要求，仍需按规定从土地出让金中计提教育资金，导致资金支出缓慢、长期滞留。此外，现有法规仍有教育、科研支出只增不减的规定，如一般公共预算教育支出逐年只增不减，按在校学生人数平均的一般公共预算教育支出逐年只增不减，财政性教育经费占本地生产总值的比重不低于4%。

2. 涉农资金统筹整合尚不彻底

一些地区将纳入统筹范围的涉农资金进行归并后，表面上体现为一个大专项，但在执行中还存在资金分割和安排散碎问题。主要是约束性任务和指导性任务划分不够科学合理，指导性任务在清单制定时也明确了具体项目，管理部门将之也列入年度考核范围，在管理上没有和约束性任务相区别，限制了资金整合效果。此外，涉农资金统筹改革的配套政策尚不完善，一些原有的与改革方案中下放审批权限相矛盾的资金管理办法未同步修订，县级涉农部门怕失去专项支持或影响专项考核而不敢整合。还有部分涉农资金下达较早，但任务清单下达较晚，市县资金使用部门无法确定项目资金的具体用途，导致涉农资金支付进度缓慢。

3. 其他专项资金尚未统筹整合

专项资金来源渠道多，分配中碎片化、部门化现象比较突出。2019～2020年，省战略性新兴产业专项资金共安排22.78亿元支持211个创新平台项目，平均每个项目仅获得88万元资金支出。2020年，某设区市50万元以下的专项支出占到全部项目的57.6%。一些地区上级部门要求本领域的资金投入逐年递增，个别年度甚至包含非经常性支出（如基建支出），极大影响了基层资金配置。还有部分地区的政务信息化建设存在重复投入，部门之间乃至部门内部缺乏统筹，没有整体的规划设计，造成财政资金浪费。

四、四本预算统筹方面

1. 一般公共预算日益依赖政府性基金调入，存在一定的预算平衡风险

受经济下行压力、环境治理和减税降费等影响，河北省越来越依靠调入资金

维持预算平衡。2015 年全省调入政府性基金 208 亿元，相当于一般预算收入的 7.9%；2020 年调入政府性基金 635 亿元，相当于一般预算的 16.6%，规模和占比提升了 1 倍多。2020 年一些市县的政府性基金调入占比都超过 1/3，个别县甚至超过 1/2。近几年，土地能否顺利出让直接影响沧州市的预算执行及库款调度。调入政府性基金主要依靠土地拍卖收入，一旦土地市场不景气，基金征收困难，直接影响收支平衡。特别在 2020 年中央要求稳步提高土地出让收入用于农业农村的比例后，将极大影响未来政府性基金的调入状况。

2. 社保基金对财政补助的依赖度越来越高，财政支出压力越来越大

2015 年河北省财政补助占社保基金收入的 19.4%，低于全国平均水平 2.7 个百分点，2020 年提升到 36.5%，高于全国平均水平 7.6 个百分点。其中，2020 年财政补助占职工养老保险基金收入的 31.9%，超过全国平均占比 10.2 个百分点。随着人口老龄化程度的加剧和人口寿命的延长，养老保险基金对财政补助的依赖度还可能进一步提升。

3. 国有资本经营预算支持一般公共预算收入程度不够，且年度间波动剧烈

目前，只有国有资本所对应的少量利润（分配部分）才列入国有资本经营收益，无法充分反映国有资本经营状况。河北省国有企业整体实力较弱，国有资本经营收入中的利润和股利股息收入主要来源于个别国企①，产权转让行为受企业经营状况及政府决策影响具有较大不确定性，导致国有资本经营收入的规模、结构在年度间波动很大。2015～2020 年，全省国有资本经营收入分别为 17.3 亿元、10.1 亿元、13.3 亿元、31.5 亿元、26.4 亿元、38.3 亿元，2020 年收入仅相当于一般预算收入的 1%，当年仅调入一般预算 17.3 亿元。从市县看，市县国有企业大多处于经营亏损或半经营状态，几乎没有税后利润，难以调入一般预算。

五、存量资金统筹方面

1. 部分单位未及时上缴存量资金

目前，财政部门只掌握各单位自有账户资金总量，难以区分账户存量资金，盘活存量资金只能靠预算单位上报来督导盘活，一些单位上缴自有资金存量存在畏难情绪，在多次审计中依然存在以前年度的结余资金。

2. 财政部门盘活上级专项资金存在一定风险

一些专项资金现行制度与统筹使用存量资金的政策要求没有及时衔接，特别

---

① 其中省级利润收入几乎都来自投资服务企业，仅河北建投就占七成以上。

是相关部门"专款专用"的规定还没有修订完善，基层往往难以作为，为防止被上级管理部门当作挪用处理而不敢盘活。

3. 一些被收回的部门结余资金难以全面统筹

部分市县反映，除一些部门零散存量资金完全由财政统筹外，相当多的部门结余资金仅在当年统筹，下年还要结转给部门使用。例如，一些部门当年难以完全将因素法转移支付项目资金（教育贫困生、退役军人专款）进行支出，即便政策规定可以结转，为防止审计查出问题仍主动退回，次年再重新申请。

六、国有资产统筹方面

1. 部分单位国有资产管理基础不牢

一些单位存在重资金管理、轻资产管理和重资产数量、轻资产效益的思想，对拍卖、处置的国有资产没有及时清理核销和调整账务，对新形成的国有资产没有及时入账，导致国有资产账账不符、账实不符、账卡不符。还有一些单位对经营性资产疏于管理，部分单位以前年度的房屋出租未进入公共资源交易平台拍租，未在财政部门登记备案。

2. 部分地区国有资产配置不合理

有的单位办公用房闲置，有的单位却租用办公场所，造成财政资金的浪费。其中一个重要原因就是，一些部门的年度预算较少考虑已有资产情况，部分市县尚未建立新增资产预算与存量资产挂钩机制。一些设区市和多数县没有建立"公务仓"，国有资产共享共用及调剂机制尚不健全，对闲置资产缺乏有效调度手段。截至2020年底，某设区市存有闲置固定资产2.1亿元，占账面固定资产总额的0.53%。

3. 公共基础设施资产管理困难较大

不少地方的公共基础设施等行政事业性资产体量庞大，且分散在政府各个部门，一些资产历经时间久远，会计资料缺失，入账价值难以确认；一些资产经维修维护后，未及时进行账务处理，造成资产不实；还有些政府投资项目未及时进行竣工财务决算，导致产权登记主体、会计核算主体、管理主体长期分离，财政部门难以对其进行有效监管。

七、财政信息统筹方面

1. 预算一体化全业务流程有待优化

部分市县的财政核心业务与非核心业务系统间的数据链条没有完全贯通，预算编制、执行系统与其他业务系统的衔接还没有形成完整闭环。受数据标准不一致、接口不规范等影响，综合治税信息平台、国有资产管理信息平台等系统数据独立于一体化系统之外，形成"信息孤岛"。还有些地区的税收收入、非税收入、国有资本经营收入、政府采购等系统与预算指标管理系统未能全部联通，数据无法自动生成。

2. 预算一体化操作管理规范有待完善

部分市县反映，预算单位支付资金并没有完全按照系统预制规则执行，预算执行动态监控预警作用没有充分发挥。而且，系统不能查询下级预算编制、预算执行、转移支付等信息，无法动态掌握下级数据。还有部分市县反映，对一体化平台的数据结构和接口信息了解较少，降低了数据信息利用率。

3. 预算一体化与数字财政建设仍有较大差距

虽然河北省的财政信息化系统建设位居全国前列，但尚未打破部门间的"数据烟囱"，没有形成覆盖财政历史数据和部门经济信息的"大数据平台"，本质上还是一个"业务流程软件"，而非"辅助决策系统"，亟待进一步创新体制机制，全面建设"数字财政"，以信息化驱动财政治理的现代化。

第四节　财政资源统筹目标、原则与理论框架

加强财政资源统筹，既是一项意义重大的制度创新，也是一个长期艰巨的系统工程，它将传统的财政资金资产提升为系统的"财政资源"，并提出"强化统筹"这一新时代要求，必须明确其方向和原则。

一、主要目标

1. 增强财政调控能力

加强财政资金、资产、资源统筹，有利于完善收入体系、调整支出结构、防止资金沉淀、优化资产配置，从而进一步壮大财政实力，增加财政政策资金的有效供给，增强财政调控能力。

2. 提升政府治理效能

统筹财政资源，本身就是深化财税改革、提升财政治理能力的重要组成部分，也有利于进一步增强政府的资源动员和统筹能力，推进经济、社会和行政体制改革，提升国家治理效能和国家治理现代化水平。

3. 打造现代服务型政府

统筹财政资源，为各级政府进一步转变自身职能、理清政府与市场关系提供了重要保障，也为充分发挥宏观调控职能、推动有效市场和有为政府更好结合提供了有效路径，这些都有利于打造新发展阶段下的现代服务型政府。

二、基本原则

1. 有限政府原则

统筹财政资源，应处理好政府与市场及社会的关系，最大限度减少对市场资源的直接配置和对微观经济活动的直接干预，对市场能够有效配置资源的领域原则上不再直接投入，确需保留的应调整安排方向、改进资金使用方式。

2. 全面有序原则

统筹财政资源，应从国家治理的高度，全面拓展对财政宏观调控职能的认识，将各类财政性资金、资产、资源纳入调控可及范围，放大财政调控范围和强度，当然也应明确资源统筹的步骤和时序。

3. 改革创新原则

统筹财政资源，既要善于总结和推广已有的成功经验与做法，用改革的方法和创新的思路推进财政资金统筹使用；又要通过加强财政资源统筹，推进政府创新体制机制、深入简政放权，进一步转变政府职能。

4. 依法依规原则

统筹财政资源，既要严格按照预算法及有关规定，有序推进财政资金资产的统筹使用；又要对地方先行先试予以必要授权，鼓励其积极探索专项资金统筹整合、国有资源资本化运营等新做法。

三、框架体系

为更好发挥财政在国家治理中的基础和重要支柱作用，探索构建财政资源统筹的系统性框架，包括流量形式的财政资金统筹、存量形式的国有资产统筹、空间视角的财政政策统筹、时间视角的跨周期统筹等四个方面，同时做好技术和人员两大保障，实现"做大蛋糕、分好蛋糕、政策一致、周期协调"（见表 8 - 1）。

表 8 – 1　　　　　　　　　　　财政资源统筹的系统性框架设计

分类	目标	领域	主要内容
资金统筹 （流量）	集中各项财力 做大财政蛋糕	财政收入统筹	加强四本预算收入衔接 推进税费利债收入协调 统筹自有收入与上级补助
		财政支出统筹	政府资金统一预算 部门资金优化结构 专项资金统筹整合
资产统筹 （存量）	优化配置管理 提升使用效益	资产管理统筹	行政事业单位资产共享 国有企业资产配置优化 金融企业资产完善管理 自然资源资产健全收益
		资产使用统筹	实物资产数字化管理 无形资产资本化运营 政府数据资产化配置
政策统筹 （空间）	加强协调联动 发挥政策合力	各级政策统筹	上下级财税政策相一致 政府间财税体制相协调
		本级政策统筹	财政收支政策相配合 税收与非税政策相协调 传统与新型支出方式相结合
		相关政策统筹	财税与金融政策协调 财税与产业政策协调 财税与土地政策协调
周期统筹 （时间）	注重长期绩效 防范财政风险	跨年度预算平衡	预算编制考虑跨年度平衡 收入预算弱化规模考核 支出预算加强政策审查
		长短期目标贯通	加强中期财政规划管理 加强各类规划间衔接 加强部门间协调配合
		全周期支出管理	关注单项支出全生命周期成本 健全专项债项目收支平衡机制 防范 PPP 项目中长期支出风险
技术保障	信息化 科学化	数字财政	启动金税四期 预算管理一体化 打造数字财政体系
人员保障	专业化 系统化	财政人才库	加快人才队伍建设 强化人才引进培养 健全激励约束机制

1. 资金统筹（流量形式）

资金是财政资源最直观的表现形式。统筹财政资源，首先应加强作为流量形式的财政资金统筹，进一步集中各项财力，做大财政"蛋糕"。

（1）财政收入统筹。财政收入是财政资金的主要来源，按照预算方式分为四本预算收入，按照收入属性分为税费利债收入，按照来源级次分为本级与上级补助收入。一是加强四本预算收入衔接。以一般公共预算为枢纽，加强四本预算之间的有效衔接，同时防范不同预算间的风险转移，如防范专项债务风险从政府性基金转移到一般公共预算，关注社保基金缺口对一般公共预算的影响。二是推进税费利债收入协调。坚持以税收为主体，行政事业性收费、国有资本经营收入等非税收入为补充，债务收入为重要保障的财政收入体系。进一步理顺税费关系，清理、整合和规范政府性基金和专项收入，依法将具有税收性质的非税收入改为税收。进一步扩大国有资本经营预算覆盖范围，明确国有控股、参股公司国有股收益上缴财政的比例。进一步明确以税收为主的一般公共预算收入为一般债券偿还来源，特定项目的政府性基金或专项收入为专项债券偿还来源。三是统筹自有收入与上级补助。地方各级政府编制预算，应将上级税收返还、下级上解收入、列入基数和提前通知的上级转移支付，与本级收入一并列入收入预算，统筹安排本级支出和对下转移支付，增强预算编制的完整性。

（2）财政支出统筹。财政支出体现了财政资金的用途方向，按照使用主体分为政府资金、部门资金和专项资金。一是政府资金统一预算。加强公共资源综合管理，将政府的全部收支都纳入预算，执行统一的预算管理制度。推进统一预算分配权，加强基建、科技等切块管理资金与其他财政资金的统筹协调，避免重复安排和投向固化，进一步清理、规范重点支出同财政收支或生产总值挂钩事项，逐步取消一般公共预算中的以收定支、专款专用规定。二是部门资金优化结构。贯彻零基预算理念，从部门预算编制源头压减一般性支出和非重点、非刚性、非急需支出，兜住"三保"底线，控制竞争性领域财政投入，建立节约型财政保障机制。同时，加大部门存量资金与新增预算、结转资金与年度预算、部门资金与预算拨款的统筹力度。三是专项资金统筹整合。完善涉农资金统筹整合长效机制，同时参照涉农资金"大专项＋任务清单"模式，纵深推进科技、医疗卫生、节能环保等专项资金实质性整合，防止条块分割、"撒胡椒面"，稀释资金使用效果。中央对地方予以必要授权或修改相关管理办法，支持地方政府在推进财政资金统筹使用方面先行先试，推进部门内部资金的统筹使用和跨部门资金的清理整合。

2. 资产统筹（存量形式）

资产是资金的固化形态，是财政资源的存量形式。统筹财政资源，应加强各类国有资产统筹，进一步优化配置管理、提升使用效益。

（1）资产管理统筹。从资产管理的角度看，国有资产主要分布在行政事业性单位、国有企业、金融企业和自然资源等四个方面。一是加强行政事业单位资产共享共用。健全新增资产预算与存量资产挂钩机制，将长期闲置、低效运转或超标准配置的资产，在部门内部或部门间进行调剂使用，促进行政事业单位资产的共享共用和全面统筹。二是推进国有企业资产配置优化。加强企业国有资产产权交易的监督管理，促进国有资产的合理流动和优化配置，进一步调整国有经济布局与结构，完善国有资产保值增值体系。三是完善金融企业资产管理体系。夯实以管资本为主的国有金融资产管理体系，建立集信息报送、资源共享、数据校验等功能于一体的金融企业国有资产信息平台，统筹规划国有金融资本战略布局。四是健全自然资源资产收益管理。开展全民所有自然资源资产清查，探索建立自然资源资产核算标准体系，推进自然资源资产所有权委托代理机制试点，深化有偿使用制度改革，形成统一完善的自然资源处置配置规则和资产收益管理制度。此外，打通国有企业、金融企业和行政事业性国有资产及经管资产的统计管理系统，衔接自然资源资产业务数据，建立全口径的国有资产综合信息数据库，为强化资产综合管理、挖掘资产数据价值奠定基础。

（2）资产使用统筹。从资产使用的角度看，国有资产主要分为实物资产、无形资产、数据资产（特殊无形资产）等三类状态。一是实物资产数字化管理。摸清实物资产底数，进一步推进国有资产数字化管理，实现国有资产动态化、条码化和全生命周期管理①。二是无形资产资本化运营。开发政府无形资产，特别是城市无形资产的市场化价值，将政府投资建设的道路、桥梁、公园、广场等公益设施的广告权、冠名权、经营权等，以及城市交通、出租车、街道保洁等行业特许经营权，实行公开招标拍卖、有偿有期转让，推动由一次性出让收入向长期经营性收益转变，以实现政府投资的最小化和社会收益的最大化。三是政府数据资产化配置。面对以指数级规模扩大的政府海量数据，应将其作为一种全新的资产形态，以资产管理的标准和要求加强相关制度及应用，通过合理配置和有效利用，最大限度挖掘数据资产的社会经济效益，保障和促进各项事业发展。

3. 政策统筹（空间视角）

财政政策不仅决定了财政资金和资产的规模状况，本身也是财政资源的重要组成。统筹财政资源，应加强空间视角上的财税等相关政策统筹，进一步加强协

---

① 石家庄 2021 年政府工作报告提出，对广场、桥梁、建筑等设施的"冠名权"，公园、道路、绿地的"经营权"，城市可利用空间的"使用权"，沿街建筑外立面、公共设施的"广告权"，创新实施公共资源拍卖办法，实现城市资产收益最大化。

调联动、发挥政策合力。

（1）各级财政政策统筹。一方面，上下级财税政策相一致。各级地方政府应加强对中央财税政策的贯彻落实力度，不能重布置轻落实，或者选择性落实、象征性执行，更不能违规自行设立新的税收优惠或变相税收优惠政策。同时，除有关法律规定外，上级政府及其部门不得要求下级配套或以达标评比、考核评价等名目变相配套。上级政府制定出台涉及下级政府利益的财税政策时，应充分征求下级政府及相关部门的意见。另一方面，政府间财税体制相协调。研究出台政府间财政关系法，建立权责清晰、财力协调、区域均衡的中央和地方财政关系，适当加强中央在养老保险、知识产权保护、跨区域生态环境保护等方面的事权和支出责任，减少并规范中央和地方共同事权，合理调整政府间收入划分体制。进一步完善财政转移支付制度，优化一般性转移支付分配机制，规范共同财政事权转移支付管理，全面评估现行专项转移支付效果，形成稳定的各级政府事权、支出责任和财力相适应的制度。

（2）本级财政政策统筹。一是财政收支政策相配合。加强税收优惠、专项资金、股权投资、政府采购等财税政策的统筹运用。例如，加强竞争性领域专项资金与税收优惠政策的协调，通过税收优惠政策可以取得类似或更好效果的，应尽量采用税收优惠政策，相应取消竞争性领域专项资金。对保留的具有一定外部性的竞争性领域专项资金，逐步改变行政性分配方式，主要采取基金管理等市场化运作模式，发挥撬动社会资本的杠杆作用。二是税收与非税政策相协调。税收收入和非税收入分别用于供给社会一般公共产品和特定公共产品，且税收政策更具法定、规范和稳定性，非税政策更具灵活、针对和多样性，应充分发挥两者优势，加强相互协调，如减轻中小企业成本负担就需要同时采用减税和降费政策，加大环境治理也需要环保税、资源税等税收政策，与生态环境损害赔偿金及相关罚没的协调配合。三是传统支出方式与新型工具相结合。直接投入、奖补贴息、政府采购等传统支出方式具有投向直接、速度较快的优势，但也容易对市场配置资源形成干扰，且财政负担较大。应加强这些传统手段与 PPP、政府投资基金、政府购买服务等新型支出方式的统筹结合，分析不同支出工具的优劣特征和适用范围，通过财政工具的优化组合和统筹运用，最大程度上实现政策效果（见表 8 - 2）。

表 8 - 2　　　　　　主要财政支出手段及适用范围（财政支出工具箱）

适用范围	支出工具	主要内容
非公共或产业发展事业	财政贴息	发挥鼓励和引导职能，提升贷款的杠杆效应，但作用范围较窄、力度较弱
	财政后补助	主要适用于政府支持的科技开发、科技服务等项目，有助于提升实际绩效水平

续表

适用范围	支出工具	主要内容
非公共或产业发展事业	税式支出	优惠政策针对性强，调节对象经济行为，但有违市场公平原则，且加大征管难度
	政府引导基金	吸引社会资本投资先进制造和战略性新兴产业，推动产业结构转型升级
	实物券（创新券、上云券）	引导效应和指向作用明显，不干扰市场运行，避免寻租行为，但适用范围较窄
	财政金融合力	完善政府性融资担保体系，推进"政银保"模式，充分发挥融资平台市场作用
无收益的公共事业	财政补贴	直接带动公共品生产，改变资源配置，但财政负担较大，可能出现挤出效应
	政府购买服务	用于属于政府职责且适合以市场化方式提供的服务事项，不能为货物和工程
	一般债券	对没有收益的公益性项目建设进行债券融资，以一般公共预算收入偿还
	融资租赁—政府采购	公共服务、基础设施建设、设备购置等相关领域的纯公益项目，政府采购预算解决
有一定收益的公共事业	专项债券	对有一定收益的公益性项目进行债券融资，以对应的政府性基金或专项收入偿还
	PPP	适用于具备公共属性和适宜市场化提供的基础设施及公共服务类项目
	融资租赁—部分政府采购	适用于具有一定现金流的项目，用项目收益支付部分融资租赁业务费用

（3）相关经济政策统筹。财税政策只是政府宏观调控的一种手段，为充分发挥财税政策的实施效果，必须加强财税政策与金融、产业、土地、价格等其他政策的协调配合。一是加强财政与金融政策协调。做好财政政策与货币政策的松紧搭配，发挥货币政策调总量和财政政策调结构的特征，并在国债、财政投融资等两者结合领域更好的推进政策协调。发挥财政金融联动效应，完善政府性融资担保体系，结合财政贴息与专项再贷款降低企业融资成本，探索专项债合理补充中小银行资本金的新途径。二是加强财政与产业政策协调。发挥产业政策的导向作用和财政政策的支撑作用，通过税收优惠、专项资金、股权投资、政府采购等财税政策，扶持先进制造业、现代服务业及中小企业发展，推动产业转型升级和优化布局。三是加强财政与土地政策协调。统筹财税优惠和土地政策，增强园区产业集中度，提升亩均效益，同时完善房产税、城镇土地使用税、耕地占用税等税

收政策，进一步提升土地资源使用效益。

4. 周期统筹（时间视角）

统筹财政资源，不仅应对当期的各类资金资产进行统筹，也要着眼长远，注重跨年度统筹，进一步注重长期绩效，防范财政风险。

（1）长短期目标贯通。促进短期目标与长期目标相衔接，年度任务与中长期愿景相融合。一是加强中期财政规划管理。根据经济运行情况、宏观调控方向，科学预测未来3年财政收入情况，全面梳理分析重大改革和支出政策，统筹编制本级3年滚动财政规划，从更长周期、更广范围谋划政策和安排预算。二是加强各类规划间衔接。中期财政规划要与国民经济和社会发展五年规划及相关专项规划、区域规划相衔接，强化三年滚动预算对年度预算编制的约束，未纳入中期财政规划的增支政策和项目，原则上不得列入年度预算。三是加强部门间协调配合。各地区出台涉及增加财政支出的重大政策或实施重大政府投资项目前，应进行财政承受能力评估，未通过评估的不得安排预算。特别是涉及财政政策和资金的中长期支出事项（如提升公共服务保障标准），必须将全生命周期内对财政支出的影响纳入中期财政规划，实现中长期支出事项的"显性化"。

（2）跨年度预算平衡。根据经济形势变化和财政政策逆周期调节的需要，改进现行的单一年度预算平衡机制，在预算编制、执行等环节，建立跨年度预算平衡机制。一是预算编制考虑跨年度平衡。财政收支预算因政策需要可编列赤字，但应在政策推出后分年弥补。预算执行中如出现超收，超收收入当年原则上不安排支出，用于化减债务或者补充预算稳定调节基金；如出现短收，通过调入预算稳定调节基金或其他预算资金、减少支出等方式实现平衡。二是弱化对收入预算的考核。收入预算从约束性转向预期性，促进财政收入依法征管，严禁采取虚收、空转等方式违规增加财政收入。三是加强支出政策和预算全口径审查。硬化支出预算约束，人大对支出预算和政策开展全口径审查和全过程监管，进一步提高财政资金使用绩效和政策实施效果。

（3）全周期支出管理。一是实施项目全生命周期管理。将项目作为预算管理的基本单元，预算支出全部以项目形式纳入预算项目库，关注单项预算支出的全生命周期成本，包括对目前和未来年度的财政支出影响。二是健全专项债项目周期平衡机制。地方政府举借债务应当严格落实偿债资金来源，合理制订偿债计划，科学评估偿债收入，并在中期财政规划中如实反映，专项债券必须用于有一定收益的公益性建设项目，建立健全专项债券项目的全生命周期收支平衡机制，实现融资规模与项目收益相平衡。三是规范PPP项目中长期支出事项管理。完善PPP项目财政承受能力论证，防范PPP项目的政府中长期支出责任演变成隐性债务，对 PPP 合同中涉及的政府支付义务，财政部门应结合中长期财政规划统筹考虑，纳入同级政府预算，按照预算管理相关规定执行。

5. 技术保障（数字财政）

统筹财政资源，离不开信息技术的保障，必须建设数字财政体系，加强对财政收支等资源的全方位动态监管，以信息化提升财政管理的科学化水平。一是启动金税四期工程。以发票全领域、全环节、全要素电子化改革为突破口，加快实施金税四期工程，深入推进内外部涉税数据汇聚联通和线上线下数据有机贯通，实现税费全业务、全流程、全数据的"云化"打通。二是推进预算管理一体化。加快推进地方预算管理一体化系统建设，逐步纳入非税收入、政府采购、预算绩效、资产管理、债务管理等专项业务，动态反映各级预算安排和执行情况。三是打造数字财政体系。在深入推进财税信息化的基础上，将大数据、云计算、区块链等技术和财政业务进行深度融合，构建能够完整反映财政资源状况和有效推进财政资源统筹的数字财政体系，大幅提升财政治理能力。

6. 人员保障（财政人才）

统筹财政资源，离不开人这一关键要素，必须加强财政人才库建设，优化干部队伍，提升素质能力。一是加强人才队伍建设。以高素质专业化为导向，分级建立涵盖宏观研究、预算管理、资产管理等不同领域的人才库，并加强与其他新型智库人才的对接，建设一支数量充足、结构合理、素质优良、专业突出的财政人才队伍。二是抓实人才引进培养。整合财政系统及相关部门的教育培训资源，加强各层次优秀人才的交流培养，完善教育培训和实践锻炼相结合的人才培养体系。三是健全激励约束机制。坚持多渠道、多维度评价人才，分类建立人才绩效评价体系，强化评价结果分析运用，将其作为人才培养使用和激励约束的重要依据。建立人才"成长档案"，强化人才监督管理，对人才库的组成类别、人员规模、在库人才等实施动态管理，发挥各类人才推动财政资源统筹的积极作用。

第五节　加强河北省财政资源统筹的对策建议

一、加强财政收入统筹，持续壮大财政综合实力

一是建立政府性资源统筹清单制度。树立公共资源综合管理的理念，将依托行政权力、政府信用、国有资源（资产）等获取的各项收入，都列入政府性资源清单进行统筹管理。完善政府性收费基金清单管理，加强行政事业性收费和政府

性基金目录清单"一张网"动态管理，将列入清单的收费基金按规定纳入预算。进一步梳理政府性基金项目，将符合条件的政府性基金项目按要求转列一般公共预算。二是出台单位非预算拨款收入管理办法。加强包括医疗机构在内的部门所有收入统筹，依法依规将取得的各类预算拨款收入、预算拨款结转和其他收入全部纳入预算，准确反映各项收入来源及构成。重点是加强部门所属单位的事业收入、经营收入等非财政拨款收入管理，通过完善相关管理制度，使部门和单位在预算中如实反映非财政拨款收入情况，部门和单位的账户信息、存量资产信息、所办企业收入等也应在相关报表中反映。三是明确国有资产处置收入的管理要求。制定完善行政事业性资产处置交易规则，明确资产处置收入有关要求，包括资产处置收入在部门预算中反映的具体要求、资产处置收入入库的管理要求等，其中行政单位国有资产处置收入、出租出借收入，按规定及时足额上缴国库，事业单位国有资产处置收入、对外投资收益和出租出借收入，按规定及时足额上缴国库或纳入单位预算统一核算、统一管理。

二、加强财政支出统筹，不断提高资金使用效益

一是调整一般预算中的专款专用规定。建议中央适时修订专收专支项目的预算管理办法，进一步调整教育费附加、残疾人就业保障金等管理规定，督导市县全面落实取消城建税专款专用的要求，彻底清理支出挂钩事项。二是完善集中力量办大事的预算安排机制。进一步加强预算编制管理，将落实中央和省委省政府重大决策部署作为省级预算安排的首要任务，切实保障重大战略任务所需财力。加强省级对市县的预算指导，探索建立省与市县重大改革、重点项目预算编制的事前审核机制，形成全省各级预算保障重大部署任务落地的合力。三是进一步健全中期财政规划管理。加强对未来 3 年财政收支形势的预测分析，统筹安排重大改革、重要政策和重大项目，加强 3 年滚动预算对年度预算的指导和约束作用。四是建立涉农资金整合长效机制。根据中央乡村振兴和涉农资金统筹的相关要求①，打造涉农资金统筹整合平台，进一步调整统筹整合政策，优化任务清单设置。围绕中心办大事，将省委省政府确定的"三农"领域重大事项纳入约束性任务，实现一个大专项资金配套一个任务清单、一个资金管理办法、一套财政政策和一个绩效评价办法，实施任务清单一体化管理。在做好宏观指导的基础上，统筹考虑投

---

① 中央《关于实现巩固拓展脱贫攻坚成果同乡村振兴有效衔接的意见》明确，过渡期前 3 年脱贫县继续实行涉农资金统筹整合试点政策，此后调整至国家乡村振兴重点帮扶县实施，其他地区探索建立涉农资金整合长效机制。

资主体、项目性质等因素，将符合条件的涉农项目审批权限下放，赋予市县相机施策和统筹资金的自主权。根据乡村振兴实际需要，打破分项计提、分散使用的管理方式，整合使用土地出让收入中用于农业农村的资金，加强其与一般预算支农投入之间的统筹衔接。五是探索其他专项资金统筹整合。全面梳理各级各领域关于财政支出硬性增长的考核要求，修改相应的专项资金管理办法，进一步打破部门利益格局，市县可在不改变资金类级科目的基础上，结合本级资金安排情况，整合使用专项资金。

三、加强四本预算统筹，形成有机衔接预算体系

一是完善四本预算调剂和预算编制规则。充分发挥一般公共预算在预算体系中的枢纽地位，进一步完善一般公共预算、政府性基金预算、国有资本经营预算间的资金调剂原则，规范相应的预算编制机制，形成既相互独立又有机衔接的管理体系。二是强化政府性基金与一般公共预算的协调。将政府性基金预算中与一般公共预算具有相同功能的重叠科目进行整合，政府性基金预算安排支出的项目，一般公共预算不再安排或减少安排，与一般公共预算投向类似的应整合使用，并制定统一的资金管理办法和分配方式。三是加大国有资本经营预算向一般公共预算调入力度。将金融性国有企业、行政事业下属的经营性国有资产纳入国有资本经营预算，合理确定国有资本收益上缴比例及国有资本经营预算调入一般公共预算的比例。针对一些股权多元化企业长期不分红、不上缴收益的现象，探索完善相关管理制度，强化国有股东投资回报，提高国有经济对公共财政的贡献度。此外，国有资本经营预算除调出部分外，主要用于解决国有企业历史遗留问题及相关改革成本支出、对国有企业的资本金注入、国有企业政策性补贴等方面，一般公共预算应逐步退出这些方面的安排。四是合理确定财政对社保基金的补助责任。进一步完善社会保险制度，加大扩面征缴力度，优化多元筹资机制，健全多缴多得、长缴多得的养老保险激励机制，完善城镇职工及机关事业单位基本养老金合理调整制度，积极稳妥开展基本养老保险基金投资运营，进一步提升各项保险统筹层次，加强基金监管，实施绩效管理，合理确定财政对社会保险基金的补助责任。

四、加强存量资金统筹，减少财政资金闲置浪费

一是调整政府性基金和国有资本经营预算结转资金调入比例。进一步提升符

合规定的政府性基金预算结转资金调入一般预算的比例，明确国有资本经营预算结转收入可按一定比例调入一般公共预算统筹使用。二是完善部门存量资金管理的相关规范。切合各地账务处理实际，调整不符合存量资金统筹的专项资金管理政策。重点是完善非财政拨款结转结余资金的盘活机制，明确行政单位、参公管理事业单位的非财政拨款结转结余资金统筹用于保障下年度预算支出需求。同时，加强收回资金的后续支出管理工作，确保依法依规用好存量资金，将沉淀资金真正做到统筹使用，而不是在资金回收后又通过拨款返回沉淀单位。三是建立实有账户资金清理长效机制。进一步强化主管部门对行政事业单位资金管理的主体责任，对省直单位实有账户中沉淀闲置资金、低效无效资金实行常态化检查清理，除个别事项继续支出外，将沉淀资金统筹用于亟须领域。四是完善存量资金规模与预算安排挂钩机制。对上年结转资金规模较大的部门、地区和项目，应核减或取消下年预算安排。对常年出现结余的项目，建立惩罚性压减机制。完善部门预算管理考核办法，将部门项目结转率作为重要权重指标纳入考核，引导部门合理安排支出计划，切实减少结转结余资金规模。

五、加强国有资产统筹，推进有效管理共享共用

一是实现国有资产数字化管理。摸清全省行政事业单位国有资产底数，将国有资产信息管理系统纳入预算一体化（2.0）系统，动态反映国有资产变化状况。同时，进一步加强国有企业资产管理，开展国有金融资本产权登记专项行动，全面摸清家底，实现国有金融资本产权应登尽登。二是推进国有资产共享共用。以全省400多家高校、科研院所的大型仪器和科研设施为突破口，采用有偿转让、公开拍卖、出租出借、调剂使用等方式，盘活存量资产，推动共用共享。同时，完善公物仓信息管理系统，探索成立"虚拟公物仓"办公用房调配平台，从根本上解决一些单位出租用房、一些单位租房办公的现象。三是补足公共基础设施管理短板。针对一些地方存在的多头管理、账务不清的公共基础设施资产，逐步建立公共基础设施立项、投资、建设、管理、维护运行全过程的成本核算、计量、资产分类和产权界定等一系列标准体系，将公共基础设施资产核实入账列入常态化管理。

六、加强财政信息统筹，提升数字财政治理水平

一是推广完善财政资金直达机制。完善转移支付监控体系，动态反映预算资

源的分配、拨付和使用情况，集中反映单位会计核算、资产管理、账户资金等预算信息，实现从预算安排源头到资金使用末端的全覆盖、全链条监控。二是整合各地信息系统。以财政部统一的业务规范、技术标准、数据资源库为基础，以补齐和贯通业务链条为主要手段，将目前各地自行开发的财政业务系统进行分类梳理，对预算管理一体化系统能够实现的业务逐步转入一体化系统，暂时不能实现的通过接入平台实现"插座式"集成，推动实现各级财政部门、各级预算单位间的信息实时共享、数据自动流转、业务协同办理、流程有效衔接。三是打造符合河北省情的"数字财政"框架。在全面推进预算一体化系统建设的基础上，借鉴河南、广东、浙江等地经验，积极推动财政与组织、人力资源社会保障、税务、人民银行、审计、公安、市场监管等部门信息互联共享，畅通互联网络，创新共享方式，进一步打破各部门"数据烟囱"，实现财政大数据横纵向连接、传输和整合，形成覆盖财政历史数据和其他经济信息的"财经大数据平台"，进一步提升财政资源的配置效益和财政资金的使用效益。

第九章

高质量防控河北省财政运行风险

近年来，河北省财政实力不断壮大、收支结构逐步优化、"三保"保障落实到位、债务风险整体可控，全省各级财政运行平稳有序，有力推动了经济社会的高质量发展，但也存在财政收入增长动力不足、财政支出有效保障不够、个别市县债务风险较高、其他领域可能向财政转移风险等问题，需要充分发挥财政职能，运用财政体制、机制、政策和资金等手段，防控公共风险聚集，推动经济社会高质量发展。

第一节　河北省财政经济运行整体状况

一、财政整体规模逐步壮大，收支质量结构趋于好转

"十三五"以来（2016~2020年），河北省生产总值年均名义增速6.2%[①]，居全国第25位，总量排名从第11位滑落到第12位；人均GDP年均名义增速5.9%，居全国第29位，总量排名从第24位滑落到第26位。同期，河北省一般预算收入由2850亿元增长到3826亿元，年均增长7.6%，明显高于3.5%的全国财政收入（地方合计）平均增速和6.2%的全省生产总值年均增速，省际排名由第10位提升到第9位；河北省一般预算支出由6050亿元增长到9022亿元，年均增长10.5%，明显高于7.0%的全国财政支出平均增速，省际排名由第11位提升到第7位。2016~2019年，河北省地方税收收入占一般预算收入比重由70.0%提升到70.4%，

---

① 2018年前数据为根据第四次全国经济普查资料修订后数据。

2020年受疫情防控和减税影响，地方税收收入占比又下降到66%。同期，河北省民生支出规模持续增长，占财政支出比重一直在80%以上，2020年为82%，国家和省各项民生政策得到较好保障。

二、"三保"保障落实到位，县级财政运行总体平稳

"十三五"以来，河北省通过调整财政收支体制、完善财力性转移支付、强化激励约束机制、加强财政运行监控等一系列措施，全力保障县级"三保"需求。特别是建立了事前审核、事中监控、事后处置的县级"三保"制度体系和管理机制，对纳入县级基本财力保障机制范围的145个县区"三保"支出预算逐项审核，"一县一策"制订风险化解预案。同时，强化暂付款风险管控，制定市县基本民生保障标准备案制度，保障了县级财政平稳运行。在2020年疫情防控新形势下，各市县均大力压减一般性和非急需支出，"三保"支出保障程度均超过财政部标准，有力助推了夺取疫情防控和经济社会发展"双胜利"。其中，基本民生和工资事项都得到有效保障，大部分县市通过统筹公用经费，能够保障机关事业单位有效运转，个别县区虽受财力所限没有提高公用经费定额，但也能维持机关事业单位的低水平正常运转。

三、政府债务风险总体可控，隐性债务增量有效遏制

"十三五"以来，河北省严格防控地方政府债务风险，先后制定政府债务限额管理办法、政府性债务风险应急处置预案、防范化解政府隐性债务实施意见、隐性债务问责实施办法等50余项制度文件，构建了限额管理、风险预警、应急处置、追责问责的全流程"闭环"管理体系，连续三年超额完成隐性债务年度化解任务。2020年底，全省政府债务余额11016亿元，其中一般债务、专项债务分别为5595亿元、5421亿元，分别相当于债务限额的86.7%、90.5%，仍有一定的举债空间。2020年末，全省债务余额占GDP比重（负债率）为30.4%，虽略高于25.3%的全国平均水平，居各省第14位，但远低于60%的国际公认安全警戒线。各市县高度重视政府债务风险问题，都按要求建立了地方政府债务管理相关制度，分年度制定了隐性债务化解方案，未发现重大政府债务风险及隐性风险隐患。

四、社保管理制度不断完善，基金保障能力稳步提升

"十三五"以来，河北省不断深化养老保险制度改革，建立了企业职工基本养

老保险省市县基金筹集分担机制、促进养老保险增收的财政奖补机制、周转金动态保持机制和风险储备金制度，在全国率先建立了财政社保信息化系统，积极推进养老保险省级统筹，工伤保险、失业保险也基本实现全省统筹，增强了基金保障能力和风险防控能力。2020 年底，全省企业职工基本养老保险基金结余达到316.6 亿元，除 2020 年为应对疫情减免社保费外，其他年份基本实现了基金当期收支平衡，城乡居民养老保险、城镇职工医疗保险、城乡居民医疗保险、工伤保险、失业保险等基金结余也逐步增加。同时，多措并举拓宽基金筹资渠道。2016～2020 年，采取转存定期存款的方式对社会保险基金进行增值运作，实现利息收入10 余亿元。2019 年，与国家社保基金理事会签订委托投资合同，对城乡居民养老保险基金结余进行投资运作，委托投资合同金额 357 亿元。

第二节　河北省财政风险主要体现领域

现代社会是一个风险社会。作为治理公共风险的政策工具，财政是公共风险的最终承担者，或者说，是将分散的各类公共风险集中置换为财政风险，但财政干预是有限度的，不能超出财政的最大承受能力，否则就会带来政府治理危机。近年来，面对频发的经济社会各领域公共风险，财政部门通过减收、增支、加债等方式，有效防控了公共风险的爆发，但也导致财政自身风险的累积，主要体现在以下方面。

一、财政收入增长后劲不足的风险

财政收入源于经济基础。高度依赖矿产资源的重化型产业是河北省经济的主要支柱，但在未来双循环的新发展格局下，不利于推动财政收入的持续稳定增长，且易受政策及市场影响导致财政收入的起伏波动。

1. 全省财源以传统产业为主，高技术产业发展严重滞后

高技术产业代表了产业发展方向，是未来的财源主体，也成为近些年江浙等发达地区财政收入持续增长的主要动力，如仅数字经济税收就贡献了北京近三年税收增量的近 1/4。从河北省来看，主导产业依然是重化工业和传统服务业，高技术产业发展滞后。2019 年，全省采矿、钢铁、石化等资源型产业税收占全部税收收入的 25.1%，建筑、房地产税收收入占比为 22.7%，食品、纺织、住宿餐饮、批发零售等初级制造业和传统服务业税收收入占比为 29.2%，装备制造、医药制造、金融、信息技术服务等高技术产业税收收入占比为 23.0%。与全国平均水平相比，资源型产业税收占比高出近 8.8 个百分点，建筑房地产业高出 3 个百分点，高技术产业占比则低了 5 个百分点。与发达地区相比，高技术产业占比差距更加明显（见表 9 – 1）。2019 年中国数字经济发展指数显示，河北省数字经济发展指数低于全国平均值，电子信息产业的营业收入不到全国的 1%。从市县看，大部分地区税源基础薄弱，产业结构单一，除了建筑、房地产、农商行，及个别农业产业化企业外，多数未形成具有持续增收效应的主导产业和纳税大户。一些地区虽然形成了诸如清河羊绒、白沟箱包、辛集皮革、霸州家具、平乡自行车等特色产业群，但企业规模小、产业链条短、税收贡献能力弱。对全省一半县的统计显示，2019 年县域建筑房地产、资源型产业、商业运输业、金融业分别占全部税收收入的 25.6%、23.4%、9.3%、7.2%，先进制造业和现代服务业所占税收很低，在各市县均未成为主导产业。

表 9 – 1　　　　　　　2019 年河北省及全国分产业税收占比情况　　　　　　单位：%

区域	资源型产业	建筑房地产业	传统服务业	高技术产业
全国	16.3	19.7	36.0	28.0
河北省	25.1	22.7	29.2	23.0
发达地区	13.2	17.7	37.4	31.7

资料来源：《中国税务年鉴》，发达地区包括北京、天津、上海、山东、广东、江苏、浙江、福建等 8 省市。

2. 税收收入以资源型及房地产业为主，年度间波动剧烈

一方面，从资源型产业看，河北省是矿产资源大省，矿产资源储量居全国前 5 位的有铁矿、白云岩等 39 种，以矿产品开采、洗选、加工为主要形式的资源型产业成为许多地区的经济支柱和主要财源，甚至出现许多"一铁独大""一煤独大""一电独大""一油独大"县市，其中迁安、滦州、武安、任丘、内丘、沙河等县占比都超过了一半。受压减产能、环保政策等影响，大多数地区的资源型产业税收受到明显冲击，对地方财政收入的稳定性形成重大影响。一是从采矿业看，近年来，井陉传统的"一黑一白"两大支柱产业（煤炭、石灰钙镁）大部分被取缔关停，煤炭运销业也将全部退出，预计减少地方税收收入近 6000 万元。内丘的多数煤炭、焦化企业陆续关停，最大的建滔（河北）公司也于 2020 年将最后两座焦炉关停，行业税收下降近 80%。二是从钢铁业看，宽城财政收入主要来源于钢铁冶炼业，按照压减产能政策，两家主要钢铁企业于 2020 年被取缔，预计减收 5.6 亿元，其中地方税收 1.4 亿元，相当于 2019 年地方税收的 1/8。迁安 2019 年地方税收下降了 6.3 亿元，主要是因为钢铁行业减收 10.8 亿元。三是从建材业看，沙河玻璃行业已经关停多条生产线，导致建材等相关行业税收下降了一半以上，2019 年全市地方税收收入呈负增长。另一方面，从建筑房地产业看，河北省县多县小，除部分资源型区域外，其他市县的建筑、房地产业税收大都在本地税收收入格局中占有重要地位，其中高碑店、阜平、望都、康保、三河等县占比都超过 1/2。近年来，受土地资源、规划管控及调控政策等影响，房地产市场起伏较大，对财政收入造成明显冲击。固安经济发展一直与房地产运行紧密关联，60% 以上的税收收入均来自房地产业，自 2017 年房地产调控政策出台后，房地产市场持续低迷，2019 年房地产税收比 2016 年减少 8 亿多元。

3. 非税收入多依赖卖地卖资产行为，增长可持续性不强

近年来，由于税收收入增长缓慢，不少市县对非税收入（特别是一次性非税收入）的依赖程度越来越高。2019 年，河北省非税收入占一般预算收入比重为 29.6%，其中县域非税收入占比为 32.0%，有 14 个县非税收入占比超过 50%，最高的涞源为 75.8%。从非税收入结构看，2019 年，国有资产资源有偿使用收入（主要是出售耕地占补平衡指标和处置资产）和两项计提（教育资金和农田水利建设资金）合计 487.8 亿元，增收 106.1 亿元，贡献了全省非税收入总量的 44% 和非税收入增量的 69%。2020 年，国有资产资源有偿使用收入和两项计提合计 690.1 亿元，增收 206.2 亿元，贡献了全省一般预算非税收入总量的 53% 和非税收入增量的 108%。一是"卖土地"。近年来，太行山沿线部分县市的财政收入增长主要是靠耕地占补平衡收入支撑，2019 年保定某县的耕地占补平衡转让收入占一般预算收入比重高达 66.7%，邢台某县的近三年土地指标交易收入一直占非税收入的一半以上。二是"卖资产"。2019 年，承德某县处置国有资产收入 1 亿元，唐山某县处置轻工学院未批先建房屋建筑物收入 0.7 亿元。三是提"两金"。2019 年，沧州某县计提"两金"同比增长 64%，贡献了当年一般预算收入增收的 58.7%。四是不合规收入。为挖掘收入潜力，个别县将医院等事业单位经营性收入缴入一般预算、提前计提教育和农田水利资金、出售国有资产后租回或购买服务，带来极大的收入和管理风险。由于耕地占补平衡指标受国家政策和市场供求影响较大，县级可处置资产规模有限，计提的农田水利和教育资金由土地收益决定，这些一次性因素对财政收入的拉动作用是暂时的，一旦相关条件出现较大变动，财政收入将大幅下滑。

4. 政府性基金受土地市场形势影响，容易影响财力平衡

目前，调入资金已经成为部分县增加财力、平衡预算收支的重要手段。从全省看，2016 年调入政府性基金、预算稳定调节基金占全省财政总收入（包括本级收入、上级补助和各类调入资金）的 9.9%（市县级为 10.4%），2019 年提升到 13.2%（市县级为 13.9%）。2019 年，有下花园、沧县、双桥、安次等 24 个县区调入资金占财政总收入的比重超过 20%，有下花园、沧县、曲阳、平乡等 17 个县区调入资金规模都超过当年一般预算收入。其中，沧州某县调入资金 23.3 亿元，占财政总收入的 34.8%，相当于一般预算收入的 1.9 倍。保定某县 2020 年安排调入政府性基金 12 亿元，已超过 2019 年本地一般预算收入规模。调入政府性基金主要依靠土地拍卖收入，一旦土地市场不景气，不能实现年初计划，将直接影响年度收支平衡。廊坊某县 2018 年土地出让金锐减 90%，调出资金比 2017 年少了 2.6 亿元，导致当年可用财力下降 16.2%，直接影响财政盘子。保定、张家口的个别县 2019 年土地出让收入计划较高，但在预算执行中出现多宗土地流拍情况，导致土地出让收入远小于年初计划，不能调入一般公共预算，财力平衡出现较大困难。

二、财政支出难以有效保障的风险

近年来，河北省坚决贯彻落实中央"六稳""六保"等各项政策要求，切实做到"保基本民生、保工资、保运转"，但在财政收入中低速增长的新常态下，支出结构有待优化，面对不断增加的支出需求，有效保障的难度也越来越大。

1. 民生支出和行政管理支出占比较高，经济发展支出占比较低

一方面，民生支出规模占比较高，可能对经济发展支出形成一定的挤出效应。2016、2019 年，河北省民生支出占比分别为 80.5%、80.8%，分别高于全国平均水平 0.8 个、1.1 个百分点，2020 年河北省民生支出占比提升到 81.7%，差距进一步增加。这固然体现了支出结构的民生导向，但某种程度上也挤压了经济发展支出空间。从全国看，河北省民生支出占比一直高于发达地区，2019 年支出占比分别比广东、山东、上海、江苏、浙江、北京高出 3.2 个、2.9 个、2.8 个、2.5 个、2.5 个、0.7 个百分点，而且近年来这些发达地区的民生支出占比比较稳定，大多保持在 78% 左右。相应的，这些地区的金融、资源勘探信息（扶持制造业、建筑业及中小企业支出）等经济发展支出占比均明显高于河北省。另一方面，行政管理支出占比较高，压减行政成本难度较大。政府收支分类改革后，现有支出科目难以全面反映行政管理支出，通常用一般公共服务支出典型代表行政支出。2016～2019 年，河北省一般公共服务支出占一般预算支出比重从 9.1% 提升到 9.5%，同期全国平均趋势为由 8.5% 提升到 9.0%，河北省行政支出占比一直高于全国平均水平，在各省排位由第 13 位提升到第 12 位（见表 9-2）。2020 年，河北省严格落实中央过紧日子的要求，大力压减一般性支出，一般公共服务支出仅增长 0.3%，但与全国一般公共服务支出下降 1.1% 的状况相比，仍有一定差距，反映出由于历史、区划等因素影响，河北省持续削减行政成本的困难程度。从财政供养人员这一主要的"行政成本"项目看，2020年河北省财政供养人员①共 266 万人，居全国第 6 位，其中 90.6% 为市县供养人员，特别是市县在职人员数量居全国第 3 位，考虑到河北省县多县小的实际状况，进一步压减人员支出成本难度较大。

表 9 - 2　　　　　　　　　2019 年财政支出功能分类结构情况　　　　　　单位：%

区域	一般公共服务占比	民生支出占比	经济发展支出占比
河北	9.5	80.8	1.7
地方合计	9.0	79.7	2.6
北京	6.7	80.1	2.4
上海	4.5	78.0	9.6
江苏	9.6	78.3	2.6
浙江	10.0	78.3	2.4
山东	9.9	77.9	3.5
广东	10.7	77.6	1.4

资料来源：相关省份财政决算。

2. 可用财力和财政总收入对中央补助的依赖度较高，且呈整体提升趋势

一方面，在可用财力上，长期以来河北省地方财政收入尚不能满足可用财力的 2/3。2020 年，按照大、小口径可用财力分别计算，河北省地方财政收入仅能分别保障 49.1%、68%，其他都需要中央财政转移支付（见表 9 - 3）。与全国平均水平相比，河北省地方财政收入占可用财力比例相对较低，反映出对转移支付依赖程度较高。另一方面，在财政总收入上，河北省地方财政收入、上级补助占财政总收入（包括本级收入、上级补助、债务收入和调入资金等）的比重一直都在 1/3 左右，2020 年分别为 35.4%、37.6%，且本地收入占比相对平稳，中央补助占比整体提升；调入资金（包括调入政府性基金和预算稳定调节基金）和债务收入分别占 13.3%、10.7%，且调入资金占比提升明显，反映了地方一般预算对土地出让金的依赖度加大（见表 9 - 4）。

---

①　2020 年，河北省以总人口与财政供养人员数量占比计算的财政供养系数为 28，与 26.7 的全国平均水平相当，位居全国中游，但县市供养人员数量占比较大。

表9-3   2016~2020 年财政收入占可用财力比重情况

年份	河北（%）	全国（%）	排名（位）
2016	61.6	67.6	12
2017	62.7	67.9	12
2018	61.7	69.1	12
2019	72.0（小口径） 52.7（大口径）	74.3（小口径） 57.8（大口径）	11（小口径） 11（大口径）
2020	68.0（小口径） 49.1（大口径）	69.9（小口径） 54.4（大口径）	10（小口径） 11（大口径）

注：2019 年财政部调整了可用财力计算口径。其中，小口径财力在原来的一般性转移支付中剔除了共同事权转移支付，大口径财力在原来的一般性转移支付中增加了专项转移支付。

资料来源：财政部和河北省财政决算。

表9-4   2016~2020 年河北省财政总收入结构情况   单位：%

项目	2016 年	2017 年	2018 年	2019 年	2020 年
本地收入	35.3	39.3	37.1	38.3	35.4
中央补助	33.5	35.2	33.8	35.4	37.6
调入资金	9.9	13.1	13.4	13.2	13.3
债务收入	18.5	9.3	12.8	9.7	10.7
其他收入	2.7	3.0	2.9	3.4	3.1

资料来源：河北省财政决算。

3. 必保支出规模大，部分市县只能部分保障或留有预算缺口

近年来，河北省各类必保支出规模越来越大，占全部财政支出的比重越来越高。其中，除了财政部规定标准的"三保"事项外，还包括涉军支出、劳务派遣人员经费、财政对养老保险补助、公立医院改革、城乡垃圾一体化、"双代"县级配套等其他支出事项，给地方特别是一些县市财政运行带来较大压力。2019 年，仅县级"三保"支出就占到可用财力的2/3。对全省部分县的调研显示，包括"三保"在内的各类"必保"支出合计占到可用财力的3/4 左右。承德、沧州部分县的必保支出几乎占满全部财政支出，将这些支出安排后，基本没有剩余财力，重点建设只能完全依赖于土地基金和专项债。由于财力所限，一些地区只能将部分支出纳入年初预算，其他必保支出只能在实际执行中通过调入资金、盘活存量等途径安排。2019 年，某设区市本级仅能保障基本运转和基本民生支出，事业发展和环保"双代"配套、债券还本付息等主要依靠盘活存量资金。为解决执行中收不抵支的问题，部分县将未实现财力平衡的财政支出转列暂付款，掩盖了真实的财政收支缺口，给财政运行带来了隐患。2019 年，张家口某县计划调入土地出让收入 8.9 亿元，当年仅完成 0.9 亿元，除省级救助和调入稳调弥补外，其余 7.9 亿

元全部从财政支出转列暂付款。暂付款规模长期偏高，导致国库资金处于风险警戒水平，冲击了库款保障能力，极易产生"三保"支付风险。

4. 上级部门定任务现象依然存在，给地方财力带来额外负担

一些市县反映，上级部门自行出台增支项目或政策，给地方财力带来额外压力。其中，有的部门为顺利推进某项工作（如鼓励农业合作社创建、大学生返乡创业、农民工返乡创业），自行出台奖补政策，增加县级财政压力；有的部门对中央已取消与财政支出挂钩的项目（教育支出、农林水）仍然要求"只增不减"；有的部门制定任务，虽然不明确要求财政投入，却以此作为绩效考核标准，变相增加了资金投入要求，导致财政部门被动买单。秦皇岛某县反映，近年来上级部门对信访维稳等刚性支出和政策性考核项目不断增加，要求县级配套的资金额度逐年加大，2020 年需县级配套资金 119 项，总额 3.72 亿元，占全年可用财力的 28.4%。保定、邯郸的多个县市反映，上级下达的河道堤内村搬迁问题，时间紧、任务重，给地方财政带来极大压力，某县需 10.3 亿元，年初预算仅安排 6000 万元，支出缺口巨大。

三、部分市县政府债务突出的风险

近年来，河北省坚决贯彻落实中央"六稳""六保"等各项政策要求，切实做到"保基本民生、保工资、保运转"，但在财政收入中低速增长的新常态下，面对不断增加的支出需求，有效保障的难度越来越大。

1. 部分市县的政府债务负担重，加剧财政收支平衡压力

全省有个别设区市本级和一些县区为政府债务高风险地区，部分县区债务率超过 100%。2018 年，分别有 8 个、12 个县被财政部预警或提示，2019 年有 8 个县超过财政部规定的政府债务利息支出率警戒线，主要集中在张承部分县区。绝大部分市县举债融资意愿强烈，但主要依靠借新还旧偿还到期政府债券本金，缺乏稳定的偿债资金；还有部分市县举债规模远超自身偿债能力，扣除"三保"、政府债券还本付息等相关支出后，几乎没有用于经济社会发展的资金。随着 2021～2023 年政府债券的逐年到期，多个县市将陆续进入债券还本高峰期，进一步加剧财政平衡压力。邯郸某县 2021 年、2022 年需分别偿还本金利息 2.2 亿元、2.17 亿元，2023 年达到高峰期，需还本付息 5.31 亿元，连续几年的集中偿付给县级财力造成极大压力。

2. 部分市县的隐性债务风险高，难以完成年度化解任务

河北省的隐性债务风险主体集中在县区级，168 个县（市、区）隐性债务余额约占全省的 2/3，县级隐性债务风险水平明显高于省、市级。全省有十几个县市的财政收入不到 10 亿元，隐性债化解规模都超过 1 亿元，按时足额完成债务化解任务存在较大困难。例如，石家庄某县通过预算安排和申请再融资能够偿还 17.2 亿元的到期债务，但对 7.9 亿元的隐性债务难以化解。此外，根据审计部门反馈，个别地区依然存在违规新增政府隐性债务的问题。某县不规范运作 PPP 项目，项目建成后每年的支付责任平均 1 亿多元，最高峰达 2.46 亿元，可能对未来预算支出形成巨大的压力，存在潜在的违约风险。

四、其他领域可能向财政转移的风险

近年来，随着经济社会发展，社保、金融、生态等因素导致的公共风险逐渐增多，对财政这一公共风险的"减压阀""置换器"提出了更多要求，也增大了向财政领域转移的风险。

1. 一些地区养老金潜在支付风险越来越大，将给财政带来沉重负担

随着企业职工基本养老保险上划省级统筹，多数地区的职工养老金支付风险趋于缓解，但仍有一些潜在风险不容忽视。一是许多市县普遍存在"无编""不占编"的行政事业单位人员，这些人大都已超过 10 年工龄，在职时未缴纳职工养老保险，单位也未为其缴纳机关事业养老保险，一旦退休将面临巨额的保险金补缴问题，按照现行政策，每人 20 年补缴费就高达 50 万元左右，给未来市县财政带来巨大风险。二是"三保"外的政府购买服务人员越来越多，包括清洁工、村医及各类劳务派遣人员，即便按照城镇最低工资标准计算，也将缴纳巨大的社会保险费。三是部分市县的机关事业单位养老保险压力较大，随着改革全面推开，受人口老龄化、保险费率下调，以及在职人员与离退休人员比例结构等影响，一些市县的财政负担越来越重。邯郸某县 2020 年机关事业单位退休人员养老保险需求 2.3 亿元，全年征收养老金 1.2 亿元，需财政负担 1.1 亿元，相当于一般预算收入的 1/5。在这种情况下，进一步做实"事业年金"压力更大。石家庄某县 2020 年预算安排 9240 万元用于机关事业单位养老保险支出，仍有基金缺口 5510 万元，如考虑事业年金实账处理还需增支 4190 万元，两项共欠账 9700 万元，已超过一般预算收入的 10%。

2. 一些中小银行不良贷款率较高，存在金融风险向财政转移的可能

金融风险与财政风险有着密切关联。当损失类风险在金融行业内普遍累积达到破产临界点，或破产类风险引发连锁反应时，微观金融风险就会转化为宏观金融风险。为应对宏观金融风险，政府往往采取追加注资、成立资产管理公司、冲销呆账、债转股等途径，实质上就是以"政府兜底"（扩大财政风险）方式化解金融风险。当前，河北省金融市场运行总体平稳，但随着疫情在全球持续蔓延，"外防输入、内防扩散"压力加大，部分中小企业出现订单违约、出口受阻、客户流失、成本增加，可能导致现金流紧张或资金断裂、后续产生信贷违约甚至破产，这将冲击到主要服务中小民营企业的中小银行，进一步拉升本已较高的中小银行不良贷款率（2020年河北省中小银行不良贷款余额占全省余额的70.8%，不良贷款率高出全省平均水平1.2个百分点），就可能存在金融风险向财政风险的转化。

3. 一些难以预见公共风险有逐步发散趋势，或给财政带来额外支出

近年来，受自然、经济、社会领域和国际环境等多方面影响，我国发展呈现诸多的不确定性，众多因素导致的公共风险有逐渐发散的趋势，这将对财政政策、资金使用和财政化解公共风险的能力提出新的重大需求。例如，2020年新冠疫情给财政运行带来巨大压力，全年河北省共投入防疫资金72.6亿元、申请抗疫特别国债等相关资金62.6亿元。随着疫情在全球多国的持续蔓延，将对世界贸易、经济、政治产生诸多难以预料的影响，河北省经济社会发展面临的公共风险需要高度重视，作为化解公共风险的手段，财政风险还可能会持续增加，许多公共风险都可能需要财政兜底。此外，环境状况对未来河北省财政风险的影响也不容忽视。近年来，河北省空气质量状况一直处于全国后列，2020年人均水资源量不足全国平均水平的1/10，居第28位（仅高于京津沪和宁夏），资源环境承载能力已经接近上限，未来可能由此引发经济发展受限、社会冲突事件等，进一步加大财政承受风险。

第三节　防控河北省财政风险主要对策

目前，我们已经进入高风险时代，各种经济、社会、政治、自然灾害中的微观风险都趋于转化为公共风险，作为公共风险的置换者和最终承担者，财政承受的压力越来越大、转移给财政的风险也越来越高。为此，必须树立风险理念，既要重视眼前的财政风险，更要关注潜在的公共风险；既要贯彻中央和省委省政府决策部署，充分发挥财政职能，以财政风险化解各类公共风险，更要主动出击、积极防范，减少被动式化解，运用财政体制、机制、政策和资金等手段，推动经济社会高质量稳定发展，防控公共风险的聚集、转移。

一、加强财源建设，推动财政收入稳定持续增长

1. 提升产业链供应链竞争力

产业是经济发展和财政收入的基础，是实现转型升级和高质量发展的载体。

在对全省产业链供应链进行全面梳理的基础上，着眼主要行业链条中的短板和弱项，逐类解析、分别施策，统筹整合各种财政政策，推进产业基础高级化、产业链现代化，打造河北省高质量财源。一方面，要"多引水"。积极争取国家工业强基、集成电路产业投资和制造业转型升级等专项资金和扶持政策，增加河北省政府债务限额，壮大河北省产业发展投资引导基金，积极引导撬动金融和社会资本投入产业发展。另一方面，要"擅用水"。适当调整财政资金投向及方式，整合省级信息化建设、战略性新兴产业、工业转型升级等专项资金，优化省级产业发展、技术改造资金和专项债券支持方向，完善政府引导基金考评方式，推动产业转型升级。新兴产业重点是"建链"，按照有基础、有条件、发展有市场、符合产业发展趋势的原则，集中支持大数据、物联网、新能源、高端装备制造、信息技术制造等领域重点项目，通过培育壮大"龙头企业"，逐步构建产业链条。传统产业重点是"延链"，在化解过剩产能的同时，深入实施工业转型升级、产业链集群化发展等三年行动计划，逐步向上下游延伸、拓展产业链，形成相对完整的产业链条，全面提升传统产业的附加值和竞争力。

2. 推动县域经济高质量发展

进一步完善支持县域经济发展相关政策，提高政策的针对性、精准性和有效性，更好地发挥财政政策的激励引导作用。一方面，用好激励。继续落实并修订完善财政支持县域经济发展十条政策，促进县域产业高质量发展。一是在税收增长激励方面，既激励质量较低的县提升质量，关注增速增量；也鼓励质量相对高的县继续保持，适当考虑财政收入总量、税收收入占比等既有指标。二是在科技创新激励方面，对县级使用自有财力支持科技创新类项目和高新技术企业发展的，按照县级扶持资金的一定比例给予奖补。三是在北京和天津产业转移和招商引资奖励方面，适当放宽对北京和天津转移企业的政策标准，增强县级招商引资的主动性。四是简化认定程序，对涉及科技、商务等部门的政策，简化财政税收奖励程序，便于部门对接。另一方面，抓好平台。用好开发区这一县域经济发展平台，进一步整合专项资金，支持开发区建设大数据与物联网、信息技术制造等高端高新产业项目，形成"引进一个重点项目、壮大一个优势产业、催生一个新的经济增长极"的集群发展效应。坚持"亩均论英雄"，推广邢台对企业投资项目的"标准地"模式，在各类省级开发区中，明确拟投资项目需要达到的固定资产投资强度、税收产出、能耗标准、环保标准等"硬约束"要求，探索设置人才、技术、品牌等"软指标"。同时，争取更多企业进入省战略性新兴产业百强领军企业和创新百强企业名单，培育更多的"独角兽"和"隐性冠军"企业。可以推广邯郸支持高成长性企业的相关措施，即对符合国家产业政策和本地主导产业实际状况，市场前景好、科技含量高、税收增长快的一定规模企业，通过设立专项资金、税收增量返还、强化用地保障等方式予以支持。

3. 规范财税收入组织征管

为综合平衡减税费与稳收入、税收低增长与非税高增长的关系，应在调研摸底的基础上，出台关于优化财政收入征管的相关实施意见，指导市县科学规范做好税、费、利、债等各项收入组织工作。主要包括四个方面：一是做到"应减尽减"和"应收尽收"。既全面落实减税降费要求，又切实加强收入管理，避免虚收空转和过头税。各地应强化财税部门协调联动，深入分析本地财源结构，抓好重点行业（房地产等）、重点税源（纳税大户）、重点税种（土地增值税清算、股权转让税收鉴定等）的评估监控，挖掘征收潜力。二是推动非税收入平稳增长。合理把握非税征收节奏，指导市县按规定对资产处置行为进行统筹规划、有序实施，不能为了收入目标而"竭泽而渔"；协调相关部门做好土地出让规划，有序推进土地征收、收储和供应，严格核定成本性支出，规范土地出让征收行为。三是全面落实国有资本经营预算制度。各市县应全面编制覆盖本地国企的国有资本经营预算，对国企生产经营和利润状况进行有效监管。四是加强地方政府债务管理。督促市县合理争取债券资金，统筹债券种类和期限结构，切实提高项目储备质量，并将债券使用情况与新增限额分配直接挂钩。

4. 全面调研税收外移问题

关于税收与税源背离问题，学术界已关注多年，中央也采取调整汇总纳税企业所得税办法、后移消费税征收环节等措施，注重维护税源地利益。从河北省来看，自京津冀协同发展战略实施以来，河北省的税收与税源背离现象日益严重，一些外省迁入企业的税收贡献明显较低，如邯郸的新兴铸管综合税负率仅为3%，张家口的沃尔沃汽车对本地税收几无贡献，还有学者测算河北省的税收背离规模居全国第3位。为维护应有的税收权益，应在以下方面进行全面调研。一是关注企业所得税背离。全面摸底分析北京和天津外迁企业在河北省实际纳税情况。针对税收贡献较低问题，分析是现行汇总纳税制度、企业集团内部核算，还是税收征管的原因。在不违反税法规定的前提下，争取将二级分支机构变更为独立法人（如张家口的蒙牛分厂及张北、怀来的数据中心），实行税收属地化管理，并进一步规范企业集团关联交易行为，减少税收利益流失。二是关注消费税后移。持续关注中央消费税征收环节后移改革，深入调研应税消费品发展趋势（包括卷烟、白酒、小汽车和成品油等重点税目的产销量和价格等），积极反映河北省诉求。三是关注其他问题。例如，个人所得税跨地域劳务导致的征收地与退税地不一致问题，即河北省纳税人在北京提供劳务，个税在当地缴纳，年终汇算清缴后由河北省退税；河北省农产品增值税收入外移问题，由于河北省农业资源丰富、农产品加工率较低，在农业初级产品免税，加工销售后再征税的政策下，农产品增值税收入出现外移现象。

二、调整支出方向，确保地方财政收支运行平稳

1. 全面强化三保支出监控

一是全面落实中央"三保"工作要求，做好县级"三保"支出运行监控，实现全省所有县（市、区）"三保"预算审核、执行监控、决算审查全覆盖、无死角。二是认真落实"月报告"制度和"重点关注名单"制度，重点关注上半年负增长的体量大县，动态监测风险、及时预警。同时，继续加大对困难地区补助力度，统筹未来年度增支压力，完善跨年度平衡机制，保障各级财政平稳运行。三是加强财政暂付款管理，全面清理消化存量、严控增量，加强县区库款运行监测，及时组织库款需求测算，科学合理调度资金，确保基层"三保"支出需要。适时启动财政暂付款专项核查，对暂付款管控不力和新增规模较多的地区，在转移支付和资金调度方面实行惩戒，对完成管控任务的地区实行激励。四是完善新增财政资金直达基层的机制，推动抗疫特别国债、地方政府专项债券等资金尽快落实到基层和项目，运用监控系统做好对资金分配、拨付、使用的全链条跟踪。

2. 分类梳理各类必保支出

一方面，在全省范围内全面梳理影响财政运行的各类必保事项，核实地方政府在"三保"之外的刚性支出事项，区分三类情况：一类是工资性支出，包括劳务派遣人员、人事代理人员等编外人员的工资、保险等；二类是上级政策性支出，包括涉军支出、财政对养老保险的补助、公立医院改革、城乡垃圾一体化、"双代"县级配套等；三类是当地党委、政府部署的刚性支出和地方自行出台的民生政策。针对以上不同情况，分项测算对"三保"和地方财政造成的冲击，评估当前和今后几年的基层财政运行风险。另一方面，针对目前财政部"三保"标准与地方实际差距较大的问题，提请中央逐步调整"三保"范围，根据国务院推进基本公共服务均等化规划中确定的基本公共服务清单，结合基本公共服务标准体系，适度扩大"三保"保障范围、提高保障标准。

3. 持续优化财政支出结构

打破支出固化格局，加大结构调整力度，合理摆布经济发展和社会民生、基本公共服务与其他民生保障间的关系[①]。一是树立过紧日子思想，对非急需、非刚

---

① "经济发展"是社会进步的根本动力，"社会进步"是经济增长的最终目的。作为国家治理的基础和重要手段，财政必须统筹推动经济发展和社会进步，实现经济社会协调发展。

性支出和"三公"经费，进一步加大压减力度，对受疫情等特殊因素影响可暂缓实施和不再开展的项目支出一律收回。二是对于建设期长的项目，以及非急需支出的产业投资基金、政策性奖励资金等，分批安排预算，不必一次全部到位。三是对于重大投资、重点项目，在加强可行性研究与财政可承受能力评估的基础上，加大资金统筹力度，切实提升使用绩效。四是对于就业、社保、扶贫等民生支出，做到应保尽保，但也应审慎制定新的民生政策，防止盲目追求高福利。五是对许多脱贫县反映的由于扶贫资金使用范围不变导致的资金滞留问题，加快出台后续政策，提早研究谋划脱贫攻坚和乡村振兴战略政策衔接问题。六是针对新冠疫情暴露出的公共卫生服务体系短板，改变"重医疗、轻卫生"的传统支出结构，逐步提升基本公共卫生经费补助标准，将公共卫生资金中的一定比例统筹用于支持疾控等专业医疗卫生机构建设。

三、完善管理机制，防范化解地方政府债务风险

1. 增强债务风险防控能力

一是构建风险防控长效机制。完善限额管理、工作考评、信息公开、风险预警及职责分工等制度办法，建立举债有度、偿债有方、管理有序、防控有力的政府债务风险防控机制，健全地方政府债务风险评估指标体系，探索建立政府偿债备付金制度。重点监测高风险市县，督导红色和橙色风险等级市县，建立健全债务风险事前干预和事后应急处置预案，防范处置潜在风险。二是完善新增债务分配管理。根据市县债务风险水平、财力状况、重大项目需求等因素，测算分配新增债务限额，严格控制高风险地区债务限额增量，并将债券支出使用情况与下一年度的新增债务限额分配直接挂钩。三是调整优化债券时限结构。统筹考虑项目建设周期、投资者需求、到期债务分布等因素，科学确定债券发行期限，合理扩大20年、30年等较长期限债券发行规模，科学设置再融资债券期限和发行上限，平滑到期期限结构，缓解市县短期兑付压力。四是完善政府债务管理绩效评价机制，加强对债券资金使用各个环节的评价考核，根据评价结果对债券资金分配进行动态调整。五是健全地方政府债务信息公开及债券信息披露机制，发挥地方政府债务信息公开平台作用，全面覆盖债券参与主体和机构，打通地方政府债券管理全链条，强化市场化融资自律约束。

2. 积极稳妥化解隐性债务

一是加快化解隐性债务。建立隐性债务化解台账，实行隐性债务"月统计、季通报、年报告"，对未完成化解任务的进行约谈、限期整改，适时印发"化债进

度提示函",指导市县通过调整年度预算安排、安排超收收入、盘活存量资金、压减项目建设、债务核销和PPP转化等方式,积极稳妥化解隐性债务。二是加强风险源头管控。依法健全地方政府及其部门向企事业单位拨款机制,严禁地方政府以企业债务形式增加隐性债务,严禁地方政府通过金融机构违规融资或以PPP、政府投资基金、政府购买服务等名义变相举债,清理规范地方融资平台公司。健全市场化、法治化的债务违约处置机制,鼓励债务人、债权人协商处置存量债务,坚决防止风险累积形成系统性风险。三是加强监督问责追责。严格执行河北省各级政府隐性债务问责实施办法,加强财政监督检查,坚持谁举债谁负责,落实地方政府属地管理责任,做到倒查责任,终身问责。四是加强部门协同监管。完善融资平台公司债务信息与银行共享比对工作机制,指导市县建立涵盖本地区财政、金融、相关监管部门的债务数据共享沟通协调机制,推动相关部门协同监管,动态监控各类举债融资行为,从源头上遏制隐性债务增量。

3. 提升债券资金使用效益

债务风险本身就是化解公共风险的一种财政手段,借债的目的是对冲当前的风险及未来的风险。因此,评价地方政府债务风险,不能仅以债务规模来衡量,关键是看如何使用、效益怎样。例如,通过有效的专项债券投资,可以改善基础设施、积累人力资本,为地方经济社会发展增强后劲,也增强了偿债能力,进一步降低了公共风险水平及向财政转移的可能。为此,应提升债券资金使用效益,重点做好新增债券项目的筛选、储备和申报工作,优先支持前期准备充分、立项审批手续齐全、能够尽快形成实物工作量的项目,尽早形成对经济的有效拉动,进一步对冲未来风险。同时,按照高质量发展要求,人力资本积累在数字化驱动的发展中将起到更加重要的作用,应适当加大职业教育、医养结合等社会事业专项债发行力度,进一步提升劳动技能、弥补人力短板,使债务资金发挥更大、更持久的作用。

四、深化体制改革,保障全省财政运行稳定安全

1. 完善社保基金运行机制

一是完善保险制度。加大扩面征缴力度,健全多缴多得、长缴多得的养老保险激励机制,完善城镇职工及机关事业单位基本养老金合理调整制度,科学确定物价指数和工资增长率等因素的权重,进一步完善省对市县养老保险绩效考核制度。二是健全筹资机制。规范社会保险费政策,合理确定财政对社会保险基金的补助责任,全面实施划转部分国有资本充实社保基金,从一般公共预算、国有资

本经营预算、政府性基金预算的相关收入中筹集风险储备金，积极稳妥开展基本养老保险基金投资运营。三是提升统筹层次。完善基金调剂统筹机制，加快完善城镇职工基本养老保险省级统筹制度，分步实现城乡居民医疗保险、城镇职工医疗保险市级统筹，逐步提升其他社会保险基金的统筹层次。四是加强基金监管。健全社保基金内控机制，及时做好风险处置工作，定期开展重复领取、死亡冒领、提前退休等专项核查工作，严肃问责相关责任人员。对无编制的行政事业单位人员，提早研究谋划其养老金补缴问题，出台相关政策鼓励其参加企业职工养老保险。

2. 解除金融风险传导隐患

充分发挥财政资金撬动作用，引导金融服务实体经济发展，密切关注金融风险向财政传导的隐患，坚决守住不发生系统性、区域性风险的底线。一是完善普惠金融发展专项资金政策，增强财政金融合力支持企业发展政策效果，完善政银保合作模式、资产证券化奖励机制、首台（套）重大技术装备保险补偿等财政政策，缓解民营企业融资难、融资贵问题。二是探索金融风险财政分担机制。按照权责匹配、激励相容的原则，研究设立金融风险基金，当金融机构盈利时按一定比例缴纳风险基金，亏损时政府按照一定比例向金融机构支付风险基金，实现政府及金融机构既分担损失也分享收益。同时，建立完善专项债券支持化解中小银行风险的相关机制，合理补充中小银行资本金，保障中小银行平稳运行。三是压实财政监督管理责任。各级财政部门严格履行国有金融资本出资人职责，完善地方金融机构的基础管理、经营预算、绩效考核、负责人薪酬管理机制，可以依托财政部金融企业财务报表系统，建立金融风险预警平台，健全财务风险监测与评价机制，做到早识别、早预警、早发现、早处置，将风险的波动和外溢控制在可控范围内，从根本上防止金融体系风险的累积。

3. 构建财政应急反应体系

一是建立财政应急计划。在滚动预算中，深入分析、谨慎评估未来一个时期可能的突发性支出和应急收入来源，每年编制预案，逐年滚动修改。在年度预算中，将风险防控理念纳入部门预算编制流程，即对拟新出台的重大政策、重大专项开展事前绩效评估和风险论证。二是建立公共风险准备金制度。在按照预算法3%上限足额提取预备费的基础上，建立跨年度预备费调整制度，即将目前年度内使用的预备费转为相对稳定的公共风险准备金，将当年未使用完的预备费纳入准备金，还可将部分财政超收收入、政府资产收益（国库现金运作）转入准备金，增强财政的风险应对能力。三是完善政府财务报告制度。盘点资产负债，分类分层编制可变现资产负债表，动态评估财政风险敞口。

4. 深化全省财税体制改革

结合中央财税改革部署和现代财政体系建设，进一步完善河北省财税体制。一是根据中央改革方案，及时推进省以下财政事权和支出责任划分改革，稳步推进省以下收入划分改革，逐步构建符合河北省情的地方税体系。二是完善省以下财政转移支付制度，优化省对下一般性转移支付分配方式，健全共同财政事权转移支付清单，强化专项转移支付绩效管理，探索完善生态补偿横向转移支付。三是加快推进预算绩效管理改革，在基本建成全方位、全过程、全覆盖的预算绩效管理体系的基础上，借鉴北京等地经验，探索推行全成本预算绩效管理。将省级预算单位各业务环节发生的全部成本纳入绩效管理，如预算编制阶段的成本核算、执行阶段的成本质量监控、监督阶段的项目实际成本质量结果[①]，而在评估财政资金投入的成本、质量和效益的基础上，实现项目全生命周期的成本管控。四是进一步理清部门间的事权责任，针对部分市县反映的突出问题，如县级环保部门上划后地方依然负担较重的项目支出、交通部门下划后未明确界定上下级财政应负担数额等情况，进行系统梳理，分类提出解决方案。

---

　　① 在预算编制阶段，利用成本与质量比较结果，确定高质量低成本的项目或政策绩效目标，并通过成本核算确定财政投入规模；在预算执行阶段，利用成本质量监控，确保绩效目标顺利推进；在预算监督阶段，评价项目或政策的实际成本质量结果，对照绩效目标开展监督与问责。

04

第四篇

构建高质量财政之二：
财政职能高质量发挥路径

第十章

提升河北省产业链现代化水平的
财政政策

从投入产出角度看，经济运行过程可以简化为"要素投入—产业运行—税收反映"。其中，生产要素是维系市场主体经营及国民经济运行的基本条件，税收收入是产业经济运行结果的"晴雨表"。将生产要素、产业经济、税收运行三者联系起来，可以从"要素投入"和"税收产出"两端展现产业经济运行状况，以此得出提升地区产业竞争力的对策建议。

第一节　要素密集与国民经济行业要素密集型划分

要素密集度原指生产某种产品所投入各种生产要素的比例，后被延伸用于区别产业类型、结构及发展阶段。产业的要素密集度表面上反映不同产业对不同资源的依赖程度，实质体现了经济发展和技术进步对产业投入要素的影响，即生产要素的复杂程度或是技术含量的程度呈日趋加深的趋势①。2020 年 3 月，《中共中央 国务院关于构建更加完善的要素市场化配置体制机制的意见》首次将数据与土地、劳动力、资本、技术并列为五大生产要素。按照五大要素标准，分三个步骤

---

① 从世界产业发展历史看，各国主导产业基本遵循"土地→劳动→资本→技术（数据）密集型"的趋势演进。当然，要素密集是一个相对概念，各行业的要素密集程度会随着时空变迁而有所变化，一些行业可能也难以精确界定主要生产要素，但并不影响整体趋势的判断。

对国民经济行业①进行归类。

一、界定土地密集型产业

依据基本概念，将产品直接来自土地资源的产业确定为土地密集型产业，包括农业和采矿业两大类，这也是人类社会最早开展的产业活动。

二、区分劳动、资本和技术密集型产业

采用"固定资产利用相对强度"和"研发经费投入相对强度"两个衡量指标。固定资产利用强度为某行业人均固定资产（固定资产平均余额与从业人员的比值）与各行业平均值之比，研发经费投入强度为某行业研发经费投入度（研发经费支出与产品销售收入的比值）与各行业平均值之比。某行业的固定资产利用强度越大，说明对资本的依赖程度越高；研发经费投入强度越大，说明对技术的依赖程度越高。经过测算②，按照两个指标是否大于1，将所有行业（农业、采矿业除外）分为四类（研发经费投入和固定资产利用相对强度均较高、均较低、前者较高后者较低、前者较低后者较高等四类）。其中，在研发经费投入强度大于1的27个行业中，仅化学原料和化学制品制造业、化学纤维制造业、汽车制造业、医药制造业等4个行业的固定资产利用强度大于1，说明技术密集型基本可与资本密集型产业区分，这也反映出技术替代资本的发展趋势。为便于分析，结合行业特征，将汽车制造业、医药制造业归入技术密集型产业，将化学原料和化学制品制造业、化学纤维制造业归入资本密集型产业。将其他固定资产利用强度大于1的行业归入资本密集型产业，将固定资产利用和研发经费投入强度都小于1的行业归入劳动密集型产业。此外，房地产业、金融业没有固定资产和研发投入相关数据，但房地产业一直是典型的资本密集型产业，金融业更适宜归为技术密集型产业。

三、确定数据密集型产业

数字经济是以数字化信息为关键要素，以通信技术有效使用作为效率提升的

---

① 行业分类选用国家统计局发布的国民经济行业分类（GB/T4754—2017）中的97个行业大类。

② 第二产业、第三产业的固定资产、从业人员数据分别来源于2019年《中国统计年鉴》《中国第三产业统计年鉴》。工业研发经费、销售收入数据来源于《2019年全国科技经费投入统计公报》，非工业研发经费未有相关年报，暂以2010年发布的《第二次全国科学研究与试验发展资源清查公报》相关数据代替，虽有所滞后，但作为比例指标，对行业归类的基本判断影响不大。

重要推动力的一系列经济活动，它是新一轮技术革命成果的集成应用。参照中国信通院《中国数字经济发展白皮书》（2020 年）对数字经济的分类①，从技术密集型产业中析出数据密集型产业，包括硬件、软件两个方面，分别为计算机、通信和其他电子设备制造业，信息传输、软件和信息技术服务业。

通过以上方法，将全部 97 个行业大类划分为土地、劳动、资本、技术和数据密集型五类（见表 10-1）。总体看，土地密集型产业包括农业和采矿业两类；劳动密集型产业主要包括第二产业中的食品、纺织、建材等初级制造业和建筑业，以及第三产业中的商贸、住宿、餐饮等传统服务业；资本密集型产业主要包括第二产业中的冶金、石化、电力，以及第三产业中的交通运输、房地产、公共设施管理业；技术密集型产业大致包括第二产业中的医药制造、装备制造业和第三产业中的金融、教育、科研和文化体育娱乐业；数据密集型产业包括电子设备制造业和信息传输服务业。

表 10-1　　　　　　　　　　国民经济行业的要素密集型归类

类　型	行　业
土地密集型 （12 类）	农、林、牧、渔业（含农业、林业、畜牧业、渔业、农林牧渔专业及辅助性活动），采矿业（含煤炭开采和洗选业、石油和天然气开采业、黑色金属矿采选业、有色金属矿采选业、非金属矿采选业、开采专业及辅助性活动、其他采矿业）
劳动密集型 （40 类）	农副食品加工业，食品制造业，酒、饮料和精制茶制造业，纺织业，纺织服装、服饰业，皮革、毛皮、羽毛及其制品和制鞋业，木材加工和木、竹、藤、棕、草制品业，家具制造业，印刷和记录媒介复制业，文教、工美、体育和娱乐用品制造业，非金属矿物制品业，金属制品业，橡胶和塑料制品业，其他制造业，废弃资源综合利用业，金属制品、机械和设备修理业，建筑业（含房屋建筑业、土木工程建筑业、建筑安装业、建筑装饰和其他建筑业），批发和零售业（含批发业、零售业），住宿和餐饮业（含住宿业、餐饮业），卫生和社会工作（含卫生、社会工作），居民服务、修理和其他服务业（含居民服务业、机动车电子产品和日用产品修理业、其他服务业），公共管理、社会保障和社会组织（含中国共产党机关、国家机构、人民政协民主党派、社会保障、群众团体社会团体和其他成员组织、基层群众自治组织），国际组织
资本密集型 （20 类）	烟草制品业，石油加工、炼焦和核燃料加工业，化学原料和化学制品制造业，化学纤维制造业，黑色金属冶炼和压延加工业，有色金属冶炼和压延加工业，电力、热力、燃气及水生产和供应业（含电力热力生产和供应业、燃气生产和供应业、水的生产和供应业），交通运输、仓储和邮政业（含铁路运输业、道路运输业、水上运输业、航空运输业、管道运输业、多式联运和运输代理业、装卸搬运和仓储业、邮政业），水利、环境和公共设施管理业（含水利管理业、生态保护和环境治理业、公共设施管理业、土地管理业），房地产业，租赁业

① 数字经济包括数字产业化和产业数字化两大部分，其中，数字产业化为数字经济的核心产业，主要为信息通信产业；产业数字化是通过模型将传统产业产出中数字技术的贡献部分剥离出来。鉴于数据所限，并不和其他行业相交叉，在此仅以数字经济核心产业代表数据密集型产业。

续表

类　型	行　业
技术密集型 （21 类）	医药制造业，通用设备制造业，专用设备制造业，汽车制造业，铁路、船舶、航空航天和其他运输设备制造业，电气机械和器材制造业，仪器仪表制造业，金融业（含货币金融服务、资本市场服务、保险业、其他金融业），商务服务业，科学研究和技术服务业（含研究和试验发展、专业技术服务业、科技推广和应用服务业），教育，文化、体育和娱乐业（含新闻和出版业、广播电视电影和影视录音制作业、文化艺术业、体育、娱乐业）
数据密集型 （4 类）	计算机、通信和其他电子设备制造业，信息传输、软件和信息技术服务业（含电信广播电视和卫星传输服务、互联网和相关服务、软件和信息技术服务业）

第二节　河北省各要素密集型行业的税收运行状况

近年来，河北省全部税收收入[①]稳步增长，由 2012 年[②]的 3467.3 亿元增长到 2019 年的 5273.3 亿元，年均增长 6.2%，略低于 6.5% 的全国平均增速，超过 4.1% 的全省生产总值年均增速。河北省税收收入占全国税收收入比重维持在 3.1%，一直居各省第 9 位，占全省 GDP 比重从 13.0% 提升到 15.0%，由第 28 位提升到第 18 位。

分产业看，河北省三次产业税收收入年均增速分别为 6.4%、3.4%、9.9%，三次产业占税收收入比重分别由 2012 年的 0.1%、61.8%、38.1%，演变为 2019 年的 0.1%、51.3%、48.6%，第一产业占比基本未变，第二产业、第三产业占比分别下降、提升了 10.5 个百分点。与全国平均水平比较，河北省第三产业税收占比一直明显较低，2012 年、2019 年分别相差 12.3 个、8.3 个百分点（见表 10 - 2）。

表 10 - 2　　　　2012 年、2019 年河北省与全国税收收入分产业占比情况　　　单位: %

项目		第一产业	第二产业	工业	建筑业	第三产业
2012 年	河北省	0.1	61.8	55.0	6.8	38.1
	全国	0.1	49.5	44.1	5.4	50.4
	差距	0.0	12.3	10.9	1.4	- 12.3
2019 年	河北省	0.1	51.3	44.9	6.4	48.6
	全国	0.1	43.0	37.5	5.5	56.9
	差距	0.0	8.3	7.4	0.9	- 8.3

资料来源：相关年份《中国税务年鉴》。

---

① 全部税收收入为国家税务总局口径，包括地方税收收入、上缴中央四税（增值税、消费税、企业所得税、个人所得税）、增值税消费税海关代征部分、车辆购置税，不含关税和船舶吨税。

② 2011 年我国对《国民经济行业分类》国家标准进行了大幅修订，为保证可比性，选取 2012 ~ 2019 年数据，其中 2017 年国家再次进行了小幅修订，但涉及面较小，对行业大类分析基本没有影响。

一、从横向看，河北省税收收入以传统的资本、劳动密集型行业为主，合计接近3/4，数据、技术密集型税收占比均低于全国平均水平，与先进省份的差距尤为明显

2019 年，河北省资本、劳动、技术、土地、数据密集型行业实现税收收入分别为 2154 亿元、1725 亿元、1176 亿元、163 亿元、55 亿元，分别占全部税收收入的 40.9%、32.7%、22.3%、3.1%、1.0%。其中，传统的资本、劳动密集型行业税收占比合计 73.6%，接近 3/4（见表 10 - 3、图 10 - 1）。进一步分行业看，税收占比超过 5% 的分别为房地产（16.3%）、批发零售业（9.1%）、钢铁冶炼（8.0%）、金融业（7.4%）、通用设备制造业（5.6%）、石油加工（5.3%）、建筑业（6.4%），除金融业和通用设备制造业外，其他行业均为资本和劳动密集型。

表 10 - 3　　　　　　　　2019 年河北省及全国各要素密集型税收收入情况

类型	规模			结构		
	收入总量（亿元）	占全国比重（%）	各省排名（位）	河北省占比（%）	全国占比（%）	各省排名（位）
合计	5273	3.1	9	100	100	—
资本密集型	2154	4.0	6	40.9	31.5	6
劳动密集型	1725	2.8	13	32.7	35.7	24
技术密集型	1176	2.7	9	22.3	25.6	13
土地密集型	163	2.7	10	3.1	3.5	16
数据密集型	55	0.9	18	1.0	3.7	26

资料来源：相关年份《中国税务年鉴》。

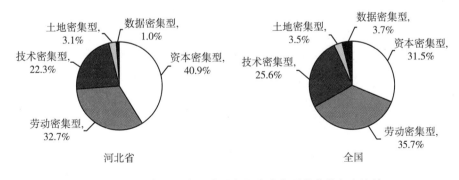

图 10 - 1　2019 年河北省及全国各要素密集型税收收入占比情况

与全国平均水平比较，河北省资本密集型税收收入占比（40.9%）明显超过全国平均水平（31.5%），居各省第 6 位。其他要素密集型税收收入占比均低于全

国平均水平，其中数据密集型税收收入占比（1.0%）仅相当于全国平均占比（3.7%）的 1/4 左右，居第 26 位（见表 10 - 3）。进一步分行业看，河北省占比较高、具有相对优势的十大行业分别为黑色金属冶炼、采选、通用设备制造、公共管理、金属制品、非金属制品，交通运输、医药制造、石油加工和房地产业，多为劳动和资本密集型行业。同时，具有相对劣势的十大行业分别为计算机、通信和其他电子设备制造，信息传输、软件和信息技术服务，商务服务，金融，烟草制品，科学研究和技术服务，批发，电气机械和器材制造，汽车制造和居民服务、修理和其他服务业，多为数据和技术密集型行业（见表 10 - 4）。

表 10 - 4 　　　　　2019 年河北省十大优势、劣势行业税收收入占比情况 　　　　单位：%

相对优势行业					相对劣势行业				
行业	类型	河北省占比	全国占比	相对比值	行业	类型	河北省占比	全国占比	相对比值
黑色金属冶炼和压延加工业	资本	8.0	1.1	745.0	计算机、通信和其他电子设备制造业	数据	0.4	1.6	25.0
黑色金属矿采选业	土地	1.2	0.2	592.0	信息传输、软件和信息技术服务业	数据	0.7	2.1	30.4
通用设备制造业	技术	5.6	1.4	393.0	商务服务业	技术	2.3	4.3	54.0
公共管理、社会保障和社会组织	劳动	3.7	2.0	183.0	金融业	技术	7.4	11.5	64.0
金属制品业	劳动	1.3	0.8	155.0	烟草制品业	资本	2.5	3.9	64.0
非金属矿物制品业	劳动	2.3	1.5	148.0	科学研究和技术服务业	技术	1.1	1.7	65.0
交通运输业	资本	2.4	1.8	137.0	批发业	劳动	6.5	9.8	67.0
医药制造业	技术	1.3	0.9	133.0	电气机械和器材制造业	技术	0.9	1.3	70.0
石油加工、炼焦和核燃料加工业	资本	5.3	4.0	132.0	汽车制造业	技术	1.9	2.3	81.0
房地产开发经营业	资本	15.2	12.0	126.0	居民服务、修理和其他服务业	劳动	0.8	1.0	81.5
合计	—	46.3	25.7	180.2	合计	—	24.4	39.5	61.9

资料来源：相关年份《中国税务年鉴》。

与相关省份比较，一方面，北京、上海、江苏、浙江、广东五个较发达省市的技术、数据密集型税收规模很大、占比较高，五省市的数据密集型税收占比分别为 5.5%、4.4%、4.2%、5.3%、8.0%，均远高于河北省 1.0% 的占比。其中，仅北京的金融业、上海的商务服务业、广东的计算机和通信设备制造业三个行业大类，就分别相当于河北省全部税收收入的 4/5、1/3、1/4 左右。同时，五省市的资本、土地密集型税收占比均明显低于河北省，其中土地密集型税收占比均不超过 1%（河北省为 3.1%），对建筑、房地产业的依赖程度也大多低于河北省。另一方面，与税收总量接近于河北省的四川、河南、湖北、辽宁、福建五省比较，受钢铁行业带动，河北省资本密集型税收占比最高，但数据密集型税收占比均不到这五省的一半，如福建、四川、辽宁、河南、湖北的计算机、通信和其他电子设备制造业税收收入，分别是河北省的 11.2 倍、7.4 倍、6.7 倍、3.9 倍、2.3 倍。

二、从纵向看，资本密集型行业贡献了河北省税收收入增收的一半以上，数据、土地密集型税收呈下降态势，与全国技术、数据两大行业高增长状况形成明显反差

2012～2019 年，河北省资本、劳动、技术、数据、土地密集型税收收入，年均增速分别为 8.7%、7.1%、5.7%、-1.5%、-10.2%，对全部税收收入增长的贡献度分别为 53.0%、36.6%、21.0%、-0.4%、-10.2%（见表 10-5、图 10-2）。其中，资本密集型税收收入增速最快，占全部税收比重由 34.6% 提升到 40.9%，主要是因为房地产、钢铁两大行业税收分别增长 1.2 倍、1.1 倍；劳动密集型税收收入增速较快，占全部税收比重由 30.7% 提升到 32.7%，主要是建筑、批发零售、金属制品、公共管理等多个行业增长带动；技术密集型税收收入呈中低速增长，占全部税收比重由 23% 微降到 22.3%，主要受金融业、商务服务业、汽车制造业税收增长带动和通用设备制造业税收下滑双向影响；数据密集型税收收入增速为负，占全部税收比重由 1.7% 降到 0.9%，主要是电信、广播电视和卫星传输服务业受减税政策、企业竞争力等影响，2019 年税收仅为 2012 年的 1/4 左右；土地密集型税收收入增速为负，占全部税收比重由 10% 降到 3.1%，主要因为采矿业税收收入下滑明显，2019 年比 2012 年下降了 54%。

表 10 - 5　　　　　　　　2012～2019 年河北省与全国五大要素密集型税收收入增长情况

		资本密集型	劳动密集型	技术密集型	数据密集型	土地密集型
年均增速	河北省（%）	8.7	7.1	5.7	-1.5	-10.2
	全国（%）	7.9	4.9	8.8	8.6	-2.3
	差距（%）	0.8	2.2	-3.1	-10.1	-7.9
	排名（位）	6	15	27	27	28
增长贡献	河北省（%）	53.0	36.6	21.0	-0.4	-10.2
	全国（%）	36.6	28.5	32.1	4.6	-1.7
	差距（%）	16.4	8.1	-11.1	-5.0	-8.5
	排名（位）	2	15	22	26	26

资料来源：相关年份《中国税务年鉴》。

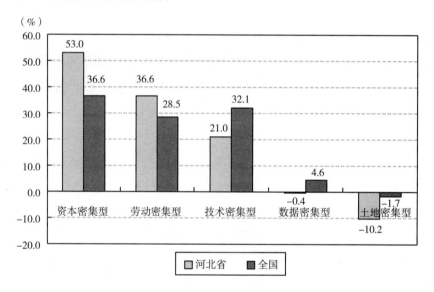

图 10 - 2　2012～2019 年河北省及全国各要素密集型税收对全部税收贡献情况

与全国水平比较，分为四类：一是同为正增长，但增速更高的资本、劳动密集型行业。受钢铁、房地产行业带动影响，河北省资本密集型行业税收年均增速（8.7%）高于全国平均水平（7.9%），对全部税收增收贡献率（53.0%）明显超出全国平均水平（36.6%），居各省第 2 位；受建筑、批发零售业带动影响，河北省劳动密集型行业税收年均增速（7.1%）高于全国平均水平（4.9%），对全部税收增收贡献率（36.6%）也高于全国平均水平（28.5%），居第 15 位。二是同为正增长，但增速较低的技术密集型行业。受通用设备制造业影响，河北省技术密集型行业税收年均增速（5.7%）低于全国平均水平（8.8%），对全部税收增收贡献率（21.0%）也明显低于全国平均水平（32.1%），居各省第 22 位。三是全国高增长、河北省负增长的数据密集型行业。河北省数据密集型行业负增长（-1.5%），与全国8.6%的高增长反差明显，对全部税收贡献率（-0.4%）也与全国4.6%的正增长差距明显，居第26位，主要是相对于全国计算机通信和其他电子设备制造、信息传输软件和信息技术服务业税收分别呈6.1%、10.8%的中高增长状况，河北省分别年均增长2.4%、-3.4%（硬件微增长，软件负增长）。四是同为负增长，但河北省下滑更严重的土地密集型行业。河北省土地密集型税收负增长态势（-10.2%）与全国态势（-2.3%）一样，但下滑更为明显，主要因为煤炭、石油、铁矿三大采矿业税收均下降了一半以上。

与相关省份比较，一方面，北京、上海、江苏、浙江、广东五个较发达省市的技术、数据密集型行业税收年均增长很快，均超过6%，其中提出数字经济"一号工程"的浙江，数据密集型税收年均增速高达19.3%，对全部税收贡献度达到9.4%，仅2018年就增收106亿元，相当于同期河北省全部税收增收的1/5；北京全部税收增长的一半以上来自金融、商务服务、科学研究和技术服务等技术密集型产业。相比之下，五省市对建筑、房地产等资本和劳动密集型行业依赖程度较低，北京、上海房地产税收贡献度均为1/8，相当于河北省（25.2%）的一半。另一方面，与税收总量接近于河北省的四川、河南、湖北、辽宁、福建五省比较，除辽宁受经济影响导致税收收入下降外，其他四省的税收收入及技术、数据密集型税收增速均高于河北省，对钢铁、石油加工、交通运输等传统行业的依赖程度则低于河北省，体现出新兴产业对税收增长的支撑作用，如四川的科学研究和技术服务业、信息传输软件和信息技术服务业税收年均增速分别为21.3%、13.2%，河南的科学研究和技术服务业、计算机通信和其他电子设备制造业税收年均增速分别为20.1%、12.4%，均远超河北省。

三、从内部看，河北省税收收入更多依赖各要素密集型中的中低端链条，产业链狭窄特征明显，难以提供更充足税源，体现了河北省税收收入"大而不强"的典型特征

从主要行业产业链条看，河北省以初、中级产品为主的产业链提供了税收收入的大头，具有较高附加值和竞争力的高端产业链在全国处于落后位置。用高端与中低端环节的产业税收比值来反映这一情况，在几个主要行业产业链中，河北省这一比值全部位于全国后10名，典型体现了河北省税收收入"大而不强"的特征（见表10-6）。

表 10－6　　　　　　　2018 年河北省及全国部分行业产业链税收情况比较

主要行业	细分行业	税收规模		行业税收收入占全部税收比重			高低端行业链条税收比值		
		占全国份额（%）	排名（位）	河北省占比（%）	全国占比（%）	排名（位）	河北省	全国	排名
房地产业	房地产开发经营业	3.9	11	14.6	11.3	10	0.02	0.04	30
	房地产服务管理	1.8	15	0.2	0.4	24			
纺织服装业	纺织业	2.9	6	0.4	0.5	5	0.28	0.88	28
	纺织服装、服饰业	1.0	13	0.1	0.4	14			
食品加工制造业	农副食品加工业	4.1	9	0.3	0.3	7	1.52	2.15	21
	食品制造业	2.9	13	0.5	0.5	9			
建筑业	房屋土木工程建筑	3.6	9	3.3	2.8	20	0.29	0.39	24
	建筑装饰业和其他	2.7	16	0.9	1.1	25			
批发零售业	零售业	2.2	12	2.9	4.1	21	2.04	2.43	22
	批发业	1.8	20	6.0	9.9	30			
装备制造业	通用设备制造业	11.2	3	5.2	1.4	1	0.18	1.67	30
	专用设备制造业	3.1	9	1.0	1.0	8			
	计算机、通信和其他电子设备制造业	0.3	20	0.2	1.6	22	0.03	1.14	28
金融业	货币金融服务	2.3	12	4.9	6.4	14	0.05	0.24	28
	资本市场服务	0.5	17	0.2	1.5	27			

资料来源：相关年份《中国税务年鉴》。

在资本密集型行业中，以房地产业为例。相比房地产开发经营业，包括房屋维修、咨询评估、置业担保等的房地产服务管理业将是大规模房地产开发建设期结束后的主体税源①。2018 年，全国高低端链条税收比值为 0.04，河北省为 0.02，居第 30 位。同年，河北省房地产开发经营业税收收入占全国的 3.9%，居第 11位，但房地产服务管理业税收收入仅占全国的 1.8%，居第 15 位。

劳动密集型行业。（1）纺织服务产业链。纺织、印染和纺织制成品是初中级链条，纺织服装、服饰业是高端链条。2018 年，全国高低端链条税收比值为 0.88，河北省为 0.28，居第 28 位。同年，河北省纺织业税收收入占全国的 2.9%，居第 6位，但纺织服装、服饰业税收仅占全国的 1%，居第 13 位。同为纺织大省的上海、湖北、江西，纺织税收均略低于河北省，但其纺织服装、服饰业实现税收分别是河北省的 5 倍、2.7 倍、1.5 倍。（2）食品加工产业链。以谷物磨制、饲料加工、

———————

① 美国等发达国家的房地产咨询等服务性收入已占到房地产业务的一半以上。

屠宰及肉类加工为代表的农副食品加工是粗加工，以焙烤食品制造、罐头食品制造、调味品及发酵制品制造为代表的食品制造业是精细加工。2018 年，全国高低端链条税收比值为 2.15，河北省为 1.52，居第 21 位。同年，河北省农副食品加工业税收收入占全国的 4.1%，居第 9 位，但食品制造业税收仅占全国的 2.9%，居第 13 位。（3）建筑产业链。建筑装饰业是房屋、土木工程建筑业的后续环节，2018 年，全国高低端链条税收比值为 0.39，河北省为 0.29，居第 24 位。同年，河北省房屋和土木工程建筑业税收收入占全国的 3.6%，居第 9 位，但建筑装饰业税收收入占全国的 2.7%，居第 16 位。（4）商业产业链。2018 年，全国批发与零售两个链条税收比值为 2.43，河北省为 2.04，居第 22 位。同年，河北省零售业税收收入占全国的 2.2%，居第 12 位，但批发业税收收入占全国的 1.8%，居第 20 位。

技术和数据密集型。（1）装备制造产业链。通用设备制造、专用设备制造、计算机通信和其他电子设备制造业是装备制造业的主要分类，并呈梯次渐进的产业发展布局。2018 年，河北省通用设备制造业税收收入 269.6 亿元，占全国的 11.2%，仅低于江苏省和浙江省，居第 3 位，但相对更复杂、附加值更高的专用设备制造业、计算机通信和其他电子设备制造业，分别占全国的 3.1%、0.3%，分居第 9、第 20 位。其中，全国专用设备与通用设备税收比值为 1.67，河北省为 0.18，居第 30 位，全国计算机通信和其他电子设备制造与通用设备税收比值为 1.14，河北省为 0.03，居第 28 位。（2）金融业链条。以银行为代表的货币金融和以证券为代表的资本市场服务是金融业两大体系，目前我国正开展以间接融资为主向直接融资的金融供给侧转型。2018 年，全国高低端链条税收比值为 0.24，河北省为 0.05，居第 28 位。同年，河北省货币金融服务税收收入占全国的 2.3%，居第 12 位，但资本市场服务税收收入仅占全国的 0.5%，居第 17 位。

整体看，按照"土地密集型→劳动（资本）密集型→技术（数据）密集型"的产业演进方向，相对于北京、上海、广东等发达地区以技术（数据）密集型税收为主的高端阶段，山西、内蒙古、新疆等中西部地区以土地密集型税收为主的低端阶段，河北省整体处于资本和劳动密集型并重的中期发展阶段，且在主要行业产业链条中居于下游地位。在新一轮技术（数据）密集型行业增长大潮中，无论是对发达省份，还是相较于同等体量省份，河北省都有排位逐步下滑的风险。

第三节　河北省行业税收经济运行存在的四大风险

税收收入是经济运行的结果反映。河北省行业税收收入存在的以上问题，根源在于河北省的经济规模、产业结构与效益状况，容易造成税收经济运行"低质量、无后劲、有波动、易失衡"四类风险（见表10-7）。

表10-7 河北省税收经济运行存在的四大风险

类别	典型特征	主要原因
低质量	"高投入、低收益"的发展陷阱	产业以劳动力和资本要素为主导，企业规模小、产品附加值低
无后劲	"渐次落伍、逐步退位"的趋势	研发水平低、创新能力弱，技术、数据密集型行业发展较滞后
有波动	"国际市场、中央政策"的双重约束	土地矿产及延伸产业高耗能、高污染，对非可控因素比较敏感
易失衡	"收入萎靡、支出加剧"的现实难题	县域产业整体发展滞后，产业层次较低、特色产业竞争力较弱

一、税收收入质量欠佳的风险：以劳动和资本为主导的传统产业结构，容易陷入"高投入、低收益"的发展陷阱

长期以来，受劳动人口稠密、矿产资源富集、交通区位便捷等因素影响，河北省形成以劳动和资本密集型行业为主的产业结构，企业运营主要依靠劳动力和资本投资，产品（服务）也多为低附加值、低技术含量的初级品。从第二产业看，2020年全国主要工业产品[①]中，河北省有生铁、粗钢、钢材、平板玻璃4种产品产量居全国第1位，焦炭、纯碱、成品糖产量分别居第3、第5、第7位。同时，技术含量较高的彩电、电脑、手机、电冰箱、乙烯、大中型拖拉机等产品产量空白，集成电路、金属切削机床、家用洗衣机产量占全国比重均在0.5%以下。从第三产业看，商贸餐饮、批发零售、交通运输，以及房地产业中的房地产开发经营业、金融业中的货币金融服务业、租赁和商务服务业中的租赁业等传统服务业，一直是服务业营业收入的主要来源。产品决定效益，效益影响税收。以初级加工品和传统服务为主的产品（服务）结构，给河北省产业税收刻下明显的"高投入、低收益"烙印[②]。2019年，河北省用占全国5.1%的劳动力、5.3%的资本总额，仅创造了全国3.6%的生产总值、3.7%的营业利润和3.1%的税收收入。按就业人口计算的全员劳动生产率为7.7万元，仅为全国平均水平（11.8万元）的2/3。此

---

① 2020年《中国统计年鉴》详细列举了我国34种工业产品的情况。
② 如河北省灰铸铁炊具企业主要为德国双立人、法国SEB等国际知名品牌代工，产量占全球同类产品的1/3，但所获利润仅占产品最终售价的1%。

外，"高投入、低收益"的另一重要原因，就是河北省企业规模偏小，特别是大型骨干企业的数量少、个头小、集中度低，规模经济效应不明显，在当前小微企业普遍减免税的背景下，一定程度上影响了财政收入的增长。2020年中国企业500强中，河北省仅有23家，远低于广东（57家）、山东（47家）、江苏（45家）；2020年全国A股上市公司数量，河北省仅为62家，远低于广东（676家）、浙江（519家）、江苏（484家），也明显低于中部的湖北（114家）、湖南（117家）、安徽（126家）、河南（87家）。再如，作为传统的纺织大省，河北省纺织企业数量不少，但布局分散、规模偏小，全省纺织企业营业收入和利润总和不及山东魏桥集团一家企业。全省企业规模整体偏小的状况，进一步加大了传统产业转型升级的难度，不利于突破产业低端化的瓶颈，必然影响税收收入的增长。

二、税收收入后劲不足的风险：技术、数据密集型行业发展滞后，在新一轮科技革命大潮中存在逐步落伍的趋势

河北省税收收入增速较慢的根本原因，也是与发达省份差距最大的领域，就是技术和数据密集型税收贡献较低，其根源在于能够提供稳定、高效税收收入的先进制造业和现代服务业规模小、发展慢。长期以来，河北省的汽车制造、医药制造、铁路船舶航空航天和其他运输设备制造、电气机械和器材制造、计算机通信和其他电子设备制造、仪器仪表制造等具有较高技术含量的工业行业，以及信息传输软件和信息技术服务、科学研究和技术服务、商务服务和金融业等现代服务业发展相对滞后，对全省经济增长和税收收入带动力较弱。以河北省传统主导产业——医药产业为例。我国"一五"计划156个重点项目中有3个医药项目，华北制药集团就占了2个，华北制药因此被誉为共和国的"医药长子"，制药业也成为石家庄市乃至河北省的主导产业。直到20世纪90年代，河北省医药产业产值仍居全国第2位。2000年石家庄医药产业实现产值仅次于上海，名列各省会城市之首，实现利税则居全国第一位，2003年石家庄还将建设"药都"写进城市发展规划中，计划在2010年建成"中国最大的药都"。然而，受政府重视程度不够、体制改革落后、责任主体不明确、配套措施不完善等因素影响，河北省医药产业发展缓慢，2015年后医药产业产值在全国已跌至10名开外，2019年规上医药产业的营业收入、利润总额分别仅为全国的3.2%、3.7%，分别居第13、第12位。再以河北省长期支持发展的电子信息产业为例，2019年河北省规上计算机、通信和其他电子设备制造业的营业收入仅有413亿元，占全国的0.4%，居第22位，而广东、江苏分别达到4万亿元、1.6万亿元，河南、江西

也都超过 3000 亿元。

三、税收收入增长不稳的风险：土地密集型等相关行业深受国际价格和中央政策影响，年度间税收收入波动很大

作为资源大省，除了直接依赖矿产的采矿业外，其延伸的钢铁、石化、建材等行业，均是河北省的主导产业。2018 年，河北省采矿、钢铁、石化、建材、电力五大资源型行业的营业收入占到工业营业收入总和的 53.8%，远高于 30.7% 的同期全国水平，更高于江苏的 18.8%、浙江的 20.3%、广东的 15.9%。除了一般的国内市场因素外，这些行业还深受两方面因素影响。（1）国际市场价格。煤炭、石油、铁矿石三大国际大宗能源的价格走势，直接影响相关行业的税收收入。2013～2016 年国际铁矿石价格一直呈下降态势，2016 年初的澳矿铁粉兰格价格指数，比 2013 年初的高值下降了近 3/4，一直到 2019 年底才震荡回升到 2013 年高值的一半。体现在营业收入上，2016 年河北省规上铁矿开采业营业收入约为 2013 年的 60%，实现税收收入不足 2013 年的 1/4。（2）中央环保政策。资源型行业多为高污染、高排放行业。自 2013 年以来，在"6643"等限产压产政策下，河北省钢铁、建材、纺织、石化等行业都受到较大冲击。虽然，国家要求环保政策"分企施策"，但个别地区仍然存在"一刀切"限产现象，唐山对钢铁行业的普遍限产政策从 2020 年 3 月执行到年底[①]，造成企业有效作业时间大幅减少，极大影响企业经营。总体看，受价格、环保及市场等综合因素影响，河北省资源型行业营业收入和利润总额年度间波动很大，导致税收收入增幅很不稳定。短短 7 年间，采矿、建材、石化行业税收收入经历"V"反转，而钢铁、纺织行业税收收入则经历了"И"曲折。例如，2012～2015 年钢铁、纺织业税收收入分别下降了 40%、13%，2015～2018 年则分别上升 325%、32%，2019 年又分别下降 17%、11%。

四、县域财政收支失衡的风险：受产业基础薄弱影响，减税降费政策、必保支出压力等进一步凸显财政收支矛盾

县域是国民经济发展的基本单元。河北省县域众多，产业发展程度普遍较低，

---

① 2020 年 3 月，唐山市发布了钢铁企业限产减排的相关政策，要求所有钢铁企业自 3 月到 12 月底限产 30%，部分企业限产 50%。

除环北京和天津等少数县依靠优越区位条件具有一定的现代产业外，其他县主要依靠农产品初加工、建筑房地产、交通运输、住宿餐饮等劳动密集型产业，虽然不少县形成了具有较大规模和影响的特色产业，但集群的整体竞争力较弱。近年来，随着经济下行压力加大、减税降费等政策影响，财政收入持续增长的难度不断加大，收支失衡的状况日益突出。一方面，产业基础薄弱，难以提供持续稳定的税源，导致税收增长缓慢，占一般预算收入比重不断下降。2019 年，河北省市县税收收入占比 68.1%，比 2012 年（73.8%）下降了 5.7 个百分点，税收收入占比低于 50% 的县有 14 个，低于 60% 的县有 34 个。征收欠规范、增长不稳定的非税收入占比较高，不利于地方财政收入的可持续增长。另一方面，一些地区违规组织收入，直接拉大县域财政风险。为应对财政收入增速下降状况，部分县想方设法挖掘收入潜力，除合规手段外，还出现征收"过头税"、摊派收入目标、将事业单位经营性收入缴入一般预算、提前计提教育和农田水利资金、出售国有资产后租回或购买服务等违规行为。在县域财政收入增长缓慢的同时，日益加重的支出压力进一步凸显了县域间的收支矛盾。特别在近年疫情防控形势下，随着大规模减税降费政策的巩固落实，多数县域财源基础薄弱，挖潜增收的空间越来越窄，同时民生性增支因素不断叠加，许多县域"三保"压力及"三保"之外的必保支出需求巨大，财政运行风险十分突出。例如，2017～2019 年张家口某县每年财力约 22.5 亿元，但支出预算达 37.7 亿元，仅能完成低水平"三保"要求，其他支出只能不断后移下年，造成收支矛盾越积越大。

第四节　提升河北省产业链现代化水平的主要对策

后疫情时代重构产业链供应链体系已成为世界各国的重要考量，发达国家"制造业回归"思潮再起，美国对我国的技术封锁不断加剧，经济主权、产业安全引起各国高度重视，将对我国产业体系带来重大影响，为此中央提出"加快形成以国内大循环为主体、国内国际双循环相互促进的新发展格局"，中央十九届五中全会作出"加快发展现代产业体系"的战略部署，明确要求"推进产业基础高级化、产业链现代化"。为贯彻落实中央要求，保障产业链供应链稳定[①]、提升产业

---

① 产业链指各个产业部门之间基于一定的技术经济联系和时空布局而形成的链条式关联形态，涵盖产品或服务提供的全过程，包括动力提供、原材料生产、技术研发、中间品制造、终端产品制造乃至流通和消费等环节。目前，按照抓重点产业、龙头企业、核心产品的思路，河北省已梳理确定钢铁、石化、汽车、食品、纺织服装等 18 个产业链。

链现代化水平，需要立足省情、着眼长远，统筹使用各类财政手段，对河北省主要行业的产业链短板环节进行逐类解析、分别施策。对劳动、资本密集型产业，核心是"做强产业链"；对技术、数据密集型产业，核心是"打造产业链"；对土地、资源密集型产业，核心是"后延产业链"，对县域特色产业，核心是"壮大产业集群"（见表10-8）。

表10-8　　　　　　　　　推动河北省高质量产业发展的财政政策手段

类别	问题	目标	路径	财政手段
劳动资本密集型行业	高投入低收益	强链	开发升级"优势产品"	实施国家及省级各类科技计划，运用专项资金、奖补贴息、政府采购等，支持技术创新、新产品研发
技术数据密集型行业	规模小发展慢	建链	培育壮大"龙头企业"	争取国家重大专项资金，整合省级专项资金，用好股权投资基金，集中支持符合省情的重点项目建设
土地资源密集型行业	外部干扰产业链短	延链	后向延伸"产业链条"	利用税收优惠、专项资金奖励等，倒逼过剩产能退出；发挥投资基金引导作用，加快形成完整产业链
县域特色产业	层次较低竞争力弱	群链	横向拓展"产业集群"	统筹财税体制、政策和资金，采用专项资金、事后补助、奖励等方式，培育各具特色的县域产业集群

一、开发升级"优势产品"，做强做优产业链条，提升劳动、资本密集型产业竞争力，推动河北省传统产业转型升级

作为河北省的传统当家产业，劳动和资本密集型产业在未来一段时期仍是河北省的主体财源，针对该产业存在的产品附加值低、自主品牌少、产业链条竞争力弱状况，应发挥财政政策引导作用，积极实施国家火炬计划、国家重点新产品计划、省级科技攻关计划等项目，通过整合投资基金、财政奖补、贴息、政府采购等手段对关键技术、新产品研发和名牌商标进行倾斜支持，实现企业产品由低端向高端迈进，由上游初级品向下游制成品延伸，全面提升传统产业的科技含量和附加值。特别是，按照"一事一议"方式，重奖研发生产"杀手锏"产品的企业，加大对企业重大技术装备首台套、新材料首批次、软件首版次产品的财税支持力度。

分行业看，推进钢铁行业向精品化方向发展，改变过去以冶炼为主的线材、

窄带钢等低端产品生产模式，打造冷轧薄板、镀层板、涂层板等高附加值板材；推进石化行业的绿色和精细化发展水平，降低氯碱、纯碱、化肥等初级产品比重，突破制约发展的烯烃、芳烃等短板产品，积极开发合成橡胶、高性能树脂等精细化工产品；推进建材产品向名优、高档、成套方向发展，大力发展高档日用瓷、水泥基制品、玻璃深加工和新型绿色建材；探索食品产业专业化、高端化、国际化品牌路线，打造享誉国内、世界知名的养殖、乳品、肉制品等深加工品牌；提升纺织工业的高端化和个性化，重点发展新型面料、高性能纤维、产业用纺织品和自主品牌服装；加快传统运输企业向现代物流转型，支持其与制造业企业开展外包服务合作，推动供应链各环节有机融合。

二、培育发展"龙头企业"，构建省内产业链条，壮大技术、数据密集型产业规模，成为高质量发展的新引擎

当前，我国以数字经济为代表的高技术产业发展已进入"快车道"，日益成为引领经济可持续增长的强大驱动力，东南沿海多个省份将建设数据强省作为掌握未来竞争主动权的头号工程，华中、西南省份倾力发展大数据、人工智能等新兴产业，全国新一轮竞争格局正在加速形成。河北省技术、数据密集型产业发展明显滞后，特别是缺乏领军型企业，东旭、晶澳等个别支柱企业也多未在省内构建产业链条，影响了河北省产业链稳定升级。为此，应充分利用河北省优越的地理区位、丰富的可再生能源和较为先进的信息基础设施①优势，积极争取工业强基等国家重大专项资金，以及集成电路产业投资基金、国家制造业转型升级基金、京津冀产业协同发展等国家基金支持，整合省级信息化建设、战略性新兴产业、工业转型升级等专项资金，发挥产业投资、战略性新兴产业创业投资、科技创业投资和成果转化、工业技改等省级投资基金作用，按照"河北有基础、整合资源有条件、未来发展有市场、符合产业技术演进趋势"的原则，集中支持大数据、物联网、新能源、高端装备制造、信息技术制造等领域重点项目建设，推动建设数字强省。

一是扶持一批企业发展壮大。充分运用各项财税优惠政策和中小企业发展资金，积极支持个转企、小升规、规上市，争取一批优势企业入围中国电子百强、软件百强、互联网百强。支持龙头企业通过兼并重组、股权投资等方式开展产业

---

① 河北省信息基础设施水平位居全国上游。2019年底，全省互联网省际出口带宽、光缆线路总长度、移动电话基站、互联网宽带接入端口、固定宽带接入用户数均居全国第7位，IPTV用户数居全国第6位，互联网普及率超过全国平均水平。

链上下游垂直整合和跨领域产业链横向拓展，打造一批行业旗舰。二是引进一批企业入驻发展。抓住河北省历史性窗口期和战略性机遇期，在大数据、人工智能、新型显示、集成电路、软件及信息技术服务等新兴产业，引进一批电子信息百强、软件百强、互联网百强、元器件百强等国内外知名企业，促进产业集聚发展。三是培育一批中小企业加快成长。加大"专精特新"中小企业培育力度，围绕技术协作研发、产业链配套、市场开拓等，与行业龙头开展多种形式合作。四是建设一批示范基地和创新平台。以雄安研发创新及成果转化区为引领，建设承德（大数据）、张家口（大数据）、廊坊（电子信息）、邢台（太阳能光伏）、邯郸（军民结合）等5个国家新型工业化产业示范基地，以及石家庄光电与导航、秦皇岛软件及信息技术外包等8个省级电子信息产业集群。以国家数据经济创新发展试验区和中国（河北）自由贸易试验区建设为契机，汇聚人才和技术创新资源，建设一批制造业创新中心、重点实验室、产业技术研究院等创新平台，攻克一批核心技术，转化一批科研成果。

三、后向延伸"产业链条"，重点发展吃钢（矿）产业，优化土地、资源密集型行业布局，增强外部风险抵御能力

受省情影响，河北省土地、矿产等资源密集型行业规模较大，但大多处于单一上游的产业链，容易受国际市场价格和中央环保政策影响。为此，综合运用各类税收政策、专项资金、土地供给等政策，在化解过剩产能的同时，加快延链、补链、强链，形成相对完整的产业链条和相对优化的产业布局。

一方面，化解过剩产能。一是退出。运用税收优惠、专项资金奖励、产能指标市场化交易以及环保、能耗、安全等法治化手段，倒逼过剩产能退出，完成去产能三年行动计划。二是转移。完善增值税、企业所得税迁出地和迁入地税收分享等"飞地政策"，根据全省优化产业布局要求和各地产业功能定位，加快钢铁、焦化等资源型产业向沿海、临港等区域适度集聚。同时，推动钢铁、水泥等优势产能"走出去"，建立面向全球的生产、贸易、服务网络，打造国际产能合作新样板。三是整合。在技术改造资金、投资项目审批核准、土地供给、信贷融资等方面，重点支持符合产业规划布局的钢铁、石化企业兼并重组，提升产业集中度。另一方面，拓展产业链条。充分发挥全省技改、战略性新兴产业基金引导作用，培育一批关联性大、带动性强的产业链优势企业，并以龙头企业、终端产品为核心，汇集上下游关联企业和配套产品，探索"两业"融合发展新业态，形成完整产业链条。通过稳定上游供应链、做强中游生产链、延伸下游应用链，并以此配

置创新链、提升价值链，增强抵御外部风险的能力。例如，铁矿石采选冶炼（钢铁）产业，延伸钢材深加工产业链条，鼓励有条件的钢铁企业加强与汽车、家电、造船等下游企业的近终端合作，拓展高档汽车面板、新能源汽车用钢市场；设备制造商向制造服务商转变；石油开采加工（石化）产业，实施由无机化工向有机化工、由基础化工向精细化工和由单一化工向系列化工延伸的发展路径；医药产业，健全河北省"原料药供应—研发生产—外包服务—医药商业—医疗服务—产业服务"的全产业链条。

四、横向拓展"产业集群"，通过龙头引领、园区聚集、平台服务，壮大各类特色产业，促进县域经济高质量发展

县域经济是国民经济的重要支撑，特色产业是县域经济的命脉。河北省县域特色产业品类多、基础好，形成了清河羊绒、白沟箱包、霸州家具、平乡自行车、辛集皮革等一大批特色产业群，其中年营业收入 50 亿元以上的 130 个、100 亿元以上的 62 个。这些特色产业，既是转型升级的重点领域，也是实现县域高质量发展的潜力所在。为此，应立足于本地资源禀赋和产业基础，统筹财税体制、政策和资金，采用专项支持、事后补助、奖励等不同方式，支持县域特色产业项目，培育和发展一批规模体量大、专业化程度高、延伸配套性好、支撑带动力强的特色产业集群，成为县域经济高质量发展的主引擎。

一是扶持龙头企业。实施产业链龙头企业培育壮大工程，每个特色产业选择 2～3 家产业关联度高、行业优势明显、辐射带动作用大、创新能力强的龙头企业，予以重点支持。实施专精特新"小巨人"企业培育工程，支持特色中小企业专注细分产品市场、产品质量提升和品牌建设，打造一批单项冠军企业。二是推动入园聚集。把各类园区作为特色产业发展的主要载体，引导产业向园区聚集，吸引人才、资金、技术等要素向园区流动，实现生产力集中布局、资源要素集约利用、污染物和废弃物集中治理。同时，推行企业投资项目"标准地 + 承诺制"，提升开发区税收强度、投资密度等"亩均效益"。三是做强服务平台。落实《河北省县域科技创新跃升计划（2019—2025）》，整合财政资金和社会资源，强化与高等学校、科研机构合作，采取多种形式建立技术研发、工业设计、标准制定、检验检测、信息服务、融资担保等创新服务平台，引导创新资源向特色产业聚集。四是壮大产业集群。在有龙头、有园区、有平台的基础上，鼓励县域龙头企业通过投资入股、技术支持等方式，与配套企业结成产业联盟和战略伙伴，带动上下游中小企业协同发展，形成一批龙头带动的"整机 + 配套 + 服务"链条完整的产业集群。

第十一章

促进河北省数字经济加快发展的
财政政策

发展数字经济是构建新发展格局的战略抉择，是推动高质量发展的必由之路。党中央、国务院高度重视数字经济发展，作出了做大做强数字经济、建设"数字中国"的重大决策。河北省委、省政府把发展数字经济作为落实新发展理念，推动河北省创新发展、绿色发展、高质量发展的重要举措，提出了全面提升数字经济的质量和水平，加快建设数字强省的明确要求。

第一节　数字经济内涵及河北省数字经济状况

数字经济是以数据资源为生产要素、以现代信息网络为主要载体、以信息通信技术的有效使用为重要推动力的新经济形态。数字经济内涵丰富，既包括数字产业化和产业数字化的经济发展问题，还涉及数字化治理的社会转型范畴。其中，"数字产业化"即信息产业，涵盖电子制造业、软件服务业、通信业及大数据、云计算、人工智能等新兴行业；"产业数字化"指传统产业应用数字技术所带来的产出增长和效率提升；"数字化治理"指运用信息技术提升社会治理能力。

近年来，河北省数字经济呈现良好的发展势头。2019 年承办了全国首个国字号"数字经济"展会，河北省（雄安新区）被纳入全国数字经济创新发展试验区。2020 年，全省数字经济增加值 1.21 万亿元，占全省生产总值的 33.4%。

一、政策支持体系逐渐完善

"十三五"期间，河北省委、省政府高度重视数字经济发展，发布《关于加快发展数字经济的实施意见》《数字经济发展规划（2020—2025 年)》，明确了数字经济发展的指导思想和实施路径。在数字产业化方面，出台了《电子信息产业重点攻坚行动计划》《关于加快 5G 发展的意见》，实施了新型显示产业、大数据产业发展等重点专项行动；在产业数字化方面，出台了《关于加快智能制造发展行动方案》《企业上云三年行动计划（2018—2020 年)》以及钢铁、汽车、石化等领域数字化转型计划等多个政策性文件，利用互联网新技术对传统产业进行数字化改造；在数字化治理方面，出台了《关于加快推进新型智慧城市建设的指导意见》《数字政府服务能力提升专项行动计划》等政策，确定了沧州等 4 个设区市、迁安等 12 个县区开展新型智慧城市建设试点。

二、信息基础设施加快构建

"十三五"期间，河北省数字基础设施建设取得了显著进展。截至 2020 年，全省通信及互联网光缆线路总长 223 万公里、省际出口带宽 4.05 万 Gbps、互联网宽带接入端口 4598.2 万个、移动通信基站 42.8 万个，信息基础设施水平居全国第 7 位。中国信通院《2021 年数据中心产业发展指数》显示，河北省数据中心指数[①]排名全国第 1 位，其中在建、在用机架数分别为全国第 3、第 4 位。张家口市建设"中国数坝"，吸引了阿里巴巴、秦淮数据、腾讯等数十家企业落户，世界级超大规模绿色数据中心正在快速推进。廊坊市建设"大数据走廊"，润泽国际信息港、中国联通华北基地、华为数据中心等企业毗邻而居，集云存储、云计算、云服务、大数据加工及应用于一体的产业集群正在加速崛起。

三、数字产业化规模不断壮大

"十三五"期间，河北省信息技术产业发展迅速，质量效益稳步提升。全省电子信息产业营业收入由 2015 年的 1241 亿元增加至 2020 年的 1912 亿元，增长了

[①]　数据中心作为各行业信息系统运行的物理载体，是数字经济发展不可或缺的关键基础设施。中国信通院发布的数字经济指数为综合指标，包括服务器机架数等规模指标、上架率和能耗等质量指标，以及电价成本、年均气温等环境指标。

0.54 倍，年均增速 9.0%，明显高于 6.5% 的 GDP 年均增速[①]。目前，全省电子信息领域的高新技术企业 627 家，企业平均研发投入强度达到 4.1%，累计获得授权专利 1.45 万项、发明专利 5700 多项，已初步形成承德大数据、张家口数据中心、廊坊电子信息等 7 个国家新型工业化产业示范基地，以及石家庄通信导航、秦皇岛应用软件、唐山工控软件与工业大数据、邯郸电子特气等 7 个省级特色电子信息产业集群。京津冀大数据综合试验区建设成效显著，张家口、承德、廊坊等大数据示范区初步建成，在线运营服务器规模突破 120 万台，全省大数据与物联网、信息技术制造、人工智能与智能装备等领域快速发展。

四、产业数字化转型深入推进

"十三五"期间，河北省实施了"互联网+"行动、企业上云、工业诊所"百千万行动"等计划，大力推动信息化和产业化深度融合。农业数字化转型稳步推进，5G、物联网、大数据、人工智能等数字技术加快在农业生产经营中融合应用，省级农业数据中心和"农业云"初步建成，省、市、县、乡四级农业信息服务体系基本建立。制造业数字化转型步伐加快，累计培育省级工业互联网平台 47 个、省级信息化改造重点项目 483 项、省级以上数字化车间 368 个。2020 年全省工业互联网带动经济增长指数为 73.5，显著高于 48.8 的全国平均水平，居各省第 7 位；企业工业设备上云率 15.94%，居第 2 位。服务业数字化转型深入拓展，体育、旅游、展览等纷纷推出线上服务新模式，在线教育、在线医疗、远程办公、数字娱乐的用户规模快速增长，服务业新业态、新模式不断涌现。

五、数字化治理能力持续提升

"十三五"期间，河北省注重以信息化、智能化、网络化技术，推进政府决策科学化、治理精准化、服务便利化，全省政务信息系统整合共享工程成效初显，政务云实现了由单云平台向多云平台的迈进，政府信息资源共享和"互联网+政务服务"水平明显提升。目前，省、市、县三级政务服务事项网上可办率均达 95% 以上，2265 项便民应用通过"冀时办"App 实现了"指尖办"，94 项高频事项实现了"跨省通办"。全省统一的社保公共服务平台在省本级率先上线运行，医保卡进入"一码在手，医保无忧"的电子时代。"全程网办""不见

---

① 地区生产总值为第四次全国经济普查后的系统修订数据，增速为名义增速。

面开标"让全省公共资源交易系统实现"不打烊"运营，2020 年公共资源电子化交易率在全国率先超过 80%，公共资源交易平台整合共享取得新突破。河北省旅游大数据中心和应急指挥平台顺利运行，京津冀综合交通信息服务平台、出行云建设初见成效。

六、财政信息化建设进展迅速

"十三五"期间，河北省不断推进财政信息化建设，数字技术在财政治理中的运用不断拓展，无论是"金税三期"工程的全面推广、非税收入征缴电子化的深入推进，还是国库单一账户体系、政府采购系统、直达资金监控系统等，都极大提升了财政收缴、支出和运行效率。特别是，自 2019 年财政部印发《关于推进财政大数据应用的实施意见》以来，按照财政部部署，河北省积极推进财政大数据管理与应用，预算管理一体化改革成为全国首批试点，已建成了一个支撑平台和 30 余套业务系统，涵盖行政管理、绩效预算、预算执行、预算监督、风险防控及专项业务，构建起横向到边覆盖两万多家预算单位、纵向到底贯通省市县乡四级财政的信息化大格局，实现了覆盖预算编制、执行、监督、风险防控、决策支撑"五位一体"的财政管控功能，极大提高了财政资金的使用效益。

第二节　河北省数字经济发展存在的主要问题

虽然河北省数字经济发展较快，但与发达地区相比较，整体仍处于初级发展阶段，且产业发展不平衡，主要体现在以下方面。

一、整体水平不高，数字经济规模虽大，但占 GDP 比重较低，与发达省份差距明显

实体经济是数字经济发展的基础支撑。河北省是经济大省，但产业结构层次低、企业整体实力弱，导致河北省数字经济规模不小，但与发达省份依然差距明显。从绝对量看，2020 年河北省数字经济增加值为 1.21 万亿元，居全国第 11 位，但与广东、江苏等省约 5 万亿元的产值规模差距悬殊，仅相当于全国（39.2 万亿元）份额的 3.1%。从相对量看，2020 年河北省数字经济增加值占 GDP 比重为 33.4%，尚未达到 38.6% 的全国平均值，更远低于北京、上海超过 55% 的占比水

平。从典型指标看，国家互联网信息办公室发布的《2020 年数字中国发展报告》显示，2020 年河北省信息化发展水平居第 17 位，属于全国中间档次的后列。赛迪数字经济产业研究中心发布的《2021 中国数字经济城市发展白皮书》显示，河北省排名最高的石家庄市仅居全国第 31 名，低于中西部的武汉、长沙、合肥、郑州、南昌、贵阳、太原等诸多省会城市。

二、基础支撑不牢，信息通信业规模小、实力弱、发展滞后，位居全国下游水平

数字产业化即信息通信业，是数字经济的基础和先导产业，为数字经济发展提供技术、产品、服务和解决方案。2020 年河北省信息通信业增加值不足 1000 亿元，居全国第 18 位，远低于广东、江苏等规模超万亿元的信息产业大省，甚至低于中西部的陕西、广西、湖南等省份。其中，河北省的电子信息制造业营业收入不足全国的 1%，相当于广东的 1.8%、江苏的 3.1%，甚至不足位于中西部的江西、河南、湖北、湖南的一半；软件和信息技术服务业营业收入[①]仅占全国的0.5%，相当于广东的 2.8%、北京的 2.7%、江苏的 3.3%，甚至不足位于中西部陕西的 1/9、湖北的 1/6、安徽的 1/2。而且，河北省缺少拥有关键核心技术的领军企业，产业链条短，带动力不足。全省 200 多家软件企业中，仅华为技术服务有限公司一家企业的软件业务收入就超过全省的一半，其他 90% 的软件企业收入都在 1 亿元以下，尚无一家企业进入全国软件百强和互联网百强。

三、产业转型不快，第一、第二产业数字化转型较慢，多数企业仍处于信息化初级阶段

产业数字化是数字经济在实体经济中的融合渗透，随着数字化的应用拓展，逐渐成为驱动数字经济发展的主导力量。目前，河北省产业整体数字化水平不高，数字化转型程度参差不齐，主要存在三方面问题：一是从三次产业看，受行业属性影响，固定成本较低、交易成本较高的服务业数字化转型较快，而固定成本较高、交易成本较低的工业数字化转型较慢，农业受行业生产的自然属性影响，数字化转型需求最弱、难度也最大[②]。二是从工业行业看，尽管河北省近年来大力推

---

① 其中，软件业务收入仅占全国的 0.22%，居省第 21 位。
② 2020 年我国服务业、工业、农业数字经济占行业增加值的比重分别为 40.7%、21.0%、8.9%。

进工业互联网建设①，但主要分布在采矿、电力、建筑、装备制造等行业，且主要应用于资产、财务、人力资源等管理环节，在其他行业领域和核心业务流程方面运用不足，大部分企业仍处于信息化初级阶段，生产环节的数字化、网络化、智能化程度较低②。三是从产业链条看，尽管河北省新型数据中心建设显著，但这些数据中心设施大多仅作为物理存在，并未延伸其数据分析与核算功能，也未聚集相关产业链，除了占地广、能耗大外，在税收、就业等方面并无多少贡献。

四、创新能力不强，研发经费投入少、创新主体能力弱，影响数字经济发展活力

从投入看，2020 年河北省研发经费投入强度为 1.7%，比 2015 年的 1.2% 已有大幅提升，但仍相当于全国平均水平（2.4%）的七成，居各省第 16 位；从产出看，2019 年河北省国内发明专利授权量，仅为广东的 1/10、江苏的 1/8、浙江的 1/5，甚至不足安徽、湖北、陕西等中西部省份的一半；从信息技术的研发主体看，河北省缺少影响力较强的研发机构和知名高等学校，信息技术高端人才聚集水平低，尤其缺乏精通信息化与生产制造的复合型人才。在目前全国 336 个国家（重点）实验室中，河北省仅有 2 个，居第 25 位。研发经费投入少、创新主体能力弱、创新创业氛围不浓，不仅制约了高技术密集的信息通信业做大做强，也不利于河北省传统产业的数字化转型升级，更阻碍了人工智能、区块链、新零售等新业态新模式的市场培育和应用创新，极大影响了河北省数字经济的发展活力与后劲。

五、数字治理滞后，数字政府和数字财政建设尚处于起步阶段，明显滞后于经济数字化转型步伐

建设数字政府是数字化时代的必然选择，是数字经济、数字社会高质量发展必不可少的基础设施。财政是国家治理的基础和重要支柱，数字财政理应是数字政府建设的前沿阵地。然而，与经济数字化转型的步伐相比较，政府和财政的数

---

① 工业互联网是新一代信息通信技术与工业经济深度融合的新型基础设施、应用模式和工业生态，通过对人、机、物、系统等的全面连接，构建起覆盖全产业链、全价值链的全新制造和服务体系，是实现工业数据驱动的数字化转型新路径。

② 产业数字化并非简单地引入数字设备或专业化人才，而是对组织架构、企业文化、员工素养、软硬件设备、制度章程、运营机制等进行全方位、全流程改造。

字化转型明显滞后，体现为政务平台分散、共享开放不足、数据标准不统一，以及诸多公共服务领域的数字化程度较低、管理模式落后、应用场景开发尚处于起步阶段等。特别是对财政数字化转型而言，虽然河北省的财政信息化系统建设位居全国前列，但尚未打破部门间的"数据烟囱"，没有形成覆盖财政历史数据和部门经济信息的"大数据平台"，本质上还是个"业务流程软件"，而非"辅助决策系统"，亟待进一步创新体制机制，全面建设"数字财政"，以信息化驱动财政治理的现代化。

第三节　推动河北省数字经济发展的相关对策

推动数字经济发展，应充分发挥财政收支、政策、管理等职能，从供给侧和需求侧共同发力，既在供给端支持基础设施建设、培育市场主体、提升创新能力、壮大人才队伍，形成数字经济发展的坚强支撑，也在需求端为企业、居民和政府部门的数字化转型搭建广阔的应用场景和市场领域，形成数字经济发展的有效驱动（见表11-1）。

表11-1　　　　　　　　推动河北省数字经济发展的财税政策框架

项目	供给端				需求端		
	完善基础设施	培育市场主体	激发创新活力	强化人才支撑	提升企业需求	刺激居民需求	培育政府需求
税收政策	将数字经济基础设施纳入《公共基础设施项目企业所得税优惠目录》，降低基础设施运营成本	建立符合条件享受税收优惠政策的企业库、项目库，落实国家增值税、所得税及进出口关税政策	落实高新技术企业研发、信息产品制造、软件开发等优惠政策，将应用数字技术企业纳入高新企业范围	实施股权激励和技术入股有关所得税政策，在个人所得税专项扣除中增加科技成果转化相关内容	健全促进产业数字化转型的税收制度，重点从传统产业研发、生产等环节的数字化应用方面完善税收政策	针对居民的数字经济消费热点，适时调整现行税制，完善促进电子商务、平台经济规范发展的税收政策	关注数字经济发展导致的税源从河北省经济落后地区向发达地区转移的问题，相应调整现行税制
财政投入	将数字经济基础设施纳入重大科技创新工程，争取专项资金支持，对符合规定的数据中心和数字化高载能项目，实行支持性电价政策	对落户河北省的知名集成电路、软件、5G领域企业，通过贴息、奖补等方式给予支持，对首次进入全国电子信息、软件和互联网百强企业予以奖励	设立大数据领域科技研发专项资金，重点支持重大科技攻关项目，对晋级国家级的重点实验室、技术创新中心、制造业创新中心等给予分档奖励	建立面向数字经济领域高层次人才的阶梯式支持机制，支持高校设置数字类相关专业或研究机构，完善职业培训和鉴定考核补贴政策	整合产业发展相关专项资金，集中支持产业数字化转型，对企业数字化建设、工业互联网试点示范等项目给予补助和专项贷款贴息	统筹教育、医疗、养老等资金，建设一批大型生活服务平台，推动新模式新业态发展，打造细分领域的垂直电商平台	统筹各部门的信息化建设资金，打造统一安全的电子政务云、政务大数据平台，推动公共部门的数字化转型，提升公共服务水平

续表

项目	供给端				需求端		
	完善基础设施	培育市场主体	激发创新活力	强化人才支撑	提升企业需求	刺激居民需求	培育政府需求
创新方式	通过股权引导基金、新型政企合作等方式，引导社会资本参与新型数据中心等新基建投资	发挥各类投资引导基金作用，适时设立大数据产业发展基金，推动数字经济企业发展壮大	进一步完善科技创新券制度，促进优质科技资源共享，并推动科技创新券在京津冀地区通用通兑	对符合条件的高端创新人才和团队，其成果产业化项目符合产业投资基金要求的，按照市场化方式给予支持	实施"云服务券"财政补贴，支持传统产业购买云服务商服务，推动企业数字化改造和云服务商市场拓展	在移动支付平台上发放针对特定行业的数字消费券和数字人民币消费红包，刺激居民的数字消费需求	通过专项债、PPP等方式，推动医疗、教育、交通、政务服务等与民生密切相关的公共服务消费的数字化转型
政府采购	对部分新基建产品，政府应从自己建设转为采购第三方云服务	将数字经济领域企业的集成电路、软件、云计算等优先纳入政府采购目录	发挥政府采购政策功能，推动数字创新产品和服务率先在政务领域应用	完善政府购买服务，邀请国内外知名专业机构开展数字经济相关培训	推动高校、研发机构和龙头企业优秀资源"上云"，适当扩大政府购买服务范围	通过政府采购政策，鼓励社会资本加快进入促进居民消费新增长点的数字产品领域	鼓励各级各部门通过购买服务方式，将电子政务建设和数据处理工作等交由社会组织承担
完善管理	统筹布局全省基础设施项目，开展全生命周期风险评估	定期评估对数字经济企业的税收优惠和专项政策效果	创新财政科研经费投入方式，扩大科研经费管理自主权	完善科技人员股权和分红激励办法，增加合法收入	健全相关政策出台前调研和出台后跟踪机制	规范平台经济竞争秩序，切实维护消费者利益	构建部门间合作与激励相容机制，推动开放共享平台

一、夯实基础：完善数字基础设施建设

基建是经济发展的保障。发展数字经济，首先应加大5G、人工智能、工业互联网、新型数据中心等数字基础设施建设，增强支撑能力。一是在税收政策方面，将数字基础设施纳入《公共基础设施项目企业所得税优惠目录》，降低基础设施运营成本。二是在财政投入方面，将大数据、云计算、物联网等重大基础设施建设，优先列入全省重大科技创新工程，积极争取国家重大科技专项、科技支撑计划等专项资金支持。对满足布局导向及能效值要求的数据中心和数字化高载能产业项目，实行支持性电价政策，分级分档给予财政奖补。三是在创新方式方面，通过股权引导基金、新型政企合作等方式，引导社会资本参与新型数据中心等新基建投资，推动优秀项目参与不动产投资信托基金等投融资。四是在购买服务方面，对部分新基建产品，政府应从自己建设转为采购第三方服务。五是在完善管理方面，统筹全省数字基础设施建设项目的优化布局，支持雄安新区适度超前布局智慧公共服务工程，推动张家口冬奥场馆的数字智能化，加强廊坊大数据产业基地建设，同时对一些财政承受能力较差的地区应审慎推进新基建，对基建项目开展

全生命周期风险评估。

二、培育主体：壮大数字经济企业实力

企业是经济运行的主体。发展数字经济，离不开数字经济领域（信息通信）企业，其不仅是数字产业化的实施主体，也为其他企业数字化转型提供产品和服务。一是在税收政策方面，建立享受税收优惠政策的清单库，将全省符合条件的数字经济企业和项目纳入，及时落实增值税、所得税及进出口免税等政策。二是在财政投入方面，对首次进入全国电子信息百强、软件百强、互联网百强及"独角兽"名单的企业，给予一次性奖励；按照"一企一策""一项一议"原则，对落户河北省的知名集成电路、软件、5G 领域及平台经济企业，通过贴息、奖补等方式予以支持；对数字经济领域新认定的知识产权示范企业、参与数字经济标准制定且获得实效的企业予以补助；支持符合条件的数字经济企业在境内外资本市场上市，对外地上市公司总部迁入河北省的，视同上市给予奖励。三是在创新方式方面，积极争取国家各类投资基金支持，发挥河北省产业投资、战略性新兴产业、科技创业投资和成果转化等引导基金作用，适时设立大数据产业发展基金，加大对集成电路、新一代信息技术等战略性新兴产业投入，实现产业化规模化发展[1]。完善贷款风险补偿和融资担保机制，支持集成电路、软件企业通过知识产权质押融资、股权质押融资、供应链金融等方式获得融资。四是在购买服务方面，将数字经济领域企业的集成电路、软件、云计算、大数据等产品和服务优先纳入政府采购目录，进一步加大省内采购力度。五是在完善管理方面，对数字经济企业的税收优惠和专项政策的效果，进行定期评估，适时予以调整。

三、创新技术：增强数字经济发展动力

技术是经济发展的动力。数字经济的典型特征之一就是新技术新应用，应聚焦河北省数字经济发展的关键领域[2]，支持核心技术攻关，提升发展动力。一是在税收政策方面，全面落实国家和省对高新技术企业研发、信息技术产品制造、软件开发、信息服务以及科技企业孵化器、大学科技园和众创空间等的税费优惠政

---

[1]　合肥创新推行"国资领投"、社会资本参与的产业投融资模式，以国有资本撬动社会资本组建产业基金，形成"引进团队—国资引领—项目落地—股权退出—循环发展"的闭环链条，对产业培育和企业发展初期形成强力的资本支持。

[2]　包括现代化数据资源、制造业数字化、服务业数字化、农业数字化、新一代电子信息、新业态新模式等 6 大领域。

策；在高新技术企业认定中单独设定数字经济相关内容，将国家重点鼓励的应用数字技术企业纳入优惠范围，对数字经济平台化组织制定独立的认定标准，让更多的企业享受到高新企业税收优惠。二是在财政投入方面，设立大数据领域科技研发专项资金，重点支持数字经济重大科技攻关项目的自主创新研究、应用示范和产业化发展；对晋级国家级的重点实验室、技术创新中心、制造业创新中心等重大创新平台，按照相关政策给予分档奖励支持；将符合条件的数字经济领域重大装备和新材料，纳入"首台套"重大技术装备和新材料"首批次"保险政策予以支持。三是在创新方式方面，进一步完善科技创新券制度，对符合条件的数字技术企业、团队使用共享科学仪器设备开展科技创新相关的检测、实验、分析等活动发生的费用，给予创新券补助，并推动科技创新券在京津冀通用通兑。四是在购买服务方面，发挥政府采购政策功能，推动数字经济创新产品和服务率先在政务领域应用。五是在完善管理方面，按照中央要求，创新财政科研经费投入与支持方式，进一步扩大科研项目经费管理自主权，完善科研项目经费拨付机制。

四、汇聚人才：强化数字经济智力保障

人才是经济发展的决定性因素。瞄准河北省数字经济重点领域未来方向，坚持育才和聚才并举，大力实施数字经济人才培养工程。一是在税收政策方面，激发科技人员创新创业活力，落实股权激励和技术入股有关所得税政策，科研院所转化职务发明成果收益给予参与研发的科技人员的现金奖励，符合税收政策相关规定的，减按50%计入科技人员工薪所得缴纳个人所得税。探索在个人所得税专项扣除中增加达到一定级别科技成果转化的相关优惠政策。二是在财政投入方面，结合省"巨人计划""百人计划""燕赵英才计划"等，将数字经济领域高层次、高技能及紧缺人才纳入政府人才支持范围，在人才落户、子女教育、就医看病、交通出行等方面建立阶梯式支持机制；支持省属高校设置数字类相关专业或研究机构，培养高端人才，采取"一事一议"的方式对学校建设及运营给予支持；深化产教融合、校企合作，建设一批数字经济产教融合联盟和人才培育基地，培养大批量的职业技能型人才，按规定给予职业培训和鉴定考核补贴。三是在创新方式方面，对具有国内外首创重大技术发明或在关键技术上实现重大突破的高端创新人才、一流创新团队，其成果产业化项目符合河北省产业投资基金要求的，按照市场化方式给予积极支持。坚持人才共享理念，完善柔性引才引智机制，打造没有围墙的大数据实验室。四是在购买服务方面，完善政府购买服务，邀请国内外知名专业机构来河北省开展数字经济相关培训。五是在完善管理方面，完善科技人员股权

和分红激励办法，探索通过技术股权收益、期权确定等方式增加合法收入。

五、企业需求：提升企业数字消费需求

发展数字经济，离不开消费市场的培育壮大。推动传统产业数字化改造，构建数字技术的应用场景，有助于促进数字产品消费，推动数字经济发展。一是在税收政策方面，针对目前税收优惠主要集中在数字产业化，而非产业数字化转型发展的状况，应从传统产业研发、生产等环节的数字化应用方面，完善相关税收政策。二是在财政投入方面，积极争取国家重大专项资金支持，进一步整合河北省的工业转型升级、战略性新兴产业、电子商务、信息化建设等专项资金，采用"先投后补"模式，对企业数字化建设、工业互联网创新发展试点示范、数字经济融合应用示范等项目给予补助，加大对数字化转型项目的专项贷款贴息力度，支持企业通过融资租赁加快装备改造升级。三是在创新方式方面，借鉴贵州、广西的"云服务券"① 财政补贴机制，支持传统产业、中小企业购买云服务商服务，既推动企业研发、生产、销售、供应链等管理环节的数字化改造，也拓展云服务商的市场应用。四是在购买服务方面，充分发挥政府采购的价值引领作用，积极推动高校、研发机构和龙头企业优秀资源"上云"，适当扩大政府购买服务范围，鼓励创新产品首试先用。五是在完善管理方面，出台促进数字化转型相关政策前，充分做好调研论证，出台后及时做好成效跟踪。

六、居民需求：刺激居民数字消费需求

发展数字经济，需要加快数字社会建设，促进信息技术与人民群众的生活服务深度融合，推动实现社会服务数字化。一是在税收政策方面，针对居民的数字经济消费热点，适时调整现行税收制度，完善促进电子商务、平台经济规范发展的相关税收政策。二是在财政投入方面，统筹各级教育、医疗、养老等多方面资金，建设一批大型生活服务平台，推动智慧医疗、智慧教育、智慧文旅、智慧家居、智慧养老等新模式、新业态发展，为居民消费需求提供更广泛的应用和更便捷的环境；聚焦发展专业化、精准化的电商服务，培育支持一批工业、农业、物流、商务等细分领域的垂直电商平台，促进平台经济规范健康发展。三是在创新方式方面，支持创新数字消费方式，在移动支付平台上发放针对特定行业的数字消费券和数字人民币消费红包，以

---

① "云服务券"是政府为引导、支持"企业上云"而发放的一种有价凭证，通过财政资金对上云企业购买云服务商的服务给予一定奖励。

"满减""无门槛抵扣"等形式给予消费折扣，刺激居民消费需求。四是在购买服务方面，通过政府采购政策，鼓励社会资本加快进入促进居民消费新增长点的数字产品领域。五是在完善管理方面，规范平台经济竞争秩序，加强反垄断监管，防止资本无序扩张，创造公平竞争的市场环境，切实维护消费者的利益。

七、政府需求：培育公共部门数字消费需求

发展数字经济，需要加强数字治理。应推动公共部门的数字化转型，促进信息技术与公共服务、政府治理深度融合，提升公共服务水平和政府治理能力。一是在税收政策方面，关注数字经济对纳税人、课税对象、纳税地点等税制要素的影响，相应调整现行税收制度，同时全面推进税收征管数字化升级，改进办税缴费方式，减轻纳税人办税负担，确保税费优惠政策直达快享。二是在财政投入方面，统筹整合政府各部门的信息化建设资金，重点支持电子政务集约化建设，打造统一安全的电子政务云、政务大数据平台，实现更多事项智能审批、全流程网办。支持医疗、交通、教育等公共部门的数字化转型，打造数字化公共服务平台，大力提升政务服务水平，为企业和群众提供更便利、更高效率的公共服务。三是在创新方式方面，通过专项债、PPP等方式，推动医疗、教育、交通、政务服务等与民生密切相关的公共服务消费的数字化转型。四是在购买服务方面，鼓励各级各部门通过购买服务的方式，将电子政务建设和数据处理工作等适合通过市场化方式提供的公共服务事项，交由符合条件的社会组织承担。五是在完善管理方面，积极构建政府部门间合作与激励相容机制，推动各级次政府、各部门数据开放共享平台，充分发挥大数据对政府治理的决策辅助作用。

第四节　加快河北省数字经济发展的财政建议

针对河北省数字经济的发展状况及存在问题，结合财政经济发展形势，应着重从以下几方面做好财政相关工作。

一、梳理河北省相关政策，借鉴其他省份措施，形成河北省支持数字经济发展的财税政策清单

近年来，河北省出台了促进电子信息、5G、大数据产业、智能制造、企业上

云、传统产业数字化转型等多个文件，每个文件都涉及专项资金、股权基金、税收优惠、政府采购、绩效管理等财税措施，财税政策比较零散，有些条文重复交叉，建议做好两方面工作。一方面，系统整理河北省现行有效的支持数字经济发展的相关财税政策，包括中央出台河北省落实的政策以及河北省自行出台的相关政策，并对执行时间较长（如超过三年）的政策进行评估，对政策条文相互重复交叉的部分进行调整完善。另一方面，坚持对标先进，借鉴广东、江苏、浙江、山东、贵州等省份支持数字经济发展的政策措施，结合河北省实际，争取在有些方面进一步加大支持力度，如降低政策门槛、拓宽补助范围、提升奖励标准①，在此基础上，综合形成河北省支持数字经济发展的财税政策清单，并以《支持数字经济发展的若干条财税政策》形式对外发布。

二、统筹引导基金和专项资金，采取"跟投＋补助"形式，重点支持四个关键发展环节

当前，河北省涉及数字经济发展的专项资金有工业转型升级、战略性新兴产业、电子商务、现代产业体系建设等多个专项，相关的政府引导基金也有产业投资、战略性新兴产业、工业技术改造、科技创业投资和成果转化等多个，建议适当进行统筹集中②，以"基金＋资金""跟投＋补助"形式，重点支持数字经济发展的四个关键环节。一是抓龙头。支持新型数据中心、电子信息制造业、软件和信息技术服务业等领域的龙头企业做大做强，充分发挥引领和带动作用。二是育链条。利用河北省新型数字基础设施优势，探索"基础支撑—服务提供—深度应用"模式，培育形成上游数据采集存储、中游数据技术开发、下游数据场景应用的全产业链条。三是搭平台。以服务能力提升为着力点，支持建设一批服务于数字经济企业的公共服务平台，如人才交流、资本融通、技术转移、检测认证、创业辅导等平台，促进数字经济生产要素的流通与对接。四是建载体。在雄安新区、张家口、廊坊等地，支持建设国家大数据产业基地，打造"中国算谷""大数据走廊"，加快形成大数据产业集群。

---

① 　例如，提升首次进入全国电子信息百强、软件百强、互联网百强企业的奖补标准；对数字技术企业总部落户河北省的奖励政策，由总部扩大为研发总部和区域总部。

② 　石家庄对符合条件的电子信息和生物医药产业的重大项目，采取"基金＋资金"方式给予支持，按照固定资产投资比例，主导产业发展基金跟投最高不超过 20%；产业资金给予 2%～5% 的补助，最高补助 5000 万元。带动产业链上下游融通发展的重大项目，按"一事一议"主导产业发展基金跟投比例最高不超过 40%；产业资金给予最高补助 1 亿元。

三、关注数字经济对未来河北省税收收入的影响，提前谋划研究，做好税制改革时的应对工作

数字经济发展带来的网络化、超脱于物理存在的新变化，对传统税收制度形成重大影响，特别是对主要依据机构所在地的税收收入分配原则造成重大冲击①。目前，我国数字经济企业（特别是互联网企业）主要分布在经济发达地区，数字用户则遍布全国各地②，供需主体的错位意味着数字经济经营活动带来的增值税、企业所得税等税收收入主要在发达地区缴纳，造成河北省等欠发达地区在税收收入分配中处于劣势地位。对此，应做好相关准备工作。一是摸清底数。摸清河北省数字经济企业状况，特别是互联网平台在河北省注册、分布和网络交易情况。二是做好分析。既要分析先进省份互联网企业的发展状况，也要研究数字经济可能对我国税收征管的影响。三是提前应对。结合河北省实际，对中央关于数字经济的税制改革部署进行预研预判，尽力维护河北省税收权益，如争取作为数字经济税源地与市场地分享改革试点③。同时，支持河北省互联网平台规范发展，延伸区域布局。

四、进一步打破部门数据壁垒，打造符合河北省情的"数字财政"框架，提升财政治理能力

打造"数字财政"是财政治理转型的重要目标，也直接影响财政治理体系和治理能力的现代化进程。当前，在全面推进预算一体化系统建设的基础上，借鉴河南、广东、浙江等地经验，将大数据、云计算、区块链等技术和财政业务进行深度融合，进一步打破部门壁垒，形成覆盖财政历史数据和其他经济信息的"财

---

① 传统经济模式下，跨地区经营活动往往需要设立分支机构来实现，相当程度上保证了纳税地点与销售地、消费地的一致性。但在数字经济领域，经营者借助互联网平台，可在不设立分支机构情况下向不同地区的消费者销售商品与服务，这导致数字经济无法像传统交易一样准确界定纳税义务发生地，也就无法合理划分税收管辖权。

② 供给方面，北京、上海、杭州、深圳、广州的互联网上市企业数量占全国的 2/3，东部地区的电子商务网络零售额占全国的 4/5。需求方面，北京、上海、广州、深圳等一线城市的数字用户占比仅为 1/10 左右，其他用户均分布于一线城市以外。

③ 2020 年 7 月经合组织发布了 BEPS（税基侵蚀和利润转移）包容性协议，明确了以"双支柱"为框架的应对经济数字化税收挑战的解决方案，重塑了国际税收规则。其中，"支柱一"是要确保包括数字产业在内的大型跨国企业在其所有实施商业活动并取得利润的市场缴纳公平的税额，"支柱二"是通过设立全球最低公司税率（15%）来管控各国之间的财税竞争。

经大数据平台"①，进一步提升财政资源的配置效益和财政资金的使用效益，以信息化驱动财政管理现代化，不断提升财政治理能力。

五、探索政府数据资产的运营管理，出台相关制度标准，充分发挥经济社会的数字化治理效能

随着经济社会发展和大数据的广泛运用，政府数据的规模以"指数级"规模迅速扩大，已成为经济社会发展的重要公共资产，对制定政府政策、引导市场行为、优化资源配置结构、构建多元协同治理发挥重要作用②。建议探索运营数据资产，即将数据作为一种全新的资产形态，以资产管理的标准和要求加强相关制度及应用，通过合理配置和有效利用数据资产，最大限度挖掘数据资产的经济社会效益，保障和促进各项事业发展。

---

① 河南建立了覆盖财政系统历史年度数据和40多个部门涉税信息的数据融合中心平台，形成了收入、支出、债务"三个在线"监控的大数据建设应用格局。无锡设立财经数据平台，通过"财政画像""部门画像""项目画像""企业画像"，多维度监控财政收支运行状况及产业政策实施效果。

② 如地方政府利用大数据构建的联防联控机制，为复工复产、科学防疫、物资调配、人员安排及稳定预期提供了重要的制度和技术保障。

第十二章

推进城乡基本公共服务均等化的
财政政策

党的十九大报告提出"从二〇二〇年到二〇三五年，在全面建成小康社会的基础上，基本实现基本公共服务均等化，全体人民共同富裕迈出坚实步伐"。党的十九届四中全会进一步提出"坚持和完善统筹城乡的民生保障制度，满足人民日益增长的美好生活需要"，要求健全教育、医疗、社保、就业等方面国家基本公共服务制度体系。当前，我国城乡二元体制依然深远，城乡差距状况依然显著，实现基本公共服务均等化的重点和难点依然是城乡基本公共服务均等化。作为国家治理的基础和重要支柱，无论从国内外理论依据还是现实经验看，财政始终是推进城乡基本公共服务均等化的主要手段，必须充分发挥基础性、支撑性、保障性职能，为加快实现城乡基本公共服务均等化、推进全体城乡居民走向共同富裕贡献力量。

第一节　城乡基本公共服务的指标体系及演进情况

近年来，特别是党的十八大以来，我国不断加大统筹城乡发展的力度，逐步缩减城乡公共服务的差距。在经济层面，全面改善农村生产生活条件，推进城乡要素平等交换和公共资源均衡配置；在社会层面，推进城乡义务教育一体化发展，基本建立覆盖城乡居民的养老保险、医疗保险和低保救助体系，初步构建基层卫生、公共文化服务运行机制；在政治层面，实现城乡按相同人口比例选举人大代表，保障广大农民依法行使选举权、参与权、监督权等民主权利。为客观反映城乡基本公共服务状况，在此构建了指标体系和计量模型。

一、城乡基本公共服务水平指标体系

根据国务院《推进基本公共服务均等化规划》，基本公共服务是"由政府主导、保障全体公民生存和发展基本需要、与经济社会发展水平相适应的公共服务"。基本公共服务均等化指"全体公民都能公平可及地获得大致均等的基本公共服务，其核心是促进机会均等，重点是保障人民群众得到基本公共服务的机会，而不是简单的平均化"。2018 年，中共中央、国务院印发《关于建立健全基本公共服务标准体系的指导意见》，明确了公共教育、劳动就业、社会保险、医疗卫生、社会服务、住房保障、公共文化体育、优抚安置、残疾人服务等九个方面基本公共服务的国家标准。

参照以上标准，结合城乡差距实际情况，并考虑指标代表性、数据可得性等因素，将城乡基本公共服务分为义务教育、医疗卫生、社会保障、基础设施、文化生态等五方面，每方面包括 4 项指标，共有 20 项指标（见表 12 – 1）。指标选取主要遵循以下原则。一是全面性原则，包括投入类指标，更多的是产出类指标，且在数据可得性基础上，尽量选取各主要方面的代表性指标；二是客观性原则，所有指标均为平均或比例等相对指标，剔除了面积、人口等总量因素的影响；三是直观性原则，全部选用正向指标，即数值越大，状况越好[①]。

表 12 – 1　　　　　　　　　我国城乡基本公共服务均等化指标体系

类别	指标	单位	数据来源
义务教育	生均教育经费	元	中国教育经费统计年鉴
	师生比	人／百人	中国教育统计年鉴
	生均图书	册	中国教育统计年鉴
	生均计算机	台	中国教育统计年鉴
医疗卫生	人均医疗卫生支出	元	中国卫生健康统计年鉴
	每千人卫生技术人员数	人	中国卫生健康统计年鉴
	每千人医疗机构床位数	床	中国卫生健康统计年鉴
	孕产妇死亡率倒数	—	中国卫生健康统计年鉴

---

① 例如，相比常用的生师比指标，将其正向化为师生比指标；同样取孕产妇死亡率指标的倒数，转为正向指标。

类别	指标	单位	数据来源
社会保障	人均养老保险基金支出	元	国家统计局数据库
	人均医疗保险基金支出	元	国家统计局数据库
	平均月低保标准	元	中国民政统计年鉴
	低保人均支出水平	元	中国民政统计年鉴
基础设施	供水普及率	%	中国城乡建设统计年鉴
	燃气普及率	%	中国城乡建设统计年鉴
	生活垃圾处理率	%	中国城乡建设统计年鉴
	污水处理率	%	中国城乡建设统计年鉴
文化生态	广播节目综合人口覆盖率	%	中国统计年鉴
	电视节目综合人口覆盖率	%	中国统计年鉴
	人均公园绿地面积	平方米	中国城乡建设统计年鉴
	绿化覆盖率	%	中国城乡建设统计年鉴

二、我国城乡基本公共服务发展情况

自 2012 年（党的十八大召开）以来，我国城乡基本公共服务水平有了明显提升，绝大多数城乡公共服务差距也有了明显缩减，但在社保、生态和市政设施等部分领域依然差距较大（见表 12-2）。

表 12-2　　　　2012 年、2018 年我国城乡基本公共服务水平发展状况

指标		2012 年			2018 年			变化趋势
		城市	农村	城乡比	城市	农村	城乡比	
义务教育	生均教育经费	8833	8357	1.06	14860	13440	1.11	扩大
	师生比	6.2	7.2	0.86	6.5	7.8	0.83	扩大
	生均图书	20.6	23.5	0.87	28.3	34.5	0.82	扩大
	生均计算机	0.11	0.08	1.41	0.15	0.17	0.90	缩减
医疗卫生	人均医疗卫生支出	1064	514	2.07	2046	1240	1.65	缩减
	每千人卫生技术人员数	8.5	3.4	2.51	10.9	4.6	2.36	缩减
	每千人医疗机构床位数	6.9	3.1	2.21	8.7	4.6	1.91	缩减
	孕产妇死亡率倒数	4.5	3.9	1.15	6.5	5.0	1.28	扩大
社会保障	人均养老保险基金支出	20900	859	24.33	37842	1828	20.71	缩减
	人均医疗保险基金支出	1838	249	7.39	3380	692	4.88	缩减
	平均月低保标准	330	172	1.92	580	403	1.44	缩减
	低保人均支出水平	239	103	2.32	399	208	1.92	缩减

指标		2012 年			2018 年			变化趋势
		城市	农村	城乡比	城市	农村	城乡比	
基础设施	供水普及率	97.2	57.8	1.68	98.3	75.5	1.30	缩减
	燃气普及率	93.2	19.4	4.80	96.3	27.0	3.57	缩减
	生活垃圾处理率	93.3	29.4	3.17	99.0	73.0	1.36	缩减
	污水处理率	87.3	7.7	11.38	94.5	17.2	5.50	缩减
文化生态	广播节目综合人口覆盖率	98.3	96.6	1.02	99.2	98.6	1.01	缩减
	电视节目综合人口覆盖率	98.8	97.6	1.01	99.4	99.0	1.00	缩减
	人均公园绿地面积	12.3	1.0	12.91	14.0	1.7	8.49	缩减
	绿化覆盖率	39.6	12.0	3.30	40.9	13.2	3.10	缩减

注：义务教育分为小学、初中，相关指标为两者平均。人均公园绿地面积、绿化覆盖率中的农村为乡的数据。个别数据在统计年鉴中缺失，用插值法补充。

资料来源：相关公共服务领域年鉴资料。

1. 从年度发展看，城乡各项基本公共服务水平都有所提升，特别是财政投入类指标增长最为明显

2012～2018 年，无论是城市还是乡村，全部 5 个领域 20 项指标的基本公共服务水平均有提升。其中，除广播节目综合人口覆盖率、电视节目综合人口覆盖率等指标因基数较高增幅较小外，其他指标大都有明显增长。增长最快的为财政投入类指标，如城乡人均养老保险基金、医疗保险基金支出均增长 1 倍左右，城乡平均月低保标准、人均低保支出水平均增长 0.8 倍以上，典型反映了近年来我国在基本公共服务投入上的努力程度。此外，乡村基础设施和生态环境也改善较快，生活垃圾处理率、污水处理率均增长了 1.2 倍以上。

2. 从年度对比看，城乡在义务教育领域差距较小，在社会保障、生态环境和基础设施领域差距较大

2018 年，城市有 17 项基本公共服务指标水平高于乡村，乡村仅在师生比、生均图书、生均计算机等 3 项指标略高于城市。城乡差距最大的有三类：一是社会保障领域，城镇职工的人均养老金、医疗保险基金支出分别是城乡居民的 20.7 倍、4.9 倍；二是文化生态领域，城市人均公园绿地面积、绿化覆盖率分别是乡村的 8.5 倍、3.1 倍；三是基础设施领域，城市污水处理率、燃气普及率分别是乡村的 5.5 倍、3.6 倍，还有指标中未反映的公共交通及文化设施基本都集中于城市，这方面的城乡差距更显著。

3. 从发展对比看，城乡绝大多数公共服务差距都呈缩减态势，但孕产妇死亡率倒数、生均教育经费差距扩大

2012～2018 年，若以城乡均衡为目标，有 16 项基本公共服务的差距呈缩减趋势，如生均计算机指标，已由城市为乡村的 1.4 倍，转为乡村略高于城市，体现了我国推进城乡义务教育均衡发展的效果。呈非均衡趋势的有两类指标：一类是孕产妇死亡率倒数、生均义务教育经费，城市高于乡村的差距有所扩大；另一类是生均图书、师生比，乡村高于城市的差距也有所扩大，这看似乡村公共服务水平提升，实际反映了随着城镇化水平提升、城市学生大幅增加的现实。例如，2012～2018 年城市初中学生、小学生分别增长了 38%、17%，乡村学生则分别减少27%、33%。

第二节　省域间城乡基本公共服务水平评价与布局

参考樊纲等（2011）构造市场化指数的方法，对每项指标进行指数化，计算出各指数得分，然后通过平均赋权得出最终得分，包括城乡公共服务水平总得分和城乡公共服务均衡总得分[①]，具体方法如下。

当指数值高低与本指标程度高低正相关，即该指标为正向指标时，第 i 个指标得分 $=(V_i - V_{min})/(V_{max} - V_{min}) \times 5$。其中 V_i 是某个省份第 i 个指标的原始数据，V_{max} 是所有 31 个省份原始数据中数值最大的一个，V_{min} 是最小的一个。这种方法使所有数值均为 0～1 之间。为更直观显示发展状况，将理论上的百分（满分）与 20（指标个数）相除得 5，然后将各指标原始得分与 5 相乘，得到本指标得分。

当指数值高低与本指标程度高低负相关，即该指标为逆向指标时，第 i 个指标得分 $=(V_{max} - V_i)/(V_{max} - V_{min}) \times 5$。

为使指标跨年度可比，第 t 年第 i 个指标得分的计算方法如下：正向指标 $=(V_{i(t)} - V_{min(0)})/(V_{max(0)} - V_{min(0)}) \times 5$；逆向指标 $=(V_{max(0)} - V_{i(t)})/(V_{max(0)} - V_{min(0)}) \times 5$。其中脚标 t 代表所计算的年份，脚标 0 代表基期年份。由于公式性质，单项指数在非基期年份的最高和最低得分可能大于 5 或小于 0。

由此计算出 2012 年、2018 年各省份城乡公共服务水平及城乡差距状况。该方法既能反映不同地区横向比较情况，也能反映年度间变化情况。同时，按照樊纲等（2011）分析，在指标体系由较多变量构成、所包含信息比较充分的情况下，平均赋权法可以大致代替主成分等客观赋权法（两者结果高度一致），还能弥补主成分分析无法进行纵向比较的不足。

[①]　各城乡公共服务水平指标均为正向指标；城乡公共服务均衡状况以各项指标城乡比值来反映，因其本身既非正向指标，也非逆向指标，而是越接近于 1（均衡）越好，为此，将其与 1 相差后的绝对值作为逆向指标，从而得出各省份城乡均衡状况得分。

需注意的是，随着年度发展，部分时间跨度过大的指标计算会使指数值大幅偏离 0~5 的基期年评价区间，无形中加大了这些指数的权重，影响总指数评分。对此，一方面，适当缩减时间跨度，樊纲的市场化指数分析在 10 年以内，本书为 6 年；另一方面，对个别指标的异常值进行分析，经检验，2018 年 620 个数据中，城乡差距指标均没有超过区间最高值的 2 倍（即大于 10），乡村公共服务指标超过区间最高值 2 倍的仅有 14 个，基本都为京津沪直辖市，对其进行平滑处理（即调整为 10），防止极值对总评分形成异常影响，最终得出如下结论。

一、各省份城乡公共服务状况存在多种布局，其中乡村公共服务水平较低、城乡公共服务差距较大的省份数量最多，且有所增加

若以各省份平均值为高低判断标准，在乡村基本公共服务水平上，2012 年有上海、北京等 18 省市超过平均值，2018 年有北京、上海等 15 省市超过平均值，河北省则由高于全国平均值转为低于全国平均值。在城乡公共服务均衡状况上，2012 年有上海、江苏等 7 省市超过平均值，2018 年有上海、江苏等 9 省市超过平均值，河北省则一直低于全国平均值。结合两方面指标，列出各省份城乡公共服务布局状况：多数省份属于乡村公共服务水平较低、城乡公共服务均衡较弱（即城乡差距较大）的"双劣"状况（第三象限）；少数省份属于乡村公共服务水平较高、城乡公共服务均衡较强（即城乡差距较小）的"双优"状况（第一象限）；没有省份处于乡村公共服务水平较低、城乡公共服务均衡较强状况（第四象限）；与 2012 年相比，2018 年的"双优""双劣"省份数量均有所扩大，说明省域间的分化更加突出（见表 12-3 和图 12-1、图 12-2）。

表 12-3　　　　　　　　2012 年、2018 年各省份城乡公共服务布局情况

城乡均衡		较高	较低
2012 年	较好	上海、江苏、浙江、天津、重庆、山东、北京（7 省份）	
	较差	福建、海南、广东、陕西、内蒙古、新疆、吉林、辽宁、河北省、山西、湖北（11 省份）	安徽、黑龙江、宁夏、青海、四川、江西、甘肃、河南、广西、云南、湖南、西藏、贵州（13 省份）
2018 年	较好	上海、江苏、浙江、山东、天津、福建、北京、安徽、湖北（9 省份）	
	较差	广东、陕西、内蒙古、重庆、宁夏、辽宁（6 省份）	海南、山西、吉林、湖南、四川、河北、新疆、青海、黑龙江、甘肃、西藏、河南、云南、江西、广西、贵州（16 省份）

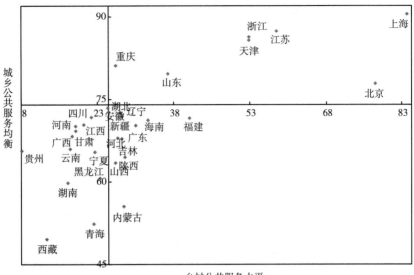

图 12 - 1　2012 年各省份乡村公共服务水平与城乡公共服务均衡情况

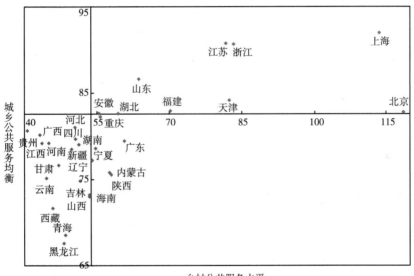

图 12 - 2　2018 年各省份乡村公共服务水平与城乡公共服务均衡情况

二、省域财政经济状况与乡村公共服务水平密切相关，体现了财力对公共服务供给的基础保障功能

无论是 2012 年还是 2018 年，乡村公共服务水平与省域财政经济发展状况高度相关，这两年乡村公共服务水平高的 8 个省均为东部发达省份。通过 SPSS 软件测

算，2012 年、2018 年人均财政收入与乡村公共服务水平的序列相关度分别为 0.876、0.806，均为高度相关。这说明，东部发达省份财力相对充裕，能够有效提升各项城乡基本公共服务水平，体现了财政资金对基本公共服务供给的基础保障功能。

三、省域财政经济状况与城乡公共服务均衡有一定相关度，但施政导向、地貌环境等主客观因素也有较大影响

2012 年和 2018 年，城乡公共服务均衡与省域财政经济发展状况具有一定的相关度，这两年城乡公共服务均衡较强的省份多为东部沿海省份，但均衡较低的，除多数中西部省份外，也包括广东、海南等人均财力较高省份。通过 SPSS 软件测算，2012 年、2018 年人均财政收入与城乡公共服务均衡状况的序列相关度分别为0.534、0.491，仅中度相关。这说明，财力相对充裕的省份，拥有缩减省域内城乡公共服务差距的财力，但是否切实作用可能还与政府施政导向和支出重点相关。例如，广东 2018 年人均财政收入、乡村公共服务水平均位居全国前列，但城乡公共服务均衡却低于全国平均值，其人均低保支出、生均教育经费、每千人医疗机构床位及卫生技术人员的均衡状况甚至处于全国倒数。此外，地形地貌等因素也对公共服务供给形成重大影响。例如，内蒙古、西藏人均财政收入较高，分列第9、第 11 位，但由于地广人稀、地形复杂，乡村公共服务供给成本较高，客观拉大了城乡公共服务差距状况，两地城乡均衡状况仅分居第 23、第 29 位。

第三节　河北省城乡基本公共服务水平的差距状况

近年来，河北省城乡基本公共服务水平有了明显提升，几乎所有的城乡公共服务差距都有了明显缩减，但在社保、生态和市政设施等部分领域依然差距较大（见表 12 - 4）。

表 12 - 4　　　　2012 年、2020 年河北省城乡基本公共服务水平发展状况

指标		2012 年			2020 年			变化趋势
		城市	农村	城乡比	城市	农村	城乡比	
义务教育	生均教育经费	8833	8357	1.06	12028	11552	1.04	缩减
	师生比	6.52	5.92	1.10	5.5	6.63	0.83	缩减
	生均图书	26.7	22.0	1.21	27.5	34.0	0.81	缩减
	生均计算机	0.08	0.09	0.89	0.12	0.17	0.71	缩减

续表

指标		2012 年			2020 年			变化趋势
		城市	农村	城乡比	城市	农村	城乡比	
医疗卫生	人均医疗卫生支出	956	434.7	2.20	1883.7	1201.6	1.57	缩减
	每千人卫生技术人员数	9.7	3.1	3.13	8.7	5.2	1.67	缩减
	每千人医疗机构床位数	8.3	2.9	2.87	6.6	4.8	1.37	缩减
	每万人拥有执业医师数	40	15	2.67	35	26	1.35	缩减
社会保障	人均养老保险基金支出	23166	622	37.24	40438	1479	27.34	缩减
	人均医疗保险基金支出	1778	179	9.93	3616	790	4.58	缩减
	平均月低保标准	335	154	2.18	705.3	458	1.54	缩减
	低保人均支出水平	238	107	2.22	767	212	3.62	扩大
基础设施	供水普及率	100.0	62.5	1.60	100	92.3	1.08	缩减
	燃气普及率	99.8	22.6	4.42	99.7	51.4	1.94	缩减
	生活垃圾处理率	97.5	28.9	3.37	100.0	71.5	1.40	缩减
	污水处理率	94.3	1.5	65.01	98.46	4.58	21.50	缩减
文化生态	广播节目综合人口覆盖率	99.6	99.1	1.01	99.8	99.7	1.00	缩减
	电视节目综合人口覆盖率	99.6	99.0	1.01	99.9	99.8	1.00	缩减
	人均公园绿地面积	14.05	0.48	29.27	15.3	1.31	11.68	缩减
	绿化覆盖率	41.2	8.7	4.74	42.9	14.1	3.04	缩减

注：义务教育分为小学、初中，相关指标为两者平均。因无河北省内的城乡孕产妇死亡率指标，故用每万人拥有执业医师数替代。2020 年的义务教育、城乡人均医疗卫生支出指标为 2019 年数据，个别数据在统计年鉴中缺失，用插值法补充。

资料来源：相关公共服务领域年鉴资料。

1. 从年度发展看，城市多项指标和乡村各项指标都有所提升，特别是财政投入类指标增长最为明显

2012～2020 年，乡村全部 5 个领域 20 项指标的基本公共服务水平均有提升，其中人均医保基金支出、人均医疗支出、污水处理率等指标提升幅度最为明显。同期，河北省城市在绝大多数公共服务指标（15 项）上都有所提升，其中人均医保基金支出、人均月低保支出提升最为明显，但在每千人卫生技术人员数、每千人医疗机构床位数、每万人拥有执业医师数、师生比等指标上有所下降，这主要是因为作为基数的常住人口及学生数增长较快。

2. 从年度对比看，城乡在义务教育领域差距较小，在社会保障、生态环境和基础设施领域差距较大

2020 年，城市有 17 项基本公共服务指标水平高于乡村，乡村仅在师生比、生均图书、生均计算机等 3 项指标略高于城市。城乡差距最大的有三类：一是社会保障领域，城镇职工的人均养老基金、医疗保险基金支出分别是城乡居民的 27.3 倍

和 4.6 倍；二是文化生态领域，城市人均公园绿地面积、绿化覆盖率分别是乡村的
11.7 倍和 3 倍；三是基础设施领域，城市污水处理率、燃气普及率分别是乡村的
21.5 倍和 1.9 倍，还有指标中未反映的公共交通及文化设施基本都集中于城市，
这方面的城乡差距更显著。

**3. 从发展对比看，城乡绝大多数公共服务差距都呈缩减趋势，仅人均月低保
支出差距有所扩大**

2012~2020 年，若以城乡均衡为目标，河北省在除人均月低保支出外的其他
19 项基本公共服务上的差距都呈缩减趋势，如师生比、生均图书指标，已由城市
为乡村的 1.1 倍和 1.2 倍，转为乡村略高于城市，体现了我国推进城乡义务教育均
衡发展的效果。每千人卫生技术人员数、每千人医疗机构床位数、人均医疗保险
基金支出、污水处理率、人均公园绿地面积等指标，城乡差距均缩减了一半之多。

第四节　从供应阶段看城乡基本公共服务差距原因

基本公共服务供给过程一般包括保障、投入、供给、消费四个阶段，四个阶
段梯次推进，具有不同的政策目标。对某区域城乡政府而言，一是是否有一定的
财力能支撑城乡公共服务供给；二是有了一定的财力后，是否有意愿将资金投入
到所需的城乡公共服务领域；三是有财力、有意愿后，是否采用有效方式、考虑
投入成本，实现公共服务供给的最大化；四是政府供给公共服务后，人民群众实
际消费状况如何，是否实现公共服务供给的政策目标和效果。

一、公共服务保障阶段：城乡财政经济发展不平衡，转移支付的
体制设计和规模结构仍有问题，导致城乡公共服务的财力基础差距较大

此阶段是指政府拥有提供公共服务的各项必要条件，包括人、财、物等方面，
其中"财"是核心，有了"财"才能找"人"和"物"。财力由本级财政收入和
上级补助组成，本级财政收入依赖于本地经济发展程度，上级补助则受制于财政
体制，包括财政事权与支出责任划分、收入划分、转移支付等。若本地经济规模
大，且高税源行业占比高、提供的本级财力就雄厚，如发达地区；若本级事权与
支出责任相对较多、收入体制划分上相对较少、转移支付规模（特别是一般性转
移支付）相对较小，本级财力就相对薄弱，如欠发达地区的基层政府。

当前，我国城乡区域间财政经济发展依然存在明显差距。以城市（市辖区）

和乡村（县域）① 比较看，2018 年我国所有县域的人均生产总值、人均财政收入、人均财政支出，分别相当于当年市辖区人均水平的 38.3%、22.9%、44.4%。分省份看，省域内县和区数量均在 30 个以上的共有 13 个省份，大多数省份的县域人均财政收入、生产总值和财政支出，都不足区的 1/3、1/2、2/3（见表 12−5）。可见，城乡间的经济差距直接影响收入差距，但包含上级补助的支出（接近于财力）差距相对较小，主要体现了转移支付作用。尽管如此，支出差距依然在 2 倍以上，广东等省份甚至达到 4 倍，依然反映了转移支付体制设计和结构问题，如能增加地方可用财力的均衡性转移支付规模较小、占比不高，其他一般性转移支付项目多存在专项化特征。

表 12−5　　　2018 年我国及部分省份城乡财政经济差异状况（县域/市辖区）　　单位：%

区域	人均生产总值	人均财政收入	人均财政支出	备注
全国	38.3	22.9	44.4	1902 县、959 区
广东	28.1	16.6	25.3	57 县、64 区
湖南	3.2	13.7	37.2	87 县、35 区
湖北	33.4	19.7	41.7	64 县、39 区
安徽	37.5	36.8	43.8	61 县、44 区
广西	37.7	25.2	52.1	71 县、40 区
辽宁	43.5	24.5	58.4	41 县、59 区
四川	47.5	48.7	66.9	131 县、53 区
河南	5.6	22.6	39.4	106 县、52 区
山东	57.3	39.4	56.2	83 县、54 区
河北	57.8	34.7	58.4	121 县、47 区
浙江	57.9	44.2	55.5	53 县、36 区
黑龙江	60.9	24.1	68.9	63 县、65 区
江苏	67.1	52.3	59.6	41 县、55 区

资料来源：《中国统计年鉴》《中国行政区划简册》。

二、公共服务投入阶段：部分区域的施政理念仍未端正，在财政支出方向上更重视经济发展和城镇居民，而忽视乡村公共服务的投入

此阶段是指政府依据拥有的财力基础，将部分资金投向基本公共服务领域。但财力基础和公共服务投入之间并不均衡，这实际体现了政府的施政理念，表现为支出结构中推动经济发展、改善社会民生，以及维持机构运转之间的资金摆布，

① 按照当前我国的行政体制划分，"城"是城市，主要是市辖区；"乡"是农村，本不应包括镇，但受统计资料所限，暂用县域口径代替。

也包括社会发展领域中的基本公共服务和其他公共服务间的投入比例。

　　长期以来，在二元经济社会结构的背景下，我国实行城乡差异化发展战略，导致在基本公共服务方面呈现出明显的二元供给格局，城市公共服务主要由财政支持，但农村公共服务的供给相当程度上依靠农民集体，这是典型的城乡施政理念的区别。近年来，我国大力推进城乡一体化发展，并发布了基本民生保障标准，整体看多数地区落实较好，但仍存在两种极端现象：一方面，部分地区依然存在重视经济发展的显性政绩，忽视民生尤其是涉农公共服务的现象。在支出结构上，除满足上级规定的底线民生政策要求外，其他资金大都用于重大项目或基础设施建设。还有些财力紧张的地区，更加关注城镇公共服务供给，相对忽视了农村居民的公共服务需求。另一方面，部分地区未考虑民生可持续性和未来财政承受能力，大幅提升本地民生保障标准，特别是一些资源型县域，在大宗资源品价格上涨、财力增长迅速时提升的公共服务保障标准，一旦资源品价格回落、财力下滑就难以维持，甚至引发一些群体性事件。

三、公共服务供给阶段：公共服务的供给模式渐趋滞后，财政支出方式创新性不足，而乡村地区的地理条件进一步加大了公共服务供给成本

　　此阶段是指政府将财政资金投入公共服务，最终形成居民所需的各类实际公共服务。但由于供给制度和供给成本等问题，导致投入和产出并不完全对应。例如，同样规模的财政资金采用不同的投入方式，就会形成不同的产出效果；同样规模和质量的基本公共服务，由于所处区位、环境和交通条件的不同，需要的财政投入也不相同。

　　近年来，随着经济发展与社会进步，城乡居民对美好生活的向往与城乡基本公共服务不平衡不充分供给之间的矛盾越来越大，以政府（财政）为主要提供者的公共品供给模式越来越难以适应形势需要，虽然不少地区尝试创新财政支持方式，但在基本公共服务供给方面仍然进展不大，这与基本公共服务难以盈利、不利于吸引社会资本投入的特征有关，更与一些地区依然囿于传统思维、担当作为不够、管理能力欠缺、业务水平不足等主客观因素有关，如高度依赖财政的直接投入供给公共服务，很少有实质运作的合法融资平台、大多未开展股权投资、PPP和政府购买服务效率较低。此外，一些地区特别是乡村地区地貌复杂、交通不便、人口稀少，难以达到范围经济和规模效应，单位公共服务的供给成本较高，燃气管道、公共交通等市政设施更是高到难以在乡村实施，前面分析的内蒙古、西藏

城乡公共服务差距明显，重要原因之一就是这些地区的乡村地理环境，极大拉高了公共服务供给成本。此外，经济市场化程度、社会管理水平等，也会影响公共服务供给过程中的交易成本，从而加深了城乡公共服务供给的非均等化程度。

四、公共服务消费阶段：民生政策的预算绩效体系尚不完善，农民需求表达渠道不畅、绩效评价结果应用不够，影响了乡村公共服务实际绩效

此阶段是指城乡居民切实消费或享受基本公共服务的过程，最终决定了城乡基本公共服务均等化的实现。但是，政府实际供应的公共服务状况与人民实际享受到的公共服务水平之间并不完全对应，其中关键在于"所供是否符合所需"，即投入、产出与实际效益是否相匹配。

目前，我国城乡基本公共服务的供给大都是"由上而下"的政府供给模式，这种方式虽然考虑长远、简便易行，但由于广大居民特别是农村居民缺乏表达渠道，也没有有效的政策反馈机制，往往导致供需不匹配、供给过剩与供给不足现象并存。例如，目前多地已实现村村有农家文化书屋，但大多数书屋利用率极低，甚至仅在上级视察时开放。2018年，中央出台《关于全面实施预算绩效管理的意见》，要求对包括基本公共服务供给在内的重大政策和专项支出进行绩效评价，但多数地区改革进展不大，特别是公共服务供给的绩效目标设定并未征求利益相关人（公共服务涉及群体）意见，评价结果运用也依然停留在反映情况、发现问题、督促整改等基础层面，并未与下年预算、工作考核真正挂钩，极大影响了基本公共服务消费均等化效果的实现。

第五节　财政推进城乡基本公共服务均等化的对策

推进城乡基本公共服务均等化，需要按照公共服务供应的四个阶段，依次实施"财政能力均等化—公共服务投入均等化—公共服务供给均等化—公共服务消费均等化"。首先，保障城乡政府拥有提供基本公共服务的大致相当财力（财力均衡）；其次，各层级及区域政府要有意愿投入相应的政策和资金（投入均衡）；再次，创新供给制度、考虑成本差异，最大程度上保障公共服务实际供给（产出均衡）；最后，完善绩效评价制度，保障城乡居民实际享受或消费基本公共服务的均等化（供求均衡）（见表12-6）。

表 12-6　　　　　　　　城乡基本公共服务供应的四个阶段及主要内容

项目	保障阶段	投入阶段	供给阶段	消费阶段
方向	财力均衡	投入均衡	产出均衡	供求均衡
目标	城乡具有提供基本公共服务的相当财力	城乡投入基本公共服务的资金大致均等	城乡公共服务实际供给状况大致均等	城乡居民享用基本公共服务效果大致均等
内容	深化事权和收入划分改革，健全财政转移支付制度	强化民生优先理念，优化财政支出结构，量化公共服务标准	完善多元化公共服务供给制度，完善反映供给成本财政保障体系	健全城乡居民利益表达机制，健全预算绩效评价反馈机制

一、财力均等化：深化财税体制改革，完善转移支付制度，减缓城乡区域政府间的财力差距

推进城乡财力均等化，需要均衡地区间经济发展水平，但对我国这样一个幅员辽阔、区域差异大的发展中大国而言，短期内尚难以实现，这就需要发挥财政主导作用，加快完善财政体制。首先，优化各级政府间的事权、支出责任与收入划分体制，理清各类城乡公共服务在不同级次政府间的供给责任，实现事权与支出责任相适应。在此基础上，加快完善"公平为主、兼顾效率"的转移支付制度，实现财力与事权相匹配，保障各层级、区域，特别是贫困地区县域政府均能提供相应公共服务的财力需要。一是取消返还性税收收入。逐步缩减既不体现公平也无多少效率的税收返还规模，最终将其完全纳入均衡性转移支付。二是规范一般性转移支付。优化一般性转移支付项目设置，解决部分项目专款专用问题，完善转移支付资金分配办法，逐步提升均衡性资金所占比重，加大向财力薄弱地区的倾斜力度。三是增大共同事权转移支付规模。适应中央与地方事权划分改革，逐步完善教育、医疗、基础设施等共同事权转移支付，实行清单管理，健全分类分档保障机制。四是探索横向转移支付制度。在加快建设长江、黄河流域横向生态补偿机制的基础上，由中央政府牵头，探索建立具有中国特色的横向转移支付制度，并将现行的对口援助纳入其中，进一步均衡城乡区域间的财力差异。

二、投入均等化：强化"民生优先"的理念，促进城乡政府优化财政支出结构、完善公共服务保障标准

推进城乡公共服务投入均等化，需要进一步强化服务型政府理念，将城镇与乡村基本公共服务的提供放在同等地位。一是强化民生优先理念。切实改变部分地区以经济建设为硬指标、以社会发展为软指标的执政理念，特别是将城市与乡

村作为一个有机整体，在公共服务保障规划上进行统筹设计，在公共服务政策制度上加强有机对接，如完善城乡统一、重在农村的义务教育经费保障机制，统筹城乡低保救助制度，将返乡创业农民工纳入一次性创业补贴范围。二是优化财政支出结构。合理摆布社会民生和经济发展支出、基本公共服务与其他民生保障间的关系，大力压减一般性开支，加快推进财政资金退出一般竞争性领域，发挥财政的普惠性、基础性、兜底性作用，完善涉农公共服务支出保障机制。三是量化民生保障标准。中央已发布基本公共服务的"国家标准"，财政部也有县域"三保支出"相关要求，应加快相关保障标准间的统一协调，引导地方政府落实保障要求，并逐步实现公共服务标准由户籍人口向常住人口全覆盖。对上级无明确标准的公共服务，结合民生政策持续性和本级财政承受能力，合理确定保障标准，使之与经济发展水平和政府财力增长相适应。有条件的地区，如河北省雄安新区应在公共服务标准及质量上加快与北京有效衔接，逐步推进省域标准统一。

三、供给均等化：发挥财政政策引导作用，完善基本公共服务的多元化供给模式，充分考虑城乡公共服务供给的成本差异

推进城乡公共服务供给均等化，需要充分考虑投入和产出间的差异，既要创新基本公共服务供给方式，也要统筹城乡公共服务的供给成本。一方面，充分发挥财政引导作用，更多运用市场机制创新公共服务供给。改变以往单一的筹资模式，发挥政府和社会资本合作、股权基金的引导撬动作用，支持社会资本参与公共品提供，增强多层次、多样化的公共服务供给能力。例如，采用公办民助、民办公助、国有民办等多元办学形式，动员社会力量参与对农民工子女教育的投入。另一方面，充分考虑城乡基本公共服务的供给成本差异，完善反映供给成本的财政保障体系。加大对偏远、高寒、地形复杂的乡村地区支持力度，在转移支付测算分配时充分考虑人口规模、人口密度、运输距离等客观因素。还需要创新手段减少供给成本，充分运用"互联网＋""大数据""云平台"等方式，构建"互联网＋远程门诊""互联网＋在线教育"等模式，将公共资源跨越空间下沉至基层，降低乡村居民享受公共服务的交通成本、时间成本与附加费用。

四、消费均等化：健全民生政策和公共服务绩效评价体系，事前充分考虑民众需求，事后有效运用评价结果

实现城乡基本公共服务均等化，最终要以居民实际消费（享受）的基本公共

服务状况来衡量①，即消除城乡居民实际消费（享受）基本公共服务水平的差距，这需要全面实施预算绩效管理，构建反映城乡居民实际需求、保障公共服务有效供给的预算绩效管理体系。一方面，健全事前的群众利益表达机制。发挥农村社会组织及"新乡贤"的作用，有效整理汇集农民个体的利益诉求，将其体现在民生政策制定或公共服务项目预算中，以此确定基本公共服务供给的方向、规模和结构。对部分资金需求量大、社会敏感度高的公共服务政策（项目）开展事前绩效评估，评估结果作为政策出台或项目入库的必备要件。另一方面，健全事后的绩效评价反馈机制。在开展民生政策和公共服务项目自评的基础上，引入专业咨询公司、会计师事务所等第三方机构，开展重点绩效评价，并切实将绩效评价结果与城乡基本公共服务的政策调整、部门预算安排及对下转移支付等相挂钩，真正提升财政资源的配置效率和使用效益。

---

① 实际上，城乡差距的核心是消费差距。相对于主要由市场调节的财富和收入差距，政府更应调控消费差距，使之控制在社会公平和正义范围内，这样既能解决社会公众更关切的消费效用问题，同时又保留市场效率机制所要求的财富、收入差距，避免公平与效率的正面冲突。

第十三章

加快京津冀公共服务共建共享的
财政政策

中央提出京津冀协同发展战略以来，按照规划纲要精神，三地不断加强公共服务交流合作，在教育、卫生、养老等方面先试先行，对接效果较为显著，合作共建、协同共享态势初步形成。但河北与北京和天津之间的公共服务水平差距仍然很大，实现三地公共服务共建共享依然任重而道远。

党的十九届五中全会提出"2035 年基本实现现代化时，我国基本公共服务实现均等化"，京津冀地区作为我国经济社会发展的高地和改革创新的先行地，在发展目标上不应局限于"基本公共服务均等化"，而应实现更大范围、更高水平的"公共服务共建共享"和"总体均等化"。《京津冀协同发展规划纲要》明确提出"到 2020 年，京津冀公共服务共建共享取得积极成效，到 2030 年，公共服务水平趋于均衡"，强调将推动公共服务共建共享、实现公共服务均衡化作为京津冀协同发展的重要目标。推进公共服务共建共享是实现京津冀协同发展的重要组成，是有序疏解非首都职能、协调推进四个全面战略布局、基本实现社会主义现代化的重要要求。

第一节　公共服务指标体系与京津冀公共服务差距

根据国家公共服务标准体系和京津冀实际状况，考虑指标代表性、数据可得性等因素，将公共服务分为公共教育、医疗卫生、社会保障、劳动就业、文化旅游共 5 个方面 50 项指标（见表 13 – 1），其中公共教育又细分为学前、小学、中等、职业、高等 5 类，全部指标 85 项。

表 13 – 1　　　　　　　　　　京津冀公共服务指标体系

序号	公共教育	医疗卫生	社会保障	劳动就业	文化旅游
1	每十万人口学校数	每万人拥有卫生技术人员数	人均职工养老保险支出	城镇登记失业率倒数	每 25 万人拥有博物馆数量
2	平均班容量倒数	每万人拥有医疗机构床位数	城镇职工月均基本养老金	城镇劳动就业率	人均博物馆文物藏量
3	生均校舍建筑面积	每百万人口三级医院数量	人均居民养老保险支出	失业援助率	人均拥有公共图书馆藏量
4	生均学校占地面积	新生儿访视率	居民养老保险基础养老金	失业援助成功率	每万人拥有公共图书馆建筑面积
5	生均图书	7 岁以下儿童保健管理率	人均职工医疗保险支出	再就业援助能力	广播节目综合人口覆盖率
6	生均计算机	孕产妇系统管理率	人均居民医疗保险支出	就业训练机构人均经费	电视节目综合人口覆盖率
7	生均固定资产	法定报告传染病发病率倒数	人均失业保险支出	职业培训机构人均经费	有线广播电视用户占家庭总户数比重
8	师生比	农村卫生厕所普及率	人均工伤保险支出	就业训练机构就业率	人均体育场地面积
9	本科以上专任教师占比	城市每万人拥有公厕数	人均生育保险支出	职业培训机构就业率	A 级景区年平均接待人次
10	生均教育经费	人均医疗卫生支出	人均财政社会保障投入	人均就业保障支出	人均文化事业费支出

指标选取主要遵循了全面性、客观性、直观性原则。一是为全面反映京津冀差距，包括投入类指标，更多的是产出类指标，且在数据可得性基础上，尽量选取各主要方面的代表性产出指标；二是为客观反映京津冀差距，所有指标均为平均或比例等相对指标，剔除面积、人口等总量（成本）因素的影响；三是为直观反映京津冀差距，所有指标均为正向指标[①]，即指标数值越大，状况越好。为完整反映京津冀公共服务差距及演进情况，以京津冀协同发展战略提出前的 2013 年为基期，以 2019 年为末期，对六年来京津冀各领域公共服务的状况进行分析。

一、公共教育

近年来，河北省公共教育水平不断提升，学前教育规模快速扩大，普惠程度

---

① 个别初始指标为逆向指标，取其倒数转为正向指标后，可能失去直接意义。

逐步提高；义务教育均衡发展，66 人以上大班额基本消除；高中教育发展迅速，拥有一批全国知名学校；职业教育改革深入推进，现代职业教育体系逐步构建；高等教育水平稳步提升，"双一流"高校建设有序推进，但与北京和天津相比，依然存在一定差距。

分指标看，公共教育分为学前、小学、中等、职业、高等 5 类，基本都涵盖 10 项指标：每十万人口学校数、平均班容量倒数、生均校舍建筑面积、生均学校占地面积、生均图书、生均计算机、生均固定资产、师生比、本科以上专任教师占比、生均教育经费，其中除生均教育经费为投入类指标外，其他均为产出类指标。整体上，绝大多数指标低于北京和天津，近一半指标与北京和天津差距拉大，其中的生均计算机、固定资产和教育经费指标差距最为明显。

1. 学前教育

学前教育包括每十万人口学校数、平均班容量倒数、生均校舍建筑面积、生均学校占地面积、生均图书、师生比、本科以上专任教师占比、生均教育经费等 8 项指标。通过计算河北与北京和天津两市的指标比值情况，可以看出河北与北京和天津的差距及变化趋势（见表 13-2）。整体上，绝大多数指标都低于北京和天津，但差距有所缩小，其中的生均教育经费差距最为显著。

表 13-2 2013 年、2019 年京津冀学前教育指标比较情况

指标	2013 年			2019 年		
	北京市	天津市	河北省	北京市	天津市	河北省
每十万人口学校数（个）	6.54	11.56	14.75	8.05	15.20	21.81
平均班容量倒数（%）	3.61	3.69	3.47	3.62	4.31	4.23
生均校舍建筑面积（平方米）	9.43	6.15	3.91	10.90	9.49	6.82
生均学校占地面积（平方米）	15.43	12.06	11.56	16.53	16.62	15.20
生均学校图书（册）	11.44	5.47	5.80	15.47	11.63	9.45
师生比（百名学生老师数）（%）	8.26	5.27	3.57	8.81	7.81	5.65
本科以上专任教师占比（%）	36.4	47.9	18.1	49.7	50.3	20.0
生均教育经费（元）	32875	18392	3570	49404	30309	8337

资料来源：相关年份的《中国教育统计年鉴》和《中国教育经费统计年鉴》。

2019 年，与北京比较，除每十万人口学校数、平均班容量倒数外，河北其他 6 项指标均较低，其中的生均教育经费、本科以上专任教师占比分别仅为北京的 1/6、2/5 左右；与天津比较，除每十万人口学校数外，河北其他 7 项指标均较低，其中的生均教育经费仅为天津的 1/4 左右。2013～2019 年，与北京比较，除本科以上专任教师占比外，河北其他 7 项指标与北京的相对比重都有所提升；与天津比

较，除生均学校占地面积、生均学校图书外，河北省其他 6 项指标相对比重有所提升。

2. 小学教育

小学教育包括每十万人口学校数、平均班容量倒数、生均校舍建筑面积、生均学校占地面积、生均图书、生均计算机、生均固定资产、师生比、本科以上专任教师占比、生均教育经费等 10 项指标（见表 13 – 3）。整体上，绝大多数指标都低于北京和天津，但差距有所缩小，其中的生均教育经费差距最为显著。

表 13 – 3   2013 年、2019 年京津冀小学教育指标比较情况

指标	2013 年			2019 年		
	北京市	天津市	河北省	北京市	天津市	河北省
每十万人口学校数（个）	5.17	5.69	17.10	4.37	5.61	15.28
平均班容量倒数（%）	2.97	2.84	2.65	2.97	2.71	2.60
生均校舍建筑面积（平方米）	8.28	7.38	6.06	8.06	7.18	6.81
生均学校占地面积（平方米）	17.96	22.41	26.86	15.33	18.67	24.04
生均学校图书（册）	33.65	31.11	22.39	29.41	32.44	27.53
生均计算机（台）	0.26	0.15	0.08	0.28	0.18	0.13
生均固定资产（万元）	1.66	1.05	0.52	2.42	1.28	0.79
师生比（百名学生老师数）（%）	6.97	6.93	5.84	5.92	6.16	5.38
本科以上专任教师占比（%）	87.5	68.8	40.5	94.0	83.2	58.3
生均教育经费（元）	31502	19458	5949	41744	22481	9917

资料来源：相关年份的《中国教育统计年鉴》和《中国教育经费统计年鉴》。

2019 年，与北京比较，除每十万人口学校数、生均学校占地面积外，河北其他 8 项指标均较低，其中的生均教育经费、生均固定资产、生均计算机分别仅为北京的 1/4、1/3、1/2 左右；与天津比较，除每十万人口学校数、生均学校占地面积外，河北其他 8 项指标均较低，其中的生均教育经费、生均固定资产分别不到天津的 1/2、2/3。2013～2019 年，与北京比较，除平均班容量倒数外，河北其他 9 项指标与北京的相对比重都有所提升；与天津比较，除每十万人口学校数外，河北其他 9 项指标与天津的相对比重都有所提升。

3. 中等教育

中等教育包括每十万人口学校数、平均班容量倒数、生均校舍建筑面积、生均学校占地面积、生均图书、生均计算机、生均固定资产、师生比、本科以上专任教师占比、生均教育经费等 10 项指标（见表 13 – 4）。整体上，绝大多数指标都低于北京和天津，且差距有所扩大，其中以生均计算机、生均固定资产、生均教育经费等指标最为明显。

表 13 – 4　　　　　　　　2013 年、2019 年京津冀中等教育指标比较情况

指标	2013 年			2019 年		
	北京市	天津市	河北省	北京市	天津市	河北省
每十万人口学校数（个）	1.51	1.76	2.01	3.04	3.37	4.06
平均班容量倒数（%）	3.10	2.51	1.87	3.28	2.47	1.97
生均校舍建筑面积（平方米）	24.37	15.18	13.07	33.27	17.57	13.68
生均学校占地面积（平方米）	45.43	38.82	36.27	55.67	39.76	30.77
生均学校图书（册）	54.84	42.88	32.32	67.50	51.40	37.48
生均计算机（台）	0.49	0.22	0.13	0.79	0.29	0.15
生均固定资产（万元）	4.74	2.14	1.31	9.28	2.96	1.87
师生比（百名学生老师数）（%）	10.58	9.53	7.77	23.47	16.56	12.73
本科以上专任教师占比（%）	98.9	95.9	88.9	99.5	98.4	93.6
生均教育经费（元）	54063	30466	9590	86532	39115	16175

资料来源：相关年份的《中国教育统计年鉴》和《中国教育经费统计年鉴》。

　　2019 年，与北京比较，除每十万人口学校数外，河北其他 9 项指标均较低，其中的生均教育经费、生均固定资产、生均计算机分别仅为北京的 1/6、1/5、1/5 左右；与天津比较，除每十万人口学校数外，河北其他 9 项指标均较低，其中的生均教育经费仅为天津的 2/5 左右。2013～2019 年，与北京比较，除每十万人口学校数、本科以上专任教师占比、生均教育经费外，河北其他 7 项指标的相对比重都有所下降；与天津比较，除每十万人口学校数、平均班容量倒数、生均固定资产、本科以上专任教师占比、生均教育经费外，河北其他 5 项指标的相对比重都有所下降。

4. 职业教育

　　中等职业教育包括每十万人口学校数、生均校舍建筑面积、生均学校占地面积、生均图书、生均计算机、生均固定资产、师生比、本科以上专任教师占比、生均教育经费等 9 项指标（见表 13 – 5）。整体上，绝大多数指标低于北京和天津，与北京差距有所扩大、与天津差距有所缩小。

表 13 – 5　　　　　　　　2013 年、2019 年京津冀职业教育指标比较情况

指标	2013 年			2019 年		
	北京市	天津市	河北省	北京市	天津市	河北省
每十万人口学校数（个）	0.46	0.56	0.87	0.39	0.44	0.79
生均校舍建筑面积（平方米）	15.04	18.48	13.44	47.90	18.77	14.04
生均学校占地面积（平方米）	27.18	39.17	31.64	78.11	37.75	29.71
生均学校图书（册）	30.23	36.82	25.80	93.96	43.58	25.16

指标	2013 年			2019 年		
	北京市	天津市	河北省	北京市	天津市	河北省
生均计算机（台）	0.34	0.30	0.21	1.17	0.49	0.25
生均固定资产（万元）	3.17	2.11	1.37	17.21	5.14	1.96
师生比（百名学生老师数）（%）	4.35	7.12	5.88	18.89	9.85	7.84
本科以上专任教师占比（%）	94.9	93.3	88.8	96.8	97.3	91.4
生均教育经费（元）	38260	29103	9436	82578	31781	22986

资料来源：相关年份的《中国教育统计年鉴》和《中国教育经费统计年鉴》。

2019 年，除每十万人口学校数外，河北其他 8 项指标均低于北京和天津，其中的生均固定资产、生均计算机、生均图书、生均教育经费分别仅为北京的 1/8、1/5、1/4、1/4 左右，生均固定资产、生均教育经费、生均计算机均相当于天津的 1/2 左右。2013～2019 年，与北京比较，除每十万人口学校数、本科以上专任教师占比、生均教育经费外，河北其他 6 项指标的相对比重都有下降；与天津比较，除每十万人口学校数、生均校舍建筑面积、生均教育经费外，河北其他 6 项指标的相对比重都有所下降。

5. 高等教育

高等教育包括每十万人口学校数、生均校舍建筑面积、生均学校占地面积、生均图书、生均计算机、生均固定资产、师生比、本科以上专任教师占比、生均教育经费等 9 项指标（见表 13 - 6）。整体上，各项指标都低于北京和天津，且与北京差距全面扩大，与天津差距有所减缓，其中生均计算机、生均固定资产、生均教育经费差距最大。

表 13 - 6　　　　　2013 年、2019 年京津冀高等教育指标比较情况

指标	2013 年			2019 年		
	北京市	天津市	河北省	北京市	天津市	河北省
每十万人口学校数（个）	0.42	0.37	0.16	0.43	0.36	0.16
生均校舍建筑面积（平方米）	113.60	61.41	51.52	72.29	32.37	25.94
生均学校占地面积（平方米）	142.20	143.36	105.13	83.24	74.41	51.07
生均学校图书（册）	358.53	194.96	142.45	203.02	97.85	78.89
生均计算机（台）	2.18	0.80	0.55	1.35	0.54	0.32
生均固定资产（万元）	39.25	11.90	7.95	33.36	12.01	5.92
师生比（百名学生老师数）（%）	22.29	12.79	10.35	11.97	6.05	5.37
本科以上专任教师占比（%）	99.1	99.1	98.8	99.7	99.5	99.3
生均教育经费（元）	49046	32428	18380	75663	34058	25084

资料来源：相关年份的《中国教育统计年鉴》和《中国教育经费统计年鉴》。

2019 年，与北京、天津相比较，河北 9 项指标都较低，且差距非常明显。其中，除本科以上专任教师占比、生均学校占地面积外，其他指标大都不到北京的一半和天津的 2/3。2013～2019 年，与北京比较，9 项指标与北京的相对差距都呈现扩大趋势；与天津比较，除每十万人口学校数、生均图书、师生比、本科以上专任教师占比、生均教育经费外，其他 4 项指标与天津的相对差距也在扩大。

总之，河北学前教育、小学教育绝大多数指标都低于北京和天津，但差距都有所缩小；河北中等教育绝大多数指标都低于北京和天津，但多数指标差距扩大；河北职业教育绝大多数指标都低于北京和天津，与北京差距有所扩大、与天津差距有所缩小；河北高等教育各项指标都低于北京和天津，且与北京的差距全面扩大，与天津的差距有所减缓。无论哪类指标，河北与北京和天津生均计算机、生均固定资产和生均教育经费上的差距最明显，其中生均计算机大都与北京相差 2～4 倍、生均教育经费多与北京相差 3～8 倍。说明河北与北京和天津在教育资产和投入上存在巨大差距，而教育是培育和提升人力资本的最重要途径，河北省教育的巨大落差必然对经济社会各领域发展形成长远影响。

二、医疗卫生

近年来，河北在主动对接、服务北京和天津中提升自身医疗卫生服务水平，全省三甲医院、医疗机构床位、卫生技术人员数量不断增长，城乡公共卫生保障和孕妇儿童保健水平不断提升，但与北京和天津相比，仍然存在明显差距。

分指标看，医疗卫生包括每万人拥有卫生技术人员数、每万人医疗机构床位数、每百万人口三级医院数量、新生儿访视率、7 岁以下儿童保健管理率、孕产妇系统管理率、法定报告传染病发病率倒数、农村卫生厕所普及率、城市每万人拥有公厕数、人均财政医疗卫生支出等 10 个指标。其中，人均财政医疗卫生支出为投入指标，其他为产出指标（见表 13－7）。整体上，河北的绝大多数指标都低于北京、天津，约一半指标与北京和天津差距缩小，其中每百万人口三级医院数量、人均财政医疗卫生支出差距明显。说明河北与北京和天津在基本卫生领域存在差距的同时，在相对"更高需求"的医疗方面的差距更大。

表 13－7　　　　　　2013 年、2019 年京津冀医疗卫生指标比较情况

指标	2013 年			2019 年		
	北京市	天津市	河北省	北京市	天津市	河北省
每万人卫生技术人员（人）	155	81	44	126	70	65
每万人医疗机构床位数（张）	49.2	39.2	41.4	59.3	43.8	56.6

指标	2013 年			2019 年		
	北京市	天津市	河北省	北京市	天津市	河北省
每百万人口三级医院数量（个）	3.1	2.6	0.8	5.2	2.8	1.0
新生儿访视率（％）	95.6	94.6	92.7	91.1	99	93
7 岁以下儿童保健管理率（％）	98.8	92.0	93.0	99	95.4	92.9
孕产妇系统管理率（％）	96.0	93.4	89.8	90.4	94.4	89.1
法定报告传染病发病率倒数	641.6	699.0	550.7	814.8	672.4	586.0
农村卫生厕所普及率（％）	97.0	93.4	56.7	98.1	93.2	73.3
城市每万人标准公厕数（个）	3.0	0.6	1.1	3.23	0.98	1.01
人均医疗卫生支出（元）	1305.6	876.0	519.2	2481.0	1266.7	915.5

资料来源：相关年份的《中国统计年鉴》和《中国卫生健康统计年鉴》。农村卫生厕所普及率 2019 年后未在统计，2019 年为 2018 年数据。

2019 年，与北京市比较，除新生儿访视率以外的其他 9 项指标均较低，其中每百万人口三级医院数量、城市每万人拥有公厕数、人均财政医疗卫生支出分别为北京市的 1/5、1/3、1/3 左右；与天津市比较，除每万人医疗机构床位数、城市每万人拥有公厕数外，河北省其他 8 项指标均较低，其中每百万人口三级医院数量差距最大，为天津市的 1/3 左右。2013～2019 年，与北京市比较，河北省有每百万人口三级医院数量、7 岁以下儿童保健管理率、法定报告传染病发病率倒数、城市每万人拥有公厕数、人均医疗卫生支出等 5 项指标的相对比重有所下降；与天津市比较，河北省有新生儿访视率、7 岁以下儿童保健管理率、孕产妇系统管理率、城市每万人拥有公厕数等 4 项指标的相对比重有所下降。

三、社会保障

近年来，河北省不断加大社会保障经费投入，人均养老、医疗、生育、工伤、失业保险支出水平有了显著提升，同时主动与北京和天津两地沟通对接，在养老服务、社保体系协同发展体制创新方面积极探索，取得了一定成效，但与北京和天津相比，依然存在明显差距。

分指标看，社会保障包括养老、医疗、生育、失业、工伤保险和住房保障 6 个方面，分为人均职工养老保险支出、退休人员人均养老金、人均居民养老保险支出、城乡居民基础养老金标准、人均职工医疗保险支出、人均居民医疗保险支出、人均失业保险支出、人均工伤保险支出、人均生育保险支出、人均财政社会保障投入等 10 个指标。其中人均财政社会保障投入为直接投入指标，其他为产出指标

（见表 13-8）。整体上，绝大多数指标都低于北京和天津，约一半的指标与北京和天津差距扩大，城乡居民人均养老保险支出及基础养老金标准的差距最为明显。这说明河北与北京和天津在社会保障领域的最大短板是养老保险，随着河北省逐步进入深度老龄化社会，人民群众的养老需求问题将更加严峻，需要高度关注。

表 13-8   2013 年、2019 年京津冀社会保障指标比较情况

指标	2013 年			2019 年		
	北京市	天津市	河北省	北京市	天津市	河北省
人均职工养老保险支出（元）	33400	25319	24860	56124	44211	51976
退休人员人均养老金（元）	2773	2085	1874	4157	3495	2769
人均居民养老保险支出（元）	5411	2352	721	6443	5511	1457
城乡居民基础养老金（元）	390	200	55	710	307	108
人均职工医疗保险支出（元）	4417	3183	2121	5887	2671	562
人均居民医疗保险支出（元）	811	396	224	2347	882	757
人均失业保险支出（元）	133789	66496	27296	231750	51667	36866
人均工伤保险支出（元）	38305	24544	28946	88864	30750	49000
人均生育保险支出（元）	8391	3021	4805	13453	7200	6815
人均财政社保投入（元）	2218	1558	721	4517	3532	1625

资料来源：相关年份的《中国统计年鉴》和《中国民政统计年鉴》。

2019 年，与北京比较，河北省 10 项指标均较低；与天津市比较，除人均职工养老保险支出、人均工伤保险支出外，河北省其他 8 项指标均较低。最突出的是差距达 3 倍以上的城乡居民人均养老保险支出及基础养老金标准，如 2019 年京津冀三地每月基础养老金分别为 710 元、307 元、108 元。2013~2019 年，与北京市比较，河北省的退休人员人均养老金、人均职工医疗保险支出、人均失业保险支出、人均工伤保险支出、人均生育保险支出等 5 项指标相对比重都有所下降；与天津比较，河北省的退休人员人均养老金、人均居民养老保险支出、人均职工医疗保险支出、人均生育保险支出、人均财政社保投入等 5 项指标的相对比重都有所下降。

四、劳动就业

劳动就业是民生之本。近年来，河北省高度重视劳动就业公共服务体系建设，制定了促进就业再就业的一系列方针政策，就业规模不断壮大、就业结构不断优化、就业质量不断提升，城镇登记失业率一直保持在较低水平，但与北京和天津相比，依然存在一定差距。

分指标看，劳动就业包括城镇登记失业率倒数、城镇劳动就业率、失业援助

率、失业援助成功率、再就业援助能力、就业训练机构人均经费、职业培训机构人均经费、就业训练机构就业率、职业培训机构就业率、人均就业保障支出等 10 个指标。其中，人均就业保障支出、就业训练机构人均经费、职业培训机构人均经费为投入指标，其他为产出指标（见表 13 – 9）。整体上，多数指标都低于北京和天津，但差距有所缩减，其中人均就业保障支出、城镇劳动就业率等指标差距最为明显。当然，河北与北京和天津的差距不仅在这些基本的劳动就业指标上，在劳动就业的质量和结构方面差距更为突出，如在高技术产业、在高收入岗位上的就业人员占比等。

表 13 – 9　　　　　　　2013 年、2019 年京津冀劳动就业指标比较情况

指标	2013 年			2019 年		
	北京市	天津市	河北省	北京市	天津市	河北省
城镇登记失业率倒数	82.6	27.8	27.2	76.9	28.6	32.3
城镇劳动就业率（%）	40.7	25.1	18.5	42.4	20.7	13.2
失业援助率（%）	122.0	57.7	45.7	173.2	44.1	65.2
失业援助成功率（%）	28.4	47.6	52.2	15.9	49.0	44.1
再就业援助能力（%）	8.8	2.3	4.7	7.3	1.7	5.7
就业训练机构人均经费（万元）	11.9	14.2	0.6	19.8	16.3	0.76
职业培训机构人均经费（万元）	15.7	1.5	1.1	6.4	3.8	4.5
就业训练机构就业率（%）	32.5	79.1	77.3	53.5	26.9	39.1
职业培训机构就业率（%）	37.7	47.9	78.3	23.6	27.8	74.6
人均就业保障支出（元）	51.4	113.2	31.2	104.6	256.3	47.2

资料来源：相关年份的《中国统计年鉴》和《中国民政统计年鉴》。

2019 年，与北京市比较，除失业援助成功率、职业培训机构就业率外，河北省其他 8 项指标均较低，其中，就业训练机构人均经费、失业援助率、人均就业保障支出分别仅为北京市的 1/17、1/4、1/2 左右；与天津市比较，河北省在城镇劳动就业率、失业援助率、再就业援助能力、职业培训机构人均经费、就业训练机构就业率、职业培训机构就业率等 6 项指标均较高。2013～2019 年，与北京市比较，除城镇劳动就业率、就业训练机构人均经费、就业训练机构就业率、人均就业保障支出外，河北省其他 6 项指标的相对比重都有所上升；与天津市比较，除城镇劳动就业率、失业援助成功率、人均就业保障支出外，河北省其他 7 项指标的相对比重都有所上升。

五、文化旅游

近年来，河北省实施公共文化服务重点任务攻坚行动，推动所有市县出台基

本公共文化服务标准，并与北京和天津签署《京津冀文化和旅游协同发展战略合作框架协议》，不断推进协调机制、市场营销、管理服务、规划布局"四个一体化"，广大群众享受到的文化旅游服务水平有了明显提升，人均博物馆、图书馆藏量、体育场地面积、广播电视覆盖率、A 级景区接待人次等增长较快，但与北京和天津依然存在明显差距。

分指标看，文化旅游包括每 25 万人拥有博物馆数量、人均博物馆文物藏量、人均拥有公共图书馆藏量、每万人拥有公共图书馆建筑面积、广播节目综合人口覆盖率、电视节目综合人口覆盖率、有线广播电视用户数占家庭总户数比重、人均体育场地面积、A 级景区年平均接待人次、人均文化事业费支出等 10 个指标。其中，人均财政文化事业费为投入指标，其他为产出指标（见表 13 - 10）。整体上，所有指标低于北京和天津，但大多差距缩小，其中的人均博物馆馆藏量和人均文化事业费支出方面的差距最为明显。文化是人们精神生活的反映，随着经济社会的发展，人民群众对文化生活的需求将越来越多，文化在基本公共服务中的地位也将越来越重要，需要政府更有力的保障供给。

表 13 - 10　　　　　2013 年、2019 年京津冀文化旅游指标比较情况

指标	2013 年			2019 年		
	北京市	天津市	河北省	北京市	天津市	河北省
每 25 万人拥有博物馆数量（个）	0.48	0.34	0.35	0.93	1.23	0.46
人均博物馆文物藏量（件）	540	468	37	944	456	52
人均拥有公共图书馆藏量（册/人）	0.98	1	0.26	1.40	1.34	0.40
每万人拥有公共图书馆建筑面积（平方米）	113.8	168.1	52.9	138.4	278.7	75
广播节目综合人口覆盖率（%）	100	100	99.34	100	100	99.58
电视节目综合人口覆盖率（%）	100	100	99.27	100	100	99.69
有线广播电视用户数占家庭总户数比重（%）	125.1	83.2	37.7	109.1	89.8	26.5
人均体育场地面积（平方米）	2.25	2.12	1.39	2.18	2.25	1.37
A 级景区年平均接待人次（万人次）	82.3	32.2	21.9	110.5	55.5	39.5
人均文化事业费支出（元）	115.7	65.0	17.4	220.4	109.2	39.2

资料来源：相关年份的《中国统计年鉴》和《中国城乡建设统计年鉴》。

2019 年，与北京市、天津市相比较，河北省 10 项文化旅游指标均较低。其中，除广播节目、电视节目综合人口覆盖率与北京和天津较为接近外，其他指标大多不到北京和天津水平的一半。尤其是人均博物馆文物藏量分别仅相当于北京市、天津市的 1/16、1/9，人均文化事业费支出分别仅相当于北京市、天津市的 1/

6、1/3，人均拥有公共图书馆图书藏量分别仅相当于北京市、天津市的 1/4、1/3，有线广播电视用户数占家庭总户数比重均相当于北京和天津的 1/4 左右。2013～2019 年，与北京市比较，除每 25 万人拥有博物馆数量、人均博物馆文物藏量、有线广播电视用户数占家庭总户数比重外，河北省其他 7 项指标的相对比重都有所提升；与天津市比较，除每 25 万人拥有博物馆数量、每万人拥有公共图书馆建筑面积、有线广播电视用户数占家庭总户数比重、人均体育场地面积外，河北省其他 6 项指标的相对比重都有所提升。

六、主要结论

综合以上京津冀公共服务各项指标情况，可以看出，河北省绝大多数公共服务水平都有了显著提升，一些经费投入类指标更是增长了数倍以上，但与北京和天津相比依然差距较大，《京津冀协同发展规划纲要》提出的公共服务共建共享的中期目标从实际结果上看完成的并不理想。主要包括以下几个方面。

1. 整体看：河北省公共服务水平与北京和天津存在明显差距，九成多指标低于北京，且差距未见缩小；八成多指标低于天津，但差距明显缩小

在全部 5 类 86 项公共服务指标中：2019 年河北省指标高于北京市的有 9 项，低于北京市的有 77 项，分别占指标总数的 10.5%、89.5%；2013～2019 年，河北省指标占北京市比重提升的有 45 项，比重下降的有 41 项，各占总指标的一半左右。同期，河北省指标高于天津市的有 15 项，低于天津市的有 71 项，分别占总指标的 17.4%、82.6%；占天津市比重提升的有 52 项，比重下降的有 34 项，分别占总指标的 60.5%、39.5%。

进一步，从所有指标差距情况的算数平均值①看，2013 年河北省公共服务水平分别相当于北京市的 67.8%、天津市的 79.1%；2019 年则分别相当于北京市的 66.4%、天津市的 83.6%。可见，河北省与北京市差距状况基本未变，与天津市的差距呈整体缩减趋势。

2. 分领域看：河北与北京和天津各方面差距都较大，尤其体现在社会服务、文化旅游领域，且初高中教育、社会服务差距呈扩大趋势

（1）与北京市比较：横向看，2019 年河北省在高等教育、医疗卫生、社会保障、文化旅游领域差距最为明显，39 个分项指标上有 38 个均较低，学前教育、小学教育和劳动就业领域的差距相对较小；纵向看，河北省高等、职业教育及医疗

---

① 即将所有的指标对比情况（百分比）求和，再除以指标个数，得出河北与北京和天津的平均指标百分比情况。

卫生领域与北京差距呈整体扩大趋势，学前、小学教育及劳动就业、文化旅游等领域差距缩小，其他领域总体差距平稳。

（2）与天津市比较：横向看，2019年河北省在高等教育、社会保障、文化旅游领域差距最为明显，29个分项指标上有27项均较低，学前、小学教育和劳动就业领域的差距相对较小；纵向看，河北省中等教育及社会服务等领域与天津差距呈扩大趋势，学前、小学、职业、高等教育及劳动就业、文化旅游等领域差距有所缩小，其他领域总体差距大体平稳。

第二节　京津冀公共服务共建共享的主要制约因素

一、经济发展程度是导致京津冀公共服务政策、标准差距较大的根本因素，削弱了公共服务合作基础

经济基础决定上层建筑，河北省公共服务发展水平之所以呈短板，根源在于经济发展程度落后于北京市和天津市。一方面，经济规模决定投入规模。2020年河北人均GDP分别为北京、天津的29.4%、47.8%，导致人均一般预算收入分别为北京、天津的18.2%、31.9%，人均可用财力分别为北京、天津的20.5%、37.0%，直接影响了河北公共服务投入。在各项财政直接投入指标中，河北各年度人均投入几乎都远低于北京、天津，且大多数指标不及北京的1/4、天津的1/2。另一方面，投入规模影响投入结构。在总量有限的情况下，财政资金只能重点保障"最基础"的公共服务领域，导致"相对较高层次"的公共服务差距比较大。例如，公共教育中的生均图书，河北与北京、天津差距多在2倍以内，个别领域甚至还高于天津，但生均计算机与北京、天津差距多在3倍以上；河北学前教育和小学教育的师生比，与北京、天津差距不大，但专任教师的学历结构差距明显，2019年河北学前教育本科以上专任教师占比仅为1/5，北京、天津均达到1/2。再如，河北与北京、天津的一般医院密度差距相对较小，但三级医院密度差距就明显扩大。此外，经济发展水平直接影响居民收入，进一步制约公共服务供给能力。2019年，河北居民人均可支配收入仅分别为北京、天津的37.9%和60.5%，在各项公共服务供给水平上差距较大，也增加了公共服务共建共享的难度。例如，若不科学规划，大规模建设高端养老机构承接北京、天津老年人养老服务需求，易造成服务价格上升，增加河北省老年人养老成本。

二、北京"虹吸"效应对河北省公共服务供求两端都影响较大，人才、资本、技术等优质要素依然向北京转移

京津冀协同发展战略实施以来，尽管三地在产业、交通、生态三大重点协同领域进展较快，北京和天津的部分教育、医疗等公共服务资源也向河北有所转移，但整体看，北京对周边地区的"虹吸"效应依然十分突出，特别是近年来北京持续加大保障和改善民生力度，不断提高城市精细化管理水平，有序拉开副中心城市框架，全市公共服务状况已经达到中等发达国家水平。仅 2019 年，就新增 100 所中小学集团化办学覆盖学校，新增 3 万余个普惠性幼儿园学位，举办首都市民系列文化活动 2.3 万场，推出低价票营业性演出 2500 多场。北京在产业发展、公共服务、城市建设及独特政治地位等方面的绝对优势，都对河北形成了极强的"虹吸"效应。无论是公共教育领域中的政策支持、经费投入、办学条件、生师比例、班级规模、教师素质及待遇，还是医疗卫生领域中的基本医保目录、筹资标准、报销比例、统筹层次，以及养老服务领域中的养老扶持力度、补贴水平等都存在较大差异，这从供求两端都对河北省公共服务水平的快速提升形成制约。在供给端，受"市场决定资源配置"的影响，河北人才、技术、资本等优质生产要素不断涌入北京，必然导致河北省与北京市公共服务供给要素及供给水平上的差距进一步拉大；在需求端，受"享受更好公共服务理念"的影响，广大群众也更倾向于去北京就学、就医、就业，这又进一步强化北京"公共服务高地"的优势。例如，2019 年外地到北京就诊的患者约占北京全部患者的 1/3，其中河北患者所占比例达 28%，比 2013 年的 23% 提升了 5 个百分点。在这种形势下，即便受行政要求和政策影响，北京和天津医务、教育、文化人员可以短期到河北进行工作交流，但其工作的积极性和持续性也不高，对提升河北省公共服务水平的作用也不大。

三、城乡发展不平衡、促进区域协调是京津冀面临的共同问题，客观增加了公共服务合作对接的难度

2020 年，河北省常住人口城镇化率为 60.1%，北京市、天津市分别为 87.6%、84.7%，都远高于河北省。与北京、天津相比，河北具有明显的城乡二元结构特征，城乡间公共服务的标准和水平都存在显著差距，致使河北省在城镇公共服务水平低于北京市、天津市的同时，农村公共服务水平相对更低。例如，河北城镇退休人员人均基本养老金为北京、天津的 2/3 以上，但城乡居民基础养老金还不到北京、天津的 1/3。同为有线广播电视用户数占家庭总户数比重，农村用户占比与

北京、天津差距，也扩大了 10 个百分点。城乡发展差距大、协调发展任务重，不利于提升河北公共服务发展水平，也加大了与北京、天津进行公共服务协同发展的难度。进一步分析，不仅河北，北京、天津两市也存在城乡区域发展不平衡问题。例如，尽管北京的优质教育资源相对丰富，但各区县间也存在较大差异，郊区县特别是远郊区县基础教育还比较薄弱，为推进城乡协调，多年来北京市的优质中小学承担了学校合作、优质资源输出等许多社会责任，再向河北省合作对接的优质教育资源存量有限。又如，北京市的医疗卫生资源配置也不均衡，其疏解非首都功能更优先解决北京所辖区域的医疗资源配置问题，中心城区的医疗资源主要向副中心、"回天地区"、城南地区等资源薄弱地区转移，而不是优先疏解到河北省。

四、河北省地理环境复杂、行政区划过多、中心城市较弱和内部相互竞争，加大了公共服务的对接成本

与北京、天津不同，河北省地域面积大、行政区划多，无论是实现省内公共服务均等化，还是加快与北京、天津公共服务对接共建，都面临诸多问题。一是地理环境因素。河北是全国唯一拥有山、海、平原、高原和丘陵的省份，地域广袤、环境复杂、部分山区人口密度较低，导致河北公共服务的供给成本远高于北京、天津，许多公共服务指标与北京、天津差距较大，如每万人拥有卫生技术人员数、公共图书馆建筑面积等指标多为北京、天津水平的 2/3 以下。二是行政区划因素。2020 年，河北共有 168 个县市区，县级单元数量居全国第二位，其中既有面积约 200 平方公里的小县，也有面积近万平方公里的大县。一方面，县级单位多，小城镇遍地开花，直接导致资金投入分散和公共服务分割，降低了公共服务质量和水平；另一方面，中心城市数量少、实力弱，难以带动周边县市公共服务发展，而江苏、浙江、山东等省，中心城市突出、综合实力较强，发展带动作用比较明显。三是相互竞争因素。京津冀协同发展战略实施后，多个市县主动作为、对接北京、天津，从本地经济社会发展看，这无可厚非，但也造成全省缺乏"一盘棋"，导致相互竞争"失序"的状况，增加了河北与北京、天津公共服务统一对接的难度。

五、公共服务对接缺乏明确的制度保障，部分领域尚未建立常态化沟通渠道，协而不同现象依然存在

京津冀协同发展战略实施以来，京津冀三地各级各部门积极行动，建立了一

些协调沟通机制，也取得较为丰富的对接合作成果，但受行政体制、管理能力等因素约束，在部门对接、项目对接方面仍存在一定问题，主要是尚未出台教育、医疗、文化、社保等方面的统一公共服务协同发展规划。目前，国家和京津冀出台的政策大多属于倡导性，缺乏刚性约束和具体指导，难以解决经费保障、机构协调、人员统筹、服务对接等诸多的现实壁垒。例如，养老服务方面，老年人能力评估是发放养老服务机构运营补贴的重要依据。目前，北京市《老年人能力综合评估实施办法》将老年人能力评估结果分为9个级别，天津市依据《老年人社会福利机构基本规范》《天津市入住养老机构协议书》执行，河北省《老年人能力评估》只分为4个级别，三地老年人能力评估的标准不统一、结果不互认，直接影响了北京、天津养老机构运营补贴在河北全面推开。京津冀协同对接困难的重要因素在于，三地尚未建立利益共享机制，跨省级行政区中各行为主体的区域利益目标不一致，导致一些合作"协而不同"。典型体现为，对各合作主体之间缺乏相应的激励机制，难以调动处于上位的一线人员（如北京的优质教师、医生、文化工作者）参与合作的积极性，目前存在的义务教育属地管理、学校跨区域办学、跨区域教师交流研训、学生考试招生等制度障碍也有待破解。此外，京津冀三地部分公共服务主管部门之间缺乏常态化的联络沟通机制，在出台涉及三地协同发展方面的公共服务政策时，难以做到信息共享、政策共商，在一些具体工作对接上也存在机制不顺的问题。例如，京冀医养结合工作由卫生健康部门牵头，天津由民政部门牵头，在推动医养结合工作的开展、试点、监测等难度较大，影响了三地老年人异地享受医养结合的服务。

第三节　实现京津冀公共服务共建共享的思路目标

一、整体思路

以习近平新时代中国特色社会主义思想为指导，坚持以人民为中心的发展思想，统筹推进"五位一体"总体布局和协调推进"四个全面"战略布局，结合"两个一百年"奋斗目标，根据国家"十四五"推进基本公共服务均等化规划和京津冀协同发展规划要求，立足京津冀公共服务现状特点，牢牢把握雄安新区规划建设的重大战略机遇，以共享发展、机会均等为基本导向，加强京津冀公共服务顶层设计，健全公共服务政策支撑体系，创新公共服务共建共享机制，分阶段、分区域、分领域，有序推进、逐步缩小河北与北京和天津公共服务落差，促进京津冀公共服务质量整体提升，扎实推进京津冀公共服务一体化进程，加快实现京津冀区域公共服务均等化。

二、基本原则

1. 政府引导，市场主导

增强政府公共服务职责，更好发挥统筹协调、规划引导和政策保障作用，充分推动京津冀三地间的协调合作。充分发挥市场机制作用，鼓励引导社会力量参与公共服务供给，支持各类主体平等参与并提供服务，打造公共服务多元供给的格局。

2. 整体规划，梯次推进

从京津冀区域发展全局谋划公共服务共建共享，加强战略设计，推进统筹布局。坚持世界眼光、高点定位、突出特色，制订科学的路线图和时间表，分层次、分领域、分地区逐步推进公共服务共建共享、协同提升公共服务水平，最终实现京津冀全域公共服务均等化。

3. 改革引领，试点示范

加大改革力度，进一步消除各种壁垒，破解影响公共服务共建共享的深层次矛盾和问题。立足现实基础和长远需要，把握好京津冀公共服务共建共享的步骤、节奏和力度，鼓励雄安新区对标北京和天津主城区、廊坊三县市对标通州、崇礼对标延庆，率先承接北京、天津教育、医疗、养老、文旅等公共服务资源转移，加快缩小公共服务落差，引领带动全省公共服务水平提升。

4. 城乡联动，协调运行

健全农村公共服务投入长效机制，鼓励和引导城镇公共服务资源向农村延伸、社会事业向农村覆盖，促进城乡教育资源均衡配置、健全乡村医疗卫生服务体系、完善城乡统一的社会保险制度、统筹城乡公共文化设施建设，构建全面覆盖、普惠共享、体系健全、城乡一体的公共服务体系，不断缩小城乡服务差距，推进城乡公共服务均等化。

三、目标任务

京津冀公共服务存在落差是区域发展不平衡、不充分的具体体现，推进京津冀公共服务共建共享、实现公共服务均等化是一个长期发展过程。为此，必须站在推进社会主义现代化的全局高度，与"十四五"规划和 2035 年远景目标相适应，研究审视、确定推进京津冀公共服务一体化目标和进程，明确各阶段的发展目标、重点任务和实施路径。

1. 第一阶段：2021~2025年

在全面建成小康社会基础上，坚持统一规范、提质增效、区域推进、分领域实施的工作主线，整体缩减河北与北京和天津公共服务落差。在雄安新区、廊坊三县市、崇礼等集中承载地，率先实现公共服务共建共享，分别实现与北京市区、通州、延庆的"同城待遇"；在石家庄、唐山、保定、邯郸等区域性中心城市，率先实现教育、医疗、就业等重点领域公共服务的共建共享；在沿铁路、高速公路等"微中心"和其他区域，逐步提升公共服务水平，缩减与北京和天津公共服务差距。

2. 第二阶段：2025~2035年

河北集中承载地及石家庄、唐山、保定、邯郸等重点区域，与北京、天津全面实现公共服务共建共享，其他区域与北京、天津公共服务水平差距显著缩小，公共服务均等化水平明显高于全国平均水平，构建形成符合京津冀区域特点、覆盖城乡、便捷高效、持续发展的公共服务体系，京津冀区域全体公民都能公平可及地获得大致均等的公共服务，公共服务信息、资源、技术、设备等要素实现共享和相互开放。

第四节　推进京津冀公共服务共建共享的政策措施

推进京津冀公共服务共建共享，必须坚持"一盘棋"理念，在规划体系引领下，深入推进教育、医疗卫生、养老社保、劳动就业、文化旅游等领域共建共享，打造公共服务局部高地、健全公共服务保障机制。

一、突出规划体系引领作用

坚持公共服务机会均等、共享发展的理念，加快构建形成中央与地方分级负责的公共服务供给机制。

1. 中央层面制定整体规划方案

建议中央从京津冀整体发展角度出发，制订京津冀公共服务均等化规划，并滚动编制京津冀公共服务提升"三年行动计划"，从国家层面强化京津冀公共服务共建共享的政策导向。通过规划，明确京津冀公共服务均等化目标、公共服务清单名录和标准体系，提出相应的工作路线图、实施方案、具体措施和时间表，建立区域公共事务协作管理和利益协调机制，推动京津冀公共服务共建共享。例如，中央协调京津冀统一制订养老服务专项规划，从服务质量、统计口径、能力评估、星级认定等方面入手，建立统一的养老服务标准体系、统一的协调监管制度，共同规划养老项目布局。

2. 省级层面建立规划配套体系

建立公共服务专项规划配套体系和衔接机制，以"十四五"规划编制为契机，比照北京市、天津市相关规划，抓紧研究编制河北省"十四五"公共教育、医疗卫生、社会保障、文化旅游等主要领域的专项规划，运用数量指标化、质量目标化、过程程序化等标准化手段，确定公共服务的范围、清单和标准，做到与京津冀协同发展规划、北京和天津"十四五"规划、雄安新区规划纲要确定的目标任务相匹配，实现各专项规划上承国家、中接北京和天津、下领全省。

3. 市县层面，严格落实规划目标

严格按照规划目标的清单范围与标准，加快补齐公共服务短板，提高公共服务供给能力和水平，加快实现城乡、区域、群体之间享有均等的公共服务。各地应紧紧抓住京津冀协同发展、雄安新区、冬奥会的有利契机，牢牢把握北京非首都功能疏解集中承载地定位，借势发展，推动协同深化。

二、推进教育领域共建共享

加强京津冀教育共建共享，需要进一步打破传统地方主义框架的限制与束缚，构建高效畅通的教育协同机制，缩小区域内部教育发展水平的差距，最终达成区域教育优质均衡的根本目标。

1. 加强政策衔接

持续深化河北与北京和天津签订的教育合作协议，探索建立京津冀教育发展协商机制，加强与北京和天津协调，共同争取国家政策在重大教育事项、区域统筹管理、教育改革创新实验、产教融合平台①等方面支持。协调北京和天津建立三地省级、市县级对应教育部门的交流沟通与合作长效机制，围绕教育协同发展重大问题定期会晤，制定相关规划、政策和措施，逐步缓解京津冀教育公共服务范围、项目和标准落差。协调北京和天津共同发布三地统一的教育现代化指标体系，引导京津冀各级各类学校高质量发展。

2. 推进交流协作

一是持续深化学前教育、义务教育和高中教育合作。采取托管、合作共建、

---

① 国家"十四五"规划提出，围绕集成电路、人工智能等重点领域，布局建设一批国家产教融合创新平台和研究生联合培训基地，全国建设 100 个高水平、专业化、开放型的产教融合实训基地。

共办分校、集团化办学等模式，多渠道布局和引进北京和天津优质教育资源。建议中央支持有条件的在京部委属高校与河北省教育部门协作，共建附中、附小、附幼。协调北京和天津深入实施京津冀义务（学前）教育骨干教师"手拉手"、师资轮训等项目合作交流，实现三省市教师资格、职称职务互认，联合开展义务教育专项督导和教学质量联席评价。二是高标准推进高等教育高质量发展。协调北京和天津深化京津冀高校联盟建设，在联盟平台上开展课程互选、学分互认、教师互聘、学生交流和短期访学。建立高校教师、管理人员异地挂职交流和访学机制，共建协同创新中心、创新服务基地、重点实验室、工程技术中心等，促进京津冀高等学校共享优质教学和科研资源。建立三省市高等学校招生计划联合会商制度，推动教育部深化考试招生制度改革，统筹改进三地招生计划分配方式，适度增加高等优质教育资源在河北省招生规模。建议中央鼓励北京和天津的大学、大院、大所与河北创新合作方式，联手打造具有国际影响力的一流大学、特色学科和知名智库。三是持续提升职业教育质量。协调北京和天津加强京津冀职业教育产学研合作，组建学校联盟、开展校企合作和共建高水平实训基地，建设京津冀职业教育对接产业服务平台，推动职业院校、职教园区与产业聚集区融合发展。推动有特色的河北高职院校与北京和天津知名高校的二级学院共建共办，并纳入所在院校统一管理、分类招考。协调北京和天津做大做强北京电子信息、天津现代服务业以及河北省冶金、焦化、旅游等联合职业教育集团，推动技术技能人才联合培养，对跨省市就读的职业教育学生在免学费、助学、培训补贴等方面逐步实行同城同待遇。深化职普融通，建议中央率先在京津冀推行"职业技术教育与普通教育双向互认、纵向流动"制度，并实施京津冀职业技能等级证书互认。

3. 创新合作模式

一是充分利用市场力量，发挥民办教育、名校办民校等市场化办学模式优势，打造公共教育多元供给格局，有效打破区域教育行政分割，实现优质教育资源的跨区流动和配置。二是利用教育综合改革时机，适当扩大高等教育学校办学自主权和职业教育学校异地招生、师资选用自主权，构建京津冀职业学校教师长效交流机制，与北京和天津探索建立三地教师相互到对方同类院校授课的工作机制，并与其职务、职称选聘相挂钩，鼓励省内优质院校教师跨校兼职，带动提升教学质量。三是建议中央在京津冀地区率先开展科研机构绩效拨款试点，逐步建立财政支持科研机构绩效拨款制度，推动三地高校、科研院所优化完善基本科研业务费制度。四是充分利用互联网，建立教育信息资源网、课程教学资源共享平台、教师（校长）联合培训平台等，促进教育理念、管理、师资、课程等优质教育资源的跨区流动和共享。基础教育，大力开发和共享在线教育资源，支持学生灵活选择和组合应用，支持教师基于学情精准诊断的个性化资源推送；职业教育，开展在线教育环境下的实训教学模式创新，推进仿真实训在线教育；高等教育，支持具有学科专业优势和现代教育技术优势的高校，建设适合网络传播和教学活动的在线开放课程。

三、推进医疗卫生共建共享

针对新冠肺炎疫情带来的公共卫生安全影响，将京津冀区域医疗卫生共建共享放在更加突出的位置，加快推动实现河北与北京和天津优质医疗卫生资源配置、医疗服务水平和基本公共卫生服务均等化，让京津冀居民在协同发展中实现医疗卫生公共服务便利共享。

1. 加强顶层设计

由国家卫生健康委和京津冀三地共同推动，破除属地管理政策壁垒，加快建立跨省级行政区的三地四方利益协调共享机制，深化合作办医、公共卫生、规划对接等制度设计，建立健全医疗卫生协同发展政策框架体系，结合疫情防控工作实际，统筹推进公共卫生领域地方性法规制定修改工作，形成一批公共卫生领域的协同立法成果，建立统一的京津冀全域医疗卫生服务准入标准，促进医疗卫生资源要素在京津冀区间有序合理流动。

2. 推进医疗合作

一是建议中央推动北京和天津优质医疗卫生资源与河北开展深度合作，采取对口帮扶合作方式对河北省现有医疗资源改造提升，重点打造燕达医院作为京冀共建示范项目，深入推进 301 医院与涿州市医院合作。支持京津冀的医疗机构、科研单位、相关医疗行业企业及技术平台共同参与，深入推进京津冀医疗联合体建设，完善分级诊疗和会诊转诊机制，提升京津冀地区医疗服务的协同覆盖能力。根据医疗资源输出量，国家适当增加输出医院的北京落户指标，河北省对输出医院医务人员在住房、配偶随迁、子女入学、奖励补贴等方面给予支持，有条件的地方安排资金给予合理补偿，保障派出医务人员薪酬水平达到输出医院同等条件人员平均水平。发挥河北人力资源、空间区位和卫生服务资源规模优势，坚持错位发展，支持北京和天津三甲医院在环北京和天津周边区域，合作共建一批高水平的护理医院和康复医院，率先实现以社会保障卡为载体的医疗服务一卡通办，使河北省患者能够就近享受北京优质医疗资源的诊疗服务，减少河北省赴京就诊人数。发挥好北京和天津技术和河北中药资源的优势，深入推进京津冀中医药协同发展，探索建立跨区域的中医医联体和中医药重点专科区域协作网，共同推出一批中医学术传承推广项目，打造一批全国知名老中医药专家传承工作室。二是加快开展区域医疗中心建设试点，以国家医学中心为依托，通过建设分中心、分支机构，促进医师多点执业等方式，吸引北京和天津优质资源在河北省建设区域医疗中心，探索将高级职称评审权下放到区域医疗中心，支持区域医疗中心结合自身发展需要，合理核定薪酬水平，有条件的可实行岗位薪酬制、目标年薪制、协议薪酬制等多种方式。三是协调北京和天津扩大京津冀地区医疗机构临床检验结果互认的医院和项目范围，探索建立异地就医直接结算信息沟通和联动机制，开展异地就医门急诊医疗费用直接结算试点，推动交界地区医疗机构优先纳入跨省异地就医直接结算平台。四是加强公共卫生区域联动合作，协调北京和天津推动重大传染病及应急卫生事件联防联控，建立统一的急救医疗网络体系、重大突发事件应急体系，实现疾病防控、双向转诊、急救网络、突发公共卫生事件监测预警等信息互联互通。五是利用好中国（河北省）自贸区建设、北戴河生命健康产业创新示范区建设等国家级园区项目建设平台，聚焦一批重点医疗卫生工程建设项目，引导全国优质医疗卫生资源向集中承载地纵深布局，带动河北省公共医疗服务水平实现质的飞跃。

3. 深化医疗改革

一是进一步加强医疗卫生领域的"放管服"，精简行政许可事项，优化协同发展环境，吸引北京和天津、全国乃至世界范围内的优质医疗资源流入河北省。二是深化医药卫生体制改革，协调北京和天津以统一京津冀基本医疗保险政策为目标，逐步实现药品目录、诊疗项目、医疗服务设施目录的统一，并健全医保目录动态调整机制。三是创新医疗服务模式，鼓励京津冀医疗机构打造互联网医院，做好河北省互联网医院准入工作，与北京和天津知名医院建立会诊通道，搭建远程医疗平台，使患者不出省即可得到国家级专家会诊服务。四是协调北京和天津建立京津冀统一的居民健康档案，打造卫生健康信息一体化平台，推动将京津冀纳入国家全民健康信息跨域互联互通业务协同试点，逐步实现居民电子健康档案与公共卫生的数据共享和业务协同。

四、推进养老社保共建共享

加快推进以京津冀养老服务协同发展为核心的社会保障共建共享，进一步完善社会保障基本制度、创新社会保障服务体系，逐步实现京津冀社会保障一体化。

1. 完善政策体系

一是协调北京和天津修订京津冀养老服务协同发展等相关规划，统筹设定养老服务机构建设和运营相关标准，提高养老服务机构建设和选用护理人员水准。二是完善跨地区购买养老服务等政策，探索一体化养老服务模式，进一步降低养老服务准入门槛。三是加快进行与养老相关的医疗、低保、救助、慈善等扶持政策的对接研究，重点在财政支持、医疗服务、人才培养、金融扶持、民政监督等方面进行统筹合作，形成完整有效的政策扶持体系。

2. 培育康养产业

一是加强重点领域带动。着力支持石家庄健康经济、承德京津冀康养产业、衡水京南医疗康养等重点区域示范区及京雄保石生物医药健康产业走廊等加快发展，构建形成具有区域特色、布局合理、分工明确、带动力强的康养产业体系，满足北京和天津居民养生健康养老需求。加强与北京市老年产品用品产业园、北京市康复辅助器具产业园入住企业对接引导，争取在河北省建设康复辅助器具生产、销售和展示交流园区。二是合理规划布局。协调北京和天津探索建立京津冀三地共建养老、护理机构发展长效机制，采取合作共建、设立分院、整体搬迁等形式，引导北京、天津优秀养老资源到河北布局兴业，加快推动北京、天津养老项目向廊坊三县市延伸布局。三是注重区位优势发挥。发挥北京、天津在教育、资本、技术等方面的优势，加强养老服务人员技能培训，提高专业技能水平，带动全省养老服务高质量发展。发挥河北地貌特征多样的特点，依托草原冰雪、温泉地热、海滨海岛、自然山水等资源，在环北京、天津地区以及太行山高速沿线，建设运动康体、温泉养生、避暑疗养、森林养生等康养休闲区，着力打造"医、养、康、教"四位一体新发展模式，吸引北京和天津老人异地养老安"新家"。四是在有效配置养老人力资源上，建议中央以京津冀为试点，制定分级管理为基础的梯度养老行业职业资格体系，完善养老产业人力资源政策，优先在京津冀高校设立养老护理专业、开办养老护理学院，构建养老产业职业教育体系。

3. 做好社保对接

一是协调北京、天津深化京津冀养老服务协同发展试点机构改革，完善养老服务补贴政策跟着户籍老年人走、养老服务标准一体化、养老人才培训及资质认定等制度性措施，引导北京、天津社会资本向河北养老服务领域流动，逐步为京津冀老人异地养老打通地域政策壁垒。二是协调北京、天津做好京津冀跨地区流动就业人员养老、医疗、失业保险关系转移接续，探索实施三地工伤保险异地管理和直接结算，逐步实现京津冀三地养老保险关系顺利衔接。三是协调北京、天津推进京津冀社会保险待遇资格协作认证，对异地居住人员领取养老、工伤等保险待遇资格，进行协助认证合作，定期交互认证信息数据，配合做好疑点数据重点筛查。四是协调北京、天津完善三地养老服务信息共享网络平台，实现养老服务信息资源实时发布、同步共享、远程获取、公开公正。共同推进"虚拟养老院"建设，推广应用便携式体检、紧急呼叫监控等设备，建立智慧养老服务体系。

五、推进劳动就业共建共享

以促进社会就业更加充分和人力资源优化配置为出发点，提升京津冀公共就业服务的专业化、标准化、信息化水平，推进京津冀劳动就业服务共建共享、优势互补、合作共赢、协同发展。

1. 协调政策制定

进一步加强公共就业服务协作管理和制度规范，协调北京和天津共同出台职业介绍、就业指导、创业服务、人才流动等方面的区域性统一标准，统筹建立统一的劳动力资源及就业失业状况调查登记分析制度，共同推动公共就业服务制度的调整和完善。探索建立京津冀公共就业服务机构联席会议制度，根据区域合作需要，分别设立就业、培训、失业保险等专项联络员，负责专项工作联络与信息交流。

2. 完善服务平台

一是努力破除京津冀行政区划、城乡二元体制的限制和障碍，协调北京、天津搭建京津冀统一的就业创业公共服务信息平台，推动人力资源、公共就业等领域服务标准对接和人才资质互认，建立企业酬薪调查和信息发布制度，定期发布职业薪酬信息和重点行业人工成本信息。二是加强京津冀劳务对接，健全河北（劳务输出省份）与北京、天津（劳务输入集中区域）的对接协调机制，在三省市公共就业机构开设京津冀协同发展劳务服务窗口、开辟绿色通道，加强劳动力跨区域精准对接。三是完善人社服务平台建设，推广京冀（曹妃甸）人力资源社会保障服务中心的合作模式，协调北京、天津在三地设立京津冀公共服务联合办事窗口，为劳动者和用人单位异地提供政策咨询、职业供求信息发布、职业介绍、就业失业登记等公共就业服务，针对高校毕业生、农村转移劳动力、残疾人等重点群体可设立专门窗口。四是协调北京、天津建立京津冀区域人才公共服务清单，融合三地人才服务标准和信息化建设标准，建立京津冀高层次人才信息库，加快推动高层次人才服务信息共享。

3. 推动就业合作

一是实施专项活动。协调北京、天津成立京津冀区域公共创业服务联盟，共同开展公共就业服务专项活动，举办高校毕业生专场招聘会、农民工专场招聘会、京津冀创新创业大赛等各类活动，共同建立创业项目、职业培训基地、咨询专家和培训师资库，支持和鼓励劳动者在三省市间异地自主创业，享受当地相关扶持就业创业政策。二是开展教育培训。根据北京、天津用工需求，依托大中型企业、职业院校及各类培训实训基地，开展有针对性的"订单式""定向式""定岗式"教育培训，协调北京、天津共建省级家政服务员培训输送基地，共建京津冀三地远程用工系统，提升劳动者的职业技能和就业能力。三是完善保障机制。协调北京、天津探索建立维护区域劳动者权益保障协作机制，加快建立跨省劳动保障重大突发事件通报和协同处理制度，联合组织劳动力市场整顿行动，共同维护区域劳动力市场秩序。定期交流劳动保障维权信息，推动建立企业社会责任承诺制度，共同维护劳动者合法权益。创新劳动保障监察执法方式，推进劳动保障监察综合执法，建立拖欠农民工工资"黑名单"共享和联动惩戒机制。

六、推进文化旅游共建共享

京津冀"地域一体、文化一脉"，在历史上同属燕赵区域，有着共同的文化背景、文化母体和文化心理。推进京津冀公共服务共建共享，需要立足新时代、新要求，在文化旅游资源、活动、服务和管理等方面实现共建共享，逐步实现一体化。

1. 加强政策联动

一是落实《京津冀文化和旅游协同发展战略合作框架协议》，进一步细化相关政策和具体项目，协调北京和天津研究编制《京津冀文化与旅游融合发展总体规划》，探索一条立足区域文化自信的旅游发展新路。二是编制京津冀全域旅游交通建设规划，加强京津冀文化和旅游试点示范区建设，全面提升示范区文化旅游基础设施和公共服务水平，培育示范区文化和旅游品牌。三是加快出台《河北省公共文化服务保障条例》，进一步明确各级政府的支出责任，并做好与北京、天津相关政策的衔接。四是协调北京、天津共同设立京津冀文化和旅游公共服务协同发展专项资金，支持京津冀文化和旅游部门开展公共服务活动以及交流合作。

2. 推动资源共享

一是整合文化旅游资源。总结旅游示范区建设成效，统筹利用长城、运河、沿海等特色资源，协调北京、天津共同打造一批跨区域、高品质的文化和旅游产品，推出京津冀黄金旅游精品线路，合理打造京张冰雪体育休闲旅游带，共同塑造长城、大运河国家文化公园等共有品牌。打造环京津旅游风景道大环线，实施精品风景道示范工程，高标准、体系化建设太行山高速风景大道、张承坝上风景大道、承秦公路风景道、河北省"三沿"（沿滹沱河、沿京杭大运河、沿海）旅游公路风景道、长城旅游公路风景道，形成环绕京津冀城市群相互衔接的旅游风景道大环线。共同推出京津冀旅游圈旅游攻略、日历和地图，面向北京和天津打造"河北省周末"旅游品牌。二是探索建立共享资源库。加快河北省美术馆和大剧院建设项目进程，推动京津冀美术馆、博物馆、图书馆和群众文化场馆区域联动共享，协调北京、天津研究实施京津冀图书馆、博物馆总分馆制度，逐步实现城市阅读一卡通、公共文化培训一体化。搭建"京津冀文化云"，形成集活动预约、场馆预订、空间展示、社团风采、竞赛互动、文物鉴赏、文艺培训等功能为一体的"一站式"公共文化服务平台，为三地群众提供精准高效的公共文化服务。打造京津冀文化旅游信息共享平台，建立假日旅游、旅游景区大客流预警等信息联合发布机制。三是加强三地文化活动交流。协调北京、天津建立京津冀历史文化遗产保护体系，探索公共文化设施建设交流机制，共同实施支持传统工艺振兴计划和传统戏曲振兴工程，推动优秀传统文化传承发展。利用地域相连、文脉相通的优势，京津冀合作推出一批以"燕赵文化"为主题的优秀传统文化产品和影视剧，积极打造相关数字文化产品。

3. 完善服务体系

一是优化交通服务体系。突出京津冀旅游特色与文化氛围，完善旅游专列的乘车环境、旅行服务，协调北京和天津推动建设张承坝上、京张铁路、京原铁路、京承铁路等特色旅游观光铁路，打造京津冀文化旅游专列运行体系。实施通景公路提升工程，构建以高速公路、国省干线为骨架的旅游道路网络体系，推进交通旅游融合发展。二是创新自助旅游服务体系。在北京、天津及省内主要航空、铁路、公路客运枢纽、城乡游客聚集区等场所，建设河北省旅游集散中心（游客服务中心），完善旅游集散服务功能。加快发展旅游客运，开发运营城市至重点旅游区域的旅游公交专线、景区直通车和旅游观光巴士等运游产品。三是完善旅游管理体系。协调北京和天津建立京津冀旅游服务规范与质量标准体系，共同编制《京津冀自驾驿站建设和服务标准》，建立京津冀旅游行业一体化的信用监管联动机制、预警机制和信用等级动态评价机制，对跨区域严重失信行为实施联合惩戒措施。四是健全联合执法机制。协调、指导跨区域文化市场综合执法，畅通京津冀旅游市场举报投诉通报和处理渠道。五是加强人才队伍建设。协调北京和天津统筹京津冀文化旅游专家资源，建立京津冀旅游标准化专家库，对京津冀文化旅游协同发展的重大问题进行研究。

七、打造公共服务局部高地

加强区域引领，鼓励雄安新区、廊坊三县市和崇礼区，石家庄、唐山、保定、邯郸等区域性中心城市，曹妃甸区、新机场临空经济区等重点承接平台和各类"微中心"，发挥比较优势，积极承接北京和天津公共服务资源转移，加快缩小与北京和天津公共服务落差，带动全省公共服务水平提升。

1. 推动雄安新区成为公共服务共建共享示范区

加强雄安新区与京津公共服务领域全方位深度合作，将雄安新区建设为京津冀公共服务均等化先行区、公共服务共建共享示范区。一是高标准建设现代教育体系。采取托管、集团化办学等模式，从北京乃至全国引进高端教育资源，布局高质量的学前教育、义务教育、高中阶段教育，支持"双一流"高校在新区办学，以新机制、新模式建设世界一流的雄安大学，构建高水平、开放式、国际化高等教育聚集高地。二是高标准配置医疗卫生资源。建议中央启动国家医学中心重大项目，加快推进北京援建的宣武医院建设项目，吸引北京和天津三甲医院在新区开设分院，组建集临床服务、医疗教育、医学科研和成果转化为一体的医疗综合体。加快应急救援、全科、儿科、妇产科等科室建设，建设国际一流、国内领先的区域卫生应急体系和专科医院。三是高水平提升社保服务能力。创新社会保障服务体系，完善服务项目，提高服务标准，统筹考虑养老服务设施配置，建立健全未成年人关爱保护体系和殡葬公共服务体系。四是高水平完善公共文化资源。建成一批有影响力的功能性大型文化设施，高标准布局建设博物馆、图书馆、美术馆、剧院等，在街道、社区建设综合文化站和文化服务中心。构建完善的全民健身体系，建设体育健身设施网络，积极承接北京、天津丰富的赛事资源，引进国内外高端体育赛事，形成高水平、品牌化、持续性的系列赛事。五是率先打造"互联网＋"公共服务共享平台。利用雄安新区国家数字经济创新发展试验区优势，在教育、医疗、就业培训等领域形成突破，将北京、天津优质教育、医疗等资源整合到"互联网＋"平台，建设覆盖雄安新区各县的基层远程同步教学中心、远程医学诊断中心和远程就业培训中心。

2. 推动廊坊三县市成为京津冀交界地区协同发展的典范

按照"统一规划、统一政策、统一标准、统一管控"要求，协调推动北京优质公共服务资源向三县市延伸，统筹布局区域公共服务设施，建立公共服务协同配套推进机制，逐步缩小两地公共服务落差，共同塑造高品质的生活空间。一是推动北京优质教育资源向三县市布局。鼓励以合作办学、建立分校区等方式，促进北京优质教育资源转移，大力促进北京师资在三县市地区流动。鼓励通过成立运营集团等方式，实现教育资源的整合共享。逐步统一通州区与三县市基础教育设施配套标准，促进城乡基础教育设施均衡布局。二是培育三县市区域性医疗养老服务功能。通过机构合作、设置分院等方式，推动在京服务全国和区域的优质医疗资源向三县市纵深布局，深化廊坊与通州间就诊记录与居民健康档案的互通共享。引导北京优质健康养老资源向三县市延伸，鼓励三县市建设医疗卫生与养老相结合的服务设施，全面提升在健康养老领域服务北京市及京津冀地区的能力。三是推进大型文体设施共建共享。推动通州区与三县市共同承办和推进重大文化、体育赛事活动，提高设施利用效率，规划在三县市预留区域性重大赛事设施用地。

3. 推动其他重点地区加快缩小与北京和天津公共服务落差

一是推动石家庄、唐山、保定、邯郸等区域性中心城市，立足本地在教育、医疗、养老、旅游等方面的资源优势，加强与北京和天津对接，率先推动公共服务共建共享。例如，在石家庄、保定等地建设教育改革示范区，与北京、天津高校共建特色学科；在石家庄、廊坊等地打造网状化医疗承接区，全方位承接北京、天津优质医疗资源；在保定、廊坊等地打造环北京和天津养老产业基地，在秦皇岛等地打造京津冀休闲、养生、旅游为一体的养老服务区，在张家口、承德等地打造京津冀"候鸟式"养老服务区。二是利用冬奥会契机，张北地区加强整体谋划，加快首都"两区"建设，积极承接北京和天津优质文旅资源，打造国家冰雪旅游度假区、体育产业示范基地和旅游文化康养名城。全面落实京冀张医疗合作框架协议，推动张家口医院与北京医院深入开展特色专科技术合作，挂牌北医三院崇礼院区，加强张家口市传染病医院、妇幼保健院与北京地坛医院、北京儿童医院的合作对接。三是协调北京和天津抓好通武廊医疗卫生协调联动基本公共服务标准化试点，打造京津冀一体化发展先行区。四是加快建设大兴国际机场临空经济区、曹妃甸区、渤海新区、芦台汉沽、衡水滨湖新区等重点承接平台，以及各类沿铁路和高速公路的"微中心"，发展壮大本地产业，围绕产业布局公共服务，科学、合理、有序地承接北京公共服务资源转移。

八、健全公共服务保障机制

推进京津冀公共服务共建共享，必须进一步加强机制创新、财力保障和配套改革，提升河北省公共服务保障水平。

1. 加强机制创新

按照"有效对接、有益协同"的原则，进一步创新京津冀区域合作和公共服务供给机制，构建多层次的利益协调和共享机制。一是建立供给主体的沟通协调机制。破除属地管理的政策"壁垒"，加快建立两个层次的协调共享机制。一方面，建议中央协调京津冀三地建立政府间的常态化联络机制。主要从立法、政策、经费、人事等方面，完善公共服务协同发展机制，协调京津冀错位发展、谋求共赢。另一方面，协调北京和天津建立学校、医院等公共服务供给主体间的协调机制，如建立区域学校协会、京津冀医疗联合体，协调各地域单元之间、各学校（医院）之间的利益冲突，向社会和政府传达合法意愿和反映学校（医院）利益要求的责任。二是建立多元供给的综合保障体系。区分基本与非基本公共服务，突出政府在基本公共服务供给保障中的主体地位，推动非基本公共服务提供主体多元化、提供方式多样化。发挥政府引导作用，鼓励、支持各类社会力量参与公共服务供给。逐步规范、公开公共服务机构设立的基本标准、审批程序，进一步扩大公共服务面向社会资本开放的领域范围，拓宽社会力量进入渠道，推动公共服务领域民办非营利性机构享受与同行业公办机构同等待遇。积极发展社会组织，完善社会组织培育扶持政策，提升社会组织承接政府购买服务能力，特别是降低准入门槛，大力培育发展社区社会组织，支持其承接基层公共服务和政府委托事项。完善志愿服务管理制度和激励机制，推动志愿服务与政府服务优势互补、有机融合，发挥慈善组织、专业社会工作服务机构在公共服务提供中的补充作用。三是建立成本共担的项目保障方式。按照区域面积、人口、人口密度等客观标准，协调北京和天津逐步建立公共服务均等化的成本分担机制，对不同的公共服务项目采取不同的利益补偿方式。对受益各方的共建共享项目，经充分协商协调，完成产权分割与利益划定，按照受益程度协商投资的比例，制定清晰的费用分摊原则；对呈现单向流动的公共服务项目，建立相应的利益补偿机制。例如，争取中央及北京和天津政府，对河北省保定、廊坊、秦皇岛等集中承载地，由于基础设施建设、承接功能疏解而增加的公共服务成本予以合理补偿，逐步建立京津冀区域协同治理模式下按市场规则运作的横向转移支付制度。

2. 加强财力保障

一是逐步增加财政投入。足额征收政策性教育资金，严格按照《中华人民共和国教育法》对教育投入"三个增长"的要求，落实教育经费保障。在严格落实国家减税降费的基础上，加快完善各类社保基金征缴政策。结合河北省情，逐步提升民生财政支出规模，建立与经济发展和财力增长相适应的公共服务财政支出增长机制，有效保障公共教育、医疗卫生、公共文化、社会保障、劳动就业等领域的经费投入。二是调整优化支出结构。针对公共服务领域的薄弱环节，加大资金投向，如提升教育经费支出中公用经费支出比例，新增教育经费从改善办学条件（硬件）转向促进教育内涵发展（软件），推动师资队伍建设和农村教学质量提升。改变"重医疗、轻卫生"的传统支出结构，逐步提升基本公共卫生经费补助标准，将公共卫生资金中的一定比例统筹用于支持疾控等专业医疗卫生机构建设。三是整合相关领域资金。针对文化、医疗等公共服务领域资金分散问题，以提升资金绩效为目标，整合分布在宣传、文化、新闻、体育等领域的公共文化资源要素，整合各类人才引进和补助资金，最大程度上发挥资金合力。参照天津做法，设立河北省公共文化建设补助资金，为实现公共文化服务设施的达标覆盖和提档升级提供支撑。四是不断拓宽融资渠道。完善政府和社会资本合作模式，吸引社会资本参与养老服务设施、文化服务体系等公共服务项目建设和运营，降低运营成本、提升服务质量；发挥政府投资基金作用，调动市场提供教育、医疗等公共服务的积极性，不断提高资源配置效率；推进政府购买公共服务，将可由社会力量承担的公共服务，逐步交由具备良好资质的社会组织、机构和企业等承担，将更多公共服务项目纳入政府购买服务指导性目录；扩大地方政府专项债规模，创新民生保障等专项债券，支持有一定收益的公共服务和基础设施项目建设。

3. 加快配套改革

推进京津冀公共服务共建共享，需要行政、管理等方面的改革协同，进一步提升河北省公共服务保障水平。一是完善政府事权责任划分。合理划分政府间事权与支出责任是政府有效提供公共服务的前提和保障。根据近年来中央和河北省关于公共服务领域的事权与支出责任划分方案，结合京津冀协同发展实际情况，加快推进河北省文化、住房保障、应急灾害等领域的事权与支出责任划分改革，进一步完善省以下教育、医疗等领域的事权划分。二是推进事业单位分类改革。理顺政府与事业单位在公共服务供给中的关系，明确事业单位的功能定位，强化提供公共服务事业单位的公益属性，推动其去行政化和去营利化，激励事业单位人员积极性，提高事业单位公共服务效率，更好为居民提供公共服务。三是开展"互联网＋"公共服务。运用大数据、互联网技术推动教育、医疗、社保、养老等领域服务方式的转变，提升公共服务共建共享效率。探索网络化教育新模式，对接线上线下教育资源，扩大优质教育资源覆盖面。建立网络化医疗服务，提供线上寻医问药、在线预约诊疗、互联网健康咨询、检查检验报告查询等服务。开展网上社保办理，实现个人社保查询认证、跨区域医疗保险结算等应用。搭建智能化养老服务网络平台，完善居家养老呼叫照护系统。推进人力资源信息化管理与服务，逐步实现就业服务、失业保险、职业培训信息共享和公共就业服务全程信息化。

第十四章

深入承接北京非首都功能疏解的
财政政策

推动京津冀协同发展，是以习近平同志为核心的党中央作出的重大决策部署。疏解北京非首都功能是京津冀协同发展的"牛鼻子"，不仅是解决北京"大城市病"的必然要求，也是促进河北省转型升级、推动区域协调发展的重要保障。

第一节　京津冀协同战略以来的非首都功能疏解成就

自 2014 年京津冀协同发展战略实施以来，京津冀三地加强对接、密切协同、资源共享、优势互补，在产业转移、生态建设、交通一体化等方面取得了明显进展，河北省承接非首都功能疏解、京津冀相互促进的区域经济布局初步形成。

一、疏解空间格局逐步优化

中央调整优化首都空间布局，打造"一核两翼"，"一核"即首都核心区，"两翼"即北京城市副中心和雄安新区，符合国际上解决"大城市病"问题经常采用的"跳出去"建新城的通行方法。雄安新区为非首都核心功能的集中承载地，已从规划阶段转入大规模建设阶段，近两年加快推进 120 多个重大项目建设，推动疏解项目优先向新区启动区疏解，将启动区打造成为承载非首都功能的高质量样板。廊坊北三县加速融入北京城市副中心，与通州实现了规划、标准、政策、管控的

"四统一"。渤海新区、曹妃甸等其他承载地不断优化布局，以北京现代汽车沧州工厂为代表的一批先进制造业疏解项目落户河北省，北京市近百家医药企业入驻渤海新区，曹妃甸协同发展示范区已签约亿元以上北京和天津合作项目 123 个。

二、疏解交通体系基本成型

坚持打造轨道上的京津冀。截至 2020 年底，河北与北京和天津联手打通或拓宽对接道路 32 条段、2005 公里，河北铁路运营里程、高速公路通车里程分别达到 7870 公里、8042 公里，均列全国第 2 位，秦皇岛港、唐山港、曹妃甸港、天津港、黄骅港等港口互动频繁、相互串联，初步形成轨道、空港、海港一体化的大交通格局。通关一体化改革深化，已有超 85% 的北京企业选择以京津冀跨关区一体化方式通关。雄安新区高速路网正在加快建设，京雄、津雄高铁实现雄安新区与北京和天津直达，京雄高速实现雄安新区与北京中心城区直达，京雄、京德高速公路与大兴国际机场直通，初步构建起多中心、网络化的综合交通布局。

三、疏解政策红利持续注入

中央不断出台相关领域非首都功能疏解的具体举措，制定了户籍、教育、医疗卫生、社保、中央预算内投资、住房等激励约束政策，形成了进一步推进北京非首都功能疏解的"1 + N + X"方案政策体系。京津冀不断加强公共服务交流合作，在教育、卫生、养老等方面先试先行，对接效果较为显著。先后组建 12 个京津冀高校创新发展联盟，多所北京高水平中小学与河北省开展合作办学。北京 22 家市属医院积极与天津、河北开展医疗合作，43 项临床检验结果在京津冀 485 家医疗机构实现互认。京津冀人力资源服务地方标准实现统一，社会保险转移接续深入推进，协同推进养老服务向环京周边地区延伸。

四、疏解协同平台加快建设

京津冀三地围绕构建和提升"2 + 4 + 46"产业合作格局，择优共建了一批特色示范园区。在高端装备产业方面，重点建设了北京（曹妃甸）现代产业发展试验区，首钢、金隅等北京重点企业加快布局曹妃甸；在大数据产业方面，北京大数据产业链向廊坊、张北、怀来等汇聚落地，初步形成了廊坊的"大数据走廊"和张家口的"中国数坝"；在大健康产业方面，建设了滦南（北京）大健康国际产业园，被国家批准为北京保健品企业外迁异地监管区域，形成综合服务及研发、医药保健产品制造、医用制品生产、高端医疗电子设备生产、医疗器械及设备生产、物流仓储等六大产业分区。近年来，河北与北京和天津共建科技园区、创新基地、技术市场等创新载体超过 210 家，"京津研发、河北省转化"的协同创新发展模式初步形成。

第二节　影响河北省承接非首都功能疏解的主要因素

尽管河北省承接非首都功能疏解有了明显进展，但对标打造现代化新型首都圈、形成我国经济发展新支撑的协同发展目标要求仍有一定差距，典型体现在京津冀经济总量在全国位势逐步下降①，三地间发展差距却不断拉大，其重要原因之一在于作为三地发展程度最低的河北省承接能力不足，主要体现在以下几方面。

一、承接基础较弱，河北省的经济发展层次低，与北京的梯度落差影响了产业的循序转移

河北与北京、天津两市的经济发展程度迥异，存在明显的发展梯度落差。从产业结构上看，2020 年北京的三次产业增加值结构为 0.3：15.8：83.9，天津为 1.5：34.1：64.4，河北为 10.7：37.6：51.7。与北京市相比，河北省的第一产业占比超出 10.4 个百分点，第二产业占比超出 21.8 个百分点，第三产业占比则低了 32.2 个百分点。与中央提出京津冀协同发展战略之前的 2013 年相比，河北与北京的各产业差距均有所缩减，但改进程度不明显，其中第三产业占比差距平均每年仅缩减不到 1 个百分点。从人均产值上看，2020 年北京、天津、河北的人均生产总值分别为 164889 元、101614 元、48564 元，北京、天津分别是河北的 3.4 倍、2.1 倍，比 2013 年的倍数（分别为 3.0 倍、2.1 倍）还有所扩大。从人均财政收入上看，2020 年北京、天津、河北的人均一般预算收入分别为 25052 元、13867 元、5127 元，北京、天津分别是河北的 4.9 倍和 2.7 倍，比 2013 年的倍数（分别为 5.5 倍和 4.5 倍）有所缩小，但依然明显大于人均生产总值的差距（见表 14 – 1）。受京冀间的经济发展梯度落差较大及区域梯度推移黏性的影响，北京向河北产业转移难以循序进行。一方面，北京想转移的产业，河北未必接得住。河北工业制造业

---

① 2013～2020 年，三地经济总量占全国比重由 9.3% 降到 8.5%。

相对落后，产业配套水平与北京转移企业的发展需求匹配度较差，北京设计研发的很多产品，河北产业链对接不上，难以承接生产制造。2019 年，北京输出津冀的技术合同成交额仅占流向京外地区的 7.8%，典型反映了三地间的产业技术程度差距。另一方面，河北想承接的产业，北京、天津未必想转移。京津冀协同发展战略实施以来，除了沧州的北京现代汽车、大数据基地和医药产业园等少数项目外，北京、天津向河北转移的大都是批发零售、仓储物流、食品加工等附加值较低的传统制造业和一般服务业，虽然有助于疏解非首都功能、拉动当地就业，但对全省产业转型和经济高质量发展意义不大。

表 14 - 1 　　　　　　　　2013 年、2020 年京津冀经济结构差异情况

类别		北京市	天津市	河北省	全国
2013 年	第一产业占比（%）	0.8	1.6	13.0	8.9
	第二产业占比（%）	19.7	44.3	46.1	44.2
	第三产业占比（%）	79.5	54.1	41.0	46.9
	人均 GDP（元）	101023	68937	33187	43497
	人均财政收入（元）	17310	14124	3131	5092
2020 年	第一产业占比（%）	0.3	1.5	10.7	7.7
	第二产业占比（%）	15.8	34.1	37.6	38.0
	第三产业占比（%）	83.9	64.4	51.7	54.3
	人均 GDP（元）	164889	101614	48564	72000
	人均财政收入（元）	25052	13867	5127	7092

资料来源：相关年份《中国统计年鉴》。

二、承接能力较低，河北省的先进要素和资源不足，不利于扭转北京对周边地区的"虹吸"效应

与北京相比，河北的人才、资本和公共服务水平等要素资源存在明显短板，直接制约了河北的承接能力。一是高层次人才不足。河北省虽为人口大省，人口数量居全国第 6 位，但高层次人才十分缺乏。国家统计局"七普"主要数据结果显示，我国每 10 万人中拥有大学（大专及以上学历，下同）文化程度的为 15467人，占全部人口比重为 15.47%。其中，北京、天津、河北占比分别为 41.98%、26.94%、12.42%，河北的大学文化程度占比情况不仅远低于北京、天津，也低于全国平均水平，居各省第 24 位。作为高层次人才代表的两院院士，河北籍院士115 人，在河北工作的仅有 19 人，不及北京一所高校的数量。二是金融资源长期外流。河北金融体系不健全，全省仅有 11 家城市商业银行，信托、证券、期货和

保险法人机构均仅有 1 家，没有大型商业银行和股份制商业银行法人机构，与金融总部云集的北京和作为北方金融中心的天津相差甚远，导致大量金融资本流出。三是公共服务水平较低。2020 年，河北的城乡居民基础养老金标准为 113 元，仅为北京（830 元）的 1/7；河北的每百万人口三级医院数量约 1.0 个，不到北京（5.2 个）的 1/5；河北的人均拥有公共图书馆藏量 0.36 件，仅为北京（1.3 件）的 1/4。河北的每百万人口三级医院数量、退休人员人均养老金、每 25 万人拥有博物馆数量等指标，与北京的差距比 2013 年还有所扩大。正是由于这些要素资源的巨大差距，导致北京对河北的辐射作用未充分发挥，甚至仍持续着长期以来的"虹吸"效应。随着我国高速、高铁、5G 等交通通信设施的完善，虽然给河北带来了一定的过境效应，但车流、人流、物流、资金流和信息流等大都仅在沿途地区经过，并未对河北沿线地带产生明显的发展效应，反而在某种程度上加剧了河北产业要素的移出，加重了河北的边缘化状况。

三、承接平台不强，河北省的新型城镇化和产业园区发展滞后，影响了承载服务功能的充分发挥

城镇及符合城市规划功能的园区是各类要素特别是先进生产要素的主要载体，但河北省这些载体的发展层次相对滞后，承载功能尚未充分发挥。一方面，城镇化水平不高。长期以来，河北的城镇化水平一直偏低，2020 年城镇化率为 60.1%，远低于北京的 87.6%，甚至低于 63.9% 的全国平均水平。一部分县市的城镇化率不足 50%，有的县城人口仅几万人。较低的城镇化水平，不利于人才、技术、资本、社会服务等资源聚集，极大影响了承接能力。此外，河北城镇体系和布局也不合理，影响了先进要素的集聚。例如，全省设区市数量少，在全国人口最多的 10 个省份中排名最末，而且多为中小城市，没有人口超过 500 万的特大城市，在全国城市等级中的地位较低。同时，县级单元数量居全国第 2 位，仅少于四川，但城镇化水平较高的市辖区和县级市数量较少，2020 年市辖区数量占县级单元比重为 29.3%，位居 10 个人口大省的末位。另一方面，经济园区实力较弱。园区是实体经济特别是战略性产业的重要载体，河北省虽拥有 190 多家省级以上各类园区，数量居全国前列，但实力较弱、带动力不足。从层次看，国家级开发区在各类开发区中居最高地位。在 2020 年全国 218 家国家级开发区中，河北省拥有 11 家（含 6 家开发区和 5 家高新区），数量居全国第 6 位，但没有 1 家进入全国综合实力 30 强，在 2019 年园区生产总值、财政收入指标上，均没有 1 家达到沿海地区（共 107 家）的平均标准，各园区生产总值甚至都在沿海地区后 30 名之列；从产业看，

河北省许多开发区的产业层次较低，多处于初级加工制造环节，而且普遍缺乏具有引领作用的龙头企业，园区企业关联度不高，多为孤岛型企业，难以发挥集聚效应和规模效应。而且，许多开发区没有自身明确的产业定位，相互间产业趋同，在招商引资和承接产业转移过程中往往出现恶性竞争等现象。

四、承接保障不足，河北省的营商环境和生态环境有待改善，制约了北京非首都功能疏解的积极性

环境是经济发展的重要保障。当前，河北的营商环境和生态环境均不甚乐观，在一定程度上挫伤了北京、天津项目向河北疏解转移的积极性。一方面，营商环境亟须改观。主要体现在相关政策文件出台了不少，但尚未完全落实，如"放管服"改革还未完全到位、民营经济发展仍有不少"隐性壁垒"、政府部门形式主义和官僚主义问题仍不同程度存在等。另一方面，生态环境有待改善。近年来，河北省实施的压减产能"6643"工程、大气污染防治攻坚战等，对改善生态环境发挥了重要作用，但相比中央要求和人民期望仍有较大差距。2020 年全省优良天数比率为 69.9%，超额完成蓝天保卫战"三年行动计划"目标，但仍明显低于 87.0% 的全国平均水平，每年都有多个城市居全国大气污染指数后 10 位。此外，为改善生态环境，部分地区的环保政策还存在"一刀切"问题，进一步加剧了部分省内企业的移出倾向。"十三五"期间，河北省钢铁生产企业由 107 家减至 68 家，一些钢铁企业外迁到内蒙古、广西等省份，位列中国民营企业 500 强的德龙钢铁集团甚至将总部搬至上海。高碑店曾是"中国炉具之乡"，鼎盛时期拥有 180 余家炉具生产企业，全国市场占有率达到 40%，近年来受停产、限产等影响，约 80% 的企业都被淘汰退出或转移外省。

第三节   推进河北省深入承接非首都功能的对策建议

立足新发展阶段，深入推进京津冀协同发展，疏解北京非首都功能和产业转移，关键是提升河北省的承接能力，确保疏解对象"转得出、留得住、能发展"，在承接过程中实现河北省的产业转移与高质量发展。

一、完善承接政策，加强京津冀规划对接和政策衔接

针对当前京津冀协同发展中存在的政策体系错位、规划指导不足等问题，对

三地现行的各类发展政策和规划进行全面梳理，加强相互间的统筹衔接。一是完善协同推进工作机制。破除属地管理壁垒，进一步推动构建三地疏解和承接工作的顶层设计与合作机制，建立完善产业、教育、医疗、养老等分领域的协商机制。二是编制具体领域协同规划。依据京津冀协同发展规划纲要，对近年来的三地协同发展状况进行全面评估，在此基础上，进一步完善相关规划，并滚动编制京津冀产业对接、生态共建、公共服务共享等若干个"三年行动计划"。三是加强协同发展政策衔接。加强发展规划、投融资、财税、环保、法律、人才等政策的协同性，做到信息共享、政策共商，持续深化河北与北京和天津签订的产业、教育、医疗、社保等合作协议，完善产业转移对接企业的税收分享机制，探索一体化养老服务模式，共同推动公共就业服务制度的调整完善，促进资源要素在京津冀区间有序合理流动。四是发挥财政金融引导作用。对承接北京和天津的符合河北产业政策，发展潜力大、贡献程度高的项目，采取规划和板块等整合方式，统筹安排河北省优势产业发展、工业转型升级等专项资金，并采用股权投资、产业引导基金、融资担保、企业债券等方式，积极吸引金融和社会资本投入。

二、筑牢承接基础，形成京津冀紧密协同的产业链条

针对河北省产业基础薄弱、短板弱项明显等问题，应立足河北省情，充分发挥财政政策引导作用，进一步提升产业层次，减缓与北京和天津的产业落差，努力打造对接北京和天津的产业链和上下游紧密协同的供应链。既要大力推动钢铁、建材、纺织等传统产业转型升级，发展服务型制造，提升对接北京和天津产业的层次，也要加快布局冰雪产业、康复器具等未来产业，与北京和天津研发、营销等环节形成更加紧密的供应链。特别是利用河北省的现有优势，积极吸引北京和天津资源，加快推动河北省数据中心从"存储地"转为"功能地"，通过新型数据中心设施、IT、网络平台等多层架构的融合联动，打造京津冀新型数据中心产业链聚集区。同时，大力扶持县域特色产业。实施特色产业培育壮大工程和专精特新"小巨人"企业培育工程，重点发展产业关联度高、辐射带动作用大的特色支柱企业，打造一批单项冠军，通过特色产业、细分产品拓展与北京和天津产业对接的空间。

三、提升承接能力，吸引北京和天津各类先进生产要素集聚

针对河北先进生产要素缺乏，承接非首都功能疏解能力不足的问题，加快优化各类要素供给，特别是吸引北京和天津先进要素集聚。一是共建创新平台。采

用股权投资引导基金、创业担保贷款补贴、产业园区专项债券、科技创新券等方式，完善多元化、有效率的科技支持机制，大力支持北京各类研发机构与河北省共建技术创新服务平台，在科学研究、成果转化、人才培养等方面开展全方位的战略合作。例如，支持中关村专业园区在河北省特色产业领域设立创新中心、孵化器及转化基地，配套相应的优惠政策，吸引全国高端人才和创新创业主体集聚。二是吸引人才流入。立足京津冀产业状况，制定河北省的人才需求、项目、资源和政策清单库，与北京和天津知名高校共建产业研发中心，集聚产业领军人才，同时完善聚才引才用才制度，探索人才编制管理新机制，吸引北京和天津"候鸟型"人才来冀创业。三是缩减公共服务落差。交通、市政、水利、环保等基础设施是承载疏解的动脉系统，教育、卫生、养老等民生项目是承接疏解的保障系统。根据不同的项目种类和投融资回报方式，积极争取政府专项债券，利用国际金融组织贷款、国开行等政策性银行贷款和金融债券，以及采用PPP方式，支持重点基础设施和民生项目建设，提升河北省的公共服务水平。鼓励和引导北京和天津优势教育、医疗资源，通过合作共建、委托管理等方式向河北省延伸和转移，提升就业、社保、养老、托幼等公共服务水平，缩小京津冀公共资源配置上的差距，促进京津冀基本公共服务均等化。

四、优化承接平台，提升各类城镇和产业园区发展能级

做好非首都功能承接，必须进一步做强城镇和园区两大承接平台，提升综合承载能力和服务功能。一是提升承载能力。推进以县城为重要载体的新型城镇化建设，加快改造提升公共服务、环境卫生、市政公用等基础设施，推进京津冀城市交通基础设施互联互通，形成大中小城市快速通畅的骨干交通网，建成"轨道上的城市群"。二是优化空间布局。结合国土空间规划编制，统筹抓好区域性中心城市、重要节点城市和县城布局，既推动中心城市做大做强，也依托特色产业集群和专业村镇，打造一批承接疏解、创新创业、文旅康养、生态农业休闲等特色小镇。三是提升园区能级。对全省近200家各类园区进行优化整合，探索建立园区统一协调机制。推行产业链招商、集群招商、板块招商等方式，增强招商引资的针对性，做强做优园区产业规模。四是打造承载高地。加强区域引领，鼓励雄安新区、廊坊北三县、张家口崇礼等重点承载地发挥比较优势，率先承接非首都功能疏解，将雄安新区打造成非首都功能疏解集中承载地和京津冀公共服务共建共享示范区。充分发挥河北省自贸区大兴机场片区的载体和纽带作用，将其建成京冀两地共商共建共享创新的"试验田"，出台一系列有利于促进跨行政区域协同发

展的创新制度。同时，结合本地产业优势和区位优势，沿京广、京九、京沪等铁路和高速公路通道，布局建设若干个定位明确、特色鲜明、产城融合、专业化发展的"微中心"，有效承接非首都功能疏解，为京津冀协同发展起到带动和示范作用。

五、改善承接环境，深化"放管服"改革和生态治理

为更有效地承接非首都功能疏解和产业转移，推动全省高质量发展，必须进一步优化河北省的发展环境，以良好环境吸引人、引进资本和项目。一是优化政务环境。围绕"办好一件事"，编制"一件事"办事指南，推广"一号一窗一网""一窗通办""一站式服务"等模式，实现前台后台、线上线下无缝对接和高效服务。大力推进"数字政府"建设，打造统一安全的政务大数据平台，支持医疗、交通、教育等公共部门的数字化转型，为企业和群众提供更便利、更高效的公共服务。二是完善政策环境。严格落实中央及河北省出台的各项税费减免政策，健全涉企收费目录清单动态调整制度。开展专项评估行动，对近年来的各项优化营商环境政策进行集中梳理和效果评估，将执行中的有效政策分门别类进行归集，不易操作的尽快制定配套细则，未落实的形成责任清单抓紧整改。三是改善生态环境。推进大气、水、土壤污染治理，统筹开展山水林田湖草沙冰一体化生态保护，探索排污权有偿使用和交易制度，推进市场化碳汇交易，建立绿色信贷扶持机制，设立绿色发展子基金。同时，实施环保政策精准管控，根据市场主体生产情况和行业类别采取不同的限产、停产等措施，简化合并对企业实施的各类监督检查，减少对市场主体生产经营活动的影响。通过优美的生态环境，吸引北京、天津各类先进生产要素向河北转移。

05 第五篇

构建高质量财政之三：
高质量发展相关专题路径

第十五章

河北省县域财政经济运行分析报告

郡县治则天下安，县域强则全省强。县域是国民经济的基本单元，是推动高质量发展、构建新发展格局的重要支撑。河北省县域数量大、面积广、人口多，在全省经济社会发展中占有重要地位。立足新发展阶段，构建河北省新发展格局，必须将壮大县域经济作为长期坚持的重大战略，持续推动县域财政经济高质量发展。

第一节　河北省县域财政经济整体质量状况

河北省县域财政经济运行主要存在"体量大、实力弱、结构差、不均衡"等特征，表现为以下几个方面。

一、从总量看，财政经济规模持续增长、占全省比重较高，但县均实力整体较弱

"十三五"期间，河北省县域经济规模持续壮大，在全省地位日益重要。全省县域生产总值①、一般预算收入分别由 2015 年的 1.7 万亿元、907.2 亿元增长到 2020 年的 2 万亿元、1387.2 亿元，分别名义增长 25.7%、52.9%，2020 年县域面积、人口、生产总值、一般预算收入分别占全省的 86.5%、73.8%、55.4%、

---

① 笔者根据 2020 年全省 118 个县域计算，生产总值为经济普查后调整数据。

36.3%（见图 15 – 1）。从全国看，河北省县域单元数量 118 个，仅次于四川省；2019 年县域人口、生产总值、财政收入分别占全国县域的 6.2%、5.5%、5.0%，分居全国第 5、第 6、第 8 位，可谓是县域经济大省。同时，河北县均经济实力弱，在全国有影响的强县少。2019 年河北省县均人口、生产总值和财政收入都不及全国平均水平，其中县均生产总值不足江苏的 1/6、浙江的 1/3、山东的 1/3，县均财政收入仅为江苏的 1/7、浙江的 1/4、山东的 1/3。在 2020 年全国经济百强县和财政收入百强县中，分别仅有 3 个、5 个入围，远低于浙江的 15 个和 25 个、江苏的 24 个和 22 个、山东的 13 个和 17 个。

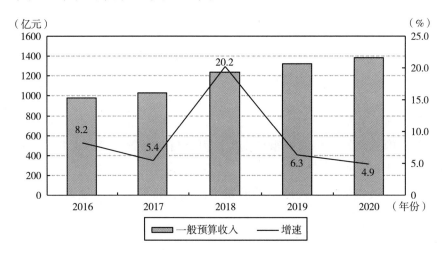

图 15 – 1　"十三五"期间河北省县域一般预算收入情况

二、从结构看，产业层次有所提升，但财政收入质量下滑，对一次性收入依赖度较高

"十三五"期间，河北省大力推进农业提质增效、工业转型升级、服务业提效扩容，县域经济结构逐步优化。2015～2019 年，第一产业、第二产业增加值占生产总值比重分别由 15.7%、47.7% 降到 15.1%、38.1%，第三产业增加值占比由 36.6% 提升到 46.8%。在财政收入结构上，2020 年县域税收收入占一般预算收入比重降到 62.4%（见图 15 – 2）。2015 年分别有 6 个、19 个县税收收入占比低于 50%、60%；2020 年分别有 22 个、50 个县税收收入占比低于 50%、60%，最低的阜平仅 22.1%（见表 15 – 1）。非税收入不仅增速（16.3%）快，约为税收增速（5.5%）的 3 倍，而且极大依赖国有资产资源有偿使用收入（出售耕地占补平衡指标和处置资产）、土地出让计提"两金"（教育资金和农田水利建设资金）等一次性收入。2020 年，上述收入占到全省非税收入的 53%，其增

量为非税收入增量的1.1倍。沧州某县"十三五"期间非税收入的主要来源为土地指标交易收入和提取"两金"收入，平均占比高达57%。廊坊某县2019年国有资产资源有偿收入（主要为地上物处置）为10亿元，占非税收入的76.6%，2020年地上物处置项目急剧减少，国有资产资源有偿收入仅完成2亿元，同比下降80%。此外，在税收收入上，一些县对个别资源型龙头企业依赖度较大，如华北石化、朔黄铁路公司分别贡献了任丘、肃宁税收收入的一半左右，这不利于县域财税收入增长的稳定性和可持续性，极易形成"一荣俱荣、一损俱损"局面（见表15-2）。

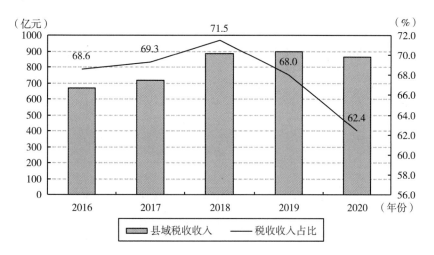

图15-2　"十三五"时期河北省县域税收收入及占比情况

表15-1　　　　　　　　2020年部分县市税收收入占一般预算收入比重情况

县市	一般预算收入（亿元）	税收收入（亿元）	税收收入占比（%）
阜平	5.3	1.2	22.1
涞源	9.2	2.7	29.3
赤城	7.5	2.3	30.2
阳原	4.5	1.5	34.5
怀安	5.5	2.0	36.6
邢台	9.4	3.5	36.8
康保	4.2	1.6	37.4
武强	4.4	1.7	38.0
蠡县	6.1	2.4	38.5
尚义	3.1	1.2	39.5

资料来源：河北省财政决算。此10个县市为2020年税收收入占一般预算收入比重低于40%的县市。

表 15 - 2　　　　　　2019 年部分县市主导产业及纳税大户税收占比情况

县市	主导产业	首位大户名称	纳税占比（%）
任丘	石油开采、加工	中石油华北石化分公司	56.4
肃宁	铁路运输	朔黄铁路公司	47.7
辛集	钢铁、房地产	澳森钢铁公司	45.5
乐亭	钢铁、化工	唐山中厚板材公司	32.6
固安	房地产、商务服务	华夏幸福基业公司	25.0
迁安	钢铁	九江线材公司	21.1
涞源	钢铁、房地产	冀恒矿业公司	19.9
青龙	铁矿采选、钢铁	龙安贸易公司	18.2
黄骅	房地产、石化	河北省鑫海化工公司	18.1
宁晋	光伏、电信电缆	晶龙集团	16.0
滦南	钢铁、房地产	华西钢铁公司	13.9
磁县	采矿（煤炭）	峰峰集团梧桐庄矿公司	12.9
康保	房地产、风电	华电康保风电公司	12.5
三河	房地产、建筑	诚越房地产开发公司	10.6
沽源	风电、房地产	华电沽源风电公司	10.5

资料来源：相关市县统计资料。

三、从平衡看，财力规模不断壮大，但预算平衡难度越来越大，一些必保支出难以保障

"十三五"期间，河北省县域一般预算总收入[①]年均增长 8.8%，2020 年达到 4938 亿元。但受经济下行压力、环境治理和减税降费等影响，越来越多的县市依靠上级补助、调入资金等非自身收入维持预算平衡。2015 年调入资金（含政府性基金和预算稳定调节基金）、上级补助分别占总收入的 8.9%、47%，2020 年分别提升到 10%、51.6%（见图 15 - 3）。2020 年调入资金占财政总收入超过 10%、20% 的县分别有 46 个、7 个，上级补助占财政总收入超过 1/2、2/3 的县分别有 82 个、26 个（见表 15 - 3、表 15 - 4）。由于调入政府性基金主要依靠土地拍卖收入，一旦土地市场不景气，基金征收困难，将直接影响年度收支平衡。特别是在中央

---

①　即一般公共预算收支决算总表中的财政收入总计，包括本年收入、上级补助、调入资金、一般债务、上年结余等。

出台《关于调整完善土地出让收入使用范围优先支持乡村振兴的意见》后，土地出让收入用于农业农村的支出逐步增加，地方预算平衡将更加困难①。由于财力不足，张家口一些县在年底将无财力保障的支出转列暂付款，导致库款持续紧张。秦皇岛个别县的财力不足以解决日常人员支出需要，甚至出现挤占公用经费、专款和转移支出资金现象。保定某县将"三保"支出保障后，一般预算财力已所剩无几，老旧小区改造、雨污分流工程、补缴以前年度养老保险等必保支出基本无法保障。秦皇岛某县 2021 年"三保"外的刚性政策支出总计 131 项，总需求 14.3 亿元，实际仅安排 7 亿元，缺口在一半以上。

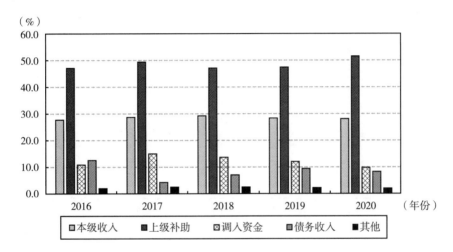

图 15 - 3　"十三五"时期河北省县域财政总收入构成情况

表 15 - 3　　　　2020 年部分县市调入资金弥补财政收支平衡情况

县市	一般预算总收入 （亿元）	调入资金 （亿元）	一般预算收入 （亿元）	占比 （%）
沧县	72.1	23.3	13.9	32.3
霸州	76.6	23.0	27.3	30.1
三河	118.6	32.8	58.2	27.7
香河	65.4	17.1	30.8	26.1
平乡	32.4	7.7	5.0	23.8
永清	47.1	11.0	17.0	23.3
黄骅	58.8	12.7	19.5	21.6

资料来源：河北省财政决算。此 7 个县市为 2020 年调入资金占一般预算总收入比重超过 20% 的县市。

---

① 实际上，不少县市的一般预算收入仅能保工资、保基本运转，成为"吃饭财政"；经上级补助和调入资金后的一般预算财力，仅能实现"三保"；通过土地出让和政府债务，才能支撑基础建设、重点项目等经济社会发展。

表 15 –4   2020 年部分县市以上级补助资金弥补财政收支平衡情况

县市	一般预算总收入 （亿元）	补助资金 （亿元）	一般预算收入 （亿元）	占比 （%）
大名	49.4	38.7	5.9	78.3
沽源	37.4	29.0	4.0	77.6
尚义	37.0	28.1	3.1	76.1
新河	16.0	12.1	2.6	75.4
丰宁	57.7	42.8	7.8	74.1
临西	26.6	19.3	5.4	72.4
围场	61.6	44.4	6.3	72.1
青龙	37.1	26.8	5.1	72.1
雄县	50.2	36.1	3.6	71.9
定兴	47.7	34.1	8.9	71.4
博野	21.1	14.8	3.1	70.3
康保	41.4	29.0	4.2	70.0

资料来源：河北省财政决算。此 12 个县市为 2020 年补助资金占一般预算总收入比重超过 70% 的县市。

四、从地域看，绝大多数地区财政收入增速较快，但经济发展依旧不平衡，相对差距仍然较大

“十三五”期间，河北省深入落实京津冀协同发展和区域协调发展战略，所有设区市和绝大多数县市的财政收入都有明显增长。全省 11 个设区市①中，除廊坊县域的一般预算收入增长较低（年均增速 3.1%）外，其他设区市县域的财政收入均增长了 6% 以上（见图 15 –4）；121 个县（2020 年前口径）中有 112 个呈增长状态，其中超过一半的县（67 个）年均增速都超过 10%。然而，受经济基础、资源禀赋和地理区位等影响，县域经济发展依然不均衡。有的为黑龙港流域农业县，长期缺乏大型工业企业，较低的城镇化水平又限制了现代服务业发展，经济基础薄弱；有的县为环京津或环都市县，便于接受北京和天津等城市的高新技术产业及先进要素转移，经济发展较快；还有不少县为资源县，在大宗能源品价格上涨周期内，带动了上下游产业快速发展，当能源品价格下跌及国家环保政策趋紧时，

① 其中，石家庄包括辛集市，保定包含雄安新区和定州市，所有设区市均仅指县域部分。

经济增速又呈急速下滑态势。从规模看，2020 年 30 强县的一般预算收入（合计）是 30 弱县（合计）的 6.33 倍，与 2015 年的比例（6.61）相当，差距依然明显，其中 2020 年最高的迁安是最低的柏乡的 24.7 倍。从增速看，同为财政经济体量较小的县，但邱县、广平、广宗等县的年均增速都超过 20%，而磁县、涞水、丰宁等县的年均增速为负。

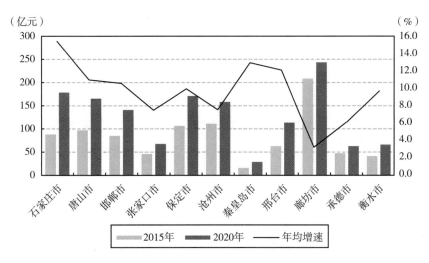

图 15-4　"十三五"时期河北省各设区市一般预算收入情况示意

五、从城乡看，乡村振兴战略深入开展，城乡融合加快推进，但公共服务差距仍然较大

"十三五"期间，河北省扎实推进乡村振兴战略，脱贫攻坚取得决定性胜利，农村公共服务水平显著提升，农村居民生产生活条件得到有效改善。2015~2020 年，农村居民人均可支配收入年均增长 8.3%，超过同期城镇居民人均可支配收入年均增速（7.4%），城乡居民收入比例由 2.37 缩减到 2.26。然而，城乡二元体制依然存在，城乡间公共服务水平的差距仍然较大。2019 年河北省乡村燃气普及率、绿化覆盖率仅为城市的 1/3 左右，乡村每万人卫生技术人员数、医疗机构床位数仅为城市的 2/3 左右（见图 15-5）。河北省城市的污水处理率、绿化覆盖率、生活垃圾无害化处理率均高于全国平均水平，但相应的乡村标准均低于全国平均水平，分居各省第 24、第 17、第 20 位。在城乡低保标准方面，京津沪三个直辖市已经实现城乡合一，江苏、浙江、安徽、福建基本实现城乡统一标准（乡村占城镇标准的 95% 以上），但河北农村低保标准仅为城市低保标准的 61.6%，与甘肃、宁夏、青海等西部省份相当，差距幅度高居全国第 8 位。

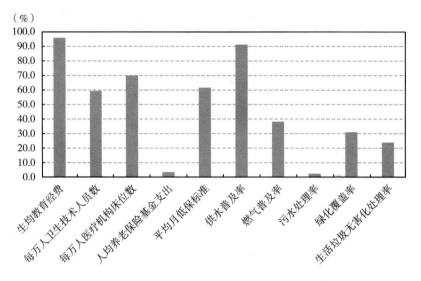

图 15 – 5   2019 年河北省部分公共服务水平城乡差距状况示意

第二节   影响河北省县域发展质量主要因素

经济决定财政，影响县域财政经济质量的原因主要分为发展基础、发展条件、发展载体和发展环境四个方面。

一、从发展基础看，县域产业层次较低，不利于财政经济稳定增长

河北省县域数量虽多，但大多为农业大县、工业小县、经济弱县，主导产业层次较低，主要依靠农产品初加工、建筑房地产、交通运输、住宿餐饮等传统的劳动密集型产业，高技术产业发展滞后。一方面，农业产业化水平较低。河北省农业总产值一直居全国前 8 位，但农产品转化率较低。2019 年，河北省农产品加工业总产值与农业总产值之比仅为 1.8∶1，低于全国 2.2∶1 的水平。同为农业大省，河南省不仅是全国的"大粮仓、大厨房、大餐桌"，也锻造了一大批"河南制造"的农产品品牌，包括 16 个"国字号"、600 个"省字号"农业品牌，而河北省的知名农产品品牌寥寥无几；另一方面，资源型产业、房地产业分别是许多县域二三产业的主导行业，直接关乎县域经济命脉。受压减产能、环保政策等影响，大多数地区的资源型产业受到明显冲击，对地方财政经济的稳定性造成重大影响。例如，近年来邢台某山区县的多数煤炭、焦化企业陆续关停，最

大的建滔公司也于 2020 年将最后两座焦炉关停，行业税收下降近 80%；邯郸某县受压产治污、煤矿关停影响，一般预算收入由 2012 年的 16.1 亿元下滑至 2020 年的 8.5 亿元，减少了近一半；张家口某县的煤炭及相关产业税收一度占财政收入的 90% 以上，随着近年来大量煤矿关闭，煤炭业税收比 2013 年高峰值降低了近九成，与之相关的交通运输、餐饮服务等行业经营萧条，导致全县财政收入一直未回升至 2013 年水平。

二、从发展条件看，县域生产要素较少，不利于主导产业培育壮大

长期以来河北省县域生产要素特别是先进要素匮乏，影响产业转型升级。一是民营经济融资困难。2020 年民营经济占到河北省生产总值的 63.3%，在绝大部分县域更是占到 80% 以上。但多数民营企业在研究开发、技术改造、规模扩张等方面都存在资金紧缺的困扰。受企业竞争力较差、生产技术落后、抵押资产不足等原因，商业银行"惜贷"现象普遍存在，真正得到金融扶持的民营企业少之甚少。二是土地紧缺普遍存在。除个别沿海县市外，多数县市都存在产业发展用地指标严重不足的问题，即便是省级重点项目也难以获取相应的土地指标，直接影响到重大项目的落户实施。廊坊某县 85 家规上企业中，1/3 存在土地紧缺问题，有的企业已存续 10 年以上，仍未有合规的土地指标。三是技术创新水平较低。在河北省总体创新能力不高的同时，多数县域的创新能力更是不足，特别是县多、县小、县弱的实际状况，加上中低端产业主导的经济结构，导致绝大多数县域都难以吸引先进技术要素，极大制约了县域产业的转型升级。四是人才不足流失严重。受产业基础和公共服务两大因素影响，河北省县域普遍存在人才总量不足、结构不优、素质不高等问题，专业人才主要集中于教育和卫生系统，农业技术、企业经营、信息通信等领域人才严重不足，人才工作也存在引进渠道单一、培养定位模糊、引才对象流失等问题。

三、从发展载体看，县域城镇化水平较低，不利于人口和产业聚集

河北省城镇化水平一直偏低。2015 年河北省常住人口城镇化率为 51.3%，低于全国平均水平（56.1%）4.8 个百分点。2020 年提升到 60.1%，仍低于全国平均水平（63.9%）3.8 个百分点，居第 21 位，在东部沿海省份中居于末位。2019 年，全省有 68 个县（占县域数量的 58%）的常住人口城镇化率不足 50%，青龙、赞皇、易县、唐县的城镇化率仅为 1/3 左右。全省县域平均人口 46.3 万，有 26 个

县人口不足30万，大厂、新河、尚义3个县人口不足20万，其城区人口仅有几万人。城镇化水平较低，不利于吸引和集聚生产要素，影响了新产品、新装备、新知识的形成与积累，也阻碍了县域产业的转型升级。近年来，按照中央要求，产业园区建设逐渐成为加快新型城镇化的主要路径。目前，河北省共有190家省级以上开发区（含高新区、保税区），大多位于县城周边，但这些园区的产业层次普遍较低，多处于初级加工制造环节，而且缺乏具有引领作用的龙头企业，园内企业关联度不高，多为"孤岛"型企业，难以发挥集聚效应和规模效应。此外，许多县域开发区没有自身明确的产业定位，造成园区间产业趋同，容易在招商引资过程中出现恶性竞争现象。

四、从发展环境看，县域营商环境较差，不利于激发市场主体活力

整体看，全省经济发展环境逐步优化，但仍有部分县域的营商环境不容乐观，一些地区曝光的典型案例也层出不穷。此外，生态环境也是营商环境的重要组成部分。虽然近年来河北省的环境治理力度超前，也取得了一些明显进展，但大气污染严重、水资源短缺等问题依然十分突出，每年仍有多个城市居全国大气污染指数后10位和地表水环境质量后10位，成为影响县域营商环境优化的主要"瓶颈"。

第三节　推动河北省县域高质量发展的路径

立足新发展阶段，推动河北省县域财政经济高质量发展，必须发展产业经济、完善要素配置、提升县域空间、推进乡村振兴、优化营商环境和深化财税改革。

一、做大做强特色产业，筑牢县域经济发展基础

发展县域经济，首先应立足本地产业基础，培育发展一批体量大、专业化程度高、延伸配套性好、支撑带动力强的特色产业集群。一是扶持特色企业。统筹相关专项资金和股权投资基金，实施特色产业培育壮大工程，每个特色产业选择若干家产业关联度高、行业优势明显、辐射带动作用大、创新能力强的支柱企业，予以重点支持。二是推动入园聚集。把各类园区作为特色产业发展的主要载体，引导产业向园区聚集，吸引人才、资金、技术等要素向园区流动，支持园区建设

大数据、物联网、信息技术制造等高端高新产业项目，形成"引进一个重点项目、壮大一个优势产业、催生一个新的经济增长极"的发展效应。同时，推行企业投资项目"标准地＋承诺制"，明确投资项目需达到的税收、产出、能耗和环保等标准，提升"亩均效益"。三是做强服务平台。整合财政资金和社会资源，强化与高等学校、科研机构合作，采取多种形式建立工业设计、标准制定、检验检测、信息服务、融资担保等创新服务平台，引导创新资源向特色产业聚集。四是壮大产业集群。鼓励重点企业通过投资入股、技术支持等方式，与配套企业结成产业联盟和战略伙伴，带动上下游中小企业协同发展，形成一批"整机＋配套＋服务"链条完整的产业集群。

二、优化生产要素配置，提升县域经济发展动能

发展县域经济，必须优化资本、技术、人才等要素供给，不断提升先进生产要素的配置效益。一是加大金融倾斜力度。发挥财政金融政策合力，鼓励金融机构到县域设立分支机构、营业网点，积极探索适合县域经济发展的信贷模式、金融产品，稳妥有序开展农村承包土地经营权、农民住房财产抵押贷款试点。鼓励市级融资担保机构对资本金偏低、功能偏弱的县域融资担保公司进行统筹整合，增强县域融资担保能力。二是强化土地要素保障。优化增量土地分配机制，以亩均投资和土地消化利用率为依据，采用"因素化＋公式法"确定县域建设用地指标。盘活优化存量土地，支持市县开展闲置土地清理和城镇低效用地再开发，鼓励通过依法转让、合作开发等方式盘活用于新旧动能转换项目，推动土地整治新增耕地和城乡建设用地增减挂钩节余指标省内交易。三是构建县域创新体系。完善财税优惠、专项资金、股权投资、专项债券等政策，全面实施县域科技创新跃升计划，培育更多的科技领军企业、高新技术企业和科技型中小企业。整合技术创新、转型升级等专项资金，推动在县域建设一批市场化水平高、科技转化能力强的孵化器和加速器，鼓励高校、科研院所、大中型企业在县域建立分支机构、科技成果转化中心，促进产业创新成果转化。围绕科技创新薄弱环节，进一步壮大县域科技特派员队伍。四是引导人才向县域流动。加大科技人才培养、集聚和使用的政策资金支持力度，创新"招才引智"模式，鼓励各地结合实际，实施县域企业就业大学毕业生租购住房、重点产业技能人才"稳岗"等优惠政策。用好职业培训、稳岗培训等政策，支持龙头企业在县域建设一批高水平技工院校和高技能人才培训基地，开展产业技能人才、管理人才和新型农民培训。

三、推进新型城镇化建设，拓宽县域经济发展空间

作为城乡连接点和区域经济增长极，城镇发挥着集聚、扩散、创新和协调区域经济发展的重要功能，是转变县域发展方式的"助推器"。一是实施城市更新行动。以新型城镇化建设为契机，大力实施"小县大县城"战略，充分发挥城镇化建设、保障性安居工程等城镇化专项资金作用，引导社会资本参与新型城镇化建设，加快县城扩容提质，提高综合承载力。对符合条件的县城公益性项目积极争取中央预算内投资支持，对其中有一定收益但难以商业化合规融资、确需举债的县城公益性项目，安排专项债券予以支持，对符合条件的大中型准公益性及经营性项目，利用专项企业债券、开发性政策性金融和国家城乡融合发展基金予以支持。二是优化行政区划。合理确定城市规模、人口密度、空间结构，进一步推进县改区、镇改街、村改居，有序拉大城市框架，将县城建设成为吸纳农村劳动力的"蓄水池"和产业发展的"集聚地"。同时，培育一批高标准的中等城市和特色彰显、宜居宜业、充满活力的小城市，打造一批承接疏解、创新创业、文旅康养、生态农业的休闲小镇。三是加快农业转移人口市民化。全面放宽城区落户条件，统筹推进户籍制度改革和城镇基本公共服务常住人口全覆盖，完善财政转移支付与农业转移人口市民化挂钩相关政策，提高均衡性转移支付分配中常住人口折算比例，加快推动农业转移人口全面融入城市。

四、全面实施乡村振兴，弥补县域经济发展短板

乡村是县域经济的最大短板和潜力所在。全面实施乡村振兴战略，是破解城乡二元结构、推进城乡融合发展的有效途径，也是实现县域高质量发展的坚实基础。一是加大农业农村投入力度。调整土地出让收益城乡分配格局，稳步提高土地出让收入用于农业农村比例，"十四五"期末全省土地出让收益用于农业农村的比例达到50%以上。探索建立乡村振兴产业发展基金，引导各类资本投向农业农村，形成财政优先保障、金融重点倾斜、社会积极参与的多元投入格局。深入推进涉农资金统筹整合长效机制建设，因地制宜开展多层次、多形式涉农资金统筹整合。二是深化农业结构调整。以现代都市型农业为方向，推进粮经饲统筹、种养加结合、农林牧渔协调，延伸融合农业产业链条。大力发展"农业+"产业，促进农业与旅游、文化、康养、教育、体育等产业深度融合，加快培育乡村新产业新业态新模式。三是实施乡村建设行动。全面加强乡村建设资金保障，统筹用

好乡村振兴相关专项资金，支持推进乡村规划建设。逐步提升乡村基础设施和公共服务水平，健全城乡基础设施统一规划、统一建设、统一管护机制，推动城镇交通、通信、供水、供电、供气、垃圾处理、污水处理等基础设施向农村延伸，在有稳定收益的农村公益性项目探索推广 PPP 模式。四是健全城乡融合发展机制。加大财政转移支付、土地出让收入、地方政府债券支持农业农村的力度，完善金融支农激励机制，扩大农村资产抵押担保融资范围，推动建立城乡要素平等交换、双向流动政策体系，促进生产要素更多向乡村流动。五是实现巩固拓展脱贫攻坚成果同乡村振兴有效衔接。严格落实"四个不摘"要求，完善农村低收入人口和欠发达地区帮扶机制，保持主要帮扶政策和财政投入力度总体稳定，接续推进脱贫地区发展。

五、大力改善营商环境，激发县域经济发展活力

环境是经济发展的重要保障。适应新发展格局，必须进一步提高行政服务质量，优化营商环境，激发县域经济发展活力。一是健全法治环境。保障民营企业依法平等使用资源要素、公开公平公正参与竞争、同等受到法律保护。以服务业为重点，进一步放宽民营企业市场准入，破除招投标等领域各种壁垒。鼓励民营企业参与县属国有企业改革、参与军民融合发展。二是优化政务环境。全面推行"证照分离""照后减证""互联网＋政务服务"，积极推进"一窗受理"和"一网办理"，不断整合提升县级政务综合服务能力。支持县域积极探索和开展重点项目代办服务机制，优化全程代办协同服务，打通重点项目审批的"绿色通道"。三是完善政策环境。严格落实中央及河北省出台的各项税费减免政策，健全涉企收费目录清单动态调整制度。实施环保政策精准管控，根据市场主体生产情况和行业类别采取不同的限产、停产等措施，精简对企业实施的各类监督检查，减少对市场主体生产经营活动的影响。积极营造亲商、重商、爱商、护商的良好氛围，在基础设施建设、政务服务、金融服务等方面出实招，消除县域经济发展"堵点""痛点"。四是改善生态环境。落实水资源税差别化税额政策，完善生态环境损害赔偿资金管理和省内主要河流跨界断面水质生态补偿机制，探索排污权有偿使用和交易制度，打造优美的生态环境，吸引先进要素投入县域经济高质量发展。

六、持续深化财税改革，调动县域发展积极性

财税制度是县域经济发展的体制保障。深化财税体制改革，完善财政支持政

策，能够有效调动地方发展积极性，推动县域经济高质量发展。一是合理划分事权与支出责任。按照中央事权与支出责任划分方案，及时推进公安、农业等领域的省以下财政事权和支出责任划分改革，完善分担方式，强化标准管控，稳步推进市以下改革进程。二是稳步推进财政收入划分。根据中央部署，积极推进消费税、资源税、房地产税等税种改革，在保持财力格局总体稳定的前提下，稳步推进省以下收入划分改革，科学确定省与市县税收分享方式和比例，引导市县加快发展、转型升级。三是完善省以下转移支付体系。改进省对下一般性转移支付分配管理方式，完善共同财政事权转移支付清单，强化专项转移支付绩效管理，管好用好财政直达资金，提高地区间财力配置均衡性。四是调整县域经济发展支持政策。出台新一轮促进县域经济高质量发展的财政支持政策，加大对县域发展特色产业、提升科技创新能力、承接北京和天津产业转移、扩大外贸出口等方面的奖励力度，进一步简化认定程序，提高政策的针对性、精准性和有效性。五是深化预算管理改革。加强财政资源统筹，全面梳理县域重大政策、重大改革、重大工程等事项，构建适合本地的集中财力办大事政策体系。清理部分县域过高承诺、过度保障的支出政策，对不具备实施条件、无资金筹集方案、超财力安排的项目一律不予考虑。加大县域结转结余资金清理力度，全面清理部门结转两年以上的资金，对部门实有资金账户定期开展专项检查，将符合政策的资金全部收回财政，统筹用于亟须领域，防止资金长期沉淀。

第十六章

河北省企业税费负担情况调研报告

近年来，中央高度重视企业税费负担问题，将减轻企业税费负担作为"三去一降一补"的重要组成部分，"十三五"期间全国共新增减税降费约7.6万亿元，仅2020年就超过2.6万亿元，实现了疫情防控与经济社会发展的"双胜利"。从河北省来看，近年来坚决落实中央各项减税降费政策，"十三五"期间新增减税降费2500亿元，其中2020年近810亿元，较好地助力了企业纾困发展。然而，对省内部分企业的调研显示，不少企业特别是民营企业对税费负担依然感觉较重，期待进一步降低税费成本、优化营商环境。

第一节　河北省涉企税费情况分析

按照税费分类特征，当前涉企税费可以分为涉企税收、涉企社会保险缴款、涉企行政事业性收费（含政府性基金）、涉企经营服务性收费四大类。此外，罚没收入虽不归属涉企收费，但与企业经营密切相关，也纳入分析。

一、涉企税收：整体增长平稳，增值税和企业所得税对企业影响最大，但近些年增速放缓，消费税和部分财产税收入则增长较快

当前我国的税收收入主要由企业缴纳，个人直接缴纳的税收仅占全部税收收入的10%左右，主要是个人所得税和车辆购置税。为此，可在全部税收中剔除这两个税种，将其他税种①都归为涉企税收。当然，契税、房产税、车船税、消费税等税种收入中也有部分由个人缴纳，但因无法剔除，只能按主要来源归为涉企税收。此外，增值税、消费税等间接税是可以转嫁的，企业是直接缴税者，但未必是最终负担者，将其完全列为涉企税收实际上放大了企业的税收负担。

2015～2020 年，河北省涉企税收收入由 32265447 万元增长到 42967265 万元，年均增速 5.9%，与同期全部税收收入的年均增速一致，但明显低于全部财政收入 11.5% 的年均增速。分税种看：企业负担的增值税（含原营业税）数额最大，长期占涉企税收总量的 50% 左右，但受"营改增"和应对疫情减税影响，年均增速仅为 2.7%，在各涉企税种中增速最低，占全部税收的比重也由 2015 年的 49.7% 下降到 2020 年的 42.6%；企业所得税为涉企税收第二大税种，占全部税收的 1/5 左右，但受经济形势和减税影响，增速也比较缓慢；第三大税种消费税则受成品油、卷烟税额上调等影响，增速较快，2020 年占全部税收比重达到 9.8%；其他税种中，耕地占用税、土地增值税、契税等财产类税收增速较快，城建税、烟叶税、城镇土地使用税收入增速较慢（见表 16 - 1）。

表 16 - 1　　　　　　　2015 年、2020 年河北省涉企税收收入情况　　　　　单位：万元

税种	2015 年	2020 年	年均增速（%）
总计	32265447	42967265	5.9
增值税（含营业税）	16023610	18283564	2.7
消费税	2908124	4193802	7.6
企业所得税	6532676	8537521	5.5
资源税	283595	530642	13.3
城市维护建设税	1209149	1399972	3.0
房产税	513406	792769	9.1
印花税	299429	517867	11.6
城镇土地使用税	1068367	1459006	6.4
土地增值税	1185828	2697182	17.9
车船税	319487	544441	11.2
耕地占用税	493699	1197899	19.4
契税	1091983	2557855	18.6
烟叶税	1390	1756	4.8
环境保护税	0	244852	—
其他税收	334704	8137	-52.4

资料来源：相关年份《中国税务年鉴》。

---

① 包括增值税、消费税、企业所得税、城市维护建设税、资源税、房产税、城镇土地使用税、契税、耕地占用税、土地增值税、车船税、印花税、烟叶税及 2018 年开征的环境保护税。

目前，企业承担的税收负担（尤其是中观、宏观税负）没有一个统一的标准，一般常用综合税负（全部税收收入/地区生产总值）反映地区间税负的对比情况，若同样以"涉企税收收入/地区生产总值"反映地区间企业税负的比较。纵向看，2015 年、2020 年河北省涉企税负分别为 12.2%、11.9%，呈下降趋势；横向看，2020 年河北省涉企税负略低于全国平均水平（12.0%），在各省排位也处于中游，这说明与全国平均水平相比较，河北省企业单纯的税收负担并不突出。

二、涉企社会保障缴款：养老保险缴费对企业影响最大，医疗保险负担其次，但限于河北省省情，进一步降低缴费率的空间已不多

目前我国的社会保障基金来自企业、个人和财政补助三部分。其中的城乡居民基本养老保险、城乡居民基本医疗保险、机关事业单位基本养老保险收入都主要来自个人和财政补助，企业职工基本养老保险、城镇职工基本医疗保险（含生育保险）[①]、工伤保险、失业保险四项保险收入主要来自企业，财政也有一定补助。为此，可剔除这四项保险的财政补助和投资收益，将企业及个人缴纳部分视为涉企社会保险缴款[②]。

2015～2020 年，河北省涉企社会保险费由 9688674 万元增长到 11393779 万元，年均增速仅为 3.3%；社会保险费待遇支出[③]由 11639547 万元增长到 17628702 万元（2020 年未含中央调剂金部分），年均增速 8.7%；包括财政补助和投资收益后的累计结余由 1263.5 亿元增长到 1365.8 亿元，年均仅增长 1.6%。可见，若不计算财政补助，社会保险费一直处于收不抵支状态。即便包括财政补助，累计结余也增长缓慢。按照当前河北省执行的各类社会保障缴费标准，"五险一金"占河北省企业工资总额的 50% 左右，若剔除个人缴费，企业直接负担的"五险一金"成本则超过工资总额的 30%。其中，企业职工基本养老保险费规模最大，一直占涉企社保收入的 60% 以上，其缴费率也最高，对企业影响较大。近年来，虽然我国加快推进基本养老保险省级统筹（2020 年已全部实现），也实行了中央调剂金制度，但河北省的基本养老保险基金运行仍存在一定风险，2020 年底全省养老保险基金结余仅能维持不足 3 个月的支出水平。在其他社保缴款项目中，基本医疗保险

---

① 2018 年后生育保险并入基本医疗保险进行分账核算，在此将两者合并计算。

② 之所以未剔除个人部分，是由于个人部分虽出自个人工资，但也由企业支付，也直接构成了企业的成本负担。

③ 与前述税收、非税等多数项目不同，我国的社会保障基金实行专款专用制度，考虑企业社会缴费情况的同时，也必须考虑社会保障支出和结余情况。

费规模较大，占涉企社保缴费的接近 30%。目前河北省的医疗保险缴费率占到职工工资的 8%（其中企业缴费率为 6%），与全国多数省份相同，略高于广东的 7.5%（其中企业缴费率为 5.5%），收支结余情况比较乐观，有一定的降低缴费率空间。至于失业、工伤和生育保险，近些年已多次下调缴费率，未来可进一步拓展手段，如对政策支持的企业实行阶段性少缴、缓缴等（见表 16－2）。

表 16－2　　　　　2015 年、2020 年河北省涉企社会保障收费收支情况　　　　单位：万元

险种	收入			支出		
	2015 年	2020 年	年均增速（%）	2015 年	2020 年	年均增速（%）
总计	9688674	11393779	3.3	11639547	17628702	8.7
基本养老保险费	6017871	6122457	0.3	8892501	13166776	8.2
基本医疗保险费	2905622	4724134	10.2	2085511	3861397	13.1
工伤保险费	373066	304806	－4.0	363737	476044	5.5
失业保险费	392115	242382	－9.2	297798	124485	－16.0

资料来源：相关年份河北省财政决算，基本医疗保险包括生育保险。

三、涉企行政事业收费：整体规模下降，车辆通行费、诉讼费、耕地开垦费等对企业影响较大，不动产登记费、诉讼费、水土保持补偿费增速较快

根据 2021 年 9 月公布的《河北省涉企行政事业性收费目录清单》，河北省共征收 20 项涉企收费，剔除收入为零的项目外还有 15 项（见表 16－3）。这些项目分散在公安、国土、住建、交通、工信、水利、农业、人防、法院、质检、仲裁 11 个部门。

表 16－3　　　　　2015 年、2020 年河北省涉企行政事业性收费收入情况　　　　单位：万元

部门	收费项目	2015 年	2020 年	年均增速（%）
总计		2457597	1640379	－7.8
公安部门	机动车证照费	37494	74343	14.7
国土部门	小计	180018	291370	10.1
	1. 土地复垦费	9028	910	－36.8
	2. 土地闲置费	20064	2032	－36.7
	3. 不动产登记费	4519	33711	49.5
	4. 耕地开垦费	146407	254717	11.7

部门	收费项目	2015 年	2020 年	年均增速（%）
住建部门	小计	83654	186328	17.4
	1. 污水处理费	71438	172638	19.3
	2. 城市道路占用挖掘修复费	12216	13690	2.3
交通部门	车辆通行费（政府还贷公路）	1669341	447734	−23.1
工信部门	无线电频率占用费	1121	788	−6.8
水利部门	水土保持补偿费	10350	33491	26.5
农业部门	小计	994	541	−11.5
	1. 渔业资源增殖保护费	601	541	−2.1
	2. 草原植被恢复费	393		−100.0
人防部门	防空地下室易地建设费	193195	228289	3.4
法院	诉讼费	92731	334391	29.2
质检部门	特种设备检验检测费	18288	38738	16.2
环保部门	排污费*	168106		−100.0
仲裁部门	仲裁收费	2305	4366	13.6

注：＊自 2018 年 1 月 1 日起，河北省开征环境保护税，不再征收排污费。
资料来源：相关年份河北省财政决算。

2015～2020 年，河北省涉企行政事业性收费收入由 2457597 万元下降到 1640379 万元，年均增速 −7.8%，明显体现了降费效果。其中，若剔除 2018 年改为环境保护税的排污费收入，年均增速为 −6.5%，远低于同期非税收入（一般预算非税收入与政府性基金收入之和）16.3% 的年均增速。从规模看，2020 年交通部门的政府还贷公路车辆通行费费额最高，占全部涉企收费的 27.3%，但近两年受部门转企影响，规模大幅下降了 3/4 左右。费额较大的还有法院征收的诉讼费、国土部门征收的耕地开垦费、人防部门征收的防空地下室易地建设费、住房城乡建设部门征收的污水处理费，分别占涉企收费的 20.4%、15.5%、13.9%、10.5%，这些规模较大的涉企费用也多为企业所关注。从增速看，不动产登记费、诉讼费、水土保持补偿费增速最快，都超过 20%，与近年来房地产形势上扬、大案要案查办增多和环保要求加大等因素有关。

四、涉企罚没：整体增速平缓，检察院、市场监管和法院的罚没规模最高，法院、市场监管和卫生部门的罚没收入增长较快

罚没收入未被国家列入涉企收费目录，但显然不少罚没收入都来自企业，

一些不合理的罚款甚至乱罚款严重影响了企业的正常运营。根据罚没收入分类，将主要针对个人的公安和交通罚没收入等剔除，可以算出涉企罚没收入的规模和结构。

2015~2020年，河北省涉企罚没收入由760146万元增长到958213万元，年均增速4.7%，低于涉企税收收入增速，但高于涉企行政事业性收费收入增速。分部门看，2020年法院罚没收入规模最大，占全部罚没收入的16.6%，且近五年增速较快（年均增速33.1%），主要是随着反腐力度的加大，一批大案要案得以处理，相应罚没收入增长较多。此外，市场监管和检察院这两个部门的罚没收入规模也比较大，分别占全部罚没收入的7.2%和6.6%，其他罚没收入大多规模较小，且增速缓慢，说明随着制度完善和管理严格，企业的经营行为也日趋规范。值得注意的是，市场监管、卫生等部门的罚没收入增长较快，年均增速都接近或超过10%，主要源于依法行政和加强管理，但在个别地方和部门也存在以罚代管或罚没收入明脱暗挂等现象（见表16-4）。

表16-4　　　　　　　　2015年、2020年河北省涉企罚没收入情况　　　　　单位：万元

项目	2015年	2020年	年均增速（%）
总计	760146	958213	4.7
检察院罚没收入	117890	63242	-11.7
法院罚没收入	38062	158930	33.1
市场监管罚没收入	27911	68826	19.8
审计罚没收入	25929	4943	-28.2
物价罚没收入	11179	1742	-31.1
食品药品监督罚没收入	10538	1941	-28.7
卫生罚没收入	3672	5346	7.8
渔政罚没收入	736	536	-6.1
检验检疫罚没收入	314	387	4.3
其他一般罚没收入	523915	652320	4.5

注：市场监管罚没收入包括部门改革之前的工商和技术监督罚没收入。
资料来源：相关年份河北省财政决算。

五、涉企经营服务收费：政府定价的涉企收费项目较少，但政府部门行政许可的中介服务收费项目较多，且分散在多个部门

涉企经营服务性收费可分为两类，即政府定价的涉企经营服务收费和政府行政许可的中介服务收费。目前，河北省对这两类收费主要实行目录清单管理，尚

无收费规模的统计资料。特别是行政许可中介服务收费主要反映了市场行为，其标准由双方协商确定，并不由政府定价，也没有合理的规模大小评判标准。

截至 2021 年底，河北省省级政府定价的涉企经营服务收费共有 7 项，分别是经营性收费公路车辆通行费（交通部门主管）、机动车停放服务收费（城建和交通部门主管）、高速公路清障救援服务费（交通部门主管）、公证服务收费（司法部门主管）、司法鉴定服务收费（司法部门主管）、危险废物处置费（卫生部门主管）、电动汽车充换电服务收费（工信部门主管）[①]。河北省行政许可中介服务收费共有 84 项，涉及企业投资项目核准、建设项目环境影响评价、安全评估、消防检测、海域使用审核、无线电频率使用许可等多个事项，其审批部门也分散在发改、民政、司法、国土、环保、住建、交通、工信、水利、农业、林业、商务、教育、卫生、应急、市场监管等 20 多个部门，这远多于广东 13 个省级部门的 32 项中介服务事项、山东 14 个省级部门的 48 项中介服务事项、江苏 14 个省级部门的 46 项中介服务事项，其中一些行政许可中介收费为河北省独有，如司法部门的司法鉴定机构审核登记检测和实验室相关证明；工信部门的民用爆炸物品销售和生产许可的消防检测、防雷检测；无线电管理部门的无线电台设置审批、设置卫星地球站审批的电磁环境测试；文物部门的文物商店设立审批验资报告；等等。

六、综合分析比较：涉企税收和社保缴费所占比重较高，涉企行政事业性收费和罚没收入增速较慢，体现了降费政策效果

剔除涉企经营服务性收费，将以上涉企税收、行政事业性收费、罚没收入和社保缴款四部分综合分析。2015～2020 年，河北省四类涉企税费收入由 45171864 万元增长到 56959636 万元，年均增速 4.7%，低于同期 6.5% 的全省生产总值年均增速，更远低于同期全部财政收入 11.5% 的年均增速。其中，比重最大的是涉企税收，一直占涉企税费总量的 70% 以上，五年增速也相对最快，2020 年占比提升为 75.4%；其次是涉企社保缴费，一直占涉企税费总量的 20% 以上，2020 年为 20.0%；涉企行政事业性收费增速最慢，占比也持续下降，2020 年为 2.9%；涉企罚没收入规模最低，2015 年、2020 年占比均为 1.7%。从全国来看，情况也大体如此，税收和社保规模较大，但受"新常态"下经济形势影响增速有所减缓，而涉企收费和罚没收入增速较慢，主要体现了降费政策的效果（见表 16-5）。

---

① 2021 年 11 月，河北省发改委公布了《2021 年河北省政府定价经营服务性收费目录清单》，共有 9 项收费，其中除 7 项涉企收费外，还包括住建部门主管的住房物业管理费和宣传部门主管的有线数字电视基本收视维护费。

表 16 – 5　　　　　　2015 年、2020 年河北省各项涉企税费收入情况　　　　　单位：万元

项目	收入规模			收入结构		
	2015 年	2020 年	平均增速（%）	2015 年	2020 年	变化（%）
税收收入	32265447	42967265	5.9	71.4	75.4	4.0
行政事业性收费	2457597	1640379	-7.8	5.4	2.9	-2.6
罚没收入	760146	958213	4.7	1.7	1.7	0.0
社保缴费	9688674	11393779	3.3	21.4	20.0	-1.4
总　计	45171864	56959636	4.7	100.0	100.0	0.0

资料来源：相关年份河北省财政决算。

值得注意的是，对以上结论需统筹分析。一方面，在不考虑不可计量的经营服务性收费前提下，涉企税收规模高于社保缴费和行政事业性收费是理所当然的。国家财政主要来源于税收，而不是收费，尤其是当前我国还处于发展中阶段，国家税收主要来源于企业，涉企税收规模必然远大于涉企行政事业性收费。另一方面，在清晰界定税费边界的基础上，企业对税的"痛感"相对要小于对费的"痛感"。这主要因为，虽然涉企税收规模较大，但它与经济形势密切相关，当经济不景气、企业效益差时，多数税收收入的增长也比较平缓（甚至下降），而费的标准相对固定，与经济形势走向并不一致。此外，相对于规范性较强的税，费的征缴随意性较强、规范性较差，易被部门利益左右，也更容易增加企业负担，特别是需要行政许可的"红顶中介"收费对企业构成额外负担。

第二节　河北省企业税费负担问题

目前，河北省企业税费负担面临的问题可以分为优惠政策、法定税收、社保缴费、行政事业性收费、经营服务性收费等五个方面。

一、优惠政策方面

1. 政策制定权限有待进一步争取

《国务院关于清理规范税收等优惠政策的通知》规定，"坚持税收法定原则，除依据专门税收法规和《民族区域自治法》规定的税政管理权限外，各地区一律不得自行制定税收优惠政策"。因此，在各省的税费优惠政策权限被严格约束的情况下，提升权限的主要途径就是向中央争取各种政策优惠与试点。由于河北省既

非沿海发达地区，国家在此开展的自贸区、保税区、避税港等试点很少，同时也不是老少边穷地区，享受不到西部大开发、民族地区等政策优惠，因此从中央得到的税收优惠政策一直不多。特别与周边的北京、天津（如北京中关村、天津自贸区）相比，河北省政府的相关政策制定权限较低，企业得到的相关政策优惠红利也较少，一定程度上影响了企业的营商环境，也诱导了个别企业外移。

2. 政策制定内容有待进一步细化

中央政府立足全局，制定的宏观调控政策大多具有一般性、原则性，需要各级地方政府结合实际贯彻落实。然而，河北省特别是一些市县在落实部分政策时大多照搬政策原文，存在较多的"原则上""鼓励""支持"等词语，缺乏针对性和可操作性，直接影响了政策实施效果。河北省出台的一些政策，即使和山东标题相近，但因具体内容不一样，实施效果也就有差别。例如，同为贯彻中央推进供给侧结构性改革的相关文件，河北省主要执行国家统一的"规定动作"，山东省还推出一批"自选动作"（包括对新型墙体材料专项基金按规定标准的80%征收、逐步实现省定涉企行政事业性收费的"零收费"、对收费标准有浮动幅度的行政事业性收费项目一律按标准下限执行等），最大限度形成政策合力，发挥叠加效应。

3. 政策传递路径有待进一步完善

一方面，不少企业对优惠政策的关注度不够。有的企业负责人思想保守，仍停留在"申请优惠难、手续多"的旧思维中，或过于注重销售业绩而忽视了政策利用；有的小微企业财会人员技能不足、流动性大，或者代理多家企业记账，对优惠政策不熟悉，也没有积极性去了解。有关部门调查显示，一半多的企业都依靠税务机关宣传，主动获取政策的意愿和途径都不足。邯郸商务局曾针对外贸出口中的便利退税等优惠政策组织企业培训，但多数企业并不重视，随意选派人员参训应付。另一方面，个别地区对税收政策的宣传力度不够。近年来，河北省财税部门积极落实中央各项财税优惠政策，在全国率先开发运行"智慧云办税厅"，但仍有部分地区政策解读和宣传不够。一是传递渠道较窄。一些地方还没有充分利用互联网等现代媒介，缺乏系统公布政策的公共平台。某设区市曾制定《关于支持重大战略性产业发展的意见》，但总共仅印发300份，大多数企业都不了解其中的优惠政策。二是传递时滞较长。一些优惠政策具有较强的时效性，由于中途传递时间过长，常导致企业错失良机。很多企业反映，政策传递到企业时大多只有3～5天的申报时间，有些材料还需要第三方评估，导致"好政策无法带来真实惠"。此外，部分新闻媒体对政策传递的不精准问题亟须关注。典型如小微企业税收优惠，许多媒体都将国家扶持的小微企业与税法中的小微企业混为一谈，宣传小微企业都可以享受税收减免。实际上，小微企业享受减免优惠是有条件的，所得税减免与增值税减免条件也大相径庭，但由于媒体宣传，一些小微企业由于不符合条件无法享受相应优惠，反误以为税务机关故意刁难。

4. 政策实施程序需要进一步改进

一是个别优惠政策的申报程序有待简化。近年来，河北省通过完善小微企业纳税申报软件，极大便利了小微企业享受增值税、所得税等税收减免的程序，小微企业受惠面甚至达到100%，但个别地区的高新技术企业享受减免税程序尚需进一步简化，主要是资格认定时间过长，提交表格、材料等相关手续仍显烦琐，不少科技型企业对此意见较多。二是个别政策落实的实效性和稳定性有待加强。有些企业享受出口退税或外贸业务专项补贴周期较长，甚至等待8~9个月才能获得，影响了企业资金流转。还有企业反映，部门领导更替也影响到政策落实的连续性，一旦换了新领导，以前的沟通工作需要从头再来，可以落实的政策也未必会落实，政府诚信打了折扣。

二、法定税收方面

1. 一些人工成本较高、难以取得上游抵扣发票的企业在"营改增"后税负上升

"营改增"改革全面推进后，大部分企业税收负担减轻，但受行业特征、企业管理和财务规范水平等因素影响，少数企业的税负下降并不明显，主要是部分农产品加工、园林绿化、房屋建筑及智力投入较多的会计师事务所、咨询类企业，受增值税抵扣规则所限（或者人工成本占比较高，或者难以取得专用发票），税负有所上升。例如，从事鲜食农产品加工的某公司反映，由于其购买的面粉只能按13%的税率抵扣，且购买农民的蔬菜、瓜果等产品没有发票，导致本就微薄的利润空间进一步收窄，企业经营困难。从事园林绿化的某景观公司也反映，由于上游的小企业及农民交易不能开票抵扣，加之11%的适用税率导致进项抵扣不足，"营改增"后该企业的税负增加了1倍多，由5.39%提升到14.6%。

2. 一些中小企业对由于行政区划的变动导致的税负增加意见明显

目前，我国税制中有部分税种针对处于不同行政区划的纳税人设置不同的税率，如城建税规定，纳税人所在地为市区的税率为7%，在县城、镇的税率为5%，在其他地区的税率为1%，城镇土地使用税针对不同级别的城市和地段，耕地占用税针对人均耕地不同规模的地区都设置有差异性税率，如此设置是为了适应实际情况，发挥税收调控功能。但在"县改区""乡改镇"等行政区划变动时，导致企业适用税率大幅提升，给企业带来了额外税收负担。例如，原来属于乡村地区的纳税人升级为镇属纳税人，城建税适用税率会由1%上升到5%，城镇土地使用税的适用税额也将大幅增加。对企业而言，经营地点、项目和规模都未变，仅由于所处区划的改变，就导致税负大幅增加，甚至远高于行政区划未改变的相邻地区或地段企业。

3. 一些占地较多的生产性企业对城镇土地使用税的税收负担压力较大

按照中央要求，近年来河北省多次修改城镇土地使用税实施办法，之后各地纷纷调整了城镇土地使用税的地段等级和税额标准，部分地区的适用税额标准提高了1倍以上，这对一些占地面积较大的生产型企业影响较大，特别在当前整体经济形势和环保治理政策下，税收负担凸显。此外，还有企业反映城镇土地使用税和房产税的重复征税问题。从税制上看，城镇土地使用税的征税对象是使用土地的单位和个人，房产税的征税对象虽名为"房产"（包括房产余值和出租收入），但自从1990年《城镇国有土地使用权出让和转让暂行条例》将土地使用权出让由无偿改为有偿后，房产税的征税对象（针对房产余值部分）实质上已包括房屋和土地，而且因为房屋的不断折旧和土地的不断增值，房屋总价值不断向土地倾斜，房产税也越来越主要针对土地而非对房屋征税，这导致房产税与城镇土地使用税成为两个都是面向房地产且都是针对持有环节而征收的税种，形成明显的重复征税现象。

三、社保缴费方面

1. 企业缴费负担比较沉重

按照当前河北省执行的各类社会保障缴费标准，包含个人缴纳部分的"五险一金"总成本已接近工资总额的50%（其中，养老保险缴费率28%、医疗保险缴费率8%、住房公积金缴费率10%~24%）；若剔除个人缴费，企业直接负担的"五险一金"成本也超过工资总额的30%（其中，养老保险缴费率20%、医疗保险缴费率6%、住房公积金缴费率5%~12%），确实给企业造成了较大负担。近年来，河北省不断提升社会保障的覆盖率，"十三五"期间大力推行"全民参保登记计划"，进一步增加了企业的人工成本负担，对效益不好的中小企业无异于雪上加霜。但是，社保缴费基准比例由国家相关法律规定，即便中央允许地方适当下浮的部分，也受限于河北省劳动力净流出和地方财力困难的省情而难以实施，未来单纯地降低社保缴费率的空间已不大，迫切需要拓宽手段、统筹考虑，减企业负担与控财政风险兼顾。

2. 居民保障需求难以满足

企业社保负担较重的同时，职工的社保待遇依然较低。在广度上，虽已建立涵盖城乡各类人群的社会保险制度，但仍有部分居民尚未参加养老、医疗、失业等社会保险，主要是小型民营企业、商贸服务企业中的灵活就业人员，以及进城务工农民、被征地农民；在深度上，以养老和医疗保险为主的社会保险待遇标准还比较低，2020年河北省退休人员养老金替代率（一般以退休职工月均养老金与城镇在岗职工月均工资之比计算）仅为44.9%，低于国际劳工组织《社会保障最低标准公约》55%的最低替代率标准，难以维持退休前的基本生活水平；在便利度上，基本医疗保险、城乡养老保险等还是市级以下统筹状态，统筹层次低、转移接续难，不仅损害了劳动者的社会保障权益，影响其参保积极性，也不利于全省劳动力资源的合理流动与优化配置。而且，随着人口老龄化和城镇化水平的提升，广大居民对社会保障的需求仍将迅猛增长，2020年河北省65岁及以上人口占常住人口的比重为13.9%，即将迈入深度老龄化社会①，必将对养老、医疗等社会保障水平提出更高要求。

四、行政事业性收费方面

1. 对部分收费项目意见较多

实际调查中，除了社保缴费外，企业意见较多的有教育费附加、地方教育附加、防空地下室易地建设费、工会经费、残疾人就业保障金等。许多企业认为，教育、残疾人就业等都属于基本公共服务项目，其支出应由公共税收保障，不应额外征缴费用。不少民营企业认为，工会会费按工资总额的2%征收，比失业保险的征收比例还高，极大加重了企业负担。

2. 对上限征缴和以罚代管意见较大

一方面，对部分存在上下限收费标准的项目，部分地区仍按上限标准对企业收费，企业对此意见较大；另一方面，随着收费项目的减少，随意扩大罚款力度，甚至以罚代管、只罚不帮等问题也有所抬头。从全省看，市场监管等部门的罚没收入增长较快，除依法行政、加强管理等因素外，在个别地方也存在以罚代管、追求收入增长的现象。前几年，河北省沧州、衡水等地的一些县，就出现了补交税收罚款、提前收税等现象。还有一些行政事业单位人多编制少，在财政难以保障的情况下只能"自行开源"。例如，某县安监局五百多人，只有三个公务员编制，环保局三百多人也只有不超过十个人靠财政发工资，其他都是自收自支，只能依靠收费、罚款维持运转。

---

① 按照国际通行划分标准，当一个国家或地区65岁及以上人口占比超过7%时，意味着进入老龄化社会；达到14%时，为深度老龄化社会。

3. 一些收费政策落实不到位

一是个别已取消的收费项目未及时落实。例如，河北省早在 2012 年就取消了汽车综合性能检测收费项目，并规定相关检测费用由当地财政列支，但部分地区还没有完全落实，有些检测企业还存在向车主收费的行为。二是个别收费项目范围随意扩大。例如，某地人防工程使用费按《关于使用人防工程收费和人防通信有偿服务收费的函》规定，其收费内涵指人民防空办公室的自建工程，实际执行中对开发商投资建设的民建地下室也收取人防工程使用费。

五、经营服务性收费方面

1. "红顶中介"收费问题突出

环境评估、社会风险评估、应急预案评审等推向市场成为中介服务收费后，企业成本负担反而增加，也导致政府部门监管出现空白地带，尤其是一些市场竞争不充分的欠发达地区，价格政策放开后的"红顶中介"一家独大现象更加突出。例如，一些地区的环评收费表面上放开了，可以到任何一家环评机构做环评，但实际上只有到特定环评机构进行环评才准予通过，且收费价格过高。某设区市工商联曾帮助当地企业联系环评机构进行加油站环评，收费 2000 元左右，但环保部门不认可该环评机构出具的环评报告，只得再到另一环评机构重新环评，收费高达 5 万元。

2. 一些强制性收费项目依然存在

一些地区仍然存在强制企业缴纳会费、订购期刊、付费参加各种会议、培训、展览、评比、表彰等行为，对企业正常运营形成不利影响。此外，一些企业对税控软件无限制收费意见较多。企业网上报税需购买报税软件，每年还要交软件维护费，而且交了维护费，还需要企业员工自己抱着电脑去税务局升级软件，软件公司不提供上门服务，增大了企业成本。

第三节　深入推进减税降费的建议

减税降费不仅是去成本的重要组成，也是优化营商环境、激发市场活力的重要手段，对推进产业转型升级、转变政府职能，都具有重要作用。深入推进减税降费，必须按照中央"优化民营企业发展环境""促进民营企业高质量发展"要求，在全面认识河北省企业税费负担的基础上，构建涉企税费"四大"清单、落实涉企税费优惠政策、有效释放减税政策红利、结合省情完善社保制度、规范行政事业收费项目、清理涉企经营服务收费。由于省级政府的税收政策制定权很小，河北省设立行政事业性收费项目已清零，社会保障缴费空间也不大，未来减税降费的重点在于贯彻落实中央税费政策和清理涉企经营服务性收费，即实施结构性减税降费，且降费重于减税。其中，降费关键在涉企经营服务性收费，减税重点在落实中央税收政策。

一、客观认识当前企业税费负担问题

1. 企业盈利不能依赖降税费

当前，企业界和社会舆论之所以热切关注税费负担问题，主要原因乃是经济下行和深度调整，使不少企业面临生死存亡，一些企业不只是经营困难，甚至面临被淘汰的处境，企业负担"痛"感的边际效应放大，寄希望于减税费来求生存的欲望不断增强。当然，减税费是必要的，但是替代不了企业经营模式的转型升级。一些企业被淘汰也不可避免，如产能落后、污染环境的河北省部分钢铁、煤炭、水泥企业等，这也是结构调整的应有之义。指望降税费和给补贴来实现更多企业扭亏为盈，那是本末倒置的想法。企业盈利根本上还需要在政府创造良好的营商环境条件下，依靠自身的技术创新和产品升级。

2. 企业单纯税收负担并不重

近年来，中国财政科学研究院每年都开展全国企业"降成本"大型调研，结果显示我国企业综合成本负担确实较重，不少企业的总成本甚至超过营业收入，处于亏损状态。但从结构看，主要是原材料、用地、用能、人工、物流和融资成本占比较高且上涨较快，税收成本比重很小，只占企业营业收入的5.1%左右。企业之所以将关注点放在税收上，认为税负更重有多重原因。一是很多企业并不严格区别税收和收费，将两者都作为自己的税负。尤其是现行由税务部门代征各种收费的情况下，更被企业认为如此。二是当前我国以企业负担的间接税为主的税制结构，也加深了企业认为税负重的错觉。三是也不排除由于税法规范性和征管力度的加强，一些原来可以偷漏税的企业现在要交税了，必然增加其成本。因此，应该客观评价企业的税收负担，将减税降费的着力点放在各种地方性收费上，尤其是依附于行政审批的中介服务收费等经营服务性收费上。

3. 并非所有税费负担都要减

减税降费是优化实体经济环境的重要举措，但要注意不是所有的税费都该降，有的税费还应强化；也不是该降的税费就要一直减下去，有的具有时间阶段性和对象适用性。税费是国家治理的重要手段，各种税收和收费都有一定的政策导向功能，以减税降费降低企业成本是政府的重要目标取向，但也要注重维持公平竞争、统一市场秩序和保护生态环境等其他目标。例如，2018 年开征的环境保护税，以及土地闲置费、草原植被恢复费等环保收费，甚至相关罚没收入，本身就体现了国家的环保政策意图，未来还会强化。再如，对小微企业及科技创新、资源综合利用等行业的相关政策是长期的，需要坚持推进；对处理僵尸企业、环保问题企业以及应对疫情防控的临时优惠政策具有过渡性特征，不宜长久；减免城镇土地使用税及某些社保缴费，只宜对符合政策要求的经营困难企业实行，而不能随意扩大对象范围。此外，减税降费规模要受政府公共服务供给水平和公共风险可承受能力的制约，不能因过度减税降费影响公共服务供给水平和质量，更不能因此造成公共风险。

二、完善涉企税费目录清单动态管理

1. 构建省、市、县三级涉企收费清单体系

目前，河北省财政和物价等部门已公布《河北省执行的全国涉企行政事业性收费目录清单》《河北省涉企行政事业性收费目录清单》《河北省省级政府定价涉企经营服务收费目录清单》《河北省省政府部门行政许可中介服务收费目录清单》等，但各市县公布情况进展不一，一些市县仅仅转发上级发布的行政事业性收费及政府性基金清单，并未梳理本地的涉企经营服务性收费、行政许可中介服务收费目录清单。各地区应根据本地实际，在政府网站公布涉企行政事业性收费、政府定价的涉企经营服务性收费、政府部门行政审批前置的中介服务收费三大清单，形成省、市、县三级涉企收费清单体系，尤其是后两项本地政府具有一定调整权限的清单目录。对收费项目、标准、依据和范围等相关信息应实行常态化公示制度，并进一步明确其约束力，如规定凡未纳入《清单》的中介服务事项，一律不得作为行政许可的受理条件，审批部门不得以任何形式要求申请人委托中介服务机构开展服务并收费。

2. 探索设立适用河北省的税收优惠政策清单

按照深化财税体制改革战略部署，中央要出台专门的税收法律统一规定现存的各类税收优惠政策。河北省应在密切关注中央动向的同时，全面整理当前河北省适用的各类税收优惠政策，建立税收优惠政策目录（动态管理清单）。除涉及国家秘密和安全的事项外，列举税收优惠政策的制定、调整或取消，以及各项税收优惠的政策目标、方向范围、管理程序等，并以适当形式向社会公开，便于纳税

人及时了解和申请相关优惠政策，比如当前选用较少却利于企业长期运营的加速折旧、投资抵免、盈亏互抵等间接税收优惠，从而促进科技创新、节能环保等政策目标的实现。

三、贯彻落实涉企税费优惠政策措施

1. 提升政策制定与执行精准度

一方面，进一步增强政策指向的精准度。地方政府在落实上级政策或出台实施细则时，应充分征求相关部门和企业意见，力求文件"接地气"、不讲空话，在政策实施过程中也要不断征求利益相关方的意见，及时对政策实施效果进行绩效评价，适时调整完善政策内容，最大程度放大政策效果。另一方面，进一步增强政策落实的协调度。各部门在出台和执行涉企优惠政策时，应充分运用现代化信息手段，进一步加强统筹协调、简化申报程序、避免相互干扰。例如，充分利用金税三期以及未来的金税四期的数据集中优势，根据优惠政策标准和享受范围，预研预判涉企税户清单，为有针对性地制定细则、落实政策提供有力支撑。再如，积极研发税收优惠申报提示、研发费用加计扣除服务等信息系统，为落实优惠政策提供有效手段，最大限度地将政策红利转化为企业的发展活力。

2. 创新政策推送和接收的渠道

一方面，对于传递方政府来说，进一步拓宽推送渠道、打造集中发布平台。借鉴发达省份经验，推行河北省"互联网＋税务"行动计划，形成线上线下融合、前台后台贯通的电子税务局。一是充分运用传统媒体及外网网页、微信公众号、办税厅显示屏、二维码等新媒体宣传政策，加快政策传递的广度和便利度；二是改变各部门分散进行政策网上公示的做法，依托政务服务网或门户网站，打造税收优惠政策的集成发布平台；三是提高涉企窗口工作人员的专业素质，实现对政策的精准解读和畅通执行；四是无论何种方式，都要注重政策宣传的精准度。针对当前企业高度关注、媒体宣传又欠准确的小微企业税收优惠问题，税务部门应格外注意，及时纠正媒体宣传错误，化解企业误解。另一方面，对于受益方企业来说，进一步拓展接受途径、发挥协会中介作用。大企业应委派专人负责政策的收集和挖掘，小企业管理层也应主动收集相关政策，不要被动等着政府送政策，避免错失政策良机。例如，中信戴卡设立了专门的政策收集部门，每年都能利用上百条优惠政策、获得上千万政策支持。此外，还应充分发挥协会、商会等社会中介组织的作用，通过购买政府服务方式宣传政策、解读政策、反馈政策执行情况，实现"企业及时获取政策、政策更能及早落地"的事半功倍效果。

3. 构建优惠政策绩效评估体系

为切实发挥税收优惠政策功能，应构建适合省情的优惠政策绩效评估体系。一方面是税收优惠政策的自身执行，如税收优惠政策是否存在缺陷、与有关法律法规是否存在冲突、政策执行是否到位等；另一方面是税收优惠政策的实施效果，如优惠政策落实是否与政策制定的初衷相符、对当地经济社会发展产生多大影响，以及政策实施所导致的税收收入损失、相关经济体经营行为的扭曲等。建议由相关部门组织，通过向社会中介购买服务等方式，定期（年度结束前后）或不定期（政策调整前后）对关乎河北省经济社会发展的重要税收优惠政策进行绩效评估，并根据评估结果建立相应的调整、完善或退出机制，如科技创新政策评价。近年来河北省财政支持科技创新的力度不断加大，但财政科技投入带动了多少企业研发经费的提升、增加了多少高科技企业和科技型中小企业、多大程度上改善了全省产业结构及税收结构等，都需要综合评估。

4. 积极争取中央优惠政策支持

紧密跟踪中央财税改革动态，充分利用京津冀协同发展、雄安新区高质量建设、冬奥会举办等有利契机，积极向中央争取财税改革试点和税费优惠政策，进一步维护河北省权益、增加企业红利。例如，进一步扩大河北省自由贸易示范区相关政策试点范围，将中关村国家自主创新示范区政策向雄安新区延伸；积极争取符合雄安新区发展方向的改革试点，如房地产税试点、优势产业减免税试点、特殊监管区域试点，以及企业意见较多的高新企业税收优惠政策门槛降低和程序简化等。

四、释放减税红利有效降低企业税负

1. 积极建言，争取中央适当调整税收管理政策

根据"营改增"等税制改革后出现的部分企业税费负担上升问题，建议中央进一步减少增值税税率档次、健全增值税抵扣链条、扩大一般计税方法适用范围等政策，更好解决金融、建筑等行业和中小企业税收抵扣不足的问题，充分发挥"营改增"政策效果。例如，考虑对待抵税款实行有条件的退税，即对超过一定期限、数额占销售收入比重超过一定比例的待抵税款给予退税，并将退税节奏、行业选择权下放给地方，便于地方根据本地区财政可承受能力及征管情况，酌情把握。此外，进一步做好税制改革的顶层设计，避免类似"营改增"出台后相继印发50多个补丁文件，导致基层财税部门疲于解释、企业难以适从的问题。

2. 主动作为，帮助符合政策企业度过税负难关

税收政策基本都由中央政府掌握，除个别幅度税率和减免税外，河北省大多

只是贯彻实施。但针对一些企业城镇土地使用税负担压力较大的情况，在法律授权范围内，可以适当调整土地等级范围、适用税额标准和减免条件，鼓励符合河北省政策导向的经济困难企业，尤其是劳动力密集的生产性行业获得税收减免。例如，山东省政府曾印发《关于减轻企业税费负担降低财务支出成本的意见》，允许各地根据实际情况，在现行税额幅度内，提出降低城镇土地使用税适用税额的意见，并对物流企业自有的大宗商品仓储设施用地，减按所属土地等级适用税额标准的50%计征土地使用税。此外，在财政经济形势严峻的情况下，必须坚持依法征税原则，坚决杜绝"过头税""寅吃卯粮""完全以预算计划征税"等行为。在考核指标上，也应更加注重考核税收收入质量，而非税收收入规模与增长。

五、结合省情完善社会保障相关制度

1. 根据河北省省情，调整完善进一步降低企业社保负担的政策措施

降低企业社保费必须结合河北省省情，统筹考虑企业、职工和政府财力。作为劳动力输出大省，河北省养老保险基金收入少、支付大①，在社保制度改革前全面下调缴费率的空间已很小，降低企业社保费主要有以下方面：一是降低缴费比例。主要降低对企业影响较大、收支结余也比较乐观的基本医疗保险缴费率，应鼓励各统筹地区（设区市）根据本地医疗保险基金结余情况，适当下调缴费率。二是拓展降费手段。不仅限于降低缴费率，还可以对符合地区产业政策、社会保险管理规范、吸纳就业困难群体较多的企业实行医疗、生育、工伤保险的阶段性少缴、缓缴、返还或补贴，并进一步完善失业保险基金的稳岗补贴功能，支持企业职工转岗培训、提升技能。

2. 完善社会保障机制，为进一步降低企业社保负担提供制度保障

降低企业社保负担，并不意味着就可以放松对社会保险的征管。相反，只有规范和完善社会保险制度，才能为进一步降费提供制度保障。一是严格征管。落实优惠政策的同时，必须强化费源管理、规范征缴程序，由人社等相关部门配合税务部门做好各项社会保险费征缴工作，确保企业依法参保缴费。二是健全服务。逐步整合分散设置的各类社会保险经办管理机构，优化社保管理的服务规程，提升服务的规范化、标准化和信息化水平。三是推进统筹。尽快提升医疗、生育和工伤保险的统筹层次，实现全省范围内的基金统筹和转移接续。这并未增加财政

---

① 由于养老保险无法跨省转移，在外省农民工返乡后挤占统筹账户基金，这不同于上海、广东等劳动力流入地——农民工在务工地缴纳养老保险，返乡时仅转移个人账户及部分统筹基金，大量的统筹账户资金留在当地形成结余。

支出压力,却有效提升了社保基金的调剂能力和使用效率,为缓解部分地区收不抵支的平衡压力及进一步降低企业负担创造空间。

3. 健全多元投入机制,为进一步降低企业社保负担提供资金支撑

一是健全社保基金预算。促使各市县尽快完善社保基金预算,保证预算科学与管理规范,实现社会保障投入与本地经济发展和政府财力相适应。二是推进结余资金增值。按照国务院《基本养老保险基金投资管理办法》要求,参照广东、山东经验,完善河北省社会保障基金预警、储备和保值增值机制,委托有关机构对河北省养老基金结余进行投资运营,将投资范围拓宽至债券、股票、期货或以股权投资方式支持国有龙头企业改制、上市。在保证住房公积金提取和贷款的前提下,探索将住房公积金用于购买国债、大额存单、地方政府债券、政策性金融债等高信用等级固定收益类产品。三是引导市场资金投入。在严峻的财政收支形势下,应充分发挥市场作用,采取政府购买服务、公建民营、补助贴息等方式,引导和支持社会力量兴办本地养老、医疗服务设施或将社会保险基金征缴、发放等经办业务委托具有资质的商业保险或金融机构运作。

六、规范行政事业性收费项目及标准

1. 进一步下调涉企收费额度

目前,河北省已清零所有的省立收费项目,未来应立足省情,参照外省经验,探索扩大进一步降低企业收费负担的空间。例如,近年来,安徽、黑龙江、山东等地纷纷下降防空地下室易地建设费,黑龙江甚至将人防一类重点城市按现行标准降低了25%,二三类防空重点城市和其他市县按现行标准降低30%,这些措施预计减轻社会负担约1亿元。再如,山东、广西等省份已减半征收水利建设基金,浙江更是暂停征收,河北省也应结合实际,探索降低相关收费征缴比例,并实行行政事业性收费标准下限制,凡是有上下限幅度的行政事业性收费,一律按下限标准收取。此外,中央规定的残疾人就业保障金和工会会费构成了对企业的不合理负担,应积极建言中央进行调整或取消,尤其是残疾人就业保障金已不合时宜并日趋部门利益化。实际上,保障残疾人这一弱势群体的教育、就业和基本生活,完全是政府的基础职责所在,理应通过一般预算收入予以保障,而不是额外增加专项收费。

2. 进一步减少不合理检查罚款

尽量减少对企业的税费检查,完善事先通知、事后告知及限期整改等政策规定,不能对企业一罚了之;畅通举报途径,严格监督问责,坚决查处不作为、慢作为和乱作为及"吃拿卡要"等典型案件。当然，清理规范收费项目、杜绝乱检查乱罚款，还需要完善相应的财政保障体系。应在彻底落实行政事业性收费"收支两条线"的基础上，对取消或减免收费项目后仍需依法履行管理职能的部门，必须保障其必需的经费；对管理职能也取消的部门，应做好相关人员的安置工作。

七、切断利益链清理经营服务性收费

1. 突出重点领域和环节，深入清理涉企经营服务性收费

按照深化"放管服"改革要求，深入清理重点领域和环节的经营服务性收费，切实降低实体经济经营成本，打造更加优良的营商环境。一是全面梳理经营服务性收费。通过放开一批、取消一批、降低一批、规范一批，及时取消不合理的收费项目，降低明显偏高的收费标准，进一步放开具备市场竞争条件的收费。对实行市场调节价的经营服务性收费，应落实价格法规及相关规定，不得在价外或合同外加收任何费用。对收费标准较高、企业反映较多的收费单位，加强重点监督检查。二是切实规范金融领域收费。各项金融服务应实行明码标价，纳入收费价目名录，凡未纳入名录的不得擅自收费。对于个性化、定制化服务，须有实质性服务内容，并完整保存相关服务协议和服务记录，否则不得收取费用。加强对担保、评估、保险等融资中介服务机构收费的规范管理，推动有关中间环节合理定价、清减费用。三是清理取消涉企保证金。借鉴山东、河南等省经验，鼓励企业以信用担保形式缴纳政府采购投标保证金和履约保证金，建立矿山环境治理恢复基金制度，取消安全生产风险抵押金制度，高危企业不再存储安全生产风险抵押金，转为安全生产责任保险等市场化风险分担机制。

2. 深化行政审批制度改革，进一步规范中介服务收费

坚持从改革入手，重点整治"红顶中介"乱收费，规范收费秩序。一是依法削减项目。实行"费随事减"，依法削减行政审批项目，从根本上减少中介服务收费项目。当前，根据省情适时削减河北省相比江浙等发达省份多出的高校教师资格申请人员体检、民办学校变更举办者核准财务清算、司法鉴定机构审核登记资金证明、无线电频率指配的电磁环境测试等事项。同时，进一步简化审批程序，对区域内建设项目中介服务实行"多评合一""多测合一"，缩短企业"收费链"。二是切断利益关联。彻底清除"红顶中介"市场垄断，审批部门所属事业单位、主管的社会组织及其举办的企业，不得开展与本部门行政审批相关的中介服务收费，确需开展并收费的，应尽快与主管部门脱钩或转企改制。三是实行分类限价。对于短期内无法形成充分竞争的，由政府定价管理；对于市场发育成熟、价格形

成机制健全、竞争规范充分的中介服务事项，一律实行市场定价；对环境评价、安全评价、地震安全性评价等评估收费，进行重点监管，必要时实行最高限价。四是培育中介市场。按照党的十九大报告提出的"深化商事制度改革，打破行政性垄断，防止市场垄断"要求，进一步放宽中介机构准入条件，破除地方保护、部门垄断和行业壁垒，增加中介服务机构的主体供给，消除垄断土壤。五是做好财政保障。对取消行政审批中介服务收费后，审批部门在审批过程中委托开展的技术性服务，通过政府购买服务方式实施，所需费用列入部门预算；对涉及公共安全、需实行强制检验检测的特种设备等，由财政承担相关中介服务费用。

3. 加强行业协会商会管理，坚决制止乱收费乱摊派

一是严格规范收费行为。行业协会商会的收费标准必须符合规定程序，收费依据必须合法有效，不得强制或变相强制收费、摊派。规范会费收取，除会员大会或会员代表大会外，不得采取任何其他形式制定或修改会费标准；会费以外的其他服务收费，按照双方自愿原则订立服务协议；不提供服务的，一律不得收费。二是加快推进脱钩改制。加快与行政机关的脱钩改制步伐，实现机构分离、职能分离、资产财务分离、人员管理分离、党建和外事等事项分离。脱钩改制后，政府部门不得在法规规定外授权委托行业协会商会行使行政职能，行业协会商会不得利用原主办、主管、联系和挂靠单位的行政影响力从事收费活动。在职公务员不得在行业协会商会兼职，在职和离退休党政领导干部不得插手或干预行业协会商会活动。三是强化内外治理监管。健全法人治理结构和运行机制，让行业协会商会回归本源。开展行业协会商会等级评估，推行行业协会商会诚信承诺制度，建立专业化、社会化的第三方监督和评估机制，对多次失信或严重失信并造成严重后果的，实行"黑名单"制度，采取降低评估等级、限制购买服务项目等措施，加大惩戒力度。

八、深化减税降费相关配套体制改革

1. 深化财税收入体制改革

为长期巩固减税降费效果，必须深入推进财税体制改革，保障地方政府提供公共产品和服务的能力。一是进一步理顺各级政府间的事权和支出责任，适度加强中央事权，将受益范围覆盖广泛、体现公平正义的全国性公共产品提供事务明确为中央事权，并由中央承担主要支出责任。二是加快构建地方税体系，完善房地产税收制度，将房产税和城镇土地使用税合并，解决其中的重复征税问题；将教育费附加、地方教育附加及各类教育基金改为教育税，并归属地方政府，不仅可以保障地方教育事业发展，还能有效杜绝乱收费等问题；完善减税降费立法，赋予省级政府适当的减税降费管理权限，有助于更具针对性地为企业降低成本负担。三是进一步完善中央对地方转移支付制度，清理整合与财政事权划分不相匹配的中央对地方转移支付事项，增强财力薄弱地区的可用财力。

2. 深化事业单位分类改革

当前，我国的事业单位分类改革尚未完全到位，导致一些自收自支的事业单位在原有收费取消后并未减少编制人员，要么由财政统揽、要么变相将费用转嫁于第三方中介机构。为保障减税降费的长期效果，必须理顺政府与事业单位在基本公共服务供给中的关系，加快推进事业单位分类改革。在清理规范基础上，按照社会功能将事业单位划分为承担行政职能、从事生产经营活动和从事公益服务三个类别。对承担行政职能的，将其行政职能划归行政机构或转为行政机构；对从事生产经营活动的，逐步将其转为企业，彻底断绝其与政府部门的联系；对从事公益服务的，强化公益属性，推动其去行政化和去营利化。

第十七章

河北省"十四五"财政收支预测报告

"十四五"时期是我国由全面建成小康社会向基本实现社会主义现代化迈进的关键时期,也是河北省全力推进"三件大事"、建设经济强省美丽河北省的重要历史窗口期和战略机遇期。为充分发挥财政职能作用、推进全省高质量发展,本章在全面分析"十四五"时期经济发展形势的基础上,研究河北省财政收支趋势,相应提出优化未来财政运行的思路建议。

第一节 "十四五"时期河北省经济发展主要形势

"十四五"时期,综合分析国内外环境和河北省基础条件,河北省财政既面临全省经济提质增效、雄安新区建设大规模开展、优质资源要素加速向河北省聚集等难得机遇,又面临外部经济环境严峻复杂、经济下行压力依然较大、落实大规模减税降费政策和疫情影响即期收入等风险挑战。

一、主要机遇

1. 从国际看

后疫情时代的世界经济新旧动能加快转换,全球产业布局深入调整,制造业发展迈向更高水平,孕育着新的增长空间和机会。世界正迎来新一轮科技革命,科学技术在广泛交叉和深度融合中不断创新,5G、区块链、物联网、人工智能等新技术的应用不断增加,特别是疫情防控对数字经济形成长期的推动效应,将以前所未有的力量驱动经济社会发展。国际格局和力量对比加速演变，新兴市场国家和发展中国家的地位逐步提升，有助于推动全球经济治理体系变革。

2. 从国内看

经过改革开放以来40多年的持续增长，我国综合国力和发展水平已迈上一个新台阶，物质技术基础更加雄厚，内需潜力巨大、人力资本庞大，综合比较优势显著。我国经济由高速增长转向高质量发展阶段，新型工业化、信息化、城镇化和农业现代化同步发展孕育着巨大发展潜能。京津冀协同发展、长江经济带、粤港澳大湾区等系列重大战略和"一带一路"倡议的实施，将释放新的制度红利、激发新的发展动力，我国经济稳中向好、长期向好的基本趋势仍将持续。

3. 从省内看

河北省仍处于历史性窗口期和战略性机遇期，京津冀协同发展、雄安新区建设、冬奥会筹办等国家战略的纵深推进，为河北省站在更高平台、拓展发展空间、提升发展层次提供了最重要的历史机遇。北京、天津的产业、技术、管理等优质资源要素加速向河北聚集，有助于推进河北省传统产业转型升级和战略性新兴产业培育发展。中央实施创新驱动、"中国制造2025"、"互联网＋"行动、河北省自贸区建设等决策部署，以及省委省政府促进民营经济、县域经济、沿海经济、数字经济发展等政策实施，为河北省弥补发展短板、促进高质量发展提供了强大动力，将有力推动全省财源的稳定可持续增长。

4. 从财政自身看

"十四五"时期中央将进一步深化财税体制改革，优化政府间事权和财权划分，建立权责清晰、财力协调、区域均衡的中央和地方财政关系，形成稳定的各级政府事权、支出责任和财力相适应的制度，有利于地方发挥更多自主权推动本地财政经济发展。随着增值税、消费税、个人所得税等税种立法和税制完善，河北省将逐步构建符合河北省情的地方税体系，有利于打造各级政府的主要税源。随着深入推进预算管理改革、全面实施预算绩效管理，以及金税工程和非税收入征缴信息化程度的增强，有利于进一步提升税费收入征管水平。

二、主要挑战

1. 从国际看

世界经济增长持续放缓，仍处在国际金融危机后的深度调整期，新冠肺炎疫情进一步拉大了调整周期，美国、日本、欧盟等主要经济体经济增长呈疲弱态势，预计"十四五"时期难有明显改善。全球动荡源和风险点显著增多，保护主义、单边主义呈蔓延态势，国家之间特别是美国与其他国家的贸易争端将对全球经济带来极大不稳定因素，世界投资贸易规则面临"冷战"结束以来最深刻的变化。世界格局酝酿深刻变化，各国利益诉求分化明显，国家间博弈竞争正从传统的经济竞争，转向经济、政治、科技、文化、生态和国家治理能力等层面的全方位竞争。

2. 从国内看

受全球经济增长放缓、贸易保护主义抬头、不稳定不确定因素增多等影响，劳动力、资源、生态等构成我国经济竞争优势的传统因素正在逐步减弱，特别是我国主导产业面临美国等发达国家打压高端和一些发展中国家挤出中低端的双重挤压。国内经济转型升级、高质量发展的结构性体制性矛盾仍然突出，实体经济困难较多、自主创新能力不强、资源环境约束强化、营商环境与市场主体期待还有差距，保持经济平稳运行的难度加大。经济社会面临风险日趋多样化，经济、政治、社会、文化、生态文明等各领域之间相互影响、相互转化，风险管理和控制难度增加。

3. 从省内看

河北省经济社会发展进程中的不平衡、不协调、不可持续问题依然突出，经济增速不高、质量效益欠优，"十四五"时期保持稳定健康发展面临着诸多困难。全省经济增长动能处于转换和接续之中，综合科技创新能力较弱，传统产业的扩张型发展模式难以为继，先进制造业和现代服务业发展缓慢，短期内难以形成有效支撑。发展不平衡、不充分问题依旧突出，城市经济、沿海经济、县域经济仍是发展短板，大气污染形势严峻、水资源严重短缺、森林资源不足等问题依然突出，成为制约高质量发展的"瓶颈"，也影响财源的壮大发展。

4. 从财政自身看

受经济形势、税制改革和疫情防控等影响，近年来全省一般预算收入增速有所回落，预计"十四五"时期河北省财政增收难度大、支出增长刚性强的局面依然持续，特别是疫情防控常态化下的各项减税降费政策落实，将直接减少地方政府的财政收入。此外，环保政策导致传统高能耗行业的限产停产问题、个别地区的政府债务特别是隐性债务风险问题、京津冀协同发展下的总分机构布局引发税收转移问题，也将制约未来财政收入的持续增长。

第二节　"十四五"时期河北省财政收入规模预测

为科学确定"十四五"财政收入目标，更好地服务于全省经济社会发展，在客观研判"十四五"发展趋势的基础上，综合运用协整回归、灰色关联、神经网络等三种模型，通过 180 余个方程和 3000 多个基础数据，对"十四五"时期财政收入及主要税种进行了分析预测。

一、一般预算收入预测

预测财政收入，既要综合分析宏观经济、税制改革、减税降费等外界因素的影响，也要充分考虑历史惯性趋势和未来突发事件的交互作用，特别是新冠肺炎疫情对财政收入的直接影响。由于财政行为具有明显的非线性和混沌性特征，采用单一模型难以描述其变化规律，必须采取多种模型进行综合预测。经科学分析，在此采用灰色关联、协整回归、神经网络三种预测方法，并用牛顿冷却定律模拟新冠肺炎疫情影响对预测结果进行了修正。模型预测期为 2020～2025 年，预测指标为一般预算收入、地方税收收入及其中的增值税、企业所得税、个人所得税三大税种。

1. 灰色模型预测

灰色模型是一种新兴的预测学分支，已成功应用于农业、气象、能源等众多领域。其原理是通过少量的、不完全的、贴合近期变化规律的历史样本信息，建立灰色微分预测模型，进行趋势外推，从而模拟预测出样本未来发展状况。财政系统是由财政收入—支出、中央—地方组成的动态系统，由于影响财政收入发展变化的因素较多，可近似为一个动态的灰色系统。

（1）基础数据：为避免使用较早数据带来预测精度的影响，选择所得税收入划分改革后的 2012～2019 年财政收入、税收收入及主要税种收入数据。

（2）预测过程：通过计算机软件，将财政收入历史数据进行累加，使其变为具有指数增长规律的上升形状数列，然后建立微分方程模型，通过灰数的不同生成方式、数据的不同取舍多次迭代调整模型，得出初步预测结果（见表 17－1）。最后，利用衰减函数模型对模型预测进行新冠肺炎疫情影响修正，得出财政收入预测结果。

（3）预测模型：经过对样本数据的模拟检验，建立 GM（1，1）模型 $x^{(0)}(k) + az^{(1)}(k) = b$。利用回归分析求出 a、b 的估计值，相应的白化模型为 $\dfrac{\mathrm{d}x^{(1)}(t)}{\mathrm{d}t} + ax^{(1)}(t) = b$。解得 $x^{(1)}(t) = \left(x^{(0)}(1) - \dfrac{b}{a}\right)e^{-a(t-1)} + \dfrac{b}{a}$，由此得到预测值 $\hat{x}^{(1)}(n+1) = \left(x^{(0)}(1) - \dfrac{b}{a}\right)e^{-an} + \dfrac{b}{a}$。将预测出的数据作为新的已知数据代入 GM（1，1）

模型,以此迭代预测得到各项财政收入指标数据。其中,x 代表预测变量,t 代表时间,n 代表年份,其他为参数。

（4）预测结果：一是若不考虑疫情影响,2020 年、2025 年一般预算收入预测值分别为 4025 亿元、5729 亿元,"十四五"时期年均增速为 7.3%。其中,地方税收收入预测值分别为 2778 亿元、3750 亿元,"十四五"时期年均增速为 6.2%（见表 17-1）。二是若考虑疫情影响,2020 年、2025 年一般预算收入预测值分别为 3740 亿元、5703 亿元,"十四五"时期年均增速为 8.8%。其中,地方税收收入预测值分别为 2632 亿元、3733 亿元,"十四五"时期年均增速为 7.2%（见表 17-2）。

表 17-1　　"十四五"河北省财政收入灰色模型预测（不考虑疫情影响）　　单位：亿元

年份	一般 预算收入	地方 税收收入	地方 增值税	地方 企业所得税	地方 个人所得税
2020	4025	2778	1012	461	98
2021	4328	2956	1024	506	104
2022	4649	3141	1036	554	112
2023	4988	3335	1047	606	119
2024	5348	3538	1058	663	127
2025	5729	3750	1068	725	135

表 17-2　　"十四五"河北省财政收入灰色模型预测（考虑疫情影响）　　单位：亿元

年份	一般 预算收入	地方 税收收入	地方 增值税	地方 企业所得税	地方 个人所得税
2020	3740	2632	862	350	60
2021	3996	2729	958	473	98
2022	4467	3018	1007	538	108
2023	4877	3261	1034	599	118
2024	5282	3494	1052	660	126
2025	5703	3733	1066	723	135

2. 协整回归模型预测

运用协整回归结构模型进行经济预测是目前最常用的方法,其原理是在经济理论指导下,根据自变量、因变量的内在依赖关系,通过统计检验建立对经济系统内在运行规律进行最优模拟的回归方程。

（1）基础数据：分税制以来的 1995~2019 年宏观经济和财政收入数据,包括地区生产总值、工商业增加值、规上工业企业利润、城镇居民人均可支配收入、全部财政收入、一般预算收入、税收收入、增值税（含营业税）、企业所得税、个人所得税。

（2）预测过程：首先根据影响财政收入的主要经济指标（GDP 等）与财政收入的对应关系，运用以往统计数据建立协整回归模型；然后根据灰色模型对"十四五"宏观经济数据进行外推预测，并利用衰减函数模型对预测结果进行疫情影响模拟处理；最后将处理后的宏观经济预测值代入预测模型，得出财政收入预测结果。

（3）预测模型：根据 $Y = A + BX$ 线性回归模型，依据经济基础与财政收入的对应关系，依次建立以下方程：

① LOG（一般预算收入）$= C + LOG(GDP) + MA(1) + MA(2)$

② LOG（地方税收收入）$= C + LOG(GDP) + AR(1)$

③ LOG（地方增值税）$= C + LOG$（工商业增加值）$+ MA(4)$

④ LOG（地方企业所得税）$= C + LOG$（规上企业利润）$+ MA(3)$

⑤ LOG（地方个人所得税）$= C + LOG$（城镇职工工资）$+ AR(1) + MA(1) + MA(2) + MA(3)$

其中，AR 为自回归模型、MA 为移动平均模型，括号内数字为阶数，LOG 为取对数。

（4）预测结果：一是若不考虑疫情影响，2020 年、2025 年一般预算收入预测值分别为 3529 亿元、5832 亿元，"十四五"时期年均增速为 10.6%。其中，地方税收收入预测值分别为 2829 亿元、4463 亿元，"十四五"时期年均增速为 9.5%（见表 17 - 3）。二是若考虑疫情影响，2020 年、2025 年一般预算收入预测值分别为 3355 亿元、5818 亿元，"十四五"时期年均增速为 11.6%。其中，地方税收收入预测值分别为 2684 亿元、4452 亿元，"十四五"时期年均增速为 10.6%（见表 17 - 4）。

表 17 - 3　"十四五"河北省财政收入协整回归模型预测（未考虑疫情影响）　单位：亿元

年份	一般预算收入	地方税收收入	地方增值税	地方企业所得税	地方个人所得税
2020	3529	2829	1005	459	85
2021	3858	3071	1018	527	109
2022	4344	3355	1078	608	112
2023	4793	3680	1147	698	119
2024	5287	4049	1149	800	126
2025	5832	4463	1186	917	133

表 17-4　"十四五"河北省财政收入协整回归模型预测（考虑疫情影响）　单位：亿元

年份	一般 预算收入	地方 税收收入	地方 增值税	地方 企业所得税	地方 个人所得税
2020	3355	2684	664	514	81
2021	3753	2885	879	526	107
2022	4280	3303	1020	604	110
2023	4753	3649	1122	694	119
2024	5263	4030	1140	797	126
2025	5818	4452	1182	915	135

3. 神经网络模型预测

神经网络模型是一种模拟人脑信息处理机制而运作的网络系统，是继传统预测模型之后又一可用于经济预测建模的有效方法。其原理是通过学习、存储大量的输入—输出模式映射关系，而无须事前描述映射关系的数学方程，经过自动反馈、权重调整，最终取得可允许最小误差水平的预测值。

（1）基础数据：分税制以来的 1995～2019 年宏观经济数据，包括地区生产总值、工商业增加值、规上工业企业利润、城镇居民人均可支配收入。

（2）预测过程：首先采用灰色模型对"十四五"时期宏观经济数据进行外推预测；然后根据牛顿冷却定律设计时间衰减系数，对宏观经济预测数据进行新冠肺炎疫情影响模拟处理；最后将调整后的经济预测数据作为输入层，将对应的财政收入指标作为输出层，经过计算机模拟预测，得出财政收入预测结果。

（3）预测模型：神经网络模型，主要通过计算机智能以样本输入、输出数据的反复巨量的模拟、修正、学习，最终得到预测模型，进而进行预测，但并不能给出具有映射关系的数学方程，其智能学习与预测过程见图 17-1。

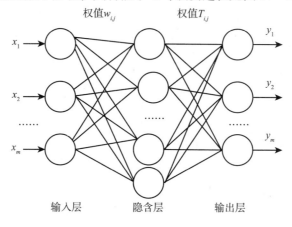

图 17-1　神经网络学习预测过程

（4）预测结果：一是若不考虑疫情影响，2020 年、2025 年一般预算收入预测值分别为 3769 亿元、5901 亿元，"十四五"时期年均增速为 9.4%。其中，地方税收收入预测值分别为 2686 亿元、4188 亿元，"十四五"时期年均增速为 9.3%（见表 17-5）。二是若考虑疫情影响，2020 年、2025 年一般预算收入预测值分别为 3295 亿元、5629 亿元，"十四五"时期年均增速为 11.3%。其中，地方税收收入预测值分别为 2291 亿元、3802 亿元，"十四五"时期年均增速为 10.7%（见表 17-6）。

表 17-5　　"十四五"河北省财政收入神经网络模型预测（未考虑疫情影响）　　单位：亿元

年份	一般 预算收入	地方 税收收入	地方 增值税	地方 企业所得税	地方 个人所得税
2020	3769	2686	1051	428	101
2021	4135	2944	1105	493	109
2022	4530	3222	1161	563	118
2023	4954	3521	1221	639	127
2024	5410	3842	1282	720	137
2025	5901	4188	1346	808	149

表 17-6　　"十四五"河北省财政收入神经网络模型预测（考虑疫情影响）　　单位：亿元

年份	一般 预算收入	地方 税收收入	地方 增值税	地方 企业所得税	地方 个人所得税
2020	3295	2291	617	296	76
2021	3723	2563	877	340	84
2022	4157	2846	1070	384	93
2023	4616	3144	1193	430	102
2024	5105	3462	1282	478	111
2025	5629	3802	1359	530	121

4. 综合预测结论

根据以上预测结果，在分别考虑或不考虑疫情影响下，三种方法得到的"十四五"时期各项财政收入预测值差距较小，其中 2025 年一般预算收入最多相差不到 3.3%，可以相互佐证。为更客观预测"十四五"时期财政收入，以三种方法预测的平均值为最终预测值，以三种方法的最大、最小预测值为预测值区间。

一是若不考虑疫情影响：2025 年河北省一般预算收入为 5821 亿元（区间为 5729 亿~5901 亿元），相比 2020 年预测数（3774 亿元）年均增速 9.1%。其中，地方税收收入 4134 亿元，相比 2020 年预测数年均增速 8.4%（见表 17-7）。二是若考虑疫情影响：2025 年河北省一般预算收入为 5717 亿元（区间为 5629 亿~

5818 亿元），相比 2020 年预测数（3463 亿元）年均增速 10.5%。其中，地方税收收入 3995 亿元，相比 2020 年预测数年均增速 9.5%（见表 17－8）。

表 17－7　　　"十四五"河北省财政收入综合预测结果（未考虑疫情影响）　单位：亿元

年份	一般 预算收入	地方 税收收入	地方 增值税	地方 企业所得税	地方 个人所得税
2020	3774	2764	1023	449	94
2021	4107	2990	1049	508	107
2022	4508	3239	1092	575	114
2023	4912	3512	1138	648	122
2024	5348	3810	1163	728	130
2025	5821	4134	1200	817	139

表 17－8　　　"十四五"河北省财政收入综合预测结果（考虑疫情影响）　单位：亿元

年份	一般 预算收入	地方 税收收入	地方 增值税	地方 企业所得税	地方 个人所得税
2020	3463	2536	617	296	76
2021	3824	2726	877	340	84
2022	4301	3056	1070	384	93
2023	4749	3351	1193	430	102
2024	5216	3662	1282	478	111
2025	5717	3995	1359	530	121

整体来看，由于疫情对财政经济的直接影响会随时间延长而逐步消失，到 2025 年是否考虑疫情因素对预测结果影响很小，从一般预算收入看，两类预测仅相差 104 亿元，相当于预测值的 1.8%。但是，疫情影响在近两年比较明显，2020 年考虑疫情影响将比未考虑疫情影响的一般预算收入预测值低了 311 亿元，2021 年相差 283 亿元，2022 年后逐渐缩减。因此，建议参照疫情影响模型，确定 2025 年一般预算收入预测值为 5717 亿元，"十四五"时期年均增速 10.5%。若 2020 年能完成年初预算目标（3986 亿元），"十四五"时期年均增速为 7.5%。

二、政府性基金收入预测

河北省政府性基金收入主要依靠土地出让收入和车辆通行费，"十四五"时期这两类收入均有较大不确定性因素，收支规模难以测算，但从整体趋势看，政府性基金收入应有一定幅度的增长。

1. 土地出让收入

土地出让收入是政府性基金收入的主体，仅国有土地使用权出让收入就占到政府性基金收入的80%左右，还有从土地出让金中提取的国有土地收益基金收入、农业土地开发资金收入。近年来，受市场供需关系和国家调控政策的影响，河北省房地产市场价格波动很大，导致土地出让收入年度间增幅变化较大，如2017年增长了近60%，2019年仅增长14%左右。由于中央调控政策和市场价格趋势均无法准确预测，难以测算"十四五"时期政府性基金收支规模。但从趋势上，河北省城镇化进程的不断推进、改善型需求的持续释放，将对房地产市场规模增长形成较大支撑。同时，在我国经济和房地产业进入高质量发展的背景下，未来房地产调控政策和融资环境总体仍将保持从严态势，"房住不炒"主基调不会改变，房地产市场调整压力始终存在。因此，预计"十四五"时期，河北省土地出让收入仍会保持一定幅度的增长，但增长幅度将会有所平缓。

2. 车辆通行费

车辆通行费是政府性基金的第二大项，也是省级政府性基金的主体，一般占全省基金收入的10%左右、省级基金收入的85%左右。随着河北省高管局改企转制的逐步实施，此部分收入将由收费转为对企业经营收入征税，政府性收费收入越来越少，2019年省级车辆通行费210亿元，2020年将降到45亿元，"十四五"期间可能基本无收入。

三、国有资本经营收入预测

河北省国有资本经营收入规模难以预测。在收入结构上，近年来河北省国有资本经营收入主要是利润收入、股利股息收入和产权转让收入。其中，省级几乎全部是利润收入，市级主要是产权转让收入和股利股息收入，县级主要是产权转让收入。由于产权转让行为受企业经营状况及政府决策影响而具有较大不确定性，清算收入也难以掌握，因而难以预测"十四五"时期全省国有资本经营收入规模。

其中，根据近年省属国企上缴收益情况，预计"十四五"省级国有资本经营收入每年在5亿元左右，但仍具有较大不确定性。一方面，省级国有资本经营收入主要是投资服务企业上缴利润，其中河北省建设投资集团就占了上缴利润的七成以上，未来收入主要看省建投经营效益情况，目前对此尚难预测。另一方面，按照规定，河北省将省属国有独资企业税后利润收取标准提高到25%，2020年底前省属重点文化企业免缴国有资本收益，2020年后的收取比例等改革措施尚难以确定。

四、社会保险基金收入预测

按照我国社会保险相关管理规定,政府主要对基本养老保险基金的收支缺口承担兜底保障,其他社会保险基金若累计结余用完,需按规定调整待遇支付或缴费政策。目前,基本养老保险制度包括企业职工基本养老保险、机关事业单位基本养老保险和城乡居民基本养老保险三类,其中企业职工基本养老保险的收支规模最大、社会敏感度最高、运行风险最突出,因此主要预测企业养老保险运行情况。

2020年企业养老保险征缴收入预算为905亿元,考虑阶段性减免社会保险费政策预计减收170亿元、企业社保费免征政策预计减收174亿元、低收入灵活就业人员缓缴政策预计减收81亿元,全年征缴收入降为480亿元。预计全年包括征缴收入、利息收入、中央财政补助等的基金收入合计891亿元,支出1368亿元,当年缺口477亿元,需动用历年结余弥补。年末累计结余降至190.2亿元,可支付月数1.7个月。假设2020年全社会平均工资受疫情影响增长率降至7%,2021年恢复到8%,2022年及以后年份保持在9%。2021年如不再实行阶段性减免社会保险费,预计当年基金收入1549.6亿元,其中企业养老保险征缴收入1114.7亿元,2021年基金支出1487.3亿元,当年结余62.3亿元,累计结余增至252.5亿元,可支付月数2个月。2022年及以后基金收入恢复正常增长,直到2023年实现收支平衡,2024年及以后年份当期结余逐年增长。虽然如此,但可支付月数依然低于2个月,企业职工养老金发放面临较大风险。

值得注意的是,以上测算未考虑中央政策变化,若中央继续出台降低社会保险费率政策,将直接影响河北省基本养老保险基金运行。此外,预计从2030年开始河北省进入退休高峰,人口老龄化将进一步加大未来的养老保险基金运行风险。

第三节 "十四五"时期河北省财政支出重点领域

按照党的十九届四中全会关于坚持和完善中国特色社会主义制度、推进国家治理体系和治理能力现代化的要求部署,"十四五"时期,河北省将进一步提升财政实力、深化财税改革、完善财政管理、防范化解风险,为全面建设高质量财政、推进河北省高质量发展作出重要贡献,预计重点支持方向和领域有如下几个方面。

一、支持经济高质量发展

"十四五"时期，河北省将严格贯彻落实中央财政政策相关要求，主动作为、积极创新，打好财政政策资金"组合拳"，全力推进"三件大事"实施和产业转型升级，深化供给侧结构性改革，助推全省经济高质量发展。

1. 重点推进"三件大事"实施

一是支持雄安新区规划建设。落实完善财政部对雄安新区的财税支持方案，继续争取中央对雄安新区建设的倾斜支持，推进完善省对新区及区以下财政管理体制，充分运用税收优惠、专项资金、转移支付、政府债券等多种方式，支持在京企业、机构及人才、资本、技术等要素向雄安新区疏解，更好地服务雄安建设。二是支持京津冀协同发展。统筹财政政策和资金，支持交通、生态、产业三大协同发展领域向更深层次、更广范围拓展，加快实现教育、医疗等公共服务共建共享，探索建立京津冀区域间横向公共服务成本共担机制。与北京市达成大兴国际机场运营期收入分享框架协议，出台支持廊坊北三县和通州区协同发展的相关财税政策。三是支持冬奥会召开。积极筹措冬奥专项补助资金，落实相关税费优惠政策，支持冬奥会重点项目建设和赛会服务保障，完善财政支持河北省冰雪运动发展的相关政策措施。

2. 重点支持创新驱动发展

一是推动企业技术创新。全面落实企业创新普惠性政策，完善科技计划专项资金政策体系，扩大省科技创业投资、天使投资引导基金规模，研究建立与支持创新相适应的政府采购交易制度、成本管理和风险分担机制，带动河北省全社会研发经费投入强度逐步提升，推动传统产业技术创新，培育壮大高新技术企业、科技型中小企业和领军企业。二是支持创新平台建设。优化财政科技资金投向与方式，支持研发创新平台建设、双创示范基地和创业就业孵化基地提升，进一步发展壮大河北·京南国家科技成果转移转化示范区等协同创新共同体，积极开展关键共性技术研究和产业化应用示范。三是营造良好创新环境。持续深化科技领域"放管服"改革，创新科研经费使用管理方式，进一步下放科技成果处置权和收益权，为科技成果转移转化提供政策保障，推动形成政府、企业、社会良性互动的创新创业生态。四是推进实施人才强冀工程。创新人才投入机制，实行更优惠的人才政策，支持引进一批尖端科研团队、领军人才和高层次、高技能人才，打造优质创新创业环境，畅通人才流动渠道。

3. 重点支持产业转型升级

一是支持产业结构调整。加大财政支持力度，统筹整合相关产业发展专项资金，助推河北省供给侧结构性改革，支持围绕破除低效供给化解过剩产能、围绕推进产业基础高级化加快传统产业提质增效、围绕推进产业链现代化大力发展战略性新兴产业和先进制造业，建设现代化经济体系。二是支持重大项目建设。统筹安排预算内基本建设投资和重大基础设施专项资金，支持高速铁路、高速公路、国省干线等重点项目建设。三是支持开放带动战略。通过专项资金、出口信用补贴等形式，支持外资发展，推动河北省自贸区建设，落实国家促进投资和贸易的有关税收政策，支持在雄安片区设立综合保税区。四是支持民营企业发展。用好财政专项资金，严格落实减税降费政策，继续清理规范涉企经营服务性收费，完善政银保合作模式、资产证券化奖励机制、首台（套）重大技术装备保险补偿和政府采购促进中小企业发展等政策，有效缓解民营企业融资难、融资贵问题。五是创新财政支持方式。完善政府引导基金顶层设计，有序推动基金整合和规范化运作，进一步壮大冀财基金公司，支持河北省重点领域和产业的发展，继续探索设立大型产业基金支持重大项目建设；以制度、标准和政策体系建设，引领 PPP 高质量发展，吸引社会资本投资全省重点领域；健全河北省融资担保体系，设立省级融资担保基金，完善普惠金融发展专项资金政策，增强财政金融合力支持企业发展的政策效果。

4. 重点支持县域高质量发展

一是推进县域经济发展。调整完善《促进县域经济高质量发展十条财政政策》，发挥财政政策的引导和激励作用，科学分配新增政府债券限额，有效激发县域发展内生动力，重点支持打造特色产业集群、发展高新技术产业、推进新型城镇化建设。二是保障县域平稳运行。强化县级"三保"责任，切实兜牢"三保"底线，完善市县基本公共服务保障标准备案制度，严控超财力出台政策或安排项目，保障基层财政平稳运行。在重大基础设施建设、重大产业政策、财政转移支付等方面，给予张承等欠发达市县更多支持。三是落实区域发展战略。完善农业转移人口市民化成本分担机制，增强推进农业转移人口市民化和新型城镇化相关政策的协同性。支持推进国家及全省重大区域战略落地，对省级以上重点开发区实行财政独立核算，提升各地开发区的发展能级和承载水平。

二、支持保障改善民生

"十四五"时期，河北省将进一步加大财政投入力度、创新财政支持方式，全面落实国家和河北省各项民生政策，促进社会事业稳步发展、生态环境持续改善，增强人民群众的获得感、幸福感、安全感。

1. 重点支持巩固脱贫成效

一是支持建设防贫返贫机制。在 2020 年河北省农村贫困人口全部脱贫、贫困村全部出列、贫困县全部摘帽的基础上，进一步完善财政政策和支持方式，调整财政专项扶贫资金使用范围，从农业项目扩展到乡村振兴业态项目，从支持农村绝对贫困人口转向城乡贫困人口，实施重大疾病生活保障、教育专项救助、民政帮扶救助、防贫保险、社会力量防贫等复合式保障措施，建立健全防贫常态长效机制。二是支持提升可持续发展能力。统筹衔接脱贫攻坚和乡村振兴，支持"摘帽"后的贫困县通过实施乡村振兴战略巩固发展成果，强化基础设施和公共服务体系建设，进一步扶持壮大村级集体经济，提高贫困地区和群众可持续发展能力。

2. 重点支持保障民生领域

一是支持就业优先战略。加大"稳就业"资金投入力度，完善就业创业政策体系，加强公共就业服务体系建设，支持大规模职业技能培训，促进高校毕业生、退役军人、农民工等重点群体就业创业。二是支持教育强省战略。落实财政教育投入"两个只增不减"要求，进一步优化教育支出结构，推动普惠性幼儿园建设，缓解义务教育"大班额"问题，加快推进"双一流"高校建设，促进现代职业教育改革发展，支持发展公平而有质量的教育。三是支持健康河北省战略。支持深化医药卫生体制改革，健全财政可持续投入机制，完善政府投入与公立医院发展相适应的运行管理制度，引导社会资本举办医疗机构或参与公立医院改制重组，支持构建预防为主的基层医疗卫生服务体系，推动中医产业集群发展。四是支持社保事业发展。建立基础养老金正常调整机制，完善养老、医疗等社会保险待遇确定机制，实施统一的城乡居民基本医疗保险和大病保险制度，完善居家为基础、社区为依托、机构为补充、医养结合的养老服务体系，支持扩大长期护理保险制度试点。五是支持文化事业发展。健全公共文化服务财政保障机制，完善覆盖城乡、便捷高效的公共文化服务体系，推进公共文化资源整合利用，探索通过市场化方式促进文化和旅游产业融合发展，进一步扩大体育消费补贴政策，支持建设新时代体育强省和冰雪运动强省。

3. 重点支持乡村振兴战略

一是支持现代农业建设。发挥财政资金引导撬动作用，支持构建财政、基金、银行、保险、担保"五位一体"的财政金融协同支农机制，完善涉农资金统筹整合长效机制，推动农业信贷担保服务网络向市县延伸，支持构建现代农业产业体系、生产体系和经营体系，推动农村一二三产业深度融合发展。二是深化农村综合改革。完善农村公益事业财政奖补机制，支持巩固和完善农村基本经营制度，深化农村土地制度和集体产权制度改革，扶持壮大村级集体经济，在不增加地方政府债务前提下，引导工商资本、社会资本参与建设河北省乡村振兴示范区。三是支持乡村绿色发展。整合相关资金支持农村垃圾、污水治理、厕所改造及村容村貌提升等重点工作，改善农村人居环境，加大地下水超采综合治理力度，加快建立农业水价形成机制和节水激励机制。四是支持农村社会事业发展。巩固完善"城乡统一、重在农村"的义务教育经费保障机制，完善农村最低生活保障制度，推动农村医疗、社保、文化等社会事业发展，全面推进"四好农村路"建设，推动城乡基础设施互联互通，在有稳定收益的农村公益性项目探索推广 PPP 模式，支持市县政府使用一般债券资金用于乡村公益性项目。

4. 重点支持生态环境改善

一是支持环境治理成效巩固。优化财政资金配置，围绕"蓝天、碧水、净土"等攻坚任务，支持大气污染区域综合治理、水污染流域综合治理、土壤污染属地综合治理，推进空气质量、水质量、土壤质量持续改善，筑牢京津冀生态安全屏障。二是支持自然资源涵养修复。推进京津冀水源涵养功能区和生态环境支撑区建设，实施新一轮草原生态保护补助奖励政策，支持张承地区"两区"生态建设和大规模国土绿化，做好蓝色海湾整治和山水林田湖生态保护修复工作，研究制定生态环境损害赔偿资金管理制度。三是完善生态保护补偿机制。落实重点生态功能区转移支付政策，推进京津冀流域横向生态保护补偿机制建设，逐步探索在大气、林业、湿地等其他生态要素开展横向生态保护机制。加快推动排污权交易，探索建立市场化、多元化生态保护补偿机制。四是支持白洋淀流域环境综合治理。重点以县为单元开展综合性生态保护补偿，以水质改善、绿化造林面积等生态指标考核为导向，激发市、县政府加强白洋淀流域生态环境治理的积极性。

三、深化财政体制改革

"十四五"时期，河北省将贯彻落实中央和省委省政府改革部署，进一步深化财税改革、完善财政管理，充分发挥财政制度在推进政府治理现代化过程中的基础性、制度性、支撑性作用，加快建立完善现代财政制度，为全面建设经济强省、美丽河北省提供重要保障。

1. 重点深化财税改革

一是落实推进税制改革。按照中央部署，积极推进增值税、消费税、资源税、房地产税等税种改革，逐渐降低间接税比重，构建符合河北省情的地方税体系框架。二是完善省以下财税体制。根据中央改革部署，推进省以下财政事权与支出责任划分改革，完善省与市县收入划分体制，加强省对下一般性转移支付分配管理，实行共同财政事权转移支付清单管理，有力发挥省对下财力性转移支付的基础保障作用。三是健全政府债务管理机制。深化政府专项债券管理机制改革，科学分配新增政府债务限额，健全政府债券还本付息预算审核机制，督促落实政府债务风险化解规划，实施政府隐性债务问责机制，牢牢守住不发生系统性、区域性债务风险的底线。

2. 重点推进预算改革

一是全面实施预算绩效管理。在2020年基本建成全方位、全过程、全覆盖的预算绩效管理体系基础上，进一步深化预算绩效管理改革，实现预算和绩效管理一体化深度融合，完善政府预算绩效管理体系、部门预算绩效管理体系、政策和项目预算绩效管理体系、预算绩效管理支撑体系和预算绩效管理责任体系。二是完善预算管理制度体系。健全标准科学、规范透明、约束有力的预算制度，建立预算编制、执行和监督相互分置、有效衔接机制，进一步完善中期财政规划，提高预决算公开水平。三是推进部门预算管理改革。健全基本支出定额标准体系，推进项目支出定额标准体系建设，完善人员编制、资产管理与预算管理相结合的机制；做实部门预算项目库，将项目全部纳入项目库管理；建立完善加快预算支出进度长效机制，强化预算执行与预算安排挂钩机制，推动资金早支出、早使用、早见效；健全财政直达资金和专项资金即时监控系统，按照事前、事中、事后全覆盖的要求，实施全流程财政预算监管。

3. 重点完善财政管理

一是推进现代国库管理改革。稳步实施"智慧国库"提升工程，加强暂付款管控，强化国库单一账户体系制度基础，提高国库规范化管理水平。二是深化政府购买服务改革。推进事业单位政府购买服务改革，加快农业、教育等公共服务领域政府购买服务改革进程，实施政府购买服务绩效管理，探索"互联网＋政府采购"模式，提升政府采购运行效率和服务水平。三是推进国有金融资本管理改革。健全河北省国有金融资本管理制度体系，强化国有金融资产基础管理，研究建立省属金融企业国有资本经营预算。四是加强社会保险基金预算管理。全面实现基本养老保险基金省级统收统支，建立更加科学合理的基金缺口和责任分担机制；按照国家要求，逐步推进居民基本养老保险、失业保险的省级基金统一管理，研究实施工伤保险基金省级统收统支；完善基本医疗保险市级统筹政策，推进医保支付方式改革，确保医保基金安全和可持续。五是推进国有资产规范化制度化管理。全面加强行政事业单位国有资产管理，推进建立报告范围全口径全覆盖、报告与报表相辅相成的国有资产报告体系，建立全口径国有资产共享信息平台。六是推进财政法制建设。根据中央改革进展，结合未来《预算法实施条例》出台情况，适时出台《河北省预算管理规定》《河北省乡镇财政管理条例》，全力做好财政核心业务一体化系统试点推广工作，不断提升河北省预算管理和财政信息化建设水平。

第四节 "十四五"时期河北省财政运行优化对策

一、应注意的问题

根据上述财政收支形势，结合河北省实际状况，预计"十四五"时期，河北省财政运行将面临收入增长趋缓、支出压力趋紧、部分县域存在运行风险等问题，值得高度关注。

1. 全省财政收入增速可能会持续放缓

"十四五"时期，若河北省经济结构不发生重大转变，现有财源状况将在多方面制约财政收入的持续增长。一是从行业看，资源依赖度高、高技术占比低的产业税收结构，制约了未来税收收入的稳定可持续增长。二是从税种看，企业经济效益低、居民收入水平低，阻碍了未来企业、个人所得税等直接税收入的快速增长，也将使河北省在未来税制改革进程中处于不利局面。三是从企业规模看，河北省龙头企业少、中小企业众多，影响了重点税源做大及其税收带动能力的提升。此外，环保政策导致传统高能耗行业的限产停产问题、京津冀协同发展下的总分机构布局引发税收转移问题，也将制约未来财政收入的持续增长。

2. 全省财政支出压力可能会持续加剧

按照"突出推动高质量发展、突出以人民为中心的发展思想"要求，根据省委省政府推进高质量发展的部署，未来财政支出必将面临更艰巨的任务。一是从经济方面看，"十四五"时期是我国由全面建成小康社会向基本实现社会主义现代化迈进的关键时期，也是河北省建设经济强省的重要历史"窗口期"，无论是推进三件大事实施，还是落实省委省政府各项重大决策部署，都对财政政策、资金使用提出重大需求。二是从社会方面看，"十四五"时期是推进基本公共服务均等化的关键时期，全面落实中央及省委省政府的教育强省、健康河北省、就业优先、乡村振兴等重大战略，补足河北省的民生短板，都需要财政政策支持和资金大量投入。三是从生态方面看，抓好生态环境建设、当好首都生态"护城河"是中央赋予河北省的重大政治责任，虽然河北省节能减排和防治污染已取得明显成效，但与中央任务和群众期盼相比，仍有较大差距。推进生态环境改善、实现区域可持续发展，对落实税费奖惩政策、加大财政支出、创新支持方式、健全生态补偿机制、完善转移支付等都将提出新的要求。

3. 部分县域财政运行状况值得关注

县域是国民经济发展的基本单元，特别对县域大省的河北省而言，更是实现转型升级、打好"三大攻坚战"的主战场，但"十四五"期间其发展状况值得关注。一是县域财政稳收增收的基础尚不牢固。近年来，受经济下行压力加大、环保与减税降费等政策影响，部分县依靠调入政府性基金、处置国有资产等维持预算平衡。"十四五"期间，随着大规模减税降费政策的巩固落实，多数县域财源基础薄弱，挖潜增收的空间越来越窄。二是县域财政必保支出的负担继续增加。随着近年来民生性增支因素的不断叠加，许多县域"三保"之外的必保支出需求巨大。预计"十四五"期间各项民生保障标准进一步提升、必保支出越来越多，将给一些县域带来较明显负担。三是部分县域政府债务风险逐渐显现。个别县市的政府债务率已被财政部风险提示或预警，还有一些县隐性债务规模较大。随着2020～2022年还债高峰期的到来，这些县域未来的债务风险隐患值得高度关注。

二、应统筹考虑的方面

"十四五"时期，应坚持新发展理念，既要保证全省财政收支良性运行，更要推进全省高质量发展，应统筹做好以下五个方面。

1. 既要关注中央财税改革动向，也要做好预研预判，维护河北省财税权益

"十四五"时期，中央将进一步深化财税体制改革，预计在税收体制、事权划分、转移支付等方面，出台一系列改革举措。一方面，充分利用环首都的优越区位和京津冀协同发展的战略机遇，高度关注中央财税改革动向，加强与财政部的沟通和交流，争取理解和支持；另一方面，紧密结合河北省情，积极做好预研预判，确保改革一旦启动河北省即可顺利承接落实，最大程度地维护河北省税收权益。

2. 既要推动传统财源壮大，也要培育新兴财源，促进财政收入持续增长

一方面，要深化供给侧结构性改革、推进传统产业转型升级，提升传统产品的附加值、品牌度和竞争力，增加既有财源。另一方面，要培育开拓新财源。一是注重发展高端装备制造、生物医药、信息技术服务等先进制造业和现代服务业，加快现代经济体系建设，壮大高质量财源。二是活跃市场主体、优化消费环境，促进消费税、房地产税等未来潜在税源增长。三是破除资源流动障碍，促进生产要素自由流动并向优势地区集中，形成以中心城市、城市群为主要形态的增长动

力源,特别是推动雄安新区大规模建设,成为促进全省高质量发展和财政收入持续增长的新动力源。

3. 既要体现财政保基本职能,也要运用市场化方式,放大财政支持效果

一方面,发挥财政资金保基本的作用,注重普惠性、基础性、兜底性,确定各类基本民生保障标准,为人民群众提供基本公共产品与服务,推进基本公共服务均等化。"十四五"时期,突出抓好重点群体就业工作,做好困难人群的基本生活保障,确保基本养老金足额发放,稳步提高教育、医疗、低保、社保等基本民生保障水平。另一方面,发挥财政政策引导作用,充分运用市场供给灵活性的优势,增强多层次、多样化的公共服务供给能力,放大财政政策和资金支出效果。"十四五"时期,进一步强化统筹整合,改进财政投入方式,发挥PPP、股权基金、补贴资金的引导撬动作用,用好财政金融合力,全面提升财政资源配置效率。

4. 既要优化支出结构方式,也要注重绩效统领,提升财政资源配置效益

一方面,面对"十四五"财政收支趋势,牢固树立"过紧日子"思想,进一步优化财政支出结构,大力压减一般性支出,从严控制新增项目支出,同时加快支出进度,完善加快预算支出进度的长效机制。另一方面,在基本建成全方位、全过程、全覆盖的预算绩效管理体系的基础上,进一步深化预算绩效管理改革,实现预算和绩效管理一体化深度融合,探索对近年来实施的减税降费、专项债、股权投资基金等政策进行综合评价,对有效政策加大支持、宣传推广,低效政策要调整修订、视情核减预算,无效政策要清理退出、实施问责,切实将绩效评价结果与政策调整、预算安排、转移支付及绩效考核等相挂钩,真正提升财政资源的配置效率和使用效益。

5. 既要推动经济社会发展,也要防范潜在风险,确保财政运行稳定安全

一方面,充分运用各项财政手段,推进全省经济社会发展,确保支持省委省政府重大战略部署、重大项目和重点领域,各地区也应进一步发挥财政体制、财政政策、专项资金、专项债券等的引导和激励作用,推进本地经济社会高质量发展。另一方面,努力防范和化解各类潜在风险,加强地方政府债务管理,有效遏制隐性债务增量;兜实兜牢"三保"支出底线,严控超财力出台政策或安排项目;推进社保基金统筹管理,防范养老保险基金出现支付风险,实现各级财政可持续发展和经济社会稳定安全。

三、主要对策建议

1. 进一步用好大数据平台,力保供应链产业链稳定

疫情影响预测模型主要考虑了疫情对财政经济的直接影响,即疫情直接影响企业开工、人员就业，而未考虑其导致的产业链转移、供应链断裂等间接影响。因此，疫情因素主要影响近两年财政收入，而对 2025 年一般预算收入规模影响不大。为保障实现"十四五"时期财政收入目标，必须加强对供应链、产业链的保障力度，各级政府应充分利用发改部门的经济运行监测平台、工信部门的重点企业库、税务部门的发票税收大数据，在深入调研本地主导产业的产业链、龙头企业供应链的基础上，做好政府搭台、企业对接、商贸互通、资本对流等工作。既要"固链稳链"，应对产业链重构、转移等风险，更应"补链强链"，围绕数字经济、信息服务等河北省未来经济发展必须加快布局的重点领域，用新理念、新技术、新方法提升产业链供应链的竞争力。

2. 进一步优化资金配置，培育壮大未来主体税源

预测结果显示，"十四五"时期河北省税收收入占一般预算收入比重呈下降趋势，到 2025 年降至不到 70%，预测的最低结果甚至低于 2/3。为实现财政收入的稳定可持续增长，必须抓好税源建设，在落实减税降费、优化营商环境、加大招商引资的同时，针对河北省具有一定产业基础、发展前景广阔、税收贡献较大的医药制造、专用设备制造、电子设备制造、信息技术服务等行业，进一步整合优化相关行业专项资金设置。建议在省级层面壮大完善河北省产业投资引导基金（母基金），吸引社会资本成立数字经济发展等子基金，并建立激励约束机制和容错纠错机制，防止过度追求保值增值而制约基金有效运作。

3. 进一步规范非税征管，有序处置国有资源资产

预测过程和实际调研显示，近年来河北省多数县市的财政收入日益依赖大额一次性非税收入，部分县为保平衡甚至将这些因素固化入"基数加增长"的预算收入目标。在疫情防控形势下，一些地区更加依赖非税收入弥补短收，典型体现在卖地（入库耕地占补平衡指标、计提土地出让收入"两金"）和卖资产（盘活存量资产）两个方面。因此，建议市县政府必须坚持"两手抓"。一方面，根据本地房地产市场形势，合理预期"卖地"行为，既做好土地储备、加快土地出让，以弥补财政短收，也不能"竭泽而渔"、透支未来发展前景，甚至搞虚收列支；另一方面，既要积极盘活行政事业性国有存量资产，调查摸底出租出借、对外投资及闲置资产情况，推进资产循环利用与合理处置，也要健全资产处置相关制度，防止过于依赖处置国有资产，导致资产流失。

4. 进一步关注改革动向，更好维护河北省权益

预测模型显示，税制改革是影响财政收入预测的最大变量。分税制以来，直接影响河北省财政收入的税制变动几乎涉及所有税种，重大税收政策调整就达 30 多次。"十四五"时期，中央将进一步深化财税体制改革，特别在税收体制上，将简并增值税税率、开征房地产税、改变消费税征收环节、调整个人所得税抵扣范围等，这些改革都会直接影响河北省财政收入。为避免税制改革对财政收入的冲击，应紧密结合河北省情，积极做好预研预判，确保改革一旦启动河北省即可顺利承接落实，最大限度维护河北省财政权益。例如，对住宅房地产、应税消费品等征税对象，提前开展调查研究、全面摸底相关重点税目的产销量和价格等情况，积极反映河北省诉求；再如，中央规定从 2022 年开始推行基本养老保险全国统筹，但中央和各省之间的责任分担机制尚未确定，需要密切关注国家动向，积极反映河北省基金收支矛盾十分突出的实际情况。

5. 进一步加大跑办力度，缓解财政短收压力

疫情影响预测模型充分显示疫情对河北省财政收入的影响，仅 2020 年就直接减少财政收入约 310 亿元，相当于年初预算的 8%。为缓解疫情对河北省财力的影响，必须进一步加大争取中央资金和试点力度。应充分利用环首都的优越区位，紧紧抓住雄安新区规划建设、京津冀协同发展、冬奥会筹办等重大国家战略机遇，深刻把准中央改革方向、政策导向和资金投向，全力争取中央一般性转移支付、特殊转移支付、防疫特别国债、新增地方政府债务限额，以及国外金融贷款、外国政府贷款、清洁发展委托贷款等政策资金，最大限度向河北省倾斜。

6. 进一步深化体制改革，提升县域财政活力

从调研情况看，县域财政收入增长难度较大，成为能否实现全省财政收入目标的关键。为保证县域财政运行平稳，应加快调整完善省对下财政体制和激励政策。一是根据中央改革部署，在保持现有财力格局总体稳定的前提下，合理划分省以下财政事权与支出责任，科学确定省与市县税收分享方式和比例，培养壮大地方税税源，调动市县积极性。二是修订完善省对下财力性转移支付管理办法，实行共同财政事权转移支付清单管理，研究推动同一领域共同财政事权转移支付资金统筹使用，有力发挥省对下转移支付的基础保障作用。三是调整优化促进县域经济发展的财政激励政策，根据疫情防控等形势需要，将疫情、减税等政策性减收，"三保"外的刚性必保支出，以及企业养老保险增收等情况作为重要因素，纳入资金分配方案，推动县域经济发展和财源建设的良性互动。

第十八章

消费税改革对河北省财政影响的评估报告

2019 年 10 月，国务院发布了《实施更大规模减税降费后调整中央与地方收入划分改革推进方案》（以下简称《方案》），明确"后移消费税征收环节并稳步下划地方"，这是中央加快构建地方税体系的重要改革。消费税作为我国第三大税种，不仅具有重要的组织收入功能，也具有调控地方经济发展的重要职能。

第一节　我国消费税的现行政策及改革研判

一、我国消费税现行政策

我国消费税于 1994 年正式设立，由《中华人民共和国消费税暂行条例》《消费税暂行条例实施细则》进行规范。此后，依据环境保护和资源综合利用原则，对适用范围及税率多次调整：一方面，相继将高尔夫球及球具、高档手表、游艇、木制一次性筷子、实木地板、电池、涂料纳入征税范围，并提高白酒、卷烟、汽油、柴油、大气缸容量乘用车等产品税率或税额；另一方面，先后取消香皂、酒精、汽车轮胎、普通美容修饰类化妆品等产品消费税，并对纯生物柴油、无汞原电池、锂原电池、废矿物油再生油品等减免消费税（有关制度调整情况，详见附件）。

当前，我国消费税共 15 个税目，分别为烟、酒、高档化妆品、贵重首饰及珠宝玉石、鞭炮焰火、成品油、摩托车、小汽车、高尔夫球及球具、高档手表、游艇、木制一次性筷子、实木地板、电池、涂料。不同税目下，税率设置亦有所不同。在征管方面，多数品目在生产或进口环节征收消费税，即以应税消费品的生产或进口者为纳税人，仅有卷烟同时在批发环节征税，超豪华小汽车同时在零售环节征税，金银首饰、钻石及饰品在零售环节征税①。

二、未来消费税改革研判

根据《方案》，未来消费税改革的本质和核心，就是"后移消费税征收环节并稳步下划地方"。研判未来改革形势，需结合当前我国大规模减税降费背景，明确以下几点认识。

1. 为何改

消费税改革是收入划分改革的组成部分，其直接目的即《方案》中所述的"拓展地方收入来源""缓解财政运行困难""支持地方政府落实大规模减税降费政策"。更深远目的是"进一步理顺中央与地方财政分配关系""健全地方税体系"，同时也有助于引导地方政府改善消费环境。

2. 改什么

主要涉及两方面：一是将部分在生产（进口）环节征收的消费税品目逐步后移至批发或零售环节征收，先对高档手表、贵重首饰和珠宝玉石等品目实施改革，再结合消费税立法对其他具备条件的品目实施试点；二是改革调整的存量部分核定基数，由地方上解中央，增量部分原则上归属地方，确保中央与地方既有财力格局稳定。

3. 如何改

实施稳步推进的改革方式，需从两个层面去深刻理解：一是从收入划分改革的全局层次看，首先保持增值税"五五分享"比例稳定，然后调整完善增值税留抵退税分担机制，最后再稳步推进消费税改革；二是从消费税改革的自身层次看，具体调整品目经充分论证，逐项报批后稳步实施，明确"先对成熟的品目实施改革""然后再结合消费税立法对其他具备条件的品目进行改革试点"。

4. 何时改

对于消费税改革，《方案》无明确时间表。除使用"逐步后移""稳步下划地

---

① 卷烟，除生产环节外，在批发环节加征 11% 从价税和 0.005 元/支从量税；超豪华小汽车，除生产环节外，在零售环节加征 10%；金银首饰、钻石及钻石饰品，在零售环节征税 5%，其他贵重首饰和珠宝玉石仍在生产或进口环节征税。

方""稳步实施"等措辞外，还明确相关具体办法需"研究制定"，基本上属于改革的预研启动阶段。

综上，此次消费税改革，是增值税"五五分享"比例和留抵退税分担机制改革的后续措施，是"适时调整完善地方税税制"的重要组成，长远来看，有两方面需格外关注。一是消费税纳入地方税改革得到进一步明确。《方案》明确将"部分条件成熟的中央税种作为地方收入"，从相关的改革举措看，这个中央税种，就是消费税。在保持中央与地方既有财力格局稳定的前提下，未来消费税预期将成为地方税的主体税种之一。二是消费税改革为地方政府善治提供了合理预期。在征税范围上，未来消费税将继续进行税目及税率调整，有可能将私人飞机、高档箱包、艺术收藏品等高档奢侈品，以及与这些奢侈品相关联的服务纳入征税范围，这将进一步"拓展地方收入来源"，同时有助于缓解贫富悬殊、调节收入分配。在征税环节上，从生产（进口）环节后移到批发（零售）环节，有助于改变地方政府进行恶性的引资竞争，而将工作重心放在"改善消费环境"上，从而促进消费品（不仅是消费税应税品）提质升级，贯彻以人为本的发展思想，进一步增强消费对经济发展的基础性作用。

第二节　消费税改革对河北省财政收入影响

因消费税改革无具体时间表，根据既定改革步骤，可以将消费税改革界定为两大阶段：首阶段改革，即对高档手表、贵重首饰和珠宝玉石等条件成熟的品目实施改革；后续阶段改革，即结合消费税立法对其他具备条件的品目实施改革试点。根据河北省现有消费税收入状况，结合上述阶段划分，可大致测算未来消费税改革对河北省财政收入的影响。

一、河北省消费税规模稳步增长，但高度集中于个别税目

1. 从省内看，河北省消费税地位日趋重要

2016～2019 年，消费税（指国内消费税，不含海关代征部分，下同）收入年均增长 10.5%，2019 年收入规模 382.9 亿元，占全部税收收入的 7.3%，已成为河北省仅次于增值税、企业所得税的第三大税种。

2. 从全国看，河北省消费税规模仍显偏小

2019 年河北省的收入规模仅占全国（不含海关代征部分）的 3.05%，位

列各省第 13 位，略低于同期全部税收收入的全国占比（3.06%）及排名（第 9 位）。

3. 从结构看，河北省消费税收入高度集中于烟、油、车、酒四个税目

这四类产品贡献了河北省消费税总额的 98% 以上。其他税目中，税收贡献占比超过 0.1% 的还有贵重首饰、电池和涂料，以上七个税目贡献了全部消费税的 99.9%。从全国总体占比看，也大致如此。相区别的是，从全国看卷烟税额占比超过一半，成品油税额超过 1/3，河北省则是成品油税收占比接近一半，卷烟税收占比超过 1/3（见表 18 - 1、表 18 - 2）。

表 18 - 1 2016 年、2019 年河北省消费税主要税目收入情况

项目	规模（亿元）		占比（%）	
	2016 年	2019 年	2016 年	2019 年
合计	283.8	382.9	—	—
1. 成品油	146.5	161.2	51.6	42.1
2. 卷烟	108.0	165.5	38.1	43.2
其中：卷烟制造	55.3	98.4	19.5	25.7
卷烟批发	52.7	67.1	18.6	17.5
3. 汽车	11.7	30.0	4.1	7.8
其中：汽车制造	11.7	28.8	4.1	7.5
汽车零售	0.0	0.2	0.0	0.1
4. 酒	14.1	21.4	5.0	5.6
5. 电池	1.6	2.9	0.6	0.8
6. 贵重首饰	1.6	1.9	0.6	0.5
7. 涂料	0.3	0.2	0.1	0.1

资料来源：相关年份的《河北省税收收入分行业分税种统计月报》。

表 18 - 2 2016 年、2019 年全国消费税主要税目收入情况

项目	规模（亿元）		占比（%）	
	2016 年	2019 年	2016 年	2019 年
合计	10368.1	12692.9	—	—
1. 卷烟	5343.8	6501.9	51.5	51.2
2. 成品油	3634.4	4518.2	35.1	35.6
3. 汽车	996.3	1016.9	9.6	8.0
其中：汽车制造	996.3	989.3	9.6	7.8
汽车零售	0.0	27.6	0.0	0.2

项目	规模（亿元）		占比（%）	
	2016 年	2019 年	2016 年	2019 年
4. 酒	274.0	496.5	2.6	3.9
5. 贵重首饰	49.2	61.6	0.5	0.5
6. 电池	28.7	42.4	0.3	0.3
7. 涂料	9.1	7.2	0.1	0.1

资料来源：相关年份的《中国税务年鉴》。

二、首阶段改革有一定利好，但增收效应微弱

首阶段改革，将高档手表、贵重首饰和珠宝玉石等品目后移征收环节并稳步下划地方。这三种商品，贵重首饰在零售环节征税（税率为5%），高档手表、珠宝玉石在生产环节征税（税率分别为20%、10%），假定税率不变的情况下，其收入变动预期如下。

1. 贵重首饰消费税收入微增

河北省贵重首饰零售业有一定消费税收入，2016～2019 年分别为 1.6 亿元、1.9 亿元、2.2 亿元、1.9 亿元，规模较小，仅占全部消费税收入的 0.5%。由于不涉及征税环节调整问题，改革对收入影响不大，按照 2019 年测算，将为河北省带来 2 亿元左右的税收，扣除基数后，对河北省财力增长贡献微乎其微。

2. 高档手表和珠宝玉石消费税收入增长不显著

近三年河北省仪器仪表制造业消费税税收均为零，说明河北省未有生产高档手表的企业，珠宝玉石生产企业也仅有 1 家，每年缴纳消费税不超过 100 万元。转为零售环节征税后，税收由产品生产地转入消费地，预期会促使河北省消费税收入增长。由于不掌握此类商品零售数据，增收规模难以测算，但考虑河北省居民的购买能力不高（城镇居民可支配收入仅为全国平均水平的80%左右）、区位特殊（居民可能赴北京和天津购买，税收也留存消费地），参照已在零售环节征收的贵重首饰消费税情况看，预计税收规模增长效应不显著。

三、后续阶段改革明显利好，但存在两大潜在问题

1. 河北省消费税收入的整体利好

河北省不是消费税应税产品主产省，但批发零售业相对占优，未来消费税税目后移后，将对河北省税收收入形成明显利好。

从烟、酒、车、油四大税目看，河北省都不是全国的主要产区。2018 年，河北省卷烟、白酒、啤酒、汽车、汽油、柴油六类主要应税品的产量占比，均低于4.39%的河北省社会消费品零售总额在全国占比（见表 18 - 3）。以全国税收贡献超过六成的卷烟、汽车看，河北省卷烟产量占全国 3.26%（各省第 14 位），销量却占全国的 5.02%（各省第 9 位）；河北省汽车产量占全国 4.35%（第 9 位），销量却占全国 5.39%（第 6 位）。2018 年，河北省卷烟产量 152.4 万箱，实现税收82.3 亿元，平均每万箱卷烟消费税 0.54 万元，若改为零售环节征收后，按当年销量 238 万箱测算，不考虑结构及单价差异，可实现税收 128 亿元，增加 45 亿元左右。同样，以产销差估算汽车，约增加税收 4 亿元。仅这两类产品消费税增量部分，就相当于 2018 年全省地方税收收入的 2%、省级地方税收收入的 8%，利好效应比较明显。

表 18 - 3　　　　　2018 年河北省主要消费税产品产量及占全国比重情况

项目	卷烟（万箱）	白酒（亿升）	啤酒（亿升）	汽车（万辆）	汽油（万吨）	柴油（万吨）
产量	152.4	1.6	16.7	121.1	446.4	412.4
全国占比（%）	3.26	1.85	4.37	4.35	3.21	2.37
全国排名（位）	14	11	10	9	9	15
主产省（前三名）	云南 湖南 河南	四川 江苏 湖北	山东 广东 河南	广东 上海 吉林	上海 吉林 广东	山东 辽宁 广东

资料来源：相关年份的《中国统计年鉴》和中商产业研究院《数据库》。

进一步看，考虑河北省人口众多、区位优越，一直是消费大省，社会消费品零售总额长期居于全国前 8 位。随着城镇化进程加快、居民消费潜力释放和消费能力提升，消费税将为河北省带来持续增长的税收收入，有望成为地方主体税种。

2. 河北省消费税收入的两大潜在问题

一是个别税目消费税贡献高的地区或有不利影响。目前，河北省部分地区消费税收入高度依赖单一品种，如烟草占张家口消费税的 90%，炼油占沧州消费税的 95% 和石家庄消费税的 64%，白酒占衡水消费税的 53%，汽车占定州消费税的54%。改革后，按照"存量部分核定基数、由地方上解中央的原则"，若这些消费品批发零售量达不到原生产规模，不仅难以达到改革增收效应，甚至还可能会影响这些地区的既有财力。典型如张家口的烟草消费税占全部税收收入的 18.5%，沧州的燃油消费税占全部税收收入的 23.9%。预计改革后，张家口、沧州的居民消费能力不足以支撑原有产量，很可能会影响自身财力。二是存在消费税收入外流和漏征问题。消费环境关系税源涵养，税收征管关系税收实现，河北省在这两方面仍有待改善。一方面，改为批发零售环节征收后，各省比拼的将是消费环境与活力。哪个区域的环境越好，越能吸引居民消费，越能增加税收收入。从整体看，河北省消费环境有待改善、消费活力有待提升①。从全国看，近年来最终消费率一直超过50%，2018年为54.3%，高出投资率（44.8%）近10个百分点，但河北省消费率长期偏低，2018年为47.2%，反而比投资率（56.1%）低了近10个百分点，消费环境不好就容易导致税收外流。另一方面，目前消费税主要税目的生产都集中在少数大企业，税款征收相对简便。转移到批发零售环节后，面对广大的消费者，在缺乏类似增值税抵扣链条的前提下，若不能实现有效征管，很可能会导致税收漏征。

第三节　河北省适应消费税改革的工作建议

一、着力加强改革预研

消费税改革虽暂无时间表，但有路线图，基本动向有据可循。为科学把握改革要点，确保改革一旦启动河北省即可顺利承接落实，相关部门应结合河北省情实际，持续关注中央动态、积极做好预研预判、及时制订改革预案，特别是科学研判未来消费税改革与河北省自贸区试验区建设、雄安新区规划建设及京津冀协同发展间的相互影响关系，推进消费税改革与落实国家重大战略有机结合。同时，相关部门应深入剖析消费税及应税消费品发展状况，提前组织开展调查研究，全面摸底河北省卷烟、白酒、小汽车和成品油等重点税目的产销量及价格等情况，积极反映河北省诉求，争取相关税目在河北省率先开展试点。

二、积极引导各方预期

消费税征收环节后移，目的在于拓展地方收入来源、引导地方改善消费环境。一方面，从政府角度看，未来消费税改革专业性较强，地方如无正确认识，容易产生干预企业经营、操纵税源分布、搞违规政策洼地等短期行为，反倒不利于高

---

① 在环境上，河北省消费者协会发布《2018年河北省主要城市消费者满意度调查报告》显示，消费者满意度仅76.6分，仍有较大提升空间。在能力上，2018年河北省城镇居民人均可支配收入仅为全国平均水平的83%，居各省第21位。

质量发展。建议相关财税部门利用各种媒介积极做好宣传解读，引导各地科学认识预期、主动适应改革。对张家口、沧州等未来改革可能影响较大的地区，应结合减税降费政策实施，做实消费税税收基数，坚决避免虚收虚报。另一方面，从市场角度看，征税环节后移将对处于各行业链条的不同企业形成不同影响。对于受改革影响较大的白酒、成品油等行业，建议相关行业主管部门做好发展研判，主动帮助企业适应改革进程，稳定河北省消费品市场。例如，受品牌影响力和溢价能力影响，高档酒生产厂商容易将税负转嫁给下游环节及消费者，中低档白酒和啤酒厂商则不易转嫁，必然侵蚀原有利润水平。

三、全力做好改革准备

一是大力改善消费环境。按照省委省政府质量强省战略，进一步加强市场监管，强化消费领域信用体系建设，维护消费者合法权益，营造安全放心的消费环境，促进消费提质升级，推动河北省经济增长迈向消费驱动时代，为消费税改革创造良好消费环境。二是加快提升征管能力。对烟草消费税，可与烟草专卖部门进行数据交换；对汽油消费税，可借助税控加油机；对汽车消费税，可加强机动车注册管理，通过与车辆管理部门进行数据交换或委托代征予以保障；对酒消费税，可加强线上线下移动支付系统代扣代缴，大型商场或超市的数据可以通过自身的 ERP 系统直接取得，酒类经销商的征管可以通过税控器具或税控系统实现①。三是重点培育高质量税源。集资本、人力、技术等要素于一体的优质生产能力仍是高质量税源的载体和基础。应深化供给侧结构性改革，推进全省产业转型升级，促进汽车、电池等产品技术创新，提升附加值和竞争力，解决河北省产业结构欠佳、产品收益不高、生产环节税收占比较少的问题，根本上培育好河北省高质量财源。四是适时调整省以下财政体制。提前谋划省以下财政体制改革，结合增值税分成调整，积极推进地方税体系构建，科学划分省以下事权和支出责任，做好将部分消费税分享给市县政府的准备，弥补基层由于增值税分享比例调整及减税降费政策落实造成的财力缺口。

---

① 西方国家大多对卷烟企业的成品产量进行严密控制，对酒类实施许可证管理，对机动车实行注册管理制度，从而管控相关产品的消费税税源。

附件

分税制改革以来我国消费税制度调整情况

文件	文号	主要内容
《中华人民共和国消费税暂行条例》	国务院令135号	消费税成为独立税种，包括11个税目：烟、酒及酒精、化妆品、护肤护发品、贵重首饰及珠宝玉石、鞭炮焰火、汽油、柴油、汽车轮胎、摩托车、小汽车
《财政部 国家税务总局关于调整金银首饰消费纳税环节有关问题的通知》	财税〔1994〕95号	金、银首饰金基、银基合金首饰，以及金、银基合金的镶嵌首饰，不属于上述范围的应征消费税首饰，仍在生产环节征收消费税
《关于对低污染排放小汽车减征消费税通知》	财税〔2000〕26号	对生产销售达到低污染排放限值的小轿车，越野车和小客车减征30%的消费税
《财政部 国家税务总局关于香皂和汽车轮胎消费税政策的通知》	财税〔2000〕145号	一是对"护肤护发品"税目中的香皂停止征收消费税；二是对"汽车轮胎"税目中的子午线轮胎免征消费税，对翻新轮胎停止征收消费税
《财政部 国家税务总局关于调整酒类产品消费税政策的通知》	财税〔2001〕84号	一是白酒消费税消费税率由比例税率调整为定额和比例税率，增加定额税率：粮食白酒、薯类白酒（500克）0.5元；二是调整啤酒消费税单位税额，将原来的单位税额220元/吨修订为每吨啤酒出厂价格在3000元（含3000元，不含增值税）以上的，单位为税额250元/吨，其他为单位税额220元/吨
《财政部 国家税务总局关于调整烟类产品消费税政策的通知》	财税〔2001〕91号	卷烟消费税率由比例税率调整为定额和比例税率，定额税率：每标准箱（50000支）150元；比例税率：每标准条调拨价格在50元（含50元，不含增值税）以上的为45%，其他为30%
《财政部 国家税务总局关于钻石及上海钻石交易所有关税收政策的通知》	财税〔2001〕176号	一是对钻石及钻石饰品消费税的纳税环节由现在的生产、进口环节后移至零售环节。二是对未镶嵌的成品钻石饰品的消费税由10%减按5%的税率征收
《关于铂金及其制品税收政策的通知》	财税〔2003〕86号	铂金首饰消费税的征收环节由生产和进口环节改为零售环节，税率调整为5%
《财政部 国家税务总局关于调整和完善消费税政策的通知》	财税〔2006〕33号	一是新增高尔夫球及球具、高档手表、游艇、木制一次性筷子、实木地板税目，税率分别为10%、20%、10%、5%、5%；增列成品油税目，将汽油、柴油税目改为成品油税目下的子目，另新增石脑油、溶剂油、润滑油、燃料油、航空煤油五个子目。二是取消护肤护发品税目，将高档护肤类化妆品列入化妆品税目。三是调整小轿车税目，取消小轿车税目下的小轿车，将中轻型商用客车改为按排量分档设置，越野车、小客车子目，重新分设乘用车、小客车轮胎10%的税率下调3%；将粮食白酒、薯类白酒的比例税率统一为20%，定额税率为每斤（500克）0.5元；

续表

文件	文号	主要内容
《国家税务总局关于印发〈葡萄酒消费税管理办法（试行）〉的通知》	国税发 [2006] 66 号	明确葡萄酒消费税适用 "酒及酒精" 税目下设的 "其他酒" 子目，税率为 10%
《国家税务总局关于印发〈石脑油消费税免税管理办法〉的通知》	国税发 [2008] 45 号	国产用作乙烯、芳烃类产品原料的石脑油消费免征消费税
《财政部 国家税务总局关于调整乘用车消费税政策的通知》	财税 [2008] 105 号	将气缸容量在 1.0 升（含）以下的乘用车，税率由 3% 下调至 1%；气缸容量在 3.0 升以上至 4.0 升（含）的乘用车，税率由 15% 上调至 25%；气缸容量在 4.0 升以上的乘用车，税率由 20% 上调至 40%
《国家税务总局关于调味料酒征收消费税问题的通知》	国税函 [2008] 742 号	明确调味料酒不属于配置酒和泡制酒，不再征收消费税
《中华人民共和国消费税暂行条例》	国务院令 539 号	明确消费税税目税率，包括 14 个税目：烟、酒及酒精、化妆品、贵重首饰及珠宝玉石、鞭炮焰火、成品油、汽车轮胎、摩托车、小汽车、高尔夫球及球具、高档手表、游艇、木制一次性筷子、实木地板
《财政部 国家税务总局关于提高成品油消费税税率的通知》	财税 [2008] 167 号	一是将无铅汽油消费税单位税额由每升 0.2 元提高到 1.0 元，将含铅汽油消费税单位税额由每升 0.28 元提高到 1.4 元。二是将柴油消费税单位税额由每升 0.1 元提高到 0.8 元。三是将石脑油、溶剂油和润滑油消费税单位税额由每升 0.2 元提高到 1.0 元。四是将航空煤油消费税单位税额由每升 0.1 元提高到 0.8 元
《财政部 国家税务总局关于提高成品油消费税税率后相关成品油消费税政策的通知》	财税 [2008] 168 号	一是 2009 年 1 月 1 日至 2010 年 12 月 31 日，对国产的用作乙烯、芳烃类产品原料的石脑油免征消费税；二是将航空煤油暂缓征收消费税
《国家税务总局关于绝缘油类产品不征收消费税问题的公告》	国税局公告 [2010] 12 号	明确变压器油、号热类油等绝缘油类产品不属于应征消费税产品，不征收消费税
《财政部 国家税务总局关于对利用废弃的动植物油生产纯生物柴油免征消费税政策的通知》	财税 [2010] 118 号	对符合下列条件的纯生物柴油免征消费税。一是生产原料中废弃的动物油和植物油用量所占比重不低于 70%；二是生产的纯生物柴油符合国家《柴油机燃料调合生物柴油（BD100）》标准
《财政部 中国人民银行 国家税务总局关于延续执行部分石脑油燃料油消费税政策的通知》	财税 [2011] 87 号	一是对生产石脑油、燃料油的企业对外销售用于生产乙烯、芳烃类化工产品的石脑油、燃料油，恢复征收消费税；二是对生产企业自产石脑油、燃料油用于生产乙烯、芳烃类化工产品的，按实际耗用数量暂免征收消费税

续表

文件	文号	主要内容
《财政部 国家税务总局关于对废矿物油再生油品免征消费税的通知》	财税〔2013〕105号	自2013年11月1日至2018年10月31日，对以回收的废矿物油为原料生产的润滑油基础油、汽油、柴油等工业油料免征消费税
《财政部 国家税务总局关于调整消费税政策的通知》	财税〔2014〕93号	一是取消气缸容量250毫升（不含）以下的小排量摩托车消费税，气缸容量250毫升和250毫升（不含）以上的摩托车继续按分别3%和10%的税率征收消费税；二是取消汽车轮胎消费税；三是取消消费车用含铅汽油消费税；四是取消酒精消费税
《财政部 国家税务总局关于提高成品油消费税的通知》	财税〔2014〕94号	一是将汽油、石脑油、溶剂油和润滑油的消费税单位税额提高0.12元/升；二是将柴油、航空煤油和燃料油的消费税单位税额提高0.14元/升；三是航空煤油继续暂缓征收
《财政部 国家税务总局关于进一步提高成品油消费税的通知》	财税〔2014〕106号	一是将汽油、石脑油、溶剂油和润滑油的消费税单位税额由1.12元/升提高到1.4元/升；二是将柴油、航空煤油和燃料油的消费税单位税额由0.94元/升提高到1.1元/升；三是航空煤油继续暂缓征收
《财政部 国家税务总局关于继续提高成品油消费税的通知》	财税〔2015〕11号	一是将汽油、石脑油、溶剂油和润滑油的消费税单位税额由1.4元/升提高到1.52元/升；二是将柴油、航空煤油和燃料油的消费税单位税额由1.1元/升提高到1.2元/升；三是航空煤油继续暂缓征收
《财政部 国家税务总局关于对电池涂料征收消费税的通知》	财税〔2015〕16号	一是将电池、涂料列入消费税征收范围，适用税率均为4%；二是对无汞原电池、金属氢化物镍蓄电池、锂离子蓄电池、太阳能电池、燃料电池和全钒液流电池免征消费税
《财政部 国家税务总局关于调整卷烟消费税的通知》	财税〔2015〕60号	一是将卷烟批发环节从价税率由5%提高至11%，并按0.005元/支加征从量税；二是纳税人兼营卷烟批发和零售业务的，应分别核算批发和零售环节的销售额、销售数量，未分别核算的，按照全部销售额、销售数量计征批发环节消费税
《财政部 国家税务总局关于调整化妆品消费税政策的通知》	财税〔2016〕103号	取消对普通美容、修饰类化妆品征收消费税，将"化妆品"税目更名为"高档化妆品"，征收范围包括高档美容、修饰类化妆品、高档护肤类化妆品和成套化妆品，税率调整为15%
《财政部 国家税务总局关于对超豪华小汽车加征消费税有关事项的通知》	财税〔2016〕129号	"小汽车"税目下增设"超豪华小汽车"子税目，征收范围为每辆零售价格130万元（不含增值税）及以上的乘用车和中轻型商用客车，在生产（进口）环节按现行税率征收消费税基础上，在零售环节加征10%消费税
《财政部 国家税务总局关于延长对废矿物油再生油品免征消费税政策实施期限的通知》	财税〔2018〕144号	对废矿物油再生油品免征消费税的实施期限延长5年，自2018年11月1日至2023年10月31日

各省区高质量发展指标情况

附表 1

创新方面	研发经费占生产总值比重		研发机构企业占工业比重		每万人研发人员全时当量		每万人普通高校在校生数		每万人专利申请授权量		发明占专利授权数比重		每万名科技人员技术市场成交额		每万人国际检索论文收录论文发表数		新产品销售占工业营业收入比重		产品质量合格率	
	2015年	2020年	2015年	2019年	2015年	2019年	2015年	2020年	2015年	2020年	2015年	2020年	2015年	2019年	2015年	2018年	2015年	2019年	2015年	2020年
合 计	2.07	2.40	13.8	22.6	27.2	34.1	190	233	11.4	24.8	16.2	12.4	17.1	30.5	3.7	4.9	13.6	19.9	92.9	93.4
北 京	6.01	6.44	18.6	14.3	112.3	143.4	276	278	43.0	74.4	37.5	38.9	98.5	122.7	42.7	52.0	18.9	22.3	97.4	96.4
天 津	3.08	3.44	16.1	9.0	86.4	66.8	356	413	25.9	54.4	12.4	7.0	28.3	63.2	10.8	15.9	20.5	20.3	96.2	94.1
河 北	1.18	1.75	6.7	14.0	14.6	15.0	161	215	4.1	12.4	12.7	6.9	2.4	20.8	1.0	1.2	7.6	15.8	91.6	91.3
山 西	1.04	1.20	5.8	9.7	12.2	13.4	210	241	2.8	7.8	24.3	10.9	7.8	13.9	1.5	2.1	5.7	9.3	97.0	91.5
内蒙古	0.76	0.93	3.7	3.1	15.7	10.3	172	203	2.3	7.5	14.4	6.5	3.0	5.6	0.7	0.9	3.5	6.7	91.7	93.6
辽 宁	1.27	2.19	3.3	6.4	19.7	23.4	232	268	5.8	14.1	26.1	13.2	19.3	35.0	4.8	6.1	10.0	13.6	93.7	93.9
吉 林	1.01	1.30	2.6	4.5	18.9	17.3	242	303	3.4	10.0	25.2	16.6	3.3	62.6	5.1	6.5	8.2	18.8	97.8	90.2
黑龙江	1.05	1.26	5.2	3.8	16.0	13.6	208	260	5.4	9.0	21.2	16.1	15.7	33.5	4.5	6.0	4.4	7.3	96.8	90.4
上 海	3.73	4.17	7.1	7.3	69.9	80.1	208	217	24.7	56.2	29.0	17.3	27.3	48.5	17.5	22.0	21.9	25.4	96.4	95.7
江 苏	2.57	2.93	38.9	46.2	62.6	75.0	206	238	30.1	58.9	14.4	9.2	8.2	16.4	6.2	8.6	16.6	25.4	94.4	94.1
浙 江	2.36	2.88	22.0	29.0	60.9	83.9	166	178	39.3	60.6	9.9	12.7	2.0	12.4	4.1	5.1	29.8	34.3	94.3	93.7
安 徽	1.96	2.28	16.3	27.1	22.2	28.8	188	224	9.8	19.6	18.9	17.9	9.3	17.1	2.3	3.1	15.1	26.0	94.0	93.9
福 建	1.51	1.92	8.1	9.3	31.8	41.4	190	228	15.5	35.1	9.3	7.0	2.9	5.3	2.4	3.2	8.9	10.1	92.5	94.0
江 西	1.04	1.68	6.9	26.6	10.4	23.4	220	275	5.4	17.8	6.8	5.5	8.2	9.3	1.3	1.6	6.2	18.1	87.9	93.6
山 东	2.27	2.30	7.0	9.5	30.2	27.6	193	225	9.9	23.5	17.2	11.2	6.9	25.1	2.3	3.4	10.1	16.2	92.0	93.9
河 南	1.18	1.64	6.8	8.3	16.4	19.3	182	251	4.9	12.4	11.3	7.5	1.9	7.8	1.2	1.5	7.9	13.6	96.3	92.5
湖 北	1.90	2.31	6.8	13.0	23.2	30.1	241	281	6.6	19.2	20.0	15.9	35.7	50.1	4.6	6.4	13.1	21.4	88.7	92.7
湖 南	1.43	2.15	10.7	10.7	17.4	23.7	178	227	5.2	11.8	19.9	14.7	6.1	19.7	2.7	3.7	20.8	21.4	88.4	93.9
广 东	2.47	3.14	11.9	42.6	43.0	64.3	159	190	20.7	56.2	13.9	10.0	9.7	20.4	2.2	3.5	19.0	29.3	92.0	94.0
广 西	0.63	0.78	4.5	4.3	8.0	9.5	156	236	2.8	6.9	29.6	10.2	1.1	9.4	0.7	1.0	8.0	10.5	95.7	89.5
海 南	0.46	0.66	9.5	8.0	8.2	8.9	194	227	2.2	8.5	20.2	8.4	1.7	6.3	0.9	1.4	8.0	4.0	94.1	91.7
重 庆	1.57	2.11	10.9	14.9	20.0	30.6	233	285	12.7	17.3	10.2	13.8	5.9	3.5	3.6	4.9	21.7	20.4	95.6	94.1
四 川	1.67	2.17	5.5	8.5	14.3	20.4	169	215	7.9	12.9	14.0	13.1	14.2	44.9	2.6	3.8	7.5	9.5	94.5	92.4
贵 州	0.59	0.91	3.8	11.1	6.3	9.8	135	218	3.8	9.1	10.6	6.5	6.4	33.8	0.4	0.8	4.0	8.4	91.9	91.9
云 南	0.80	1.00	10.4	10.7	8.5	12.1	132	204	2.5	6.1	17.8	8.5	7.7	8.9	1.0	1.3	5.2	6.4	95.7	92.5
西 藏	0.30	0.23	1.9	3.4	3.4	4.9	104	105	0.6	4.7	20.2	5.6	0.0	3.3	0.1	0.3	4.1	7.8	88.9	91.7
陕 西	2.18	2.42	7.4	6.5	24.1	29.2	286	306	8.7	15.3	20.4	20.0	54.5	87.5	7.4	10.8	5.3	9.9	95.1	92.0
甘 肃	1.22	1.22	10.9	7.3	10.2	10.3	179	232	2.7	8.4	17.9	6.9	31.8	42.7	2.7	3.3	6.6	7.3	95.2	92.7
青 海	0.48	0.71	4.9	5.0	6.9	9.3	100	125	2.1	7.9	17.0	7.1	70.2	9.4	0.5	1.1	1.1	5.2	92.6	86.9
宁 夏	0.88	1.52	9.8	20.0	13.5	16.8	168	203	2.7	10.7	23.7	9.1	2.2	7.1	0.7	1.1	8.1	9.1	97.3	88.3
新 疆	0.56	0.45	5.9	2.6	7.1	5.4	128	188	3.7	4.9	10.8	6.7	1.0	3.1	0.9	1.2	6.0	4.8	90.4	92.6

续表

协调方面	二三产业增加值占生产总值比重		三产增加值占二三产增加值比重		非农产业占全部就业人数比重		三产就业占非农就业人数比重		城乡居民人均收入水平差距		城乡居民人均消费水平差距		县域人均生产总值变异系数		县域人均储蓄款变异系数		人均拥有公共图书馆藏量		万人拥有博物馆文物藏量	
	2015年	2020年	2015年	2020年	2015年	2020年	2015年	2020年	2015年	2020年	2015年	2020年	2015年	2019年	2015年	2019年	2015年	2020年	2015年	2020年
合 计	91.7	92.3	53.1	58.9	67.0	76.4	56.2	62.4	2.73	2.56	2.32	1.97	0.675	0.663	0.568	0.521	0.58	0.81	197	282
北 京	99.4	99.7	82.1	84.1	95.8	97.6	82.3	82.9	2.57	2.51	2.32	2.00	0.321	0.345	0.598	0.543	1.12	1.43	562	1002
天 津	98.5	98.5	58.1	65.4	92.6	94.4	61.5	63.8	1.85	1.86	1.78	1.83	0.390	0.402	0.178	0.206	1.1	1.57	468	549
河 北	**88.3**	**89.3**	**50.6**	**57.9**	**67.1**	**77.8**	**49.1**	**59.0**	**2.37**	**2.26**	**1.95**	**1.83**	**0.689**	**0.810**	**0.426**	**0.379**	**0.3**	**0.46**	**55**	**55**
山 西	93.9	94.6	53.0	54.1	64.4	75.6	57.9	66.7	2.73	2.51	2.13	1.98	0.591	0.545	0.437	0.394	0.42	0.62	230	414
内蒙古	87.4	88.3	53.4	55.2	60.9	64.3	72.0	73.6	2.84	2.50	2.06	1.76	1.018	1.020	1.060	0.965	0.6	0.85	207	493
辽 宁	89.8	90.9	54.0	58.8	71.4	71.7	63.1	69.0	2.58	2.31	2.43	2.02	0.533	0.593	0.364	0.320	0.85	1.06	105	125
吉 林	87.3	87.4	56.1	59.8	64.5	62.6	64.1	76.7	2.20	2.08	2.05	1.82	0.263	0.371	0.467	0.386	0.64	0.94	160	269
黑龙江	76.8	74.9	56.3	66.0	62.0	63.5	69.1	74.3	2.18	1.92	2.04	1.65	0.731	0.461	0.866	0.563	0.48	0.74	213	316
上 海	99.5	99.7	68.6	73.3	96.6	98.0	65.1	66.7	2.28	2.19	2.29	2.03	0.703	0.835	0.453	0.443	3.13	3.25	876	839
江 苏	94.5	95.6	50.4	55.0	81.6	86.2	47.3	53.9	2.29	2.19	1.94	1.81	0.860	0.676	0.693	0.577	0.86	1.24	211	239
浙 江	95.5	96.6	50.6	57.7	86.8	94.6	44.3	53.6	2.07	1.96	1.78	1.68	0.525	0.544	0.541	0.492	1.13	1.53	198	234
安 徽	90.0	91.8	49.5	55.8	67.8	74.9	58.2	58.0	2.49	2.37	1.92	1.51	0.561	0.504	0.375	0.349	0.32	0.58	122	149
福 建	92.8	93.8	44.8	50.6	77.7	85.4	52.3	61.8	2.41	2.26	1.97	1.87	0.552	0.507	0.707	0.524	0.73	1.11	129	179
江 西	89.8	91.3	44.5	52.7	70.0	79.9	53.6	57.6	2.38	2.27	1.97	1.63	0.576	0.549	0.234	0.192	0.47	0.63	93	133
山 东	91.1	92.7	50.8	57.8	70.4	75.1	49.9	55.6	2.44	2.33	2.27	2.16	0.634	0.615	0.439	0.372	0.48	0.69	164	453
河 南	89.2	90.3	45.7	53.9	61.0	75.0	49.6	60.6	2.36	2.16	2.17	1.69	0.646	0.610	0.357	0.337	0.26	0.41	96	121
湖 北	89.8	90.5	50.2	56.7	61.6	72.5	63.0	63.7	2.28	2.25	1.86	1.58	0.681	0.602	0.274	0.253	0.51	0.76	274	372
湖 南	90.4	89.9	50.9	57.5	59.3	74.5	60.4	63.8	2.62	2.51	2.01	1.79	0.732	0.697	0.373	0.353	0.38	0.59	80	98
广 东	95.7	95.7	52.6	59.0	77.9	89.1	47.4	59.7	2.60	2.49	2.31	1.96	1.139	1.126	1.177	1.048	0.65	0.93	82	201
广 西	82.7	84.0	55.9	61.8	49.4	66.1	63.2	61.3	2.79	2.42	2.15	1.68	0.492	0.473	0.566	0.491	0.54	0.60	88	77
海 南	77.6	79.5	69.5	76.0	58.6	68.4	78.6	83.2	2.43	2.28	2.25	1.79	0.292	0.269	0.333	0.322	0.47	0.66	46	174
重 庆	93.3	92.8	51.9	56.9	69.2	67.6	59.9	67.6	2.59	2.45	2.21	1.87	0.440	0.453	0.373	0.271	0.43	0.62	198	186
四 川	87.9	88.6	50.6	59.2	61.4	67.5	56.7	65.7	2.56	2.40	2.08	1.68	0.599	0.566	0.602	0.575	0.41	0.52	417	548
贵 州	84.4	85.8	54.8	59.4	40.3	66.5	59.8	62.5	3.33	3.10	2.55	1.90	0.532	0.660	0.489	0.646	0.35	0.43	26	50
云 南	86.1	85.3	57.4	60.4	46.4	56.3	72.0	68.5	3.20	2.92	2.59	2.22	0.620	0.714	0.771	0.674	0.41	0.50	259	332
西 藏	91.0	92.1	64.0	54.4	58.8	75.8	77.5	69.9	3.09	2.82	3.05	2.80	0.753	0.708	0.991	1.064	0.5	0.68	206	197
陕 西	91.1	91.3	46.8	52.5	54.6	70.0	64.7	69.9	3.04	2.84	2.34	2.01	0.811	0.869	0.574	0.571	0.4	0.55	696	974
甘 肃	88.8	86.7	57.0	63.5	42.9	55.1	62.5	67.7	3.43	3.27	2.56	2.48	1.219	0.862	0.671	0.762	0.52	0.73	221	226
青 海	89.6	88.9	57.8	57.2	64.2	74.6	64.2	70.2	3.09	2.88	2.24	2.00	1.112	1.202	0.884	0.727	0.7	0.98	268	125
宁 夏	90.8	91.4	52.3	55.1	55.9	75.9	67.4	68.6	2.76	2.57	2.26	1.91	0.967	1.036	0.577	0.507	1.06	1.11	113	480
新 疆	84.9	85.6	56.4	59.8	55.9	66.1	72.9	78.7	2.79	2.48	2.52	2.13	0.943	0.938	0.752	0.841	0.55	0.59	86	86

续表

绿色方面	人均水资源		森林覆盖率		单位地区生产总值电耗		单位工业增加值用水量		环境治理投资占生产总值比重		一般工业固体废物综合利用率		城市空气质量达标天数比重		Ⅲ类以上水质监测断面比重		城市污水处理率		生活垃圾处理率	
	2015年	2020年	2015年	2020年	2015年	2020年	2015年	2019年	2015年	2017年	2015年	2020年	2015年	2020年	2015年	2020年	2015年	2019年	2015年	2019年
合 计	2027	2240	21.6	23.0	82.1	74.2	5.30	3.90	1.28	1.15	60.8	55.4	76.7	87.0	72.1	83.4	91.9	96.8	98.0	99.6
北 京	124	118	35.8	43.8	38.4	31.6	1.10	0.78	1.79	2.23	83.4	46.5	51.0	75.4	48.0	63.8	88.4	99.3	99.8	100.0
天 津	84	96	9.9	12.1	73.6	62.1	1.39	1.26	0.76	0.57	98.6	99.6	60.3	66.9	4.9	55.0	91.5	96.0	92.7	100.0
河 北	182	196	23.4	26.8	120.3	108.7	2.24	1.66	1.33	1.98	56.3	55.4	52.1	69.9	49.6	66.2	95.3	98.3	97.6	100.0
山 西	257	330	18.0	20.5	146.8	132.7	2.98	2.05	2.02	1.92	55.4	40.2	70.4	71.9	44.0	65.3	89.2	95.8	97.2	100.0
内蒙古	2141	2092	21.0	22.1	196.4	224.7	4.56	2.67	3.01	2.82	46.1	35.2	80.9	90.8	44.5	58.3	93.1	97.4	98.0	99.8
辽 宁	408	931	38.2	39.2	98.2	96.5	3.01	2.27	1.02	1.01	30.9	45.0	71.5	83.6	15.6	74.4	93.1	96.2	97.8	99.9
吉 林	1203	2419	40.4	41.5	65.1	65.4	7.51	4.21	0.79	0.84	55.5	51.5	73.7	89.8	60.8	79.5	90.4	95.2	98.3	98.1
黑龙江	2130	4419	43.2	43.8	74.3	70.0	6.62	5.85	1.04	1.07	57.5	46.8	86.9	92.9	62.9	74.2	84.4	92.8	87.6	97.9
上 海	265	236	10.7	14.0	52.3	40.7	8.19	6.16	0.88	0.49	96.1	94.1	70.7	87.2	14.7	74.1	92.9	96.3	100.0	100.0
江 苏	731	641	15.8	15.2	71.8	62.1	8.30	6.67	1.36	0.83	95.4	91.5	66.8	81.0	48.2	87.5	93.9	96.1	100.0	100.0
浙 江	2547	1599	59.1	59.4	81.7	74.8	2.90	1.81	1.03	0.86	95.0	99.0	78.2	93.3	72.9	94.6	92.0	97.0	100.0	100.0
安 徽	1495	2100	27.5	28.7	68.8	62.8	11.18	7.62	2.00	1.70	90.1	85.8	77.9	82.9	69.2	76.3	96.7	97.1	99.6	100.0
福 建	3469	1832	66.0	66.8	69.0	56.6	6.59	3.58	0.88	0.66	76.4	66.5	97.9	98.8	94.0	97.9	89.5	95.2	99.2	100.0
江 西	4394	3731	60.0	61.2	64.8	63.3	8.77	6.77	1.41	1.56	57.1	45.5	90.1	94.7	81.0	97.9	87.7	95.4	99.9	100.0
山 东	172	370	16.7	17.5	92.6	94.9	1.40	1.40	1.10	1.51	92.5	78.5	54.9	69.1	49.2	73.5	95.8	98.0	100.0	99.9
河 南	304	412	21.5	24.1	77.7	61.7	3.55	2.52	0.80	1.43	77.8	74.7	50.2	67.1	43.4	73.8	93.6	97.7	96.0	99.9
湖 北	1741	3007	38.4	39.6	54.9	49.4	7.99	5.81	0.84	1.17	67.8	68.7	66.6	88.4	84.2	93.9	93.4	100.3	98.3	100.0
湖 南	2839	3190	47.8	49.7	50.7	46.2	8.62	7.57	1.86	0.65	65.7	75.0	77.9	91.7	88.9	95.9	92.7	97.1	99.8	100.0
广 东	1792	1295	51.3	53.5	71.1	62.5	3.59	2.42	0.40	0.40	91.0	81.1	91.1	95.5	77.4	87.3	93.7	96.7	97.6	100.0
广 西	5097	4229	56.5	60.2	90.2	91.4	13.34	9.34	1.55	1.04	62.9	48.6	88.5	97.7	93.1	99.0	90.0	97.5	98.7	100.0
海 南	2185	2627	55.4	57.4	72.9	65.4	6.49	4.68	0.60	1.20	63.5	67.9	97.9	99.5	94.2	90.1	74.2	93.7	99.8	100.0
重 庆	1519	2398	38.4	43.1	54.6	47.5	5.78	2.88	0.88	1.11	85.7	84.0	80.0	91.2	83.2	94.4	94.8	97.2	99.0	92.5
四 川	2717	3872	35.2	38.0	65.7	59.0	5.16	5.70	0.72	0.81	44.7	38.0	80.5	90.8	61.3	98.9	88.5	95.3	97.3	99.8
贵 州	3279	3448	37.1	43.8	111.4	89.0	7.98	3.85	1.31	1.59	60.8	69.5	95.8	99.2	89.4	99.3	95.2	96.8	93.8	96.6
云 南	3959	3813	50.0	55.0	96.2	82.6	5.69	3.85	1.03	0.77	51.0	51.9	97.3	98.8	78.3	86.4	91.0	95.7	97.4	99.8
西 藏	120121	126473	12.0	12.1	38.9	43.1	19.05	11.39	0.81	2.01	3.0	9.5	93.8	99.4	100.0	100.0	19.1	94.9	12.7	98.3
陕 西	881	1062	41.4	43.1	68.3	66.5	2.00	1.56	1.33	1.46	65.4	51.8	69.5	78.6	56.5	98.5	91.6	95.5	98.0	99.9
甘 肃	635	1629	11.3	11.3	167.6	152.6	5.71	3.75	1.80	1.22	52.9	51.4	78.6	93.7	83.7	98.4	89.6	97.1	99.4	99.9
青 海	10058	17107	5.6	5.8	327.2	246.8	5.62	3.41	1.44	1.67	48.7	43.8	81.0	97.2	60.0	98.4	60.0	95.1	96.2	96.3
宁 夏	138	153	11.9	12.6	340.5	264.8	5.03	3.46	2.98	2.64	62.1	46.3	73.9	85.1	75.0	93.3	93.1	95.9	89.9	99.9
新 疆	3994	3111	4.2	4.9	232.1	217.3	4.26	3.00	3.10	3.45	56.9	43.3	70.2	75.6	95.9	98.8	83.4	97.9	95.9	99.2

续表

开放方面	出口总额占进出口总额比重		高技术产品出口占出口总额比重		人均对外承包工程营业额		人均国际旅游总收入额		实际利用外资占生产总值比重		实际利用外资占贸易总额比重		对外直接投资流量占生产总值比重		人均对外直接投资存量		外企户均投资额		外企户均注册资本	
	2015年	2020年	2015年	2018年	2015年	2019年	2015年	2019年	2015年	2020年	2015年	2020年	2015年	2020年	2015年	2020年	2015年	2020年	2015年	2020年
合计	57.5	55.6	28.8	29.9	75.1	77.1	518.8	593.9	2.3	1.6	6.5	5.7	0.84	0.52	0.16	0.39	943	2147	555	1327
北京	17.1	20.0	25.7	20.3	162.2	192.7	2104.7	2371.9	3.3	2.4	4.1	4.2	3.08	1.03	1.10	2.42	1296	1988	836	1291
天津	44.8	41.7	38.5	32.4	331.0	391.1	2291.9	853.0	12.1	2.1	18.5	4.5	1.44	0.68	0.47	1.21	1477	2022	912	1666
河北	**63.9**	**56.6**	**7.2**	**8.4**	**49.0**	**41.2**	**68.3**	**99.1**	**1.5**	**1.9**	**12.0**	**17.3**	**0.22**	**0.21**	**0.05**	**0.11**	**1072**	**2234**	**554**	**1049**
山西	57.4	58.1	47.0	61.5	21.0	45.2	84.4	117.5	1.5	0.6	19.5	7.7	0.10	0.02	0.04	0.04	1140	2559	631	1700
内蒙古	44.4	33.1	5.9	15.7	0.3	0.6	394.3	557.7	1.6	0.7	26.4	12.1	0.19	0.09	0.08	0.17	1184	1685	583	626
辽宁	52.9	40.4	9.0	14.6	56.2	33.6	377.4	408.6	1.6	0.6	5.4	2.7	0.65	0.12	0.16	0.21	1164	2557	712	1466
吉林	24.4	22.7	6.6	7.0	14.1	13.9	277.1	256.3	1.3	0.2	11.3	2.6	0.41	0.05	0.07	0.08	794	1666	376	1042
黑龙江	38.2	23.4	2.7	5.9	71.8	56.4	111.9	203.7	2.9	0.2	25.9	2.4	0.23	0.03	0.07	0.08	538	2685	306	2452
上海	43.6	39.3	43.5	41.7	303.3	377.8	2384.1	3313.2	4.3	3.3	4.1	4.0	5.36	2.02	1.48	3.41	883	1112	601	768
江苏	62.1	61.6	38.7	37.7	105.4	91.8	424.2	559.6	2.1	1.4	4.4	3.7	0.63	0.37	0.17	0.44	1461	2173	790	1165
浙江	79.7	74.4	6.1	6.6	103.4	117.9	1134.2	412.5	2.4	1.5	4.9	3.2	1.02	1.03	0.23	0.72	890	1339	523	852
安徽	67.4	58.0	20.7	27.7	44.8	54.8	376.5	555.0	3.6	2.9	28.5	23.5	0.54	0.24	0.06	0.15	2103	3897	611	1234
福建	66.7	60.1	13.0	13.5	23.3	24.5	1395.8	816.5	1.8	0.8	4.6	2.6	0.64	0.47	0.13	0.35	760	996	428	629
江西	78.1	72.5	15.5	15.6	78.3	99.3	126.4	191.4	3.5	3.5	22.3	25.3	0.37	0.35	0.04	0.11	1023	1953	678	1199
山东	59.8	59.0	12.3	9.5	103.1	112.9	293.5	335.8	1.8	1.5	6.8	5.5	0.80	0.52	0.17	0.41	805	3413	467	2183
河南	58.4	61.0	64.2	63.2	28.9	40.4	64.3	95.3	2.7	2.3	21.8	20.7	0.22	0.13	0.03	0.10	826	1093	419	729
湖北	64.1	62.8	27.4	33.6	89.5	115.1	285.8	462.0	1.8	1.5	19.6	16.7	0.13	0.09	0.03	0.07	1032	1901	557	1050
湖南	65.3	67.6	18.8	12.0	47.1	45.5	129.7	338.7	2.5	3.1	39.5	29.8	0.24	0.33	0.08	0.13	889	2006	479	996
广东	62.9	61.4	36.2	36.0	170.2	132.3	1531.5	1625.6	2.2	1.4	2.6	2.4	1.02	1.32	0.37	1.12	1009	1236	351	562
广西	54.7	55.6	13.2	20.6	19.5	13.6	398.5	699.6	0.7	0.4	3.4	1.9	0.19	0.11	0.02	0.07	1002	4400	509	1171
海南	26.8	29.6	7.8	5.3	0.1	0.1	263.5	960.8	3.3	3.4	14.4	22.4	2.00	0.22	0.32	0.77	1574	64831	579	54354
重庆	74.1	64.3	51.0	67.7	20.5	24.8	478.5	786.9	1.5	2.6	5.1	10.9	0.58	0.31	0.37	0.21	835	1844	985	1152
四川	64.6	57.5	45.8	66.5	68.3	76.1	144.1	241.8	2.1	1.3	19.5	8.6	0.24	0.24	0.02	0.09	1092	2187	481	1090
贵州	81.4	78.9	13.7	38.4	18.4	33.3	62.3	89.4	1.6	0.2	21.5	5.6	0.04	0.01	0.04	0.01	839	2625	613	1285
云南	67.8	56.4	6.9	16.4	50.2	27.8	616.8	1090.0	1.2	0.2	12.2	2.0	0.39	0.19	0.08	0.10	904	2350	453	1043
西藏	64.2	60.7	0.7	0.7	1.5	1.4	536.4	763.2	0.4	0.1	7.7	9.3	1.77	0.12	0.06	20.3	857	1014	717	676
陕西	48.5	51.1	67.0	79.5	57.3	76.8	520.0	851.6	1.6	2.0	15.2	15.5	0.22	0.17	0.05	8.5	857	2915	471	1422
甘肃	73.1	22.4	6.5	16.5	11.6	15.7	5.5	23.6	0.1	0.1	1.4	1.7	0.12	0.06	0.08	16.6	359	1024	156	731
青海	84.9	53.5	2.6	1.3	21.7	65.5	67.6	55.7	0.2	0.1	2.8	7.7	0.24	0.17	0.02	7.6	1831	1179	701	443
宁夏	79.2	70.2	7.9	5.3	2.8	2.6	30.7	95.7	0.5	0.4	5.0	15.3	2.63	0.16	0.15	33.4	1536	3003	886	1433
新疆	89.0	74.0	1.8	3.3	91.6	40.4	233.1	175.3	0.3	0.1	2.3	1.0	0.46	0.18	0.10	15.9	615	1607	348	1340

续表

共享方面	城乡居民人均可支配收入		城镇登记失业率		义务教育学校生师比		义务教育生均计算机		每万人拥有卫生技术人员数		每万人拥有医疗机构床位数		城镇退休人员月人均养老金		城乡最低生活保障标准		高速公路密度		人均互联网宽带接口数	
	2015年	2020年	2015年	2019年	2015年	2020年	2015年	2019年	2015年	2020年	2015年	2020年	2015年	2020年	2015年	2020年	2015年	2020年	2015年	2020年
合 计	21966	32189	4.00	3.60	15.3	15.2	0.12	0.16	58	76	51.1	64.5	2193	3500	357.9	575.9	1.29	1.68	0.41	0.69
北 京	48458	69434	1.39	1.30	12.3	12.1	0.28	0.33	104	126	51.4	58.0	3355	4365	710.0	1170.0	6.09	7.15	0.72	0.95
天 津	31291	43854	3.50	3.53	13.0	13.7	0.16	0.18	59	82	41.2	49.2	2525	3412	652.3	1010.0	9.35	11.26	0.34	0.87
河 北	**18118**	**27136**	**3.60**	**3.12**	**16.2**	**15.9**	**0.11**	**0.13**	**50**	**70**	**46.1**	**59.2**	**2232**	**3075**	**332.0**	**581.7**	**3.36**	**4.16**	**0.40**	**0.63**
山 西	17854	25214	3.51	2.71	11.9	12.5	0.13	0.18	58	77	50.0	64.1	2630	3494	321.5	517.7	3.20	3.68	0.39	0.66
内蒙古	22310	31497	3.65	3.70	12.1	12.3	0.12	0.18	65	84	53.3	67.5	2142	3079	416.1	623.5	0.42	0.59	0.38	0.59
辽 宁	24576	32738	3.42	4.16	12.6	12.6	0.18	0.25	60	74	60.9	73.9	2234	2943	394.6	564.5	2.84	2.93	0.64	0.76
吉 林	18684	25751	3.50	3.11	10.7	10.5	0.13	0.16	58	88	52.5	72.2	1935	2622	314.2	455.4	1.38	2.28	0.41	0.63
黑龙江	18593	24902	4.47	3.53	10.8	11.1	0.11	0.17	56	76	55.8	79.9	2120	2830	402.1	500.6	0.95	0.99	0.41	0.60
上 海	49867	72202	4.00	3.55	13.5	12.5	0.27	0.35	70	86	50.9	61.2	3315	4467	790.0	1240.0	12.62	13.32	0.59	0.94
江 苏	29539	43390	3.00	3.03	15.2	15.0	0.17	0.20	61	79	51.9	63.1	2460	3275	542.1	759.1	4.39	4.80	0.55	0.87
浙 江	35537	52397	2.93	2.52	16.0	15.1	0.20	0.27	73	85	49.2	55.9	2640	3731	598.7	880.8	3.83	5.01	0.74	1.01
安 徽	18363	28103	3.14	2.63	15.7	16.3	0.11	0.17	46	68	43.5	66.8	2024	2816	357.6	637.8	3.01	3.52	0.36	0.59
福 建	25404	37202	3.66	3.50	15.4	16.8	0.12	0.13	55	67	45.1	52.1	2322	3171	381.0	683.6	3.95	4.64	0.56	0.85
江 西	18437	28017	3.35	2.93	17.8	16.2	0.06	0.09	46	63	43.3	63.2	2046	2880	349.6	591.9	3.06	3.73	0.37	0.56
山 东	22703	32886	3.35	3.29	14.9	14.7	0.16	0.19	63	80	52.7	63.6	2454	3490	374.2	645.7	3.37	4.76	0.39	0.68
河 南	17125	24810	2.96	3.17	17.1	16.1	0.06	0.11	55	71	51.7	67.1	2145	2832	280.1	481.8	3.77	4.25	0.33	0.51
湖 北	20026	27881	2.64	2.44	14.2	16.0	0.12	0.14	63	74	58.6	71.6	2213	3028	358.4	581.7	3.34	3.89	0.36	0.55
湖 南	19317	29380	4.09	2.73	17.0	16.1	0.07	0.10	55	75	58.5	78.2	2007	2734	281.8	502.7	2.69	3.28	0.29	0.49
广 东	27859	41029	2.45	2.25	16.4	16.7	0.15	0.21	57	66	40.2	44.7	2400	3218	444.0	784.5	3.89	5.83	0.38	0.74
广 西	16873	24562	2.92	2.60	18.7	16.9	0.06	0.11	57	74	44.7	58.9	2026	2749	308.7	599.1	1.82	2.87	0.31	0.70
海 南	18979	27904	2.29	2.25	14.6	15.1	0.10	0.13	60	74	42.5	57.8	1960	2745	407.1	499.6	2.26	3.55	0.39	0.90
重 庆	20110	30824	3.58	2.62	15.6	14.8	0.10	0.13	55	74	58.5	73.4	2000	3163	327.9	561.5	3.03	4.13	0.42	0.77
四 川	17221	26522	4.12	3.31	15.5	14.8	0.10	0.14	58	76	59.6	77.6	1790	2813	283.9	524.0	1.24	1.68	0.37	0.77
贵 州	13697	21795	3.29	3.11	17.2	16.7	0.09	0.13	53	75	55.7	71.6	2140	2830	335.9	515.1	2.89	4.32	0.23	0.47
云 南	15223	23295	3.96	3.25	16.3	15.2	0.08	0.14	48	78	50.1	68.9	2150	2931	295.5	513.7	1.02	2.14	0.24	0.48
西 藏	12254	21744	2.48	2.86	13.4	13.5	0.14	0.16	44	62	43.3	50.8	3670	4865	392.5	625.0	0.00	0.01	0.14	0.66
陕 西	17395	26226	3.36	3.23	13.0	14.6	0.14	0.19	70	92	55.9	68.9	2300	3111	340.9	529.7	2.48	3.00	0.39	0.67
甘 肃	13467	20335	2.14	3.00	12.1	12.4	0.12	0.17	50	72	49.1	68.7	2168	2845	298.1	476.6	0.77	1.12	0.33	0.58
青 海	15813	24037	3.17	2.24	15.7	16.0	0.13	0.19	60	83	58.7	69.6	2910	4080	289.1	514.1	0.39	0.50	0.35	0.72
宁 夏	17329	25735	4.02	3.74	16.1	16.2	0.16	0.20	62	81	50.6	57.2	2469	3346	289.5	497.0	2.26	2.93	0.28	0.80
新 疆	16859	23845	2.86	2.14	12.8	14.7	0.11	0.16	69	74	63.7	70.0	2500	3360	269.9	455.0	0.26	0.34	0.40	0.82

附表 2

各省区高质量财政指标情况

效率方面	人均一般预算收入		人均一般预算支出		地方税收/一般预算收入		现代产业税收/税收收入		非税收费罚没收入/非税收入		非行政支出/一般预算支出		财政供给系数		半年支出进度		三季度支出进度		财政支出撬动比	
	2015年	2020年	2015年	2020年	2015年	2020年	2015年	2020年	2015年	2020年	2015年	2020年	2015年	2020年	2015年	2020年	2015年	2020年	2015年	2020年
合 计	6055	7100	10966	14927	75.5	74.6	31.0	31.0	69.6	74.9	91.7	91.3	27.0	26.7	42.7	46.3	65.9	70.1	3.49	4.84
北 京	21759	25052	26429	32509	90.3	84.7	63.5	64.1	73.9	87.4	94.8	92.6	30.2	29.3	40.2	46.3	63.8	69.6	2.80	21.33
天 津	17241	13866	20894	22718	59.2	78.0	25.4	27.4	78.8	75.5	94.5	93.0	25.3	21.7	41.6	45.5	64.5	69.1	1.69	-12.38
河 北	3568	5127	7585	12087	73.0	66.0	25.9	23.3	58.2	77.2	91.1	91.3	28.5	28.0	44.5	47.5	68.0	71.2	2.14	2.34
山 西	4482	6580	9342	14643	64.3	70.8	16.8	12.7	78.4	69.6	92.8	91.7	22.3	20.7	41.6	44.0	65.9	68.8	0.23	2.34
内蒙古	7823	8537	16937	21925	67.2	71.1	12.3	9.8	74.8	56.3	93.0	92.5	17.0	15.9	41.2	44.0	64.4	69.1	3.00	3.33
辽 宁	4855	6240	10227	14104	77.6	70.8	25.3	24.8	60.3	58.3	92.0	92.5	22.5	22.1	43.3	44.7	66.0	68.1	-30.68	3.05
吉 林	4465	4522	11688	17202	70.5	71.1	42.1	38.1	69.9	58.9	92.3	92.2	20.3	18.6	41.8	43.0	66.5	67.7	1.80	3.46
黑龙江	3058	3635	10547	17186	75.5	70.4	17.8	16.7	62.2	68.9	94.0	94.1	23.5	18.3	40.1	43.5	63.3	68.2	0.79	1.71
上 海	22855	28319	25638	32562	88.0	82.9	38.8	39.1	76.1	89.8	95.8	95.4	26.8	25.9	45.3	47.1	62.8	66.2	2.78	10.42
江 苏	10066	10686	12146	16140	82.3	81.8	30.1	29.0	63.2	70.5	91.3	91.0	31.6	32.9	42.2	46.6	64.8	69.6	6.60	5.50
浙 江	8684	11205	11999	15587	86.7	86.4	29.9	30.8	76.4	70.2	91.2	89.6	30.9	32.8	43.0	46.2	66.0	69.7	3.67	4.79
安 徽	3995	5268	8527	12238	73.3	68.4	25.1	23.6	68.9	78.1	92.4	93.1	34.1	31.8	45.2	50.2	68.3	74.0	4.30	7.11
福 建	6627	7399	10423	12531	76.2	71.0	26.5	27.6	75.3	80.6	92.3	91.0	26.8	28.6	41.4	44.5	65.0	68.6	4.75	18.97
江 西	4743	5548	9664	14750	70.0	67.9	19.6	18.7	59.8	65.4	90.7	91.6	26.0	25.7	42.3	48.0	64.6	72.3	2.85	3.53
山 东	5615	6454	8378	11049	76.0	72.5	21.9	18.8	68.3	70.4	91.1	90.0	29.9	28.6	44.5	47.1	66.7	70.6	5.26	5.13
河 南	3181	4180	7172	10444	69.7	66.5	19.4	19.0	64.2	72.7	89.8	89.8	26.7	27.0	44.9	51.6	68.6	75.3	4.53	4.69
湖 北	5136	4372	10480	14690	69.4	76.6	25.3	23.4	53.9	66.8	89.9	90.9	28.6	27.3	43.5	45.4	66.5	68.6	3.27	3.79
湖 南	3708	4527	8446	12645	60.7	68.4	20.0	21.3	76.6	69.8	88.9	89.8	24.8	24.2	43.7	47.0	63.5	68.7	4.55	5.19
广 东	8634	10236	11824	13851	78.8	76.5	36.3	33.9	71.7	84.7	92.1	89.2	39.0	42.1	40.4	44.4	65.8	69.7	3.26	7.81
广 西	3159	3421	8477	12265	68.1	64.8	20.8	16.8	71.5	70.8	90.3	91.6	27.5	28.2	42.0	46.4	67.4	70.7	3.23	3.50
海 南	6890	8066	13605	19511	81.9	68.6	14.1	15.3	77.4	74.5	90.9	91.9	28.9	28.2	43.0	44.2	66.6	69.1	2.88	1.95
重 庆	7142	6528	12569	15251	67.3	68.3	35.0	28.4	50.0	81.1	92.9	93.3	30.3	30.4	40.4	44.6	66.9	69.4	5.96	8.85
四 川	4090	5087	9139	13381	70.1	69.7	26.1	23.5	75.0	79.0	91.7	91.5	28.7	28.4	42.7	45.5	64.3	69.4	3.14	4.27
贵 州	4259	4632	11160	14835	74.9	60.8	19.4	17.6	71.3	79.0	89.1	91.3	25.1	25.9	43.4	45.3	65.8	69.5	3.21	3.80
云 南	3813	4482	9938	14768	66.9	68.6	13.4	11.4	75.1	66.3	91.8	91.8	27.9	26.1	40.5	47.6	63.3	72.2	3.39	4.79
西 藏	4232	6045	42638	60391	67.1	64.8	34.3	36.5	87.5	69.1	85.1	86.7	12.2	14.2	39.2	40.3	65.0	67.3	0.70	1.05
陕 西	5431	5708	11537	15004	62.6	77.6	17.8	17.5	76.1	69.1	91.8	91.1	21.3	22.1	47.2	49.0	69.9	72.8	3.57	4.28
甘 肃	2861	3497	11378	16616	71.2	64.9	15.1	16.0	66.8	69.6	90.8	90.8	21.3	20.0	44.8	47.6	67.9	70.4	1.29	1.98
青 海	4543	5028	25768	32613	77.0	71.6	13.9	19.8	73.6	71.6	92.3	92.7	18.0	17.7	41.7	44.2	70.2	71.4	1.35	1.34
宁 夏	5591	5818	17043	20571	68.6	62.9	14.9	14.5	76.3	80.4	94.1	93.4	22.2	23.2	38.4	45.3	68.2	73.7	1.64	6.53
新 疆	5639	5702	16122	21053	64.8	61.6	15.9	15.1	80.7	80.1	90.4	91.4	17.5	17.3	43.8	46.3	69.0	71.4	1.75	3.23

续表

公平方面	县域人均收入变异系数		县域人均支出变异系数		县级人均财政收支差距		直接税收入/地方税收收入		民生支出/一般预算支出	
	2015年	2020年	2015年	2020年	2015年	2020年	2015年	2020年	2015年	2020年
合计	0.9257	0.9654	0.4598	0.4410	49.0	41.1	28.3	31.7	79.4	79.6
北京	0.3586	0.4007	0.2421	0.2029	22.2	22.2	39.8	46.4	80.8	79.3
天津	0.1143	0.4049	0.1949	0.2600	53.9	53.9	28.5	34.3	79.4	73.7
河北	1.6430	1.3036	0.6639	0.5238	44.8	39.9	26.9	27.8	81.3	82.0
山西	0.7464	0.7986	0.3102	0.3753	32.7	31.3	25.2	22.7	84.2	81.2
内蒙古	1.3709	1.4136	0.6927	0.7284	45.0	33.3	22.6	25.8	84.0	79.7
辽宁	0.7739	0.8609	0.3625	0.3461	67.3	60.0	33.0	35.6	81.0	78.0
吉林	0.6186	0.4893	0.3788	0.3671	28.9	14.3	27.7	30.1	81.2	81.8
黑龙江	0.7281	1.1409	0.6101	0.6148	29.9	15.2	27.8	32.7	85.7	84.8
上海	0.1660	0.3979	0.0355	0.0392	33.6	33.6	36.5	39.4	66.1	75.1
江苏	0.7666	0.9795	0.5003	0.5033	90.0	76.7	26.4	31.0	79.2	79.4
浙江	0.6714	0.7101	0.4211	0.3945	82.0	75.3	30.8	32.2	76.9	76.2
安徽	0.8708	0.7251	0.4108	0.3500	42.4	40.0	26.8	29.1	84.0	85.4
福建	0.8131	0.6686	0.4868	0.3242	54.6	50.3	28.6	32.1	77.4	76.1
江西	0.7248	0.5604	0.4541	0.2966	52.0	34.0	19.1	23.0	77.5	80.3
山东	0.7466	0.7170	0.4721	0.4725	82.8	72.8	28.3	29.8	80.2	78.5
河南	0.9381	0.9103	0.3368	0.3724	39.3	38.6	25.2	26.7	80.9	81.5
湖北	0.8679	0.5557	0.5393	0.4247	47.4	31.8	22.8	30.1	75.8	81.2
湖南	0.9953	1.2147	0.3570	0.3513	33.0	29.0	22.7	24.9	79.0	79.0
广东	1.1259	1.2873	0.6023	0.4755	54.4	45.3	30.7	32.4	76.2	76.5
广西	0.8616	0.7012	0.4019	0.4488	28.2	19.1	20.4	26.6	79.5	81.1
海南	0.7406	0.8406	0.2524	0.3687	34.5	28.1	25.4	28.2	78.5	80.0
重庆	1.2553	0.5734	0.5028	0.2648	25.7	20.1	28.5	31.9	81.4	82.7
四川	0.8581	1.4949	0.8076	0.8170	34.6	36.9	24.2	30.1	79.8	80.2
贵州	0.8437	0.8671	0.3713	0.2863	34.6	25.0	20.1	30.6	79.3	79.3
云南	0.9511	0.9813	0.4839	0.6725	28.0	24.8	22.1	26.7	81.8	81.6
西藏	1.2182	1.8775	0.4788	0.4923	9.3	8.1	22.9	24.4	71.5	75.8
陕西	1.5081	1.6812	0.5029	0.4811	35.9	24.3	22.2	26.7	84.6	80.7
甘肃	1.7506	1.5370	1.0274	0.9822	17.2	13.4	23.4	25.9	83.2	81.9
青海	1.6553	1.3473	0.5138	0.4389	17.9	12.9	18.4	24.3	81.2	82.6
宁夏	0.9099	1.0898	0.2609	0.2957	26.0	15.8	21.7	25.2	84.3	81.9
新疆	1.1051	1.3986	0.5781	0.7005	35.3	24.7	23.3	29.5	78.3	76.7

续表

稳定方面	财政支出满足度		可用财力满足度		负债率		债务率		养老金结余/当年支出	
	2015年	2020年	2015年	2020年	2015年	2020年	2015年	2020年	2015年	2020年
合计	55.2	47.6	71.0	54.4	21.4	25.3	95.0	92.4	1.37	0.95
北京	82.3	77.1	95.5	83.7	23.1	16.8	81.4	67.8	2.90	2.95
天津	82.5	61.0	90.4	75.7	20.7	45.2	61.0	177.7	0.71	0.34
河北	47.0	42.4	63.4	49.1	20.2	30.4	95.7	100.2	0.66	0.32
山西	48.0	44.9	64.6	50.6	17.1	26.1	65.9	78.5	1.92	1.17
内蒙古	46.2	38.9	62.2	42.7	42.1	47.6	159.8	151.1	0.84	0.32
辽宁	47.5	44.2	64.0	47.7	42.5	36.9	202.0	131.8	0.67	0.07
吉林	38.2	26.3	53.7	30.6	27.5	42.4	103.5	114.2	0.63	0.27
黑龙江	29.0	21.1	45.1	22.9	26.2	41.5	105.8	103.8	0.11	-0.16
上海	89.1	87.0	94.7	88.6	18.2	17.8	59.2	61.0	0.71	0.41
江苏	82.9	66.2	92.7	83.1	14.8	16.8	78.9	76.6	1.72	1.19
浙江	72.4	71.9	90.9	89.2	18.2	22.7	100.2	74.7	1.94	0.72
安徽	46.8	43.0	61.0	46.8	21.4	24.8	88.0	95.1	1.72	1.37
福建	63.6	59.0	81.0	67.6	17.1	19.0	102.6	102.5	1.33	0.80
江西	49.1	37.6	63.4	45.6	22.3	27.8	81.9	82.4	0.93	0.62
山东	67.0	58.4	81.3	68.3	16.4	22.7	92.3	97.4	1.21	0.47
河南	44.4	40.0	56.8	45.0	14.7	17.9	80.8	75.5	1.04	0.55
湖北	49.0	29.8	64.6	34.2	15.1	23.2	72.3	94.9	0.77	0.43
湖南	43.9	35.8	58.2	42.2	21.6	28.3	111.4	111.4	1.11	1.08
广东	73.0	73.9	91.8	88.6	11.0	13.8	58.6	65.0	4.43	3.72
广西	37.3	27.9	50.6	33.3	27.3	34.4	108.9	106.1	0.97	0.56
海南	50.6	41.3	62.9	45.2	37.4	47.4	105.6	112.4	0.73	0.83
重庆	56.8	42.8	72.5	49.9	21.1	27.2	71.5	100.6	1.14	0.79
四川	44.8	38.0	57.9	42.5	24.6	26.2	98.4	84.9	1.42	1.08
贵州	38.2	31.2	52.2	35.6	83.1	61.6	246.4	148.4	1.98	1.28
云南	38.4	30.4	54.7	33.5	41.6	39.1	167.7	120.7	1.98	1.67
西藏	9.9	10.0	14.4	10.1	7.5	19.7	7.9	16.4	2.65	1.57
陕西	47.1	38.0	63.8	43.6	27.6	28.4	122.6	100.4	0.74	0.58
甘肃	25.1	21.0	39.5	22.6	24.2	43.6	70.7	86.7	1.19	0.56
青海	17.6	15.4	33.1	17.1	61.4	81.6	139.3	127.1	0.69	0.08
宁夏	32.8	28.3	46.6	29.9	40.9	47.4	111.0	118.5	1.26	0.84
新疆	35.0	27.1	50.2	29.6	28.3	41.0	88.2	101.2	1.76	1.23

续表

规范方面	预决算收入偏离率		预决算支出偏离率		政府预决算公开度		省级财政透明度		市级财政透明度	
	2015 年	2020 年	2015 年	2020 年	2015 年	2020 年	2015 年	2020 年	2015 年	2020 年
合 计	0.2	1.6	6.3	2.2	61.0	97.0	42.2	53.5	46.8	50.3
北 京	3.6	0.0	4.0	4.4	68.4	98.4	43.0	43.1	86.3	80.7
天 津	0.5	21.7	4.5	2.8	55.8	95.3	40.6	56.3	77.2	74.8
河 北	2.0	0.5	3.9	3.9	83.1	98.4	29.2	59.7	48.9	42.1
山 西	9.8	1.6	7.8	4.0	63.9	97.8	55.4	67.6	29.6	40.4
内蒙古	0.3	7.6	7.9	7.2	48.7	99.1	38.1	44.9	36.1	38.3
辽 宁	26.2	0.6	7.3	5.8	73.7	98.7	51.5	50.2	44.8	45.5
吉 林	2.7	10.0	7.1	6.8	60.1	92.7	35.4	59.9	32.5	44.1
黑龙江	10.4	7.4	10.0	7.3	62.8	97.2	50.3	46.0	34.7	37.3
上 海	5.9	3.0	1.6	2.7	76.0	98.2	48.4	53.9	81.9	74.4
江 苏	1.0	1.1	6.4	5.7	48.1	96.2	23.7	28.1	48.1	49.1
浙 江	0.4	0.0	9.1	5.3	59.7	97.1	33.0	57.1	62.2	65.6
安 徽	2.1	0.4	1.9	1.2	73.6	98.5	57.3	65.3	47.9	50.0
福 建	1.3	1.3	10.1	7.3	49.0	98.5	53.8	63.0	49.4	54.8
江 西	1.8	0.0	11.5	7.4	50.3	93.5	41.7	27.0	48.4	52.1
山 东	0.1	0.5	3.8	3.5	62.2	94.9	56.8	66.2	59.4	59.4
河 南	0.9	1.2	3.3	1.2	60.0	99.2	44.6	54.4	34.5	39.1
湖 北	0.1	1.0	10.9	8.6	54.8	99.0	33.7	67.6	44.8	50.6
湖 南	1.6	0.2	5.9	4.6	49.4	97.3	65.2	66.7	41.3	40.4
广 东	1.9	1.9	9.8	5.2	62.5	99.2	50.5	69.4	51.4	55.4
广 西	3.2	4.3	6.1	3.2	55.7	96.0	42.6	51.8	46.6	57.9
海 南	1.2	0.2	3.3	4.5	71.6	98.2	40.9	66.7	60.0	49.8
重 庆	2.2	0.1	6.0	4.1	64.8	91.2	41.3	53.2	68.9	60.0
四 川	1.5	0.8	5.8	3.8	67.9	95.8	24.8	68.6	44.6	53.6
贵 州	0.2	5.2	3.5	1.8	48.0	98.4	34.0	35.2	40.6	47.9
云 南	1.4	1.0	4.3	3.4	62.5	98.0	34.7	28.9	46.8	54.9
西 藏	14.2	18.4	10.7	6.4	50.5	95.7	27.9	54.4	9.4	36.1
陕 西	0.2	3.8	6.1	4.8	59.6	98.1	27.9	57.9	51.3	43.2
甘 肃	0.6	1.3	3.8	1.0	71.0	95.2	38.2	63.9	37.9	34.1
青 海	2.1	2.0	2.1	5.1	56.6	97.3	25.2	48.3	30.6	35.0
宁 夏	5.8	3.5	7.3	2.8	56.6	96.9	65.5	48.0	30.5	48.1
新 疆	8.3	0.5	3.9	3.0	63.5	97.9	54.3	35.2	24.6	45.9

参 考 文 献

［1］白彦锋，张静．国家治理与我国现代财政制度构建［J］．河北大学学报（哲学社会科学版），2016（01）．

［2］白彦锋．做好财政资源统筹 深化预算制度改革［N］．中国财经报，2021－05－11（002）．

［3］［美］彼得·盖伊．启蒙时代：自由的科学［M］．王皖强译．上海：上海人民出版社，2016．

［4］边建军．让数字经济助推河北高质量发展［J］．共产党员（河北），2018（20）．

［5］常华．中国经济迈向更高质量发展［J］．科技智囊，2017（12）．

［6］常修泽．中国现阶段基本公共服务均等化研究［J］．中共天津市委党校学报，2007（02）．

［7］陈金星．构建现代财政制度的实现路径［J］．税收经济研究，2015（06）．

［8］崔潮．中国财政现代化研究［M］．北京：中国财政经济出版社，2012．

［9］樊纲，王小鲁，朱恒鹏．中国市场化指数——各地区市场化相对进程报告［M］．北京：经济科学出版社，2011．

［10］樊继达．以新发展理念引领城乡基本公共服务均等化［J］．中国党政干部论坛，2019（05）．

［11］樊轶侠，徐昊．财政助力数字经济高质量发展：核心机理与经验启示［J］．改革，2020（08）：83－91．

［12］范逢春，谭淋丹．城乡基本公共服务均等化制度绩效测量［J］．上海行政学院学报，2018（01）．

［13］方大春．区域经济学：理论与方法［M］．上海：上海财经大学出版社，2021．

［14］方平．新发展理念推进现代化经济体系建设［J］．企业经济，2017（12）．

［15］封北麟．地方政府隐性债务问题分析及对策研究［J］．财政科学，2018（05）．

［16］冯鸿雁，朱云飞．北京非首都功能疏解与河北承接对策研究［J］．当代经济管理，2021（12）．

［17］冯俏彬．积极财政政策应突出高质量发展内涵［N］．中国经济时报，2018－08－29．

［18］冯俏彬．我国经济高质量发展的五大特征与五大途径［J］．中国党政干部论坛，2018（01）．

［19］冯俏彬．新冠疫情折射下的我国应急财政管理制度［J］．社会治理，2020（12）．

［20］高飞，吴双，钱佳莹．关于浙江省财政收入质量的研究［J］．财政科学，2017（02）．

［21］高培勇．转入高质量发展阶段的积极财政政策［J］．财经界，2018（11）．

［22］高云霄．河北：全面建设高质量财政［J］．中国财政，2019（03）．

［23］葛琳玲．教育、医疗、社保我国城乡基本公共服务供给差异及其均等化策略探究［J］．商业经济研究，2017（03）．

［24］管军，乔月．京津冀经济协同发展背景下河北省承接京津产业转移推进策略研究［J］．河北省工程大学学报（社会科学版），2017（03）．

［25］桂喜民，谢思远．京津冀协同发展视角下邯郸承接产业转移研究［J］．统计与管理，2018（01）．

［26］郭幼佳，吕美惠，刘梦月．京津冀协同发展与雄安新区设立背景下保定承接京津产业转移策略研究［J］．智库时代，2019（20）．

［27］郝静．青岛市加快建立现代财政制度的对策研究［J］．公共财政研究，2016（06）．

［28］何斌锋，方晟，冯劲．基于工业行业要素密集度的节能减排与稳增长的实证研究［J］．工业技术经济，2017（01）．

［29］何立峰．深入贯彻新发展理念 推动中国经济迈向高质量发展［J］．宏观经济管理，2018（04）．

［30］胡鞍钢，鄢一龙等．中国新理念：五大发展［M］．杭州：浙江人民出版社，2020．

［31］胡晨光，厉英珍，吕亚倩．研发强度、出口调节与企业经营绩效——基于企业要素密集度差异的视角［J］．财经科学，2020（04）．

［32］胡立升，刘晓东，吴维平等．税收促进我国数字经济发展的国际经验与借鉴［J］．税务研究，2021（01）．

［33］胡再勇．要素密集度异质、巴萨效应和出口贸易结构——理论分析与中

国的经验研究 [J]. 经济问题探索, 2018 (05).

　　[34] 霍晓萍, 任艺. 基于要素密集度视角的研发投入资本成本效应研究 [J]. 财会通讯, 2020 (06).

　　[35] 贾康, 刘薇. 服务于高质量发展的 "十四五" 财政政策走向 [J]. 中国经济评论, 2021 (01).

　　[36] 姜晓萍, 郭宁. 我国基本公共服务均等化的政策目标与演化规律——基于党的十八大以来中央政策的文本分析 [J]. 公共管理与政策评论, 2020 (06).

　　[37] 蒋金法, 周材华. 促进我国生态文明建设的税收政策 [J]. 税务研究, 2016 (07).

　　[38] 蒋震. 高质量发展需要积极的财政政策 [J]. 小康, 2019 (04).

　　[39] 金碚. 关于 "高质量发展" 的经济学研究 [J]. 中国工业经济, 2018 (04).

　　[40] 京津冀协同发展领导小组办公室. 牢牢把握北京非首都功能疏解 "牛鼻子" 努力推动京津冀协同发展迈上新台阶取得新成效 [N]. 人民日报, 2021 - 03 - 12.

　　[41] 孔凡文, 张小飞, 刘娇. 我国城乡基本公共服务均等化水平评价分析 [J]. 调研世界, 2015 (07).

　　[42] 孔慧珍, 高智. 发展数字经济 推动高质量发展 [N]. 河北日报. 2018 - 10 - 31.

　　[43] 李猛沈, 坤荣. 地方政府行为对中国经济波动的影响 [J]. 经济研究, 2010 (12).

　　[44] 李倩玮, 尹晶. 京津冀协同发展战略下廊坊市承接京津产业转移研究 [J]. 对外经贸, 2018 (08).

　　[45] 李清章, 赵峰, 张京. 基本公共服务均等化的内涵、目标追求及必要性研究——基于京津冀一体化视野下的角度视察 [J]. 河北工程大学学报 (社会科学版), 2016 (01).

　　[46] 李万甫. 精准施策 助力提升高质量发展的税收治理 [J]. 税务研究, 2018 (04).

　　[47] 李伟. 推动中国经济稳步迈向高质量发展 [J]. 智慧中国, 2018 (01).

　　[48] 李扬. 牢固树立高质量发展的理念 [N]. 新华日报, 2018 - 01 - 03.

　　[49] 李远. "高质量" 指引中国经济新航程 [J]. 北京观察, 2018 (01).

　　[50] 李贞, 张瑞婷. 数字经济与财政治理的协同发展 [J]. 地方财政研究, 2021 (04).

　　[51] 李忠华, 褚思信. 辽宁地方财政收入质量存在的问题及对策 [J]. 经济

研究导刊，2014（27）.

[52] 连家明，寇明风，成丹. 2012 年以来我国财税政策回顾及问题发现 [J]. 地方财政研究，2017（04）.

[53] 林致远. 财政治理与高质量发展 [J]. 国家治理，2018（16）.

[54] 蔺丰奇，孔鑫鑫. 非首都功能疏解承载地社会保障协调发展——基于欧盟社会保障开放性协调机制启示 [J]. 河北省社会主义学院学报，2018（03）.

[55] 刘宾. 非首都功能疏解背景下京津冀产业协同发展研究 [J]. 宏观经济管理，2018（08）.

[56] 刘畅. 以"标准地"改革撬动高质量发展 [J]. 浙江经济，2019（02）.

[57] 刘丹. 劳动要素密集度增加是否促进了我国工业品的出口——基于 H－O 理论的实证分析 [J]. 区域治理，2019（30）.

[58] 刘昆. 努力实现财政高质量发展 [N]. 人民日报，2021－04－08（009）.

[59] 刘昆. 建立健全有利于高质量发展的现代财税体制 [J]. 中国财政，2021（11）.

[60] 刘昆. 完善推动高质量发展的财政制度体系 [J]. 中国财政，2018（24）.

[61] 刘启生. 河北省宏观税负状况及优化路径研究 [J]. 经济研究参考，2018（34）.

[62] 刘尚希. 地方政府债务风险的本质与防范 [J]. 清华金融评论，2020（08）.

[63] 刘尚希. 公共风险论 [M]. 北京：人民出版社，2018.

[64] 刘尚希. 着力发挥高质量发展中现代财政作用 [J]. 人民周刊，2020（18）.

[65] 刘世锦. 加快形成高质量发展的体制机制 [J]. 中国发展观察，2018（06）.

[66] 刘文秀，范英杰. 股权融资与研发投资——基于要素密集度与企业性质差异的实证研究 [J]. 财会通讯，2018（06）.

[67] 刘文洲. 防风险促发展建机制不断推动政府债务管理改革 [J]. 中国财政，2020（17）.

[68] 刘晓嵘，肖月华，周幼平等. 财政存量资金分布、原因及盘活路径 [J]. 地方财政研究，2016（12）.

[69] 刘艳，孙晓然. 京津冀协同视角下河北省承接京津产业转移的策略分析——基于新型城镇化视角 [J]. 商业经济研究，2017（07）.

[70] 刘禹君. 促进数字经济发展的税收政策研究 [J]. 商业研究，2019（10）.

[71] 柳天恩，张泽波. 雄安新区承接北京非首都功能的进展、问题与对策 [J]. 改革与战略，2021（07）.

[72] 楼继伟. 深化财税体制改革建立现代财政制度 [J]. 求是, 2014 (20).

[73] 罗世兴, 石吉金, 李彦华. 完善国有自然资源资产报告内容的思考 [J]. 中国国土资源经济, 2020 (09).

[74] 吕风勇, 邹琳华. 中国县域经济发展报告 (2018) [M]. 北京: 中国社会科学出版社, 2019.

[75] 马蔡琛, 赵青. 预算绩效指标框架构建中的风险识别与风险控制 [J]. 理论与现代化, 2020 (05).

[76] 马洪范, 罗姗. 实现财政资源高水平统筹的政策选择 [N]. 中国财经报, 2021 - 07 - 27 (007).

[77] 马建堂. 数字经济: 助推实体经济高质量发展 [J]. 新经济导刊, 2018 (06).

[78] 毛振华, 袁海霞, 刘心荷等. 当前我国地方政府债务风险与融资平台转型分析 [J]. 财政科学, 2018 (05).

[79] 孟丁凡, 王希瑞. 财政事权和支出责任划分视阈下的地方政府治理问题探析 [J]. 现代商业, 2017 (03).

[80] 彭建强. 产业振兴是乡村振兴的重中之重 [N]. 河北日报, 2021 - 09 - 03 (007).

[81] 彭建强. 推动县域经济高质量发展 [N]. 河北日报, 2019 - 02 - 01 (007).

[82] 皮建才, 薛海玉, 殷军. 京津冀协同发展中的功能疏解和产业转移研究 [J]. 中国经济问题, 2016 (06).

[83] 任保平, 刘笑. 新时代我国高质量发展中的三维质量变革及其协调 [J]. 江苏行政学院学报, 2018 (06).

[84] 任保平. 新时代中国经济高质量发展研究 [M]. 北京: 人民出版社, 2020.

[85] 邵彦敏. 新发展理念: 高质量发展的战略引领 [J]. 国家治理, 2018 (05).

[86] 沈洁. 京津冀地区非首都功能转移承接能力评价 [J]. 河北学刊, 2020 (04).

[87] 石洪斌. 谁来振兴乡村? ——乡村振兴人力资源支撑体系的构建 [J]. 治理研究, 2019 (06).

[88] 石建辉. 加强财政资源统筹汇集更强大的财政力量 [N]. 中国财经报, 2021 - 07 - 27 (007).

［89］孙波，卞丽萍．财政涉企专项资金统筹整合的实践探索［J］．财政科学，2019（02）．

［90］唐金倍，苏志诚，林燕珍．提高地方财政收入质量的若干思考［J］．财政科学，2020（03）．

［91］佟丹丹．推动河北省建设支撑高质量发展的现代产业体系研究［J］．现代经济信息，2020（09）．

［92］王殿茹，邓思远．非首都功能疏解中生态环境损害赔偿制度研究［J］．生态经济，2017（09）．

［93］王东荣．从城乡一体化迈向城乡融合发展［J］．上海农村经济，2019（12）．

［94］王帆，王艳真．风险视角下的河北财政运行研究［J］．经济研究参考，2018（58）．

［95］王辉，张明．京津冀协同视角下河北省承接首都功能疏解和产业转移的研究［J］．统计与管理，2016（04）．

［96］王金杰，周立群．非首都功能疏解与津冀承接平台的完善思路［J］．天津社会科学，2019（01）．

［97］王金霞，王佳莹．新时代消费税职能定位的思考［J］．税务研究，2018（10）．

［98］王军，李萍．新常态下中国经济增长动力新解——基于"创新、协调、绿色、开放、共享"的测算与对比［J］．经济与管理研究，2017（07）．

［99］王珺．以高质量发展推进新时代经济建设［J］．南方经济，2017（10）．

［100］王曙光．民营经济可持续高质量发展靠什么［J］．人民论坛，2019（36）．

［101］王泽彩，王敏．创新应急管理财政政策的若干思考［J］．中国行政管理，2020（05）．

［102］王泽彩．预算绩效管理：新时代全面实施绩效管理的实现路径［J］．中国行政管理，2018（04）．

［103］王振华，孙学涛，李萌萌等．中国县域经济的高质量发展——基于结构红利视角［J］．软科学，2019（08）．

［104］文昌．高质量发展：新时代呼唤新作为［J］．新经济导刊，2018（03）．

［105］文宗瑜．建立国有资本价值预算正当其时［N］．中国财经报，2019 - 08 - 08（006）．

[106] 文宗瑜. 疏解非首都功能与京津冀协同发展的同步推进 [J]. 北京人大, 2018 (03).

[107] 吴雪芬. 地方财政收入高质量增长的对策研究 [J]. 预算管理与会计, 2019 (03).

[108] 伍红, 潘世华. 破解县域财力困境的思考 [J]. 财政研究, 2015 (06).

[109] 夏春玉. 中国高质量发展 [M]. 沈阳: 东北财经大学出版社, 2018.

[110] 夏先德. 全面贯彻落实新预算法应把握十大重点 [J]. 中国财政, 2015 (04).

[111] 肖建华, 李雅丽. 地方基本公共服务均等化的时空分异与空间效应研究 [J]. 财政科学, 2019 (11).

[112] 谢贞发, 夏宁潞, 吴惠萍. 消费税向地方税转型的改革研究 [J]. 税务研究, 2020 (06).

[113] 幸炜, 李长英. 基于要素密集度异质性的全行业出口增加值拉动效应研究 [J]. 经济问题探索, 2016 (09).

[114] 熊小林, 李拓. 基本公共服务、财政分权与县域经济发展 [J]. 统计研究, 2018 (02).

[115] 徐高峰, 王伟, 冯羽. 大数据支持下的北京城乡公共服务均等化评价探析 [J]. 小城镇建设, 2017 (02).

[116] 徐玉德, 赵治纲, 洪金明等. 以优化营商环境为突破口降低制度性成本——基于湖南、辽宁、安徽和山东的调研 [J]. 财政科学, 2021 (02).

[117] 许生, 张霞. 改革财税体制促进经济高质量发展 [J]. 财政科学, 2018 (12).

[118] 许树华. 财政分权改革与国家治理现代化 [J]. 现代经济信息, 2016 (06).

[119] 闫坤, 鲍曙光. 土地出让收入可持续性研究 [J]. 财经智库, 2019 (06).

[120] 杨伟民. 贯彻中央经济工作会议精神推动高质量发展 [J]. 宏观经济管理, 2018 (02).

[121] 杨晓军, 宁国良. 县域经济: 乡村振兴战略的重要支撑 [J]. 中共中央党校学报, 2018 (06).

[122] 杨伊静. 打造包容性数字经济模式 推动中国经济高质量发展——中国信通院发布《中国数字经济发展白皮书 (2020 年)》[J]. 中国科技产业, 2020 (08).

[123] 易昌良. 中国高质量发展指数报告 [M]. 北京: 研究出版社, 2020.

［124］翟炜，陈明玉，闫博．北京首都功能空间特征及非首都功能疏解评估［J］．北京规划建设，2016（06）．

［125］詹新宇，崔培培．中国省际经济增长质量的测度与评价——基于"五大发展理念"的实证分析［J］．财政研究，2016（08）．

［126］詹韵秋．文化产业发展对中国经济发展质量的影响——基于"五大发展理念"视角［J］．福建农林大学学报（哲学社会科学版），2017（06）．

［127］张波．京津冀产业布局调整与河北产业转型升级［J］．经济研究参考，2017（62）．

［128］张波．依托城市群促进城乡融合发展［N］．中国社会科学报，2020 - 09 - 09（006）．

［129］张伯超，靳来群，秘燕霞．我国制造业要素密集度异质性产业间资源错配与产业结构升级［J］．当代经济管理，2019（02）．

［130］张德勇，孟扬．以新发展理念引领现代财政制度构建［J］．地方财政研究，2017（08）．

［131］张晗，成微．京津冀协同发展背景下河北省各城市产业承接能力研究［J］．特区经济，2019（10）．

［132］张晖．国家治理现代化视域下的城乡基本公共服务均等化［J］．马克思主义理论学科研究，2018（12）．

［133］张纪轩，顾晓良．地区财政收入质量现状及对策分析——以苏锡常三市为例［J］．江苏理工学院学报，2015（05）．

［134］张军扩．加快形成推动高质量发展的制度环境［J］．中国发展观察，2018（01）．

［135］张权．以公共服务均等化助推非首都功能疏解［J］．国家治理，2018（17）．

［136］张万里，魏玮．制造业集聚对效率的影响研究：抑制还是促进——基于地区和要素密集度分类的 PSTR 分析［J］．南方经济，2018（04）．

［137］张月友，方瑾．如何推动东部地区率先高质量发展［J］．经济研究参考，2019（08）．

［138］赵宁，朱云飞．推进河北财政收入高质量发展研究［J］．经济研究参考，2018（69）．

［139］赵宁．京津冀基本公共服务均等化状况评价研究［J］．经济研究参考，2018（58）．

［140］赵倩．科学认识我国经济转向高质量发展阶段［J］．预算管理与会计，

2018 (01).

　　[141] 中共河北省委河北省人民政府. 河北雄安新区规划纲要 [N]. 河北日报, 2018 - 04 - 22.

　　[142] 中央党校哲学教研部. 五大发展新理念: 创新协调绿色开放共享 [M]. 北京: 中共中央党校出版社, 2016.

　　[143] 朱云飞, 安静, 马源禾. "十三五" 时期河北省财政经济运行研究 [J]. 经济论坛, 2021 (04).

　　[144] 朱云飞, 安静, 马源禾. 地方发展质量评价与财政对策研究——基于创新、协调、绿色、开放、共享的新发展理念视角 [J]. 经济研究参考, 2020 (07).

　　[145] 朱云飞, 安静, 马源禾. 京津冀协同发展中推进河北区域公共服务均等化研究 [J]. 预算管理与会计, 2021 (02).

　　[146] 朱云飞, 安静. 河北省财政运行风险及防范对策研究 [J]. 财政科学, 2021 (03).

　　[147] 朱云飞, 高桂玲. 我国税收收入要素密集度研究——税收收入现代化分析的另一种视角 [J]. 公共财政研究, 2017 (06).

　　[148] 朱云飞, 尹福禄, 王帆. 降低企业社保费负担面临的多重困难及政策建议——以河北省为例 [J]. 社会保障研究, 2016 (06).

　　[149] 朱云飞, 赵宁. 城乡基本公共服务均等化的省域布局及财政对策 [J]. 税收经济研究, 2020 (01).

　　[150] 朱云飞, 赵宁. 我国地方财政质量评估与省际比较 [J]. 地方财政研究, 2019 (06).

　　[151] 朱云飞, 赵志伟. 欠发达地区 "要素密集型" 行业税收运行分析——以河北省为例 [J]. 地方财政研究, 2021 (04).

　　[152] 朱云飞. 社会保障制度中政府权力、公民权利与责任的互动——澳大利亚社会保障体系的启示与借鉴 [J]. 社会政策研究, 2017 (03).

后　记

光阴荏苒，日月如梭。自 2005 年研究生毕业从事财政科研工作以来，历经近 17 年。其间，虽曾短期借调至业务处室工作，但始终未敢"忘本"，一直坚守于财政科研"主战线"。

在拙著成稿的闲暇之余，重新翻阅了留存于电脑中的历次课题报告，看到参加工作后完成的首篇报告《河北省"十五"期间财政收入分析》，其间粗浅的分析、生硬的结构、青涩的语言，如同审阅一篇小学作文。之后的研究包括非税收入、主体功能区、工业聚集区、社会保障、产业转型、宏观税负、土地财政、地方税体系等 50 余项，几乎涉及财政研究的各个主要领域，但长期未形成系统性、连贯性研究，故虽早有写书之意，但一直心有所忌，迟迟未敢动笔。

关于高质量财政的思考，始于中央提出的高质量发展理念。2017 年党的十九大作出我国经济转向高质量发展阶段的论断，中央经济工作会议阐述了新时代高质量发展的内涵和要求，当年底的河北省委九届六次全会通过了《关于全面推动高质量发展的决定》，时任河北省财政厅厅长高云霄在 2018 年初的河北省十三届人大一次会议上作了《打造高质量财政 力促河北经济社会高质量发展》报告，在我国地方财政系统率先提出了高质量财政理念。笔者有幸参与了该报告的撰写工作，在之后的学习和研究过程中，对如何建设高质量财政，推动河北高质量发展有了更深刻的理解与思考，相继完成河北省人才培养工程"推进我省高质量财政建设研究"和河北省社会科学基金项目"新时代我省财政支持高质量发展的对策研究"，发表了十余篇相关论文，总算有了这次敢于写作的勇气。

拙著从开始构思到最终完稿，耗时两年之久。回首研究历程，仍感觉对高质量财政的研究意犹未尽，但对课题组来说已然尽力，除了限于个人能力，理论高度难遂人愿外，从数据收集、整理、加工，到后期计算、模型、分析等，都费了"九牛二虎"之力。囿于种种局限，有些论证还不那么到位，有些逻辑还不十分顺畅，有些观点还值得进一步推敲，有些建议还需要进一步细化，只能留下些许遗憾，有待于今后的深入研究。不过仍寄望这本书能起到"抛砖引玉"的作用，对一如既往关注河北省财政改革与发展的各位同仁有所帮助。

本书由河北省财政政策信息中心的朱云飞研究员设计体系框架，并完成前三篇及第四、第五篇部分章节的撰写工作，河北省社会科学院的张波研究员全程参与课题讨论，并完成第四、第五篇部分章节的撰写工作。本书在写作过程中，得到河北省财政政策信息中心（原财政科研所）的祝永革主任、成军副主任、李志勇副主任的大力支持，得到李杰刚研究员、段国旭研究员、刘启生研究员、胡德仁研究员等曾任所领导的积极鼓励，感谢经济科学出版社的宋艳波博士为本书出版做了大量细致的工作，感谢我的妻子赵宁教授默默承担了大部分家务劳动，感谢我的女儿朱问雪给我带来很多快乐，她们共同为我营造了一个良好的家庭环境。

朱云飞

2021 年 12 月 16 日于石家庄